U0922264

长 沙 市 统 计 局
国家统计局长沙调查队 编

长沙统计年鉴

CHANGSHA STATISTICAL YEARBOOK

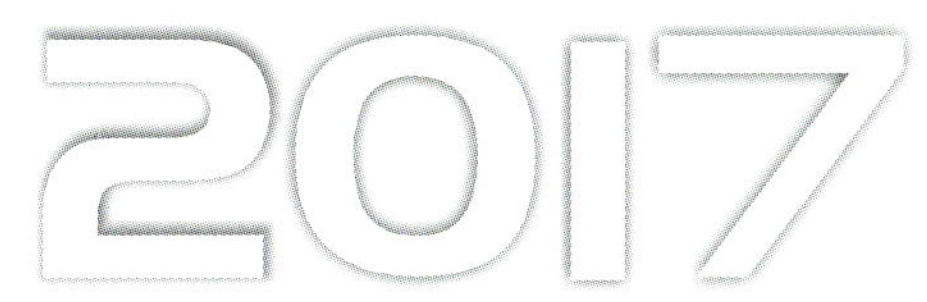

图书在版编目（CIP）数据

长沙统计年鉴.2017/长沙市统计局，国家统计局长沙调查队主编.—北京：中国统计出版社，2017.8
ISBN 978-7-5037-8210-7

Ⅰ.①长…　Ⅱ.①长…　②国…　Ⅲ.①统计资料—长沙市—2017—年鉴　Ⅳ.①C832.641-54

中国版本图书馆 CIP 数据核字（2017）第 171442 号

长沙统计年鉴——2017

作　　者 / 长沙市统计局　国家统计局长沙调查队
责任编辑 / 陈越月　扶文武
装帧设计 / 孔江陵
出版发行 / 中国统计出版社
地　　址 / 北京市丰台区西三环南路甲 6 号　邮政编码/100073
电　　话 / 邮购(010)63376909　书店(010)68783171
网　　址 / http://csp.stats.gov.cn
印　　刷 / 长沙市雅高彩印有限公司
经　　销 / 新华书店
开　　本 / 890 × 1240 毫米　1/16
字　　数 / 914 千字
印　　张 / 29.5
印　　数 / 1500 册
版　　别 / 2017 年 8 月第 1 版
版　　次 / 2017 年 8 月第 1 次印刷
书　　号 / ISBN 978-7-5037-8210-7
定　　价 / 280 元

如有印装差错，由本社发行部调换。

《长沙统计年鉴—2017》编辑委员会

《长沙统计年鉴—2017》资料整理人员

编者说明

一、《长沙统计年鉴—2017》是一部全面反映长沙市国民经济和社会发展情况的资料性年刊。收录了全市及各区、县（市）2016年经济和社会发展方面的大量统计数据，以及重要历史年份的主要统计数据，还包括全国三十五个直辖市、省会和副省级城市主要经济社会指标对比资料，是一本社会各界全面、深入了解研究长沙的重要工具书。

二、《长沙统计年鉴—2017》首卷为特载一《长沙市2016年国民经济和社会发展统计公报》及特载二《主要经济社会指标统计图》。本年鉴正文内容分为18个篇章，即：1. 综合；2. 国民经济核算；3. 人口、就业和职工工资；4. 固定资产投资、建筑业；5. 财政、金融、保险；6. 物价指数；7. 人民生活；8. 城市建设、环境保护；9. 农业；10. 工业；11. 运输和邮电；12. 国内外贸易、对外经济和旅游；13. 服务业；14. 教育和科技；15. 文化、体育、卫生；16. 区县（市）主要经济和社会指标；17. 全国三十五个直辖市、省会和副省级城市主要经济社会指标；18. 国民经济主要指标解释及计算方法。附录为相关企业及乡镇、街道排名榜。

三、本年鉴资料大部分来自年度统计报表，一部分来自抽样调查。年鉴部分指标取自部门统计年报资料；各区、县（市）主要经济和社会统计指标取自当年各地统计年报资料；全国其他城市数据取自相关交换资料。

四、本年鉴部分数据合计数或相对数由于单位取舍不同及四舍五入处理所产生的计算误差均未作机械调整。

五、本年鉴按照《中国统计年鉴》的大体框架和规范要求编辑。统一使用《中国统计年鉴》指标解释，统一采用国际度量标准计量单位。

目 录
Contents

二、国民经济核算

National Accounts

三、人口、就业和职工工资

Population, Employment and Wages

四、固定资产投资、建筑业

Investment in Fixed Assets and Construction

五、财政、金融、保险

Finance, Banking and Insurance

六、物价指数

Price Indices

七、人民生活

People's Livelihood

八、城市建设、环境保护

Construction of Cities and Environmental Protection

九、农　　业

Agriculture

十、工　业

Industry

十一、运输和邮电

Transportation, Postal and Telecommunication Services

十二、国内外贸易、对外经济和旅游

Domestic and Foreign Trade, Foreign Economy and Tourism

十三、服务业

Service Trades

十四、教育和科技

Education, Science and Technology

十五、文化、体育、卫生

Culture, Sports and Public Health

十六、区县(市)主要经济和社会指标

Main Economic and Social Statistical Indicators of District, County and City

十七、全国三十五个直辖市、省会和副省级城市主要经济社会指标

Main Economic and Social Statistics Indicators of National Thirty-five Municipalities, Provincial Capitals and Cities of Sub-provincial Rank

十八、国民经济主要指标解释及计算方法

Explanatory Notes and Calculation Methods on Main Statistical Indicators of National Economy

附录：排名榜（2016）

APPENDIX：List of Top Strengths

特载一 2016年长沙市国民经济和社会发展统计公报

2016 年长沙市国民经济和社会发展统计公报[1]

2016 年，面对新常态下经济发展增速换挡、结构优化升级和驱动方式调整的新特征，全市上下按照“稳住、进好、调优”总体目标，全面推进“四更”长沙、国家中心城市建设，全市经济社会保持了稳中有进、稳中向好态势，实现了“十三五”良好开局。

一、综　合

初步核算，全市实现地区生产总值[2] 9323.70 亿元，比上年增长 9.4%。分产业看，第一产业实现增加值 370.95 亿元，增长 3.0%；第二产业实现增加值 4513.23 亿元，增长 7.3%；第三产业实现增加值 4439.52 亿元，增长 12.4%。第一、二、三产业分别拉动 GDP 增长 0.1、3.7、5.6 个百分点，三次产业对 GDP 增长的贡献率分别为 1.3%、39.5%、59.2%。按常住人口计算，人均 GDP 达 123681 元，比上年增长 7.0%。三次产业结构为 4.0:48.4:47.6。第三产业比重比上年提高 2.5 个百分点；工业增加值占 GDP 的比重为 40.0%，比上年下降 2.3 个百分点。全市非公有制经济实现增加值 6034.94 亿元，占 GDP 的比重为 64.7%。

图 1　2012－2016 年地区生产总值及其增长速度

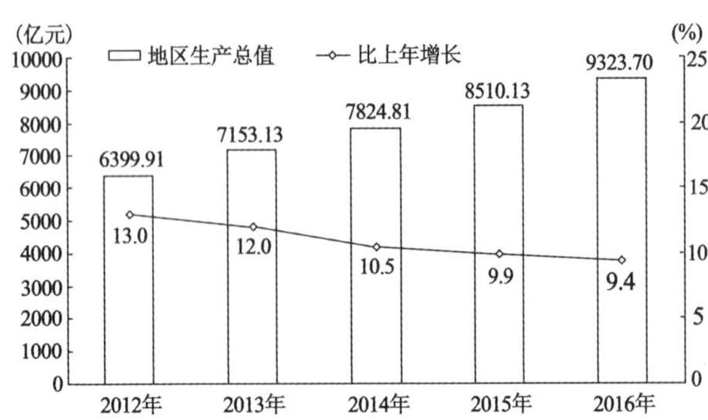

全市一般公共预算收入 1231.02 亿元，比上年增长 10.6%，其中地方一般公共预算收入 743.70 亿元，增长 3.4%。一般公共预算支出 1041.43 亿元，增长 12.6%。

图 2　2012－2016 年一般公共预算收入及地方一般公共预算收入

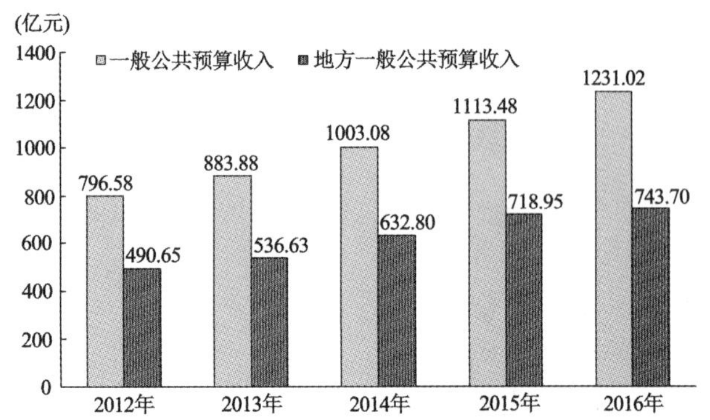

全市居民消费价格比上年上涨 1.9%，涨幅增加 0.8 个百分点；商品零售价格上涨 0.9%，涨幅增加 1.3 个百分点。

表 1　2016 年居民消费价格比上年涨跌幅度

指　　标	比上年上涨(%)
居民消费价格	1.9
服务项目价格	1.8
食品	4.3
粮食	1.1
食用油	1.7
畜肉类	12.2
蛋	0.8
水产品	0.3
菜	8.1
烟酒	1.4
衣着	2.3
居住	2.9
生活用品及服务	0.3
交通和通信	－2.1
教育文化和娱乐	0.2
医疗保健	2.8
其他用品和服务	2.6

全年新增城镇就业人员 14.12 万人，年末城镇登记失业率为 2.74%。

二、农　业

全市实现农林牧渔业增加值 378.43 亿元，比上年增长 3.2%，其中农业增加值 235.03 亿元，增长

5.3%;林业增加值17.89亿元,增长6.4%;牧业增加值104.60亿元,下降2.7%;渔业增加值13.43亿元,增长3.3%;农林牧渔服务业增加值7.48亿元,增长12.3%。

图3 2012–2016年农林牧渔业增加值

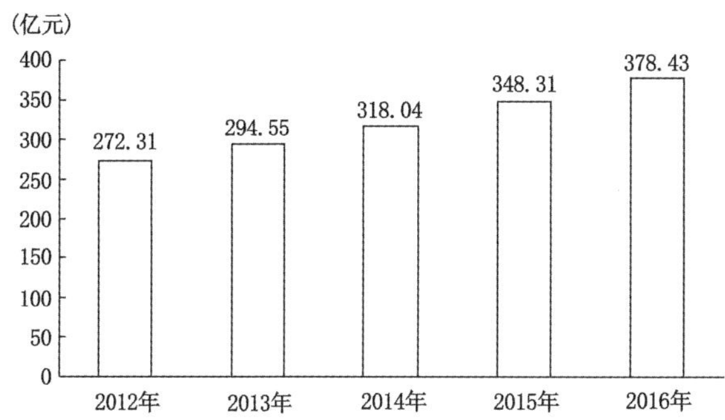

全年粮食播种面积37.3万公顷,比上年下降0.7%,其中稻谷播种面积33.6万公顷,下降0.8%,优质稻种植面积所占比重为78.8%;蔬菜播种面积17.2万公顷,增长0.3%;油料种植面积5.6万公顷,增长1.1%;出栏肉猪737.68万头,下降6.2%。主要农产品产量保持稳定。

表2 2016年主要农产品产量及其增长速度

产品指标	计量单位	产　量	比上年增长(%)
粮　食	万吨	247.42	–1.5
棉　花	万吨	0.04	4.0
油　料	万吨	9.51	1.6
茶　叶	万吨	3.25	–0.2
蔬　菜	万吨	593.59	0.8
禽　蛋	万吨	5.30	–3.7
水产品	万吨	12.64	–0.4
出栏肉猪	万头	737.38	–6.2
肉类总产量	万吨	65.89	–5.4
牛　奶	万吨	0.44	–36.3

农民专业合作组织9575个,比上年增长15.7%;入社农户19.07万户,参与农户23.24万户。

农业机械总动力595.9万千瓦,农业机械总值29.98亿元,水稻耕种收综合机械化水平为75.7%。

农村基础设施建设投入力度加大,全年开工各类水利工程1.2万处,水利工程投入资金45.87亿元,水利工程完成土石方0.24亿立方米。

三、工业和建筑业

全市全部工业增加值3727.18亿元,比上年增长7.5%,其中规模以上工业实现增加值3253.03亿元,增长7.9%。

图4 2012–2016年全部工业增加值及其增长速度

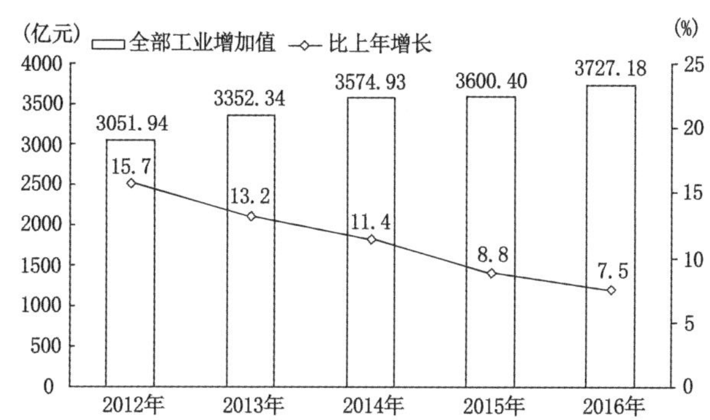

在规模以上工业中,全市重工业实现增加值1806.19亿元,比上年增长13.6%。重工业增加值占规模以上工业增加值的比重达55.5%,对规模以上工业增长的贡献率达91.2%。轻工业实现增加值1446.84亿元,增长1.5%。

表3 2016年规模以上工业增加值及其增长速度

指　标	增加值(亿元)	比上年增长(%)
规模以上工业	3253.03	7.9
按轻、重工业分组:		
轻工业	1446.84	1.5
重工业	1806.19	13.6
按经济类型分组:		
国有企业	718.72	–5.3
集体企业	9.80	–19.1
股份合作制企业	2.39	7.6
股份制企业	2108.20	13.1
外商及港澳台投资企业	281.88	12.7
其他企业	132.03	4.7
总计中:		
非公有制企业	2245.95	14.2
国有及国有控股工业	940.82	–3.5
大中型工业	2093.16	5.7

全市园区规模以上工业增加值1988.35亿元,比上年增长11.9%,占全市规模以上工业增加值的61.1%,对规模以上工业增长的贡献率达86.3%。

全市规模以上工业统计的169种主要工业产品中,产量比上年增长的有107种,占产品总数量的比重为63.3%。

表4　2016年规模以上工业主要产品产量及其增长速度

产品名称	计量单位	产　量	比上年增长(%)
饲　料	万吨	316.98	-3.1
精制食用植物油	万吨	12.94	34.4
酱　油	万吨	20.74	-11.4
大　米	万吨	75.57	-36.9
乳制品	万吨	9.59	-5.4
软饮料	万吨	121.08	-38.2
精制茶	万吨	4.74	-1.6
卷　烟	亿支	1694.62	-3.6
服　装	万件	4343.45	-3.5
涂　料	万吨	57.37	3.7
化学药品原药	万吨	4.12	79.1
化学试剂	万吨	6.76	12.4
焰火制品	亿元	439.62	6.2
家　具	万件	247.87	-1.2
水　泥	万吨	1281.76	-1.1
商品混凝土	万立方米	1397.94	12.3
铝　材	万吨	142.14	0.4
起重机	万吨	36.62	-25.3
挖掘、铲土运输机械	万台	2.33	6.6
压实机械	台	2036.00	-10.2
混凝土机械	万台	3.77	-7.3
环境污染防治专用设备	万台	3.35	36.4
汽　车	万辆	33.09	42.0
印制电路板	万平方米	218.33	21.3
电力电缆	亿米	18.66	-1.7
自来水生产量	万立方米	77077.88	4.6

全市规模以上工业企业实现主营业务收入10610.79亿元，比上年增长9.3%；利润总额593.48亿元，下降4.7%；利税总额1548.49亿元，下降3.0%。

全市建筑业增加值790.95亿元，比上年增长6.5%。全年具有建筑业资质等级的独立核算企业完成建筑业总产值3786.45亿元，比上年增长8.9%；房屋竣工面积7370.01万平方米，增长12.7%。

四、固定资产投资

全市固定资产投资6693.32亿元，比上年增长13.9%。全市计划总投资超过5000万元的在建项目(不含房地产开发)1312个，完成投资2773.64亿元，占固定资产投资总额的41.4%。

图5　2012－2016年固定资产投资

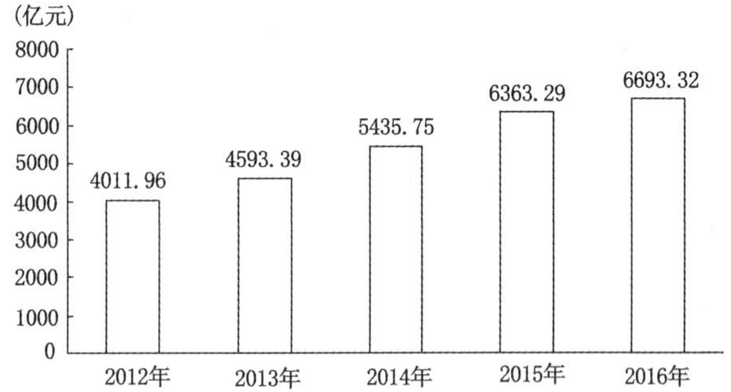

表5　2016年分行业固定资产投资及其增长速度

行　业	投资额(亿元)	比上年增长(%)
总　计	6693.32	13.9
农、林、牧、渔业	75.38	-8.2
采矿业	17.25	-37.7
制造业	1965.59	11.7
其中：农副食品加工业	144.45	25.1
印刷业和记录媒介的复制	47.35	-25.3
化学原料及化学制品制造业	205.08	-0.5
医药制造业	81.02	18.5
非金属矿物制品业	116.87	-27.6
金属制品业	144.64	34.7
通用设备制造业	187.77	23.7
专用设备制造业	154.79	1.8
汽车制造业	160.42	25.5
计算机、通信和及其他电子设备制造业	102.45	36.4
仪器仪表制造业	12.71	-32.9
电力、燃气及水的生产和供应业	90.79	5.8
其中：电力、热力的生产和供应业	31.75	-12.9
建筑业	28.99	-33.3
批发和零售业	284.13	-25.3
交通运输、仓储和邮政业	443.04	2.2
住宿和餐饮业	48.74	-50.0
信息传输、软件和信息技术服务业	167.83	-14.1
金融业	34.00	-25.1
房地产业	1703.06	35.2
租赁和商务服务业	264.17	17.9
科学研究和技术服务业	200.44	-8.4
水利、环境和公共设施管理业	888.37	25.0
居民服务、修理和其他服务业	21.15	-6.4
教育	150.24	36.4
卫生和社会工作	71.96	42.0
文化、体育和娱乐业	211.95	117.4
公共管理、社会保障和社会组织	26.22	-11.4

在固定资产投资中，第一产业完成投资（不含水利建设投资）45.68 亿元，增长 2.9%；第二产业完成投资 2099.67 亿元，增长 9.7%，其中工业投资 2073.63 亿元，增长 10.7%；第三产业完成投资 4547.97 亿元，增长 16.1%。高技术产业投资 585.32 亿元，增长 36.8%。基础设施建设完成投资 1436.90 亿元，增长 15.4%。

全市房地产开发投资 1260.55 亿元，比上年增长 26.5%。全市商品房销售面积 2593.71 万平方米，增长 36.2%；商品房销售额 1661.41 亿元，增长 48.8%。

五、国内贸易

全市社会消费品零售总额 4117.40 亿元，比上年增长 11.6%，剔除物价因素实际增长 10.6%。按经营地统计，城镇零售额 3787.31 亿元，增长 11.3%；乡村零售额 330.09 亿元，增长 14.6%。按消费形态统计，商品零售额 3741.44 亿元，增长 11.7%；餐饮收入额 375.96 亿元，增长 10.4%。

图 6　2012－2016 年社会消费品零售总额

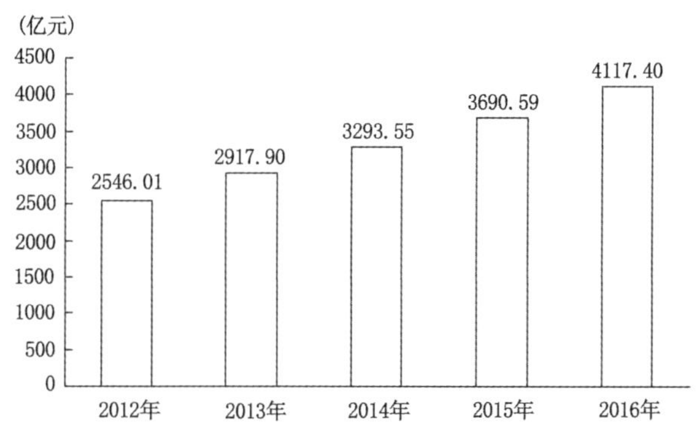

表 6　2016 年社会消费品零售总额及其增长速度

指　　标	零售额(亿元)	比上年增长(%)
社会消费品零售总额	4117.40	11.6
按销售单位所在地:		
城镇	3787.31	11.3
其中:城区	3173.71	10.3
乡村	330.09	14.6
按行业分:		
批发业	551.89	17.1
零售业	3185.43	10.8
住宿业	50.01	6.1
餐饮业	330.07	11.1

限额以上商品零售额比上年增长 11.9%，分类别看，粮油、食品类增长 15.3%；服装、鞋帽、针纺织品类增长 4.6%；化妆品类下降 9.5%；金银珠宝类下降 9.4%；家用电器和音像器材类增长 2.0%；中西药品类增长 19.8%；通讯器材类增长 21.2%；文化办公用品类增长 21.3%；书报杂志类增长 16.2%；石油及制品类增长 7.5%；汽车类增长 16.1%。

六、交通和邮电

全市全社会运输周转量 480.48 亿吨公里，比上年增长 6.7%，其中旅客周转量增长 9.5%；货物周转量增长 6.8%。

表 7　2016 年交通运输业主要指标及其增长速度

指　　标	计量单位	绝对数	比上年增长(%)
货物周转量	亿吨公里	387.65	6.8
铁　路	亿吨公里	36.56	-1.0
公　路	亿吨公里	327.44	8.1
水　运	亿吨公里	18.62	0.5
航　空	亿吨公里	0.92	5.1
旅客周转量	亿人公里	273.60	9.5
铁　路	亿人公里	77.15	5.6
公　路	亿人公里	49.52	-14.6
航　空	亿人公里	146.94	23.6

全市邮电业务总量（2010 年不变价）378.12 亿元，比上年增长 51.2%，其中电信业务总量 320.12 亿元，增长 54.1%，邮政业务总量 58.0 亿元，增长 37.2%；邮电业务收入 143.46 亿元，增长 15.7%，其中电信业务收入 106.59 亿元，增长 9.7%，邮政业务收入 36.87 亿元，增长 37.0%。年末本地固定电话用户 170.69 万户，下降 6.1%，固定电话普及率为 22.33 户/百人，比上年减少 1.44 户/百人，移动电话用户 1047.73 万户，移动电话普及率为 137.04 户/百人。年末互联网宽带用户达 226.90 万户。

七、对外经济和旅游

全市进出口总额（海关口径）726.71 亿元人民币（折合 109.35 亿美元），比上年下降 9.8%，其中出口总额 485.74 亿元，下降 9.6%；进口总额 240.96 亿元，下降 10.1%。在出口总额中，机电产品262.66亿元，占54.1%；高新技术产品110.01亿元，占22.6%。在进口总额中，机电产品156.86亿元，占65.1%；高新技术产品58.63亿元，占24.3%。

图7　2012－2016年进出口总额

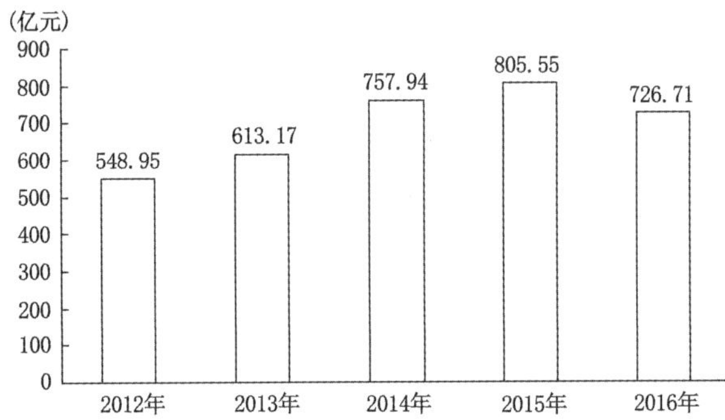

全市利用外资项目（企业）177个，实际使用外商直接投资48.14亿美元，比上年增长9.3%。全年新增实际到位省外境内资金项目454个，实际到位省外境内资金784.60亿元，增长14.7%。

图8　2012－2016年实际利用外商直接投资金额

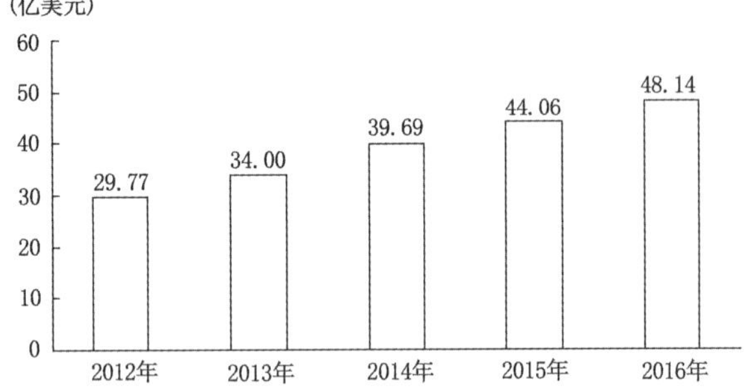

全市接待国内外旅游者12450.00万人次，比上年增长6.2%；旅游总收入1534.83亿元，增长13.6%。接待国内旅游者12328.50万人次，增长6.3%；国内旅游收入1482.01亿元，增长13.8%。接待入境旅游者121.50万人次，增长1.0%；入境旅游收入7.96亿美元，增长0.4%。

八、金　　融

年末全市金融机构各项存款余额（本外币合计，下同）15488.77亿元，比年初增加1423.11亿元，其中住户存款余额4872.73亿元，比年初增加520.09亿元；年末金融机构各项贷款余额13866.96亿元，比年初增加1543.09亿元，其中短期贷款余额2677.38亿元，比年初增加0.18亿元，中长期贷款10472.19亿元，比年初增加1343.07亿元。

全市保险公司原保险保费收入255.87亿元，比上年增长28.4%，其中财产保险公司原保险保费收入98.06亿元，增长13.3%；人身保险公司原保险保费收入157.80亿元，增长40.1%。赔付支出82.64亿元，增长25.9%。

九、教育和科学技术

年末全市有普通高校51所，普通高中78所，初中学校224所，普通小学931所。在学研究生5.55万人，比上年增长2.2%；普通高校在校学生59万人，增长3.6%；普通高中在校学生13.41万人，下降0.6%；普通初中在校学生24.02万人，增长2.4%；普通小学在校学生53.65万人，增长5.3%；幼儿园在园幼儿26.74万人，增长4.7%。小学适龄儿童入学率100%，小学升初中入学率107.1%。全市共投入学生免费入学和资助经费10.7亿元，全市所有义务教育阶段151.7万人次学生全部享受了免杂费入学，执行公办教育收费标准的144.3万人次学生全部享受了“一费制”（含课本费、教辅资料费和作业本费）全免入学，在长沙市就读的15.5万名外来务工人员子女，全部享受免杂费、免“一费制”入学。全年补助了5.6万人次农村家庭经济困难寄宿学生生活费。

图9　2012－2016年高等学校、普通中学在校学生数

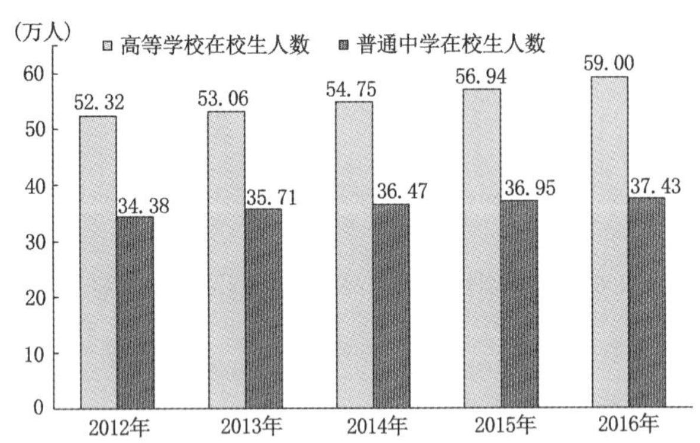

年末全市有科学研究开发机构95个，全年共取得省部级以上科技成果384项。专利申请29758件，比上年增长35.3%，授权专利14961件，增长2.2%；签订技术合同2757项，成交金额22.79亿元。高新技术产业增加值2868亿元，增长16.2%。

十、文化、卫生和体育

年末全市有艺术表演团体12个，文化馆10个，公共图书馆12个，博物馆（纪念馆）15个，档案馆14

个。全市广播综合人口覆盖率达 99.41%；电视综合人口覆盖率达 99.04%；有线电视用户达 120.22 万户。

年末全市有卫生机构（含村卫生室）4605 个，其中医院、卫生院 286 个；卫生防疫、防治机构 14 个；妇幼保健机构 11 个。卫生技术人员 7.36 万人，比上年增加 0.4 万人，其中执业医师、执业助理医师 2.73 万人，增加 0.17 万人；注册护士 3.46 万人，增加 0.22 万人。卫生机构床位 7.13 万张，增加 0.53 万张，其中医院、卫生院 6.48 万张，增加 0.49 万张。

图 10　2012－2016 年卫生技术人员数

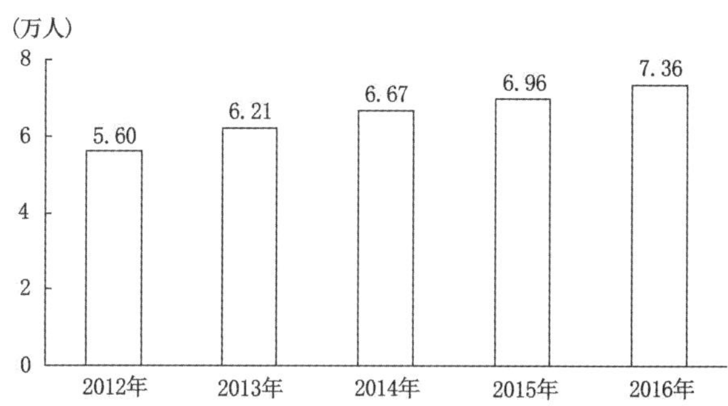

全市开展全民健身项目 224 项次（市级、区县、乡镇街道三级），全市全民健身运动参加人数达 490 万人。年末拥有各级健身辅导站 682 个，公共体育场地 1780 个。

十一、环境、节能和安全生产

全市有国家级生态示范乡镇 55 个，省级自然保护区 1 个，自然保护区面积 0.67 万公顷。城区地表水环境功能区达标率为 90.3%。

初步核算，2016 年全市规模工业综合能源消费量 496.83 万吨标准煤，比上年下降 0.9%。其中，六大高耗能行业综合能源消费量 305.38 万吨标准煤，下降 2.9%。重点耗能工业企业的单位产品能耗中吨水泥综合能耗下降 11.5%，吨水泥熟料综合能耗下降 2.9%，吨铝加工材消耗能源量下降 4.5%，电厂火力发电标准煤耗下降 27.8%。

全市生产安全事故死亡人数 47 人，比上年上升 147.4%；亿元 GDP 各类事故死亡人数 0.025 人，上升 212.5%；道路交通事故死亡人数 213 人，下降 3.6%；万车死亡人数 0.97 人，下降 10.6%。

十二、人民生活和社会保障

年末全市常住总人口 764.52 万人[3]，比上年增长 2.87%。按户籍人口计算，人口出生率为 15.04‰，死亡率为 4.41‰，自然增长率为 10.63‰。城镇化率为 75.99%，比上年提高 1.61 个百分点。

全市城镇居民人均可支配收入 43294 元，比上年增长 8.3%。其中，人均工资性收入 23283 元，增长 10.6%；人均经营净收入 6426 元，增长 8.4%；城镇居民人均消费支出 31826 元，增长 7.0%。在城镇居民消费分类中，食品烟酒人均消费 7941 元，增长 2.6%；衣着人均消费 2165 元，下降 3.8%；居住人均消费 6379 元，下降 1.3%；生活用品及服务人均消费 2541 元，增长 37.1%；交通通讯人均消费 4499 元，增长 6.6%；教育文化娱乐人均消费 5739 元，增长 10.8%；医疗保健人均消费 1984 元，增长 29.2%；其他用品和服务人均消费 578 元，增长 12.5%。城镇居民平均每百户家庭拥有家用汽车 51.8 辆；计算机 92.4 台，接入互联网的计算机 84.5 台。城镇居民人均自有现住房建筑面积 44.8 平方米。

全市农村居民人均可支配收入 25448 元，比上年增长 7.8%。全年农民人均消费支出 17574 元，增长 10.2%。农村居民平均每百户家庭拥有家用汽车 51.4 辆，计算机 35.1 台，移动电话机 297.6 台。农村居民人均自有现住房建筑面积 60.0 平方米。

全市有社会福利院、敬老院、养老院、光荣院等 173 所。各类收养性社会福利单位收养人员 1.54 万人。城镇各种社区服务设施 4000 处，其中综合性社区服务中心 615 个。接受社会捐赠 9793 万元。全年发放居民最低生活保障金 5.57 亿元，居民得到政府最低生活保障人数为 17.55 万人（包括城镇和农村）。

年末全市参加全市劳动保障部门城镇职工基本养老保险的人数达 212.03 万人，比上年末增长 3.3%，基本养老金社会化发放率达 100%；年末参加城镇居民养老保险人数为 7.79 万人，年末参加新型农村养老保险人数为 260.11 万人；年末参加城镇职工基本医疗保险人数为 174.60 万人，增长 4.6%。参加失业保险职工人数为 129.62 万人，增长 9.6%，全市领取失业保险金人数为 2.0 万人；参加工伤保险职工人数为 140.06 万人，增长 2.7%；参加生育保险人数为 119.56 万人，增长 5.7%；参加城乡居民医疗保险人数为 512.91 万人。

注：[1]本公报部分数据为初步统计数，部分数据因四舍五入的原因，存在与分项合计不等的情况。

[2]地区生产总值(GDP)、各产业增加值绝对数按现行价格计算，增长速度按不变价格计算。

[3]据公安部门统计，2016 年末全市实有人口 1014.15 万人。

特载二 主要经济社会指标统计图

户籍总人口（万人）

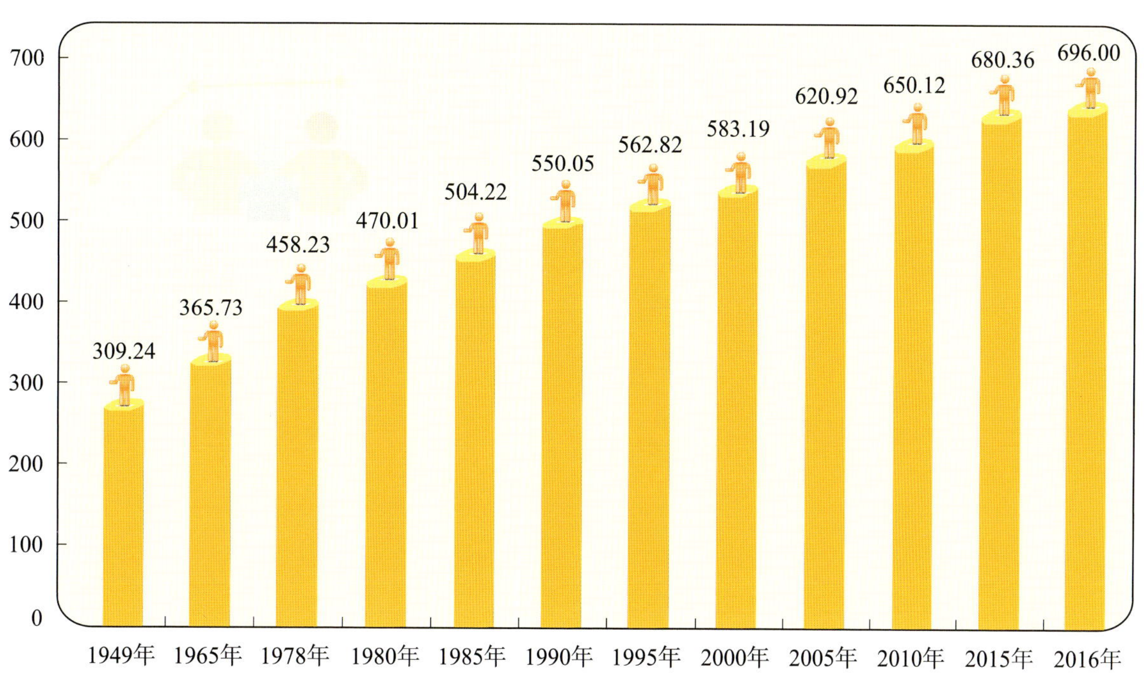

地区生产总值及增长速度（亿元、%）

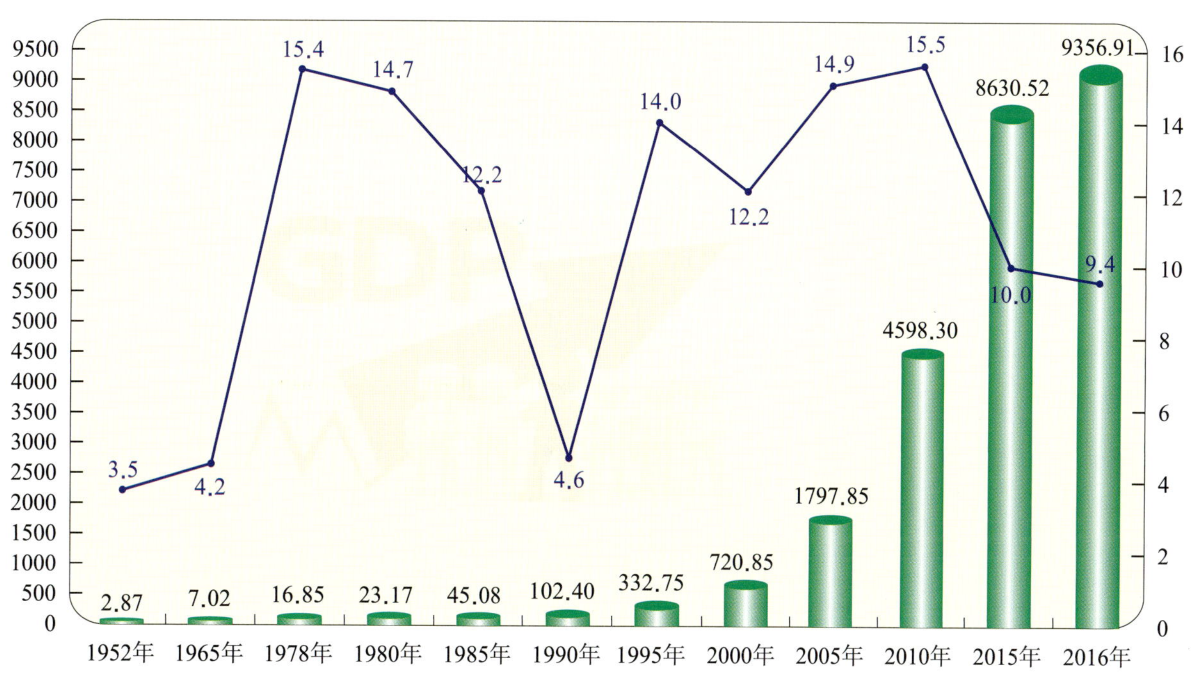

人均地区生产总值（元/人）

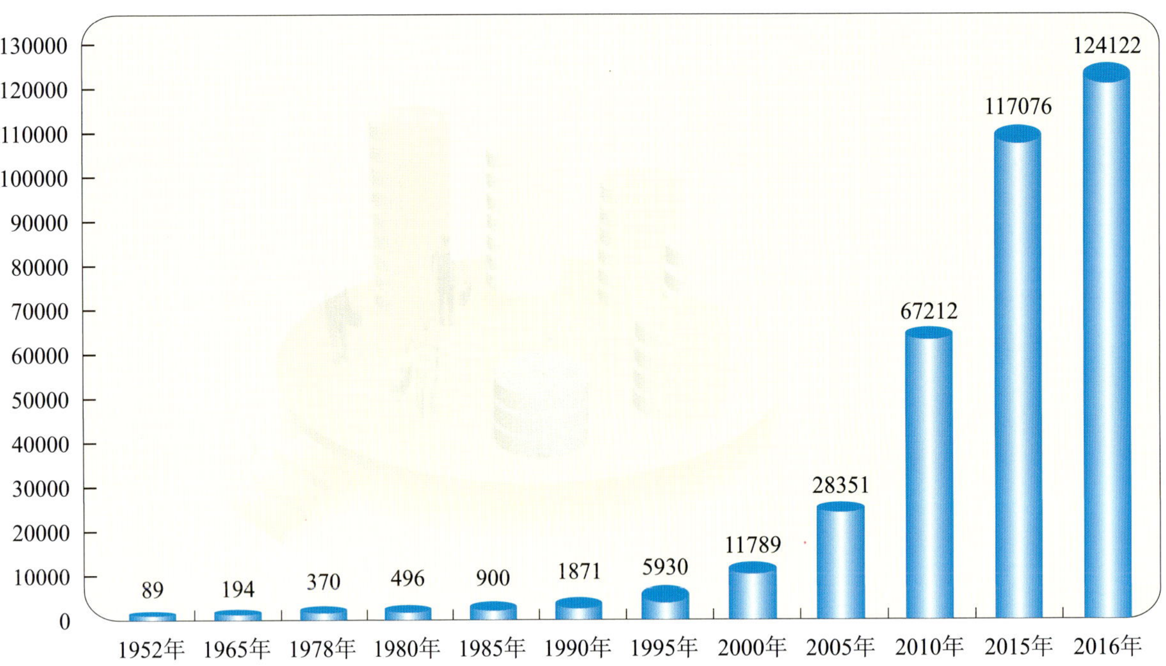

注：2000年以前人均地区生产总值按户籍人口计算，2000年以后按常住人口计算。

三次产业增加值（亿元）

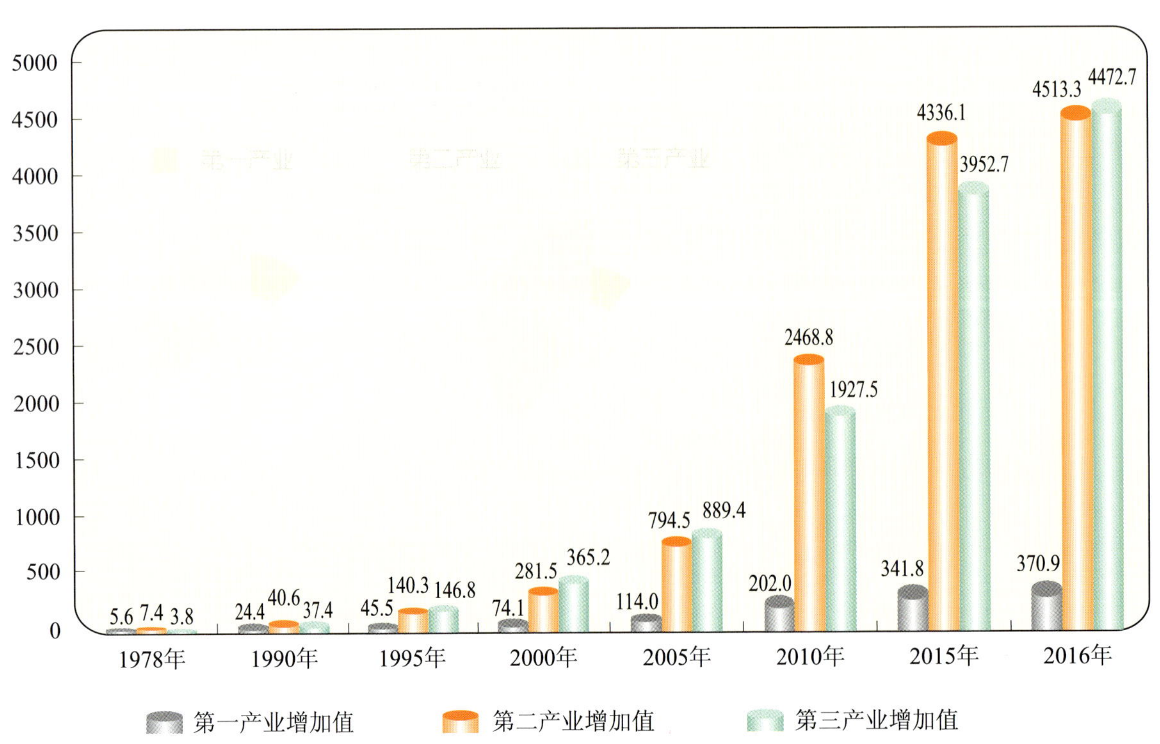

三次产业构成

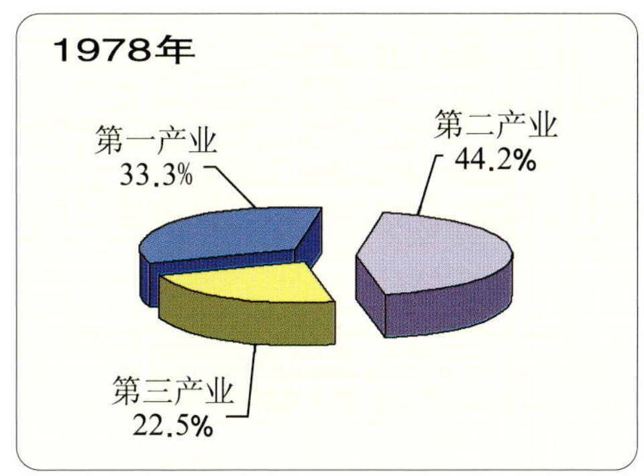

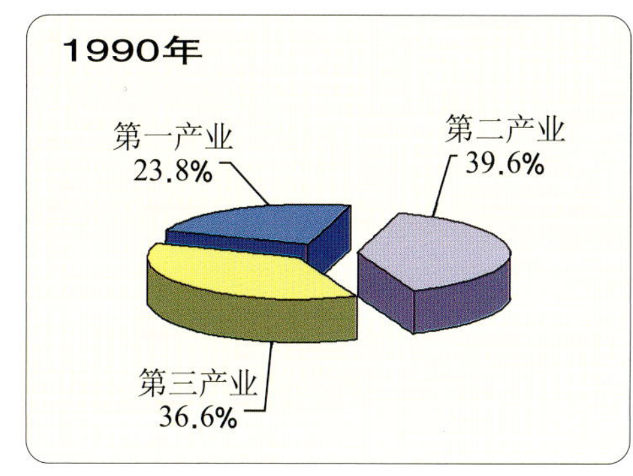

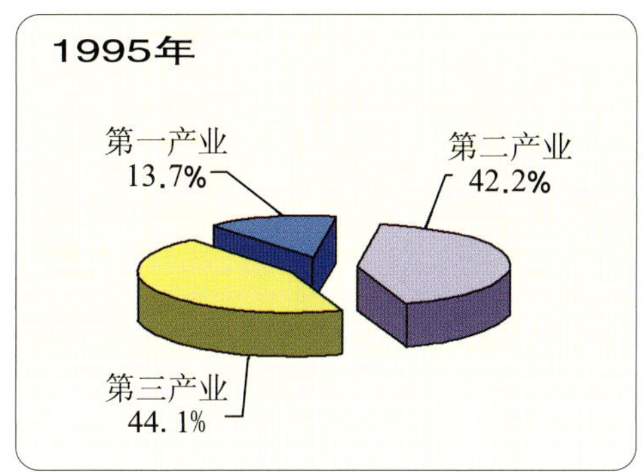

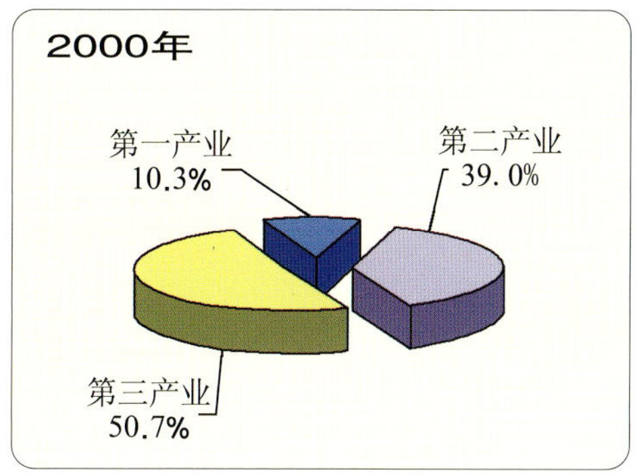

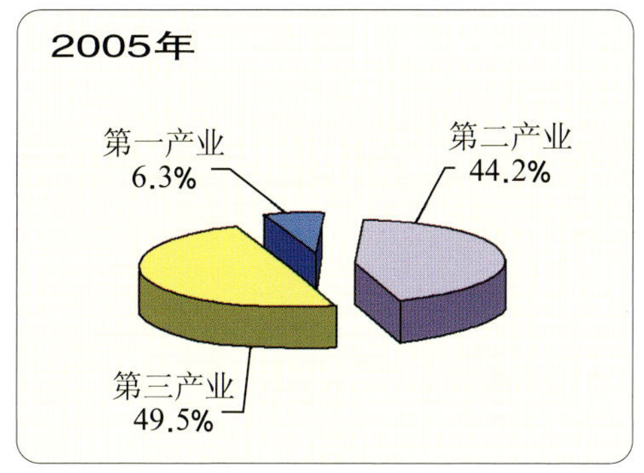

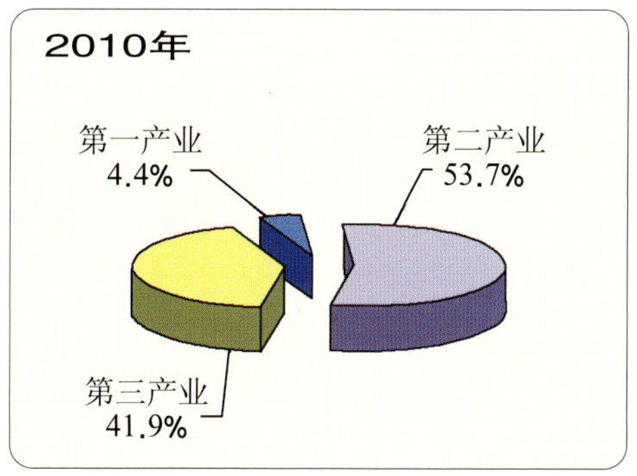

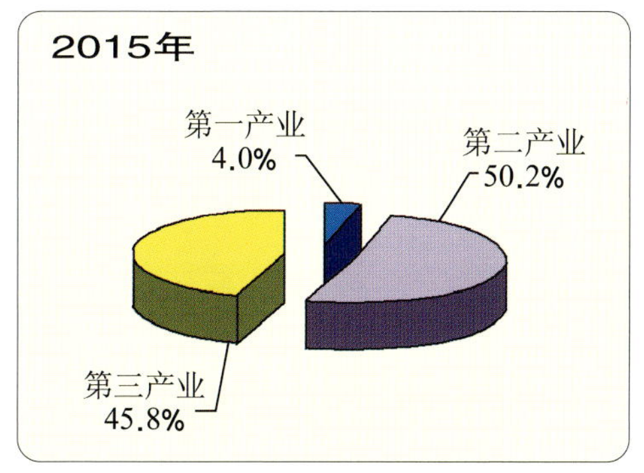

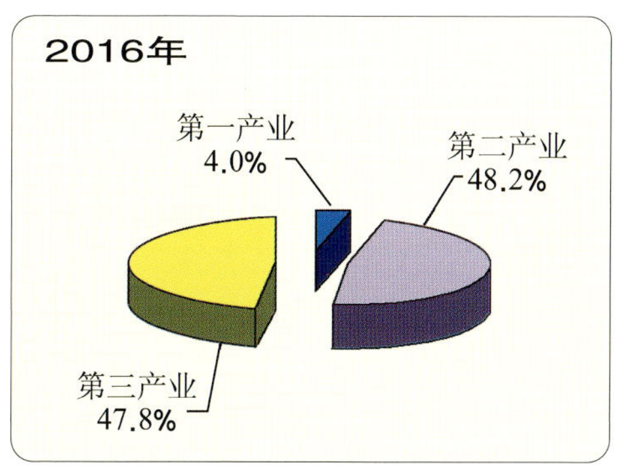

■ 第一产业　■ 第二产业　■ 第二产业

农林牧渔业总产值（亿元）

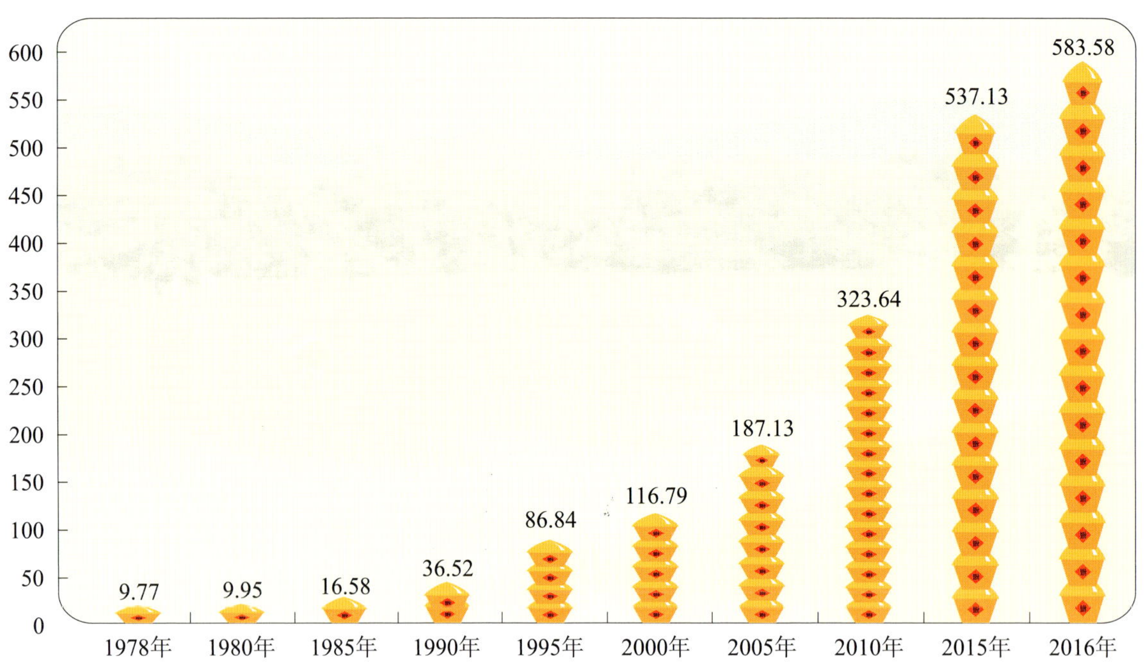

规模以上工业增加值（亿元）

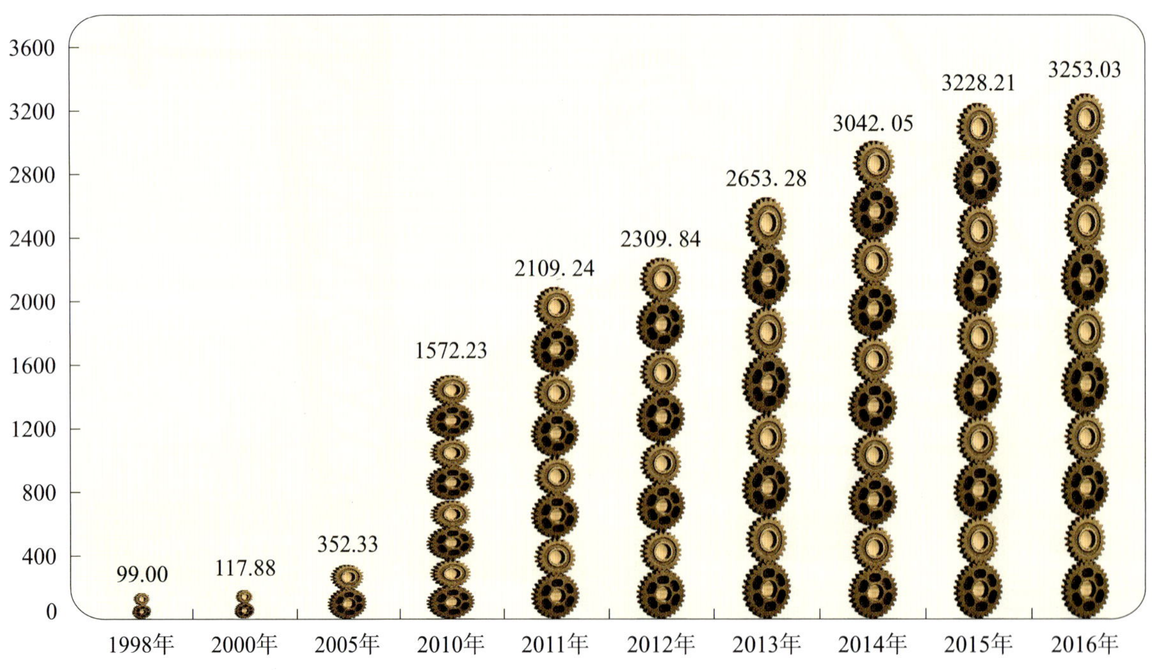

固定资产投资（亿元）

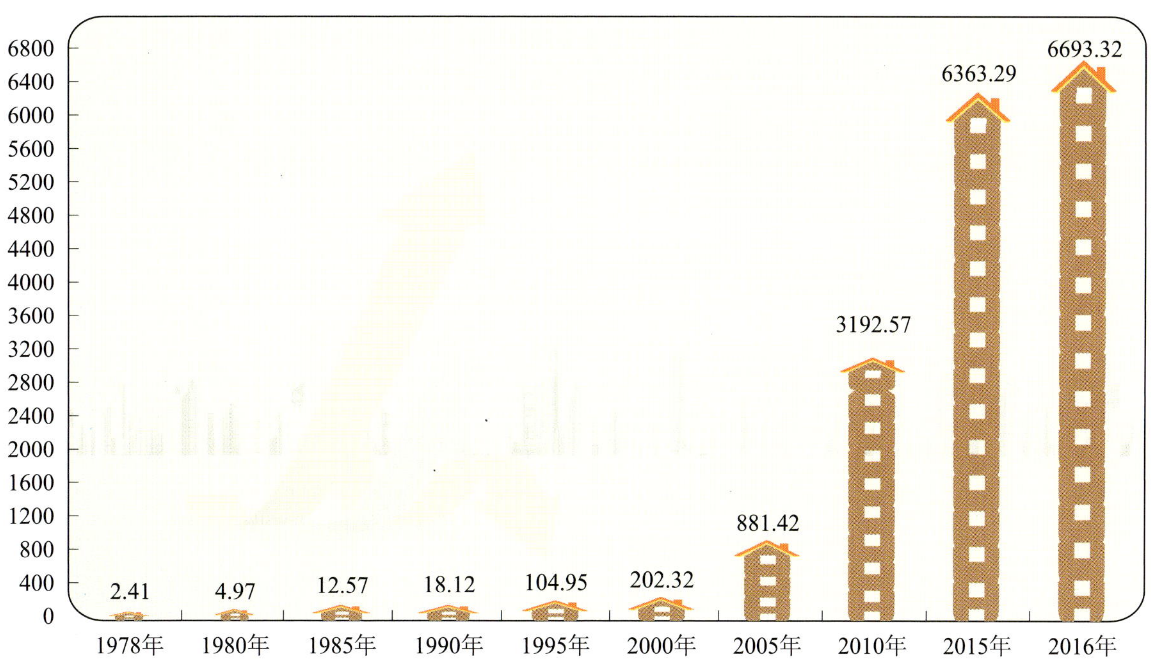

社会消费品零售总额（亿元）

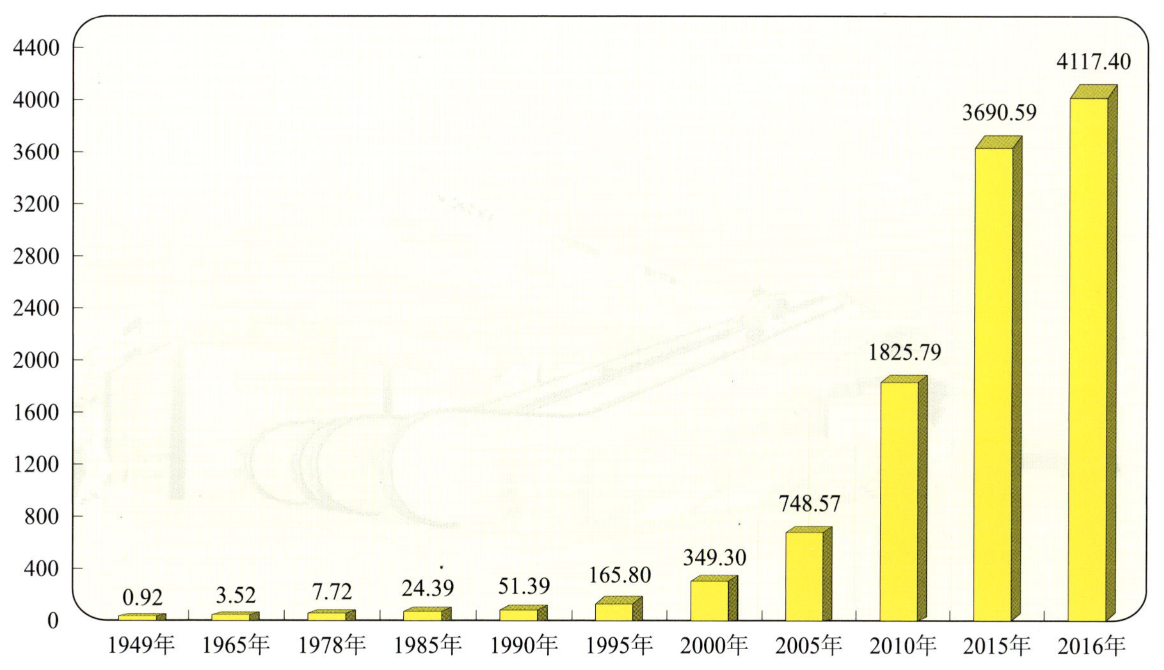

实际使用外商直接投资（亿美元）

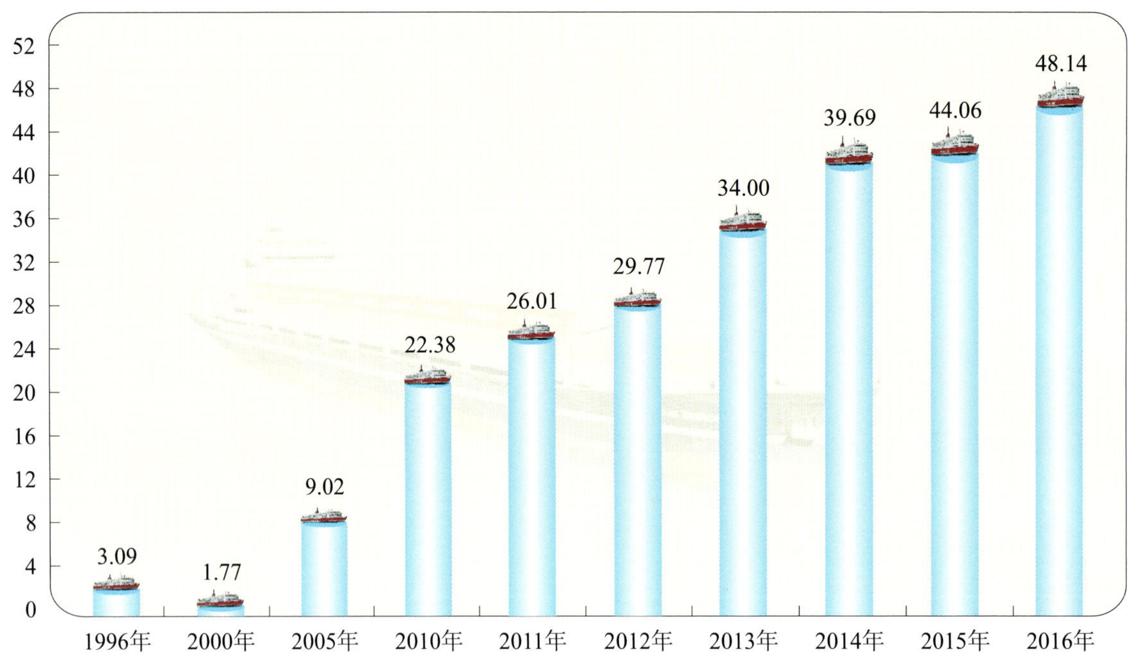

进出口总额（亿美元）

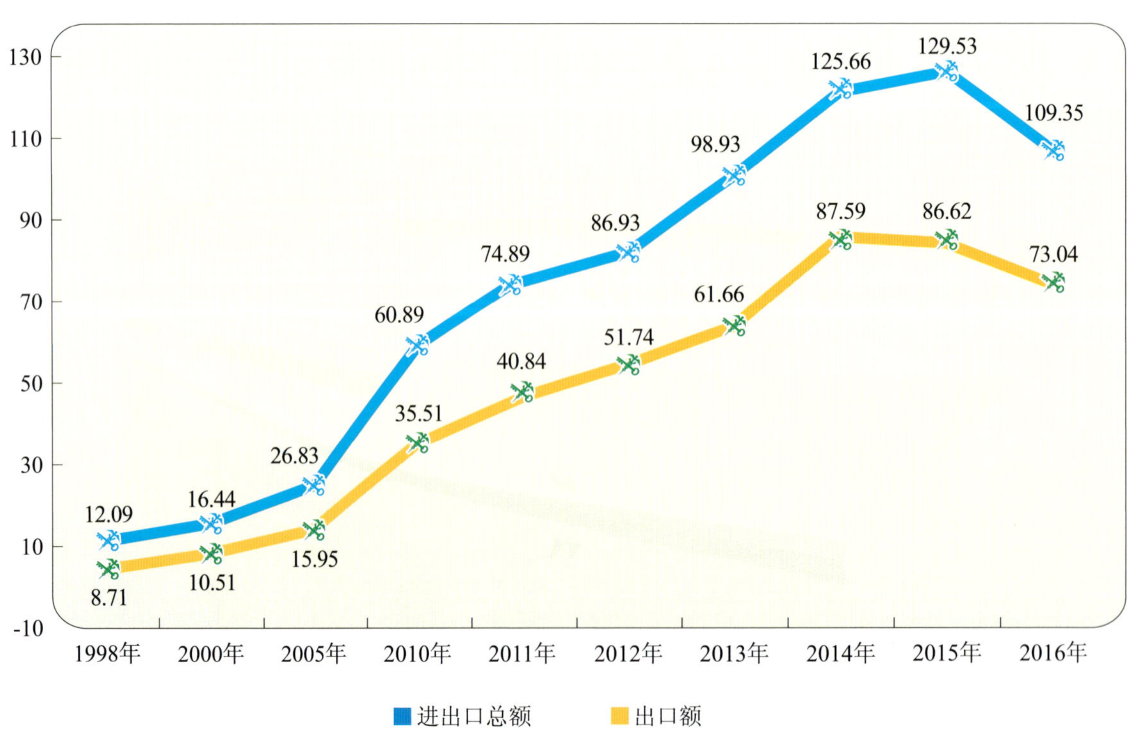

城乡居民储蓄余额（亿元）

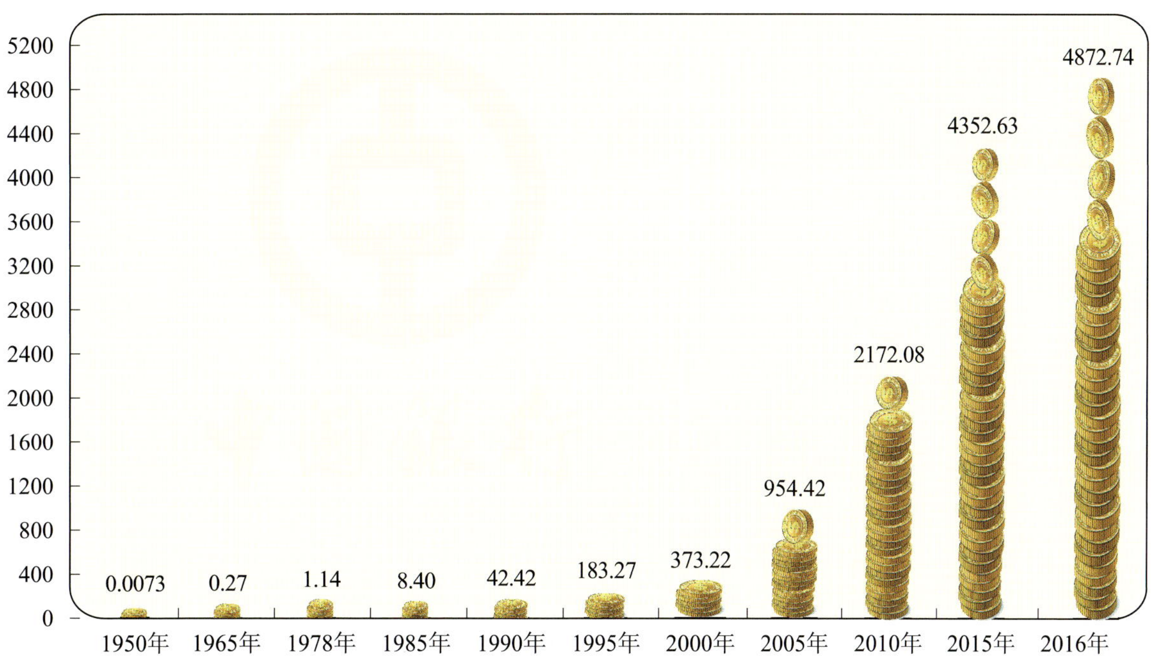

财政收入（亿元）

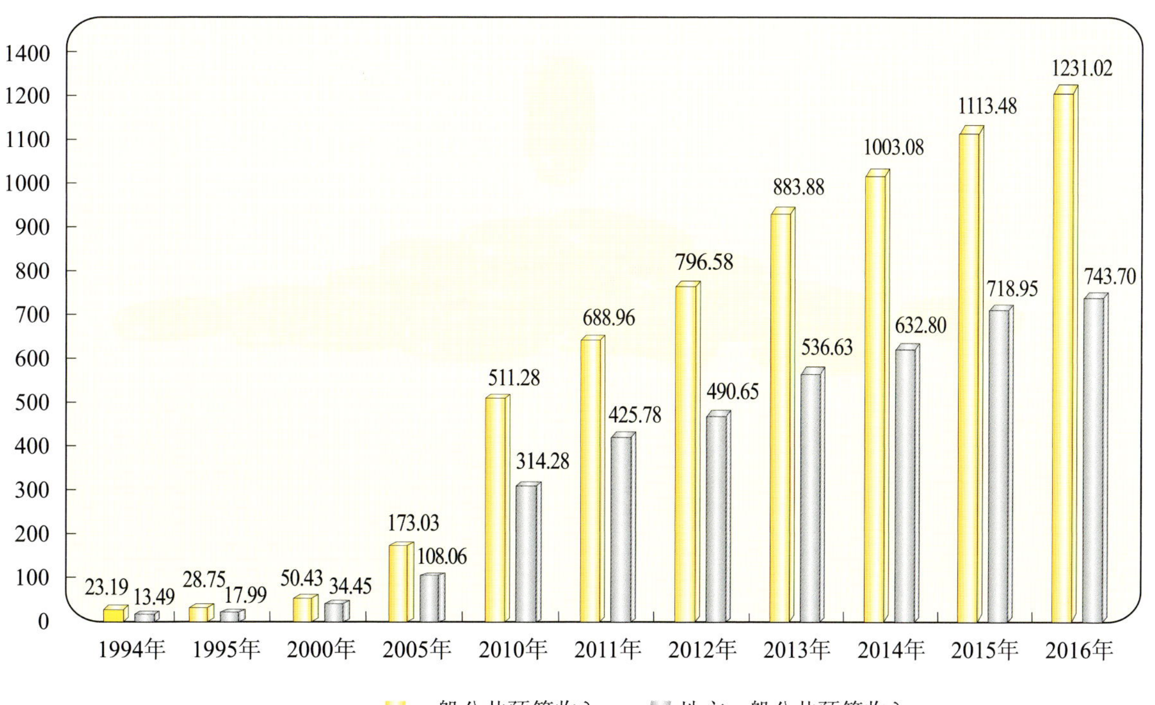

城市居民人均可支配收入（元/人）

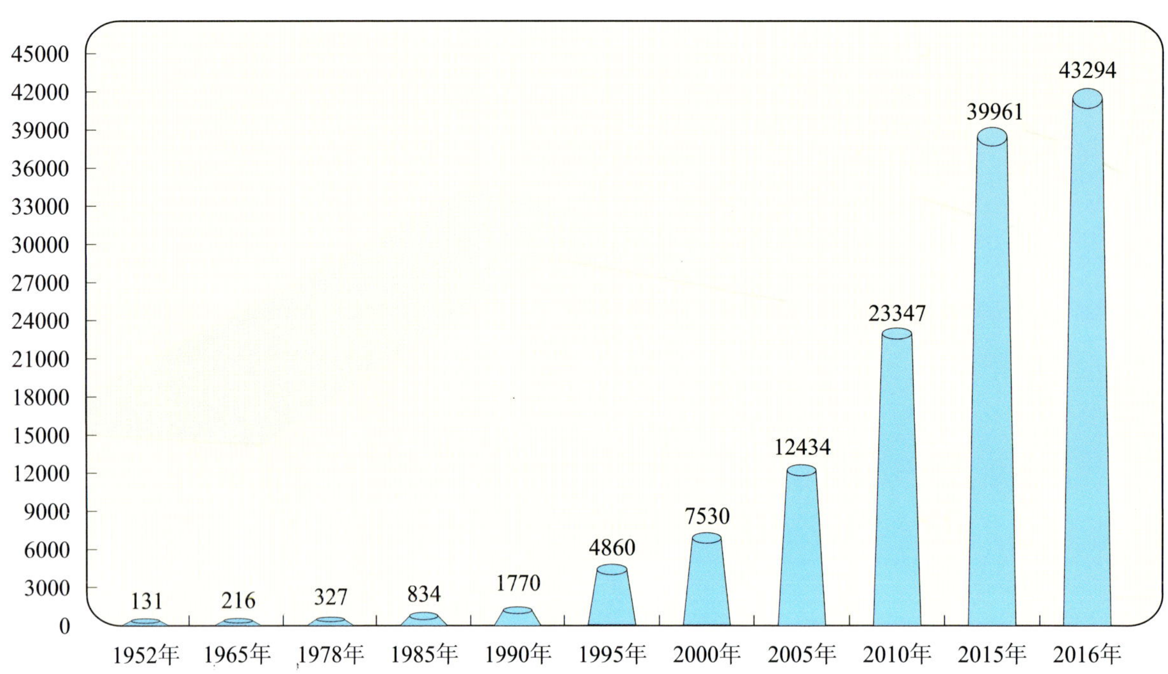

注：2012年以前为城市居民人均可支配收入，2013年开始为城镇居民人均可支配收入。

农村居民人均可支配收入（元/人）

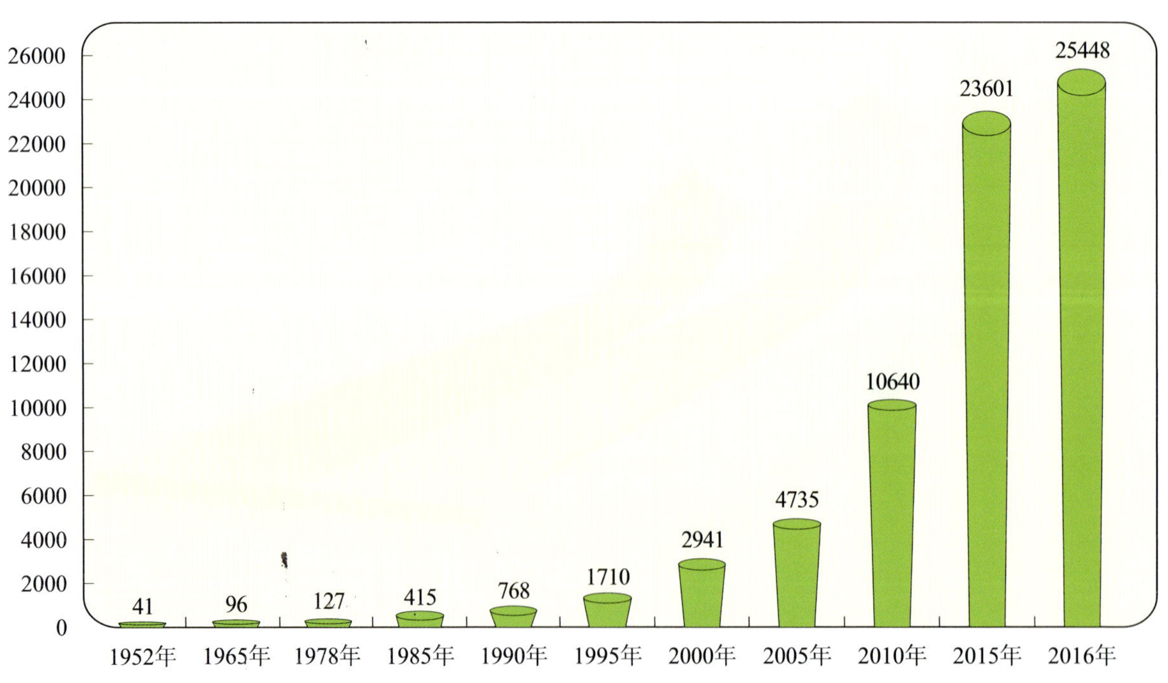

高等学校在校学生数（万人）

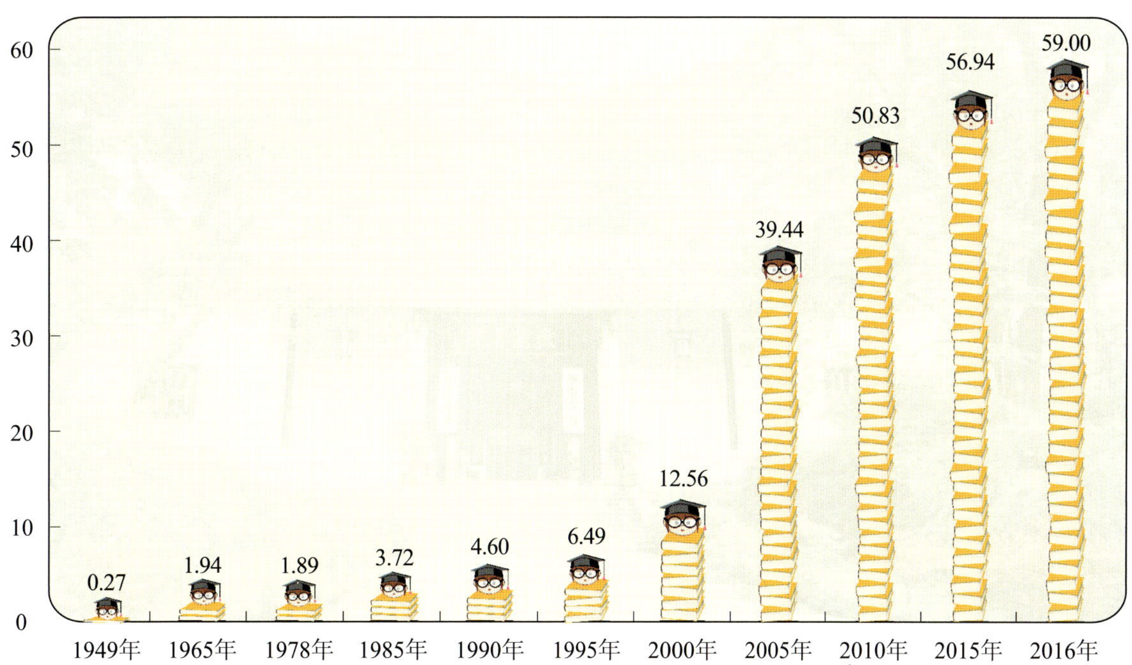

普通中学在校学生数（万人）

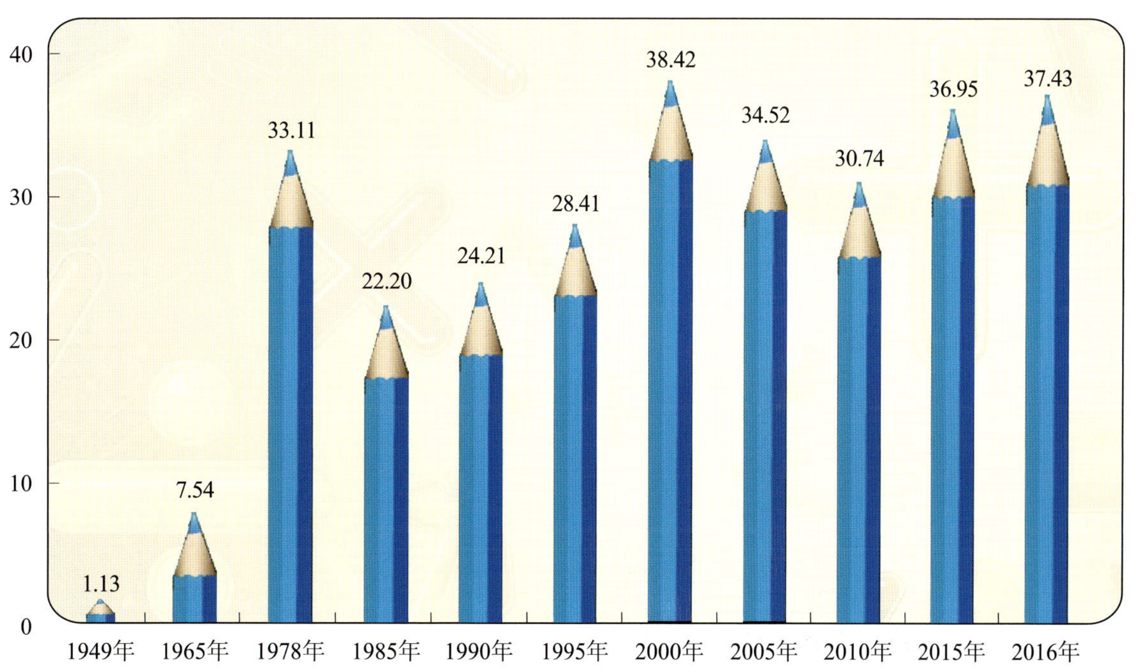

卫生技术人员（万人）

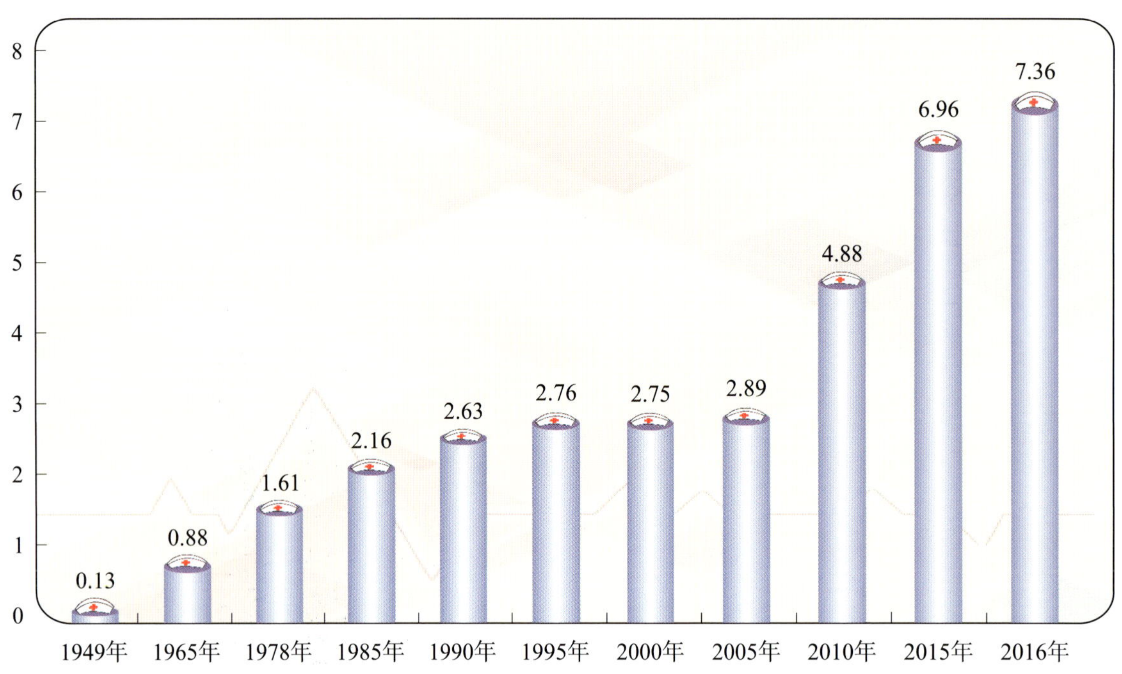

医疗病床数（万张）

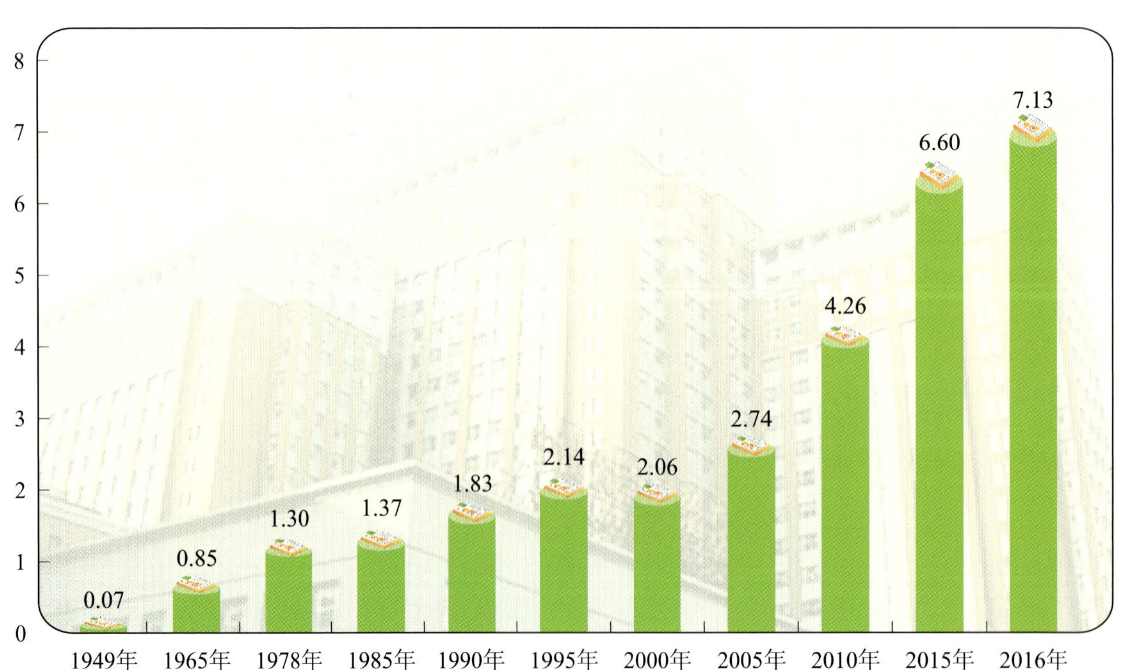

1 综　合

长沙统计年鉴

1－1 自 然 环 境

位置：

长沙位于中国东南部，湖南省东部偏北，湘江下游和长浏盆地西缘。地域范围为东经111°53′～114°15′，北纬27°51′～28°41′。东临江西省宜春地区和萍乡市，南接株洲、湘潭两市，西连娄底、益阳两市，北抵岳阳、益阳两市。

地貌：

长沙地形复杂，湘江两岸形成地势低平的冲积平原，其东西两侧及东南面为地势较高的低山、丘陵。东有属于湘赣边雁阵式山系的大围山，其主峰七星岭，海拔1607.9米，为全市最高处，望城区乔口镇西侧湛湖海拔23.5米，为全市最低处。市区地势为南高北低，南郊的金盆岭、豹子岭，海拔在100米以上。北郊的浏阳河、捞刀河和湘江的汇合处，海拔仅30米，成为市区最低点。

面积：

长沙东西长约230公里，南北宽约88公里。2016年全市土地面积11816.0平方公里，其中市区面积2150.9平方公里，建成区面积374.64平方公里。

河流：

长沙市区属湘江水系。湘江自湘潭昭山流经长沙县西南边境，然后由南向北纵贯市区，经望城区乔口出境。经过市境的长度有74公里，其间流入湘江的支流有15条，其中较大的有浏阳河、捞刀河、靳江、沩水。

气候：

长沙属亚热带季风气候。由于位居盆地内部，距海较远，受冬夏季风转换，地势向北倾斜等因素的影响，气候温和，四季分明。2016年长沙市年平均气温18.3℃，极端最高温度为39.4℃，极端最低温度为零下4.4℃，降雨量1726.7毫米，总日照时数为1421.7小时。

自然资源：

长沙市地下矿藏种类多，以非金属矿具特色。已查明的有铁、锰、钒、铜、铅、锌、硫、磷、海泡石、重晶石、菊花石、煤等50余种，矿点300多处。植被以亚热带常绿阔叶林为主，有自然生长和引进栽培树102科、977种，其中常绿树462种，落叶树515种，乔木457种，灌木414种，竹藤类106种。主要林木有松、杉、栎、樟、楠、椿、茶、油茶、柑橘、毛竹等。1985年市八届人大常委会通过，市人民政府公布香樟为市树，杜鹃花为市花。

1－2 行 政 区 划

年份地区	市辖区数	市辖县（市）数	土地面积（平方公里）	镇　数
1949	5	112		
1965	4	1	3995	
1978	5	2	3995	7
1990	5	4	11818.50	21
2000	5	4	11819.46	75
2001	5	4	11819.46	76
2002	5	4	11819.46	79
2003	5	4	11819.46	81
2004	5	4	11819.46	81
2005	5	4	11819.46	79
2006	5	4	11819.46	80
2007	5	4	11819.46	83
2008	5	4	11819.46	84
2009	5	4	11819.46	86
2010	5	4	11815.96	85
2011	6	3	11815.96	88
2012	6	3	11815.96	82
2013	6	3	11815.96	79
2014	6	3	11815.96	80
2015	6	3	11815.96	67
2016	6	3	11815.96	68
芙蓉区	1		42.68	
天心区	1		137.40	
岳麓区	1		538.83	2
开福区	1		188.73	
雨花区	1		292.20	1
望城区	1		951.06	5
长沙县		1	1755.62	13
浏阳市		1	4997.35	26
宁乡县		1	2912.09	21

单位:个

街道办事处数	居民委员会数	乡 数	村民委员会数
59	18	11	
25	201	60	1145
39	329	84	1096
35	535	210	2987
50	763	46	3111
52	542	44	2786
54	568	39	2727
54	523	38	2677
54	560	38	1276
55	569	37	1281
55	571	34	1271
53	566	31	1258
53	568	30	1243
57	578	27	1236
59	590	26	1226
62	638	22	1187
82	689	19	1170
94	714	15	1169
94	715	14	1169
94	719	7	1165
94	724	6	765
13	67		5
14	71		13
16	95		57
16	98		9
12	131		13
10	40		97
5	83		114
4	85	2	237
4	54	4	220

1－3 国民经济主要综合指标

指　标	单　位	1949 年	1965 年	1978 年	1990 年	1995 年	2000 年
一、土地面积	平方公里	112.0	3995.0	3995.0	11818.0	11819.5	11819.5
# 市区	平方公里	112.00	177.07	352.00	367.00	556.33	556.33
# 建成区	平方公里	6.70	20.93	53.04	101.00	115.00	118.82
二、年末户籍总人口	万人	309.24	365.73	458.23	550.05	562.82	583.19
年末常住总人口	万人	…	…	…	…	…	613.87
三、地区生产总值	亿元	2.87△	7.02	16.85	102.40	332.75	720.85
第一产业	亿元	…	…	5.61	24.38	45.58	74.11
第二产业	亿元	…	…	7.44	40.58	140.34	281.50
# 工业	亿元	…	…	6.37	34.34	106.57	226.48
第三产业	亿元	…	…	3.79	37.44	146.83	365.24
人均地区生产总值	元/人	89△	194	370	1871	5930	11789
四、工业总产值	亿元	0.58	7.97	23.85	117.70	407.95	620.49
五、农林牧渔业总产值	亿元	1.70	2.98	7.38	36.52	86.84	116.79
# 农业	亿元	1.51	2.43	…	…	42.66	62.80
六、粮食产量	万吨	74.30	101.01	189.81	264.13	244.80	262.33
七、耕地面积	千公顷	274.27	265.87	255.91	247.93	245.77	242.32
八、固定资产投资	亿元	0.05△	0.54	2.41	18.12	104.95	202.32
# 城镇及以上固定资产投资	亿元	…	…	…	…	…	153.34
新增固定资产	亿元	0.05※	0.46	1.32	8.25	49.37	88.34
竣工房屋面积	万平方米	7.02※	34.28	81.41	109.77	314.55	343.54
# 住宅	万平方米	1.19※	13.09	41.17	91.95	168.87	198.51
九、货物运输量	万吨	…	…	…	6165	6419	5910
货物周转量	亿吨公里	…	…	…	26.26	60.13	140.48
旅客运输量	万人	…	…	…	…	8935	9052
旅客周转量	亿人公里	…	…	…	…	34.90	34.83
十、邮电业务总量	万元	121	451	704	13870	89069	349844
十一、社会消费品零售总额	亿元	0.92	3.52	7.72	51.39	165.80	349.30
十二、进出口总额	亿美元	…	…	…	…	…	16.44
# 出口	亿美元	…	…	…	…	…	10.51

2005年	2008年	2009年	2010年	2011年	2012年	2013年	2014年	2015年	2016年	2016年比2015年±%
11819.5	11819.5	11819.5	11816.0	11816.0	11816.0	11816.0	11816.0	11816.0	11816.0	持平
556.33	954.55	954.55	958.80	1909.86	1909.86	1909.86	1909.86	1909.86	2150.90	12.6
167.70	242.78	249.29	272.39	306.39	315.81	325.51	336.25	363.69	374.64	3.0
620.92	641.74	646.84	650.12	656.62	660.62	662.81	671.41	680.36	696.00	2.3
639.30	658.56	664.22	704.07	709.07	714.66	722.14	731.15	743.18	764.52	2.9
1797.85	3334.19	3787.84	4598.30	5683.69	6479.78	7249.06	7934.66	8630.52	9356.91	9.4
113.98	172.11	179.40	202.01	243.38	272.31	294.55	311.90	341.78	370.95	3.0
794.46	1694.54	1920.17	2468.80	3191.88	3644.57	4015.27	4321.89	4336.08	4513.28	7.2
590.77	1392.74	1581.12	2052.45	2702.67	3103.99	3420.63	3655.57	3602.90	3727.24	7.3
889.41	1467.54	1688.28	1927.49	2248.43	2562.89	2939.24	3300.88	3952.66	4472.68	12.4
28351	50846	57271	67212	80441	91025	100906	109195	117076	124122	7.0
1300.62	3507.48	4161.81	5487.74	7127.36	8263.08	8938.05	10444.51	11174.62	12207.73	9.2
187.13	281.90	294.61	323.64	387.72	419.78	454.62	490.59	537.13	583.58	3.2
92.64	136.71	146.58	173.59	208.26	230.31	251.85	284.91	317.39	340.93	5.6
262.28	248.01	248.93	236.36	244.51	247.94	244.23	248.52	251.14	247.41	-1.5
246.90	274.03	278.07	276.79	275.65	274.89	274.15	273.36	271.97	270.16	-0.7
881.42	1873.33	2441.78	3192.57	3510.24	4011.96	4593.39	5435.75	6363.29	6693.32	13.9
791.16	1712.24	2238.47	2909.83	3274.28	3742.32	4254.57	—	—	—	—
343.72	700.50	1341.03	1471.50	2130.78	2260.80	2861.34	3361.65	4094.82	3370.70	-17.7
931.57	1017.39	1509.90	1741.56	1606.85	1528.11	1522.97	1681.04	1432.02	1921.23	34.2
612.26	712.75	1131.71	1184.42	1216.21	1150.53	1083.82	1126.19	964.28	1169.64	21.3
10991	17158	21074	22947	25651	26145	28048	30449	33932	36767	6.7
100.38	132.32	177.00	219.25	257.12	301.66	334.07	359.74	386.19	387.65	6.8
10895	13488	31304	33983	35525	36440	37922	12745	11839	11164	-4.2
99.57	124.94	174.78	194.55	245.41	254.47	276.70	221.00	243.69	273.60	9.5
802762	1386790	1506054	846295	1049349	1149802	1353237	1948598	2511522	3781152	50.6
748.57	1308.75	1515.68	1825.79	2215.34	2546.01	2917.90	3293.55	3690.59	4117.40	11.6
26.83	51.68	41.18	60.89	74.89	86.93	98.93	125.66	129.53	109.35	-15.6
15.95	34.79	24.46	35.51	40.84	51.74	61.66	87.59	86.62	73.04	-15.7

1－3 续表

指 标	单 位	1949 年	1965 年	1978 年	1990 年	1995 年	2000 年
十三、实际使用外商直接投资金额	亿美元	…	…	…	…	…	1.77
十四、全市居民消费价格总指数	%	…	…	…	…	…	…
# 城市居民消费价格总指数	%	109.63◆	97.72	99.63	101.5	117.1	101.7
全市商品零售价格指数	%	…	…	…	…	…	…
# 城市商品零售价格指数	%	105.64★	97.9	99.94	100.2	114.0	100.7
十五、地方一般公共预算收入	亿元	…	…	…	…	17.99	34.45
一般公共预算支出	亿元	…	…	…	…	21.60	41.43
十六、高等学校数	所	2	9	8	21	21	23
高等学校在校学生数	万人	0.27	1.94	1.89	4.60	6.49	12.56
中等职业学校数	所	16	21	23	40	42	40
中等职业学校在校学生数	万人	0.23	0.78	0.98	2.56	5.54	8.41
普通中学在校学生数	万人	1.13	7.54	33.11	24.21	28.41	38.42
小学在校学生数	万人	14.71	59.37	68.01	57.07	62.37	46.65
十七、艺术表演团体	个	9	19	13	12	12	13
十八、图书出版量	万册	1626△	2549	1983	32135	33677	24844
杂志出版量	万份	245△	221	2680	5144	7636	10404
报纸出版量	万份	6786△	17000	30057	40325	55721	62354
十九、卫生机构数	个	34	1035	1195	1346	1100	1036
# 医院、卫生院	个	14	138	248	297	205	263
医疗病床数	张	747	8454	12976	18349	21378	20590
卫生技术人员	人	1253	8779	16068	26307	27553	27460
# 执业医师和执业助理医师	人	…	…	7247	12423	12107	12345
二十、城市居民人均可支配收入	元	131△	216	327	1770	4860	7530
农村居民人均可支配收入	元	41	96	127	768	1710	2941
农民人均纯收入	元	48△	103	143	820	1737	3005
二十一、年末金融机构本外币存款余额	亿元	…	…	…	…	306	826
# 城乡居民储蓄余额	亿元	0.0073※	0.27	1.14	42.42	183	373
年末金融机构本外币贷款余额	亿元	…	…	…	…	241	632

注：1. 土地面积按当年实际情况整理。
2. ※为 1950 年数，★为 1951 年数，△为 1952 年数，◆为 1953 年数。
3. 工、农业总产值 1990 年以前按不变价格计算；1990 年以后按现行价格计算。
4. 邮电业务总量 1949－1978 年按 1970 年不变价格计算；1990－2001 年按 1990 年不变价格计算；2002 年－2009 年按 2000 年不变价格计算，2010 年以后按 2010 年不变价格计算。
5. 2003 年开始因教育制度改革，现行中等职业学校包括普通中专、职业高中，2002 年以前年份的数据是中等专业学校数据。
6. 人均地区生产总值 2000 年以前按户籍人口计算，2000 年以后按常住人口计算。
7. 2005－2008 年的地区生产总值、社会消费品零售总额、2008 年工业总产值按第二次经济普查数据修正。
8. 根据国家抽样调查情况，全省统一对 2010 年粮食产量数据进行了调整。

2005 年	2008 年	2009 年	2010 年	2011 年	2012 年	2013 年	2014 年	2015 年	2016 年	2016 年比 2015 年 ± %
9.02	18.01	20.33	22.38	26.01	29.77	34.00	39.69	44.06	48.14	9.3
102.3	106.3	99.5	103.1	105.5	102.0	102.6	—	—	—	—
101.9	105.2	99.4	102.9	105.5	102.3	102.8	102.7	101.1	101.9	1.9
101.7	106.3	98.2	103.5	105.5	101.7	101.7	—	—	—	—
100.4	103.9	97.7	103.8	105.4	101.5	101.2	101.7	99.6	100.9	0.9
108.06	205.57	246.29	314.28	425.78	490.65	536.63	632.80	718.95	743.70	3.4
133.05	260.56	314.08	403.33	520.89	624.62	701.82	802.38	925.00	1041.43	12.6
45	49	48	48	50	50	50	50	51	51	持平
39.44	48.39	50.41	50.83	51.68	52.32	53.06	54.75	56.94	59.00	3.6
104	78	79	67	59	50	50	52	50	51	2.0
11.27	9.97	13.76	11.37	11.56	12.09	10.82	8.67	9.15	9.30	1.7
34.52	29.00	29.53	30.74	32.51	34.38	35.71	36.47	36.95	37.43	1.3
33.87	39.51	40.36	41.35	42.54	43.95	45.79	48.13	50.94	53.65	5.3
12	12	12	12	12	9	9	9	12	12	持平
30483	29084	26161	31109	34479	36014	35733	42142	48494	51630	6.5
10925	8467	11271	12540	12140	12496	12804	13247	13918	13757	-1.2
75309	76080	100554	101861	94019	102698	105924	107582	105635	70934	-32.8
1519	2385	2709	2655	2680	4270	4690	4586	4661	4605	-1.2
260	252	265	255	255	254	279	276	284	286	0.7
27395	35547	41603	42629	47036	51285	57919	63606	66036	71335	8.0
28943	40232	44888	48791	53030	55978	62123	66735	69634	73603	5.7
12088	15831	17153	18258	19100	20268	22936	24340	25599	27271	6.5
12434	18282	20864	23347	27069	31044	33662	36826	39961	43294	8.3
4735	7632	8986	10640	12717	15057	19713	21723	23601	25448	7.8
4908	8003	9432	11206	13400	15763	—	—	—	—	—
2322	3869	5326	6428	7364	8801	10149	11266	14066	15489	10.1
954	1495	1881	2172	2527	3004	3508	3899	4353	4873	11.9
2055	3516	5201	6354	7484	8519	9633	10713	12324	13867	12.5

9. 从2011年起,原全社会固定资产投资指标改名为固定资产投资,固定资产投资统计起点由50万元提高到500万元及以上。

10. 因统计方法制度改革,从2013年开始取消农民人均纯收入统计指标,城市居民人均可支配收入调整为城镇统计口径,2012年以前为城市统计口径,与往年数据不具可比性。

11. 2014年货物、旅客运输量及周转量统计口径发生变化,与以前年度数据不具可比性。

12. 2014年邮电业务总量测算方法发生变化,与以前年度数据不具可比性。

13. 因统计制度变化,从2014年起居民消费价格指数和商品零售价格数取消全年统计口径数据。

14. 2016年,将部分研发支出计入GDP,并对历史数据进行了调整。

15. 图书出版印数2000年以前按“书籍”统计,2000年以后按“图书”统计。

1－4 国民经济主要指标平均递增速度

指　　标	1949～1965年	1965～1978年	1949～2016年	1978～2016年	2000～2016年	2010～2016年
一、年末户籍总人口	1.1	1.7	1.2	1.1	1.1	1.1
二、地区生产总值	4.3	5.1	9.3	13.0	13.8	11.6
第一产业	…	…	…	5.0	4.5	3.7
第二产业	…	…	…	14.5	15.6	12.1
# 工业	…	…	…	14.6	16.2	12.8
第三产业	…	…	…	14.5	13.1	11.4
人均地区生产总值	…	…	…	11.7	12.4	9.7
三、工业总产值	18.3	9.9	15.4	15.9	19.5	14.3
四、农林牧渔业总产值	3.2	3.6	3.7	5.0	5.0	3.7
# 农业	2.8	4.4	4.4	4.2	4.9	5.8
五、粮食产量	1.9	5.0	1.8	0.7	-0.4	0.8
六、固定资产投资	…	…	…	23.2	24.4	19.2
新增固定资产	23.4※	3.4	17.1△	24.0	29.4	20.9
竣工房屋面积	19.5※	1.8	7.1△	8.9	13.8	-2.1
# 住宅	25.5※	1.2	7.8△	10.2	15.3	-1.6
七、社会消费品零售总额	9.1	6.8	13.4	18.0	16.7	14.7
八、地方一般公共预算收入	…	…	…	…	21.2	15.4
一般公共预算支出	…	…	…	…	22.3	17.1

1－4 续表 单位：%

指 标	1949～1965年	1965～1978年	1949～2016年	1978～2016年	2000～2016年	2010～2016年
九、高等学校数	9.9	-0.9	5.0	5.0	5.1	1.0
高等学校在校学生数	13.2	-0.2	8.4	9.5	10.2	2.5
普通中学在校学生数	12.6	12.1	5.4	0.3	-0.2	3.3
小学在校学生数	9.1	1.1	1.9	-0.6	0.9	4.4
十、艺术表演团体	4.8	-2.9	0.4	-0.2	-0.5	0.0
十一、图书出版量	3.5△	-1.9	5.3△	9.0	4.7	8.8
杂志出版量	-1.1△	21.6	6.2△	4.4	1.8	1.6
报纸出版量	7.3△	4.5	3.6△	2.3	0.8	-5.9
十二、卫生机构数	23.8	1.1	7.6	3.6	9.8	9.6
# 医院、卫生院	15.4	4.6	4.6	0.4	0.5	1.9
医疗病床数	16.4	3.4	7.0	4.6	8.1	9.0
卫生技术人员	12.9	4.8	6.3	4.1	6.4	7.1
# 执业医师和执业助理医师	…	…	…	3.5	5.1	7.0
十三、城市居民人均可支配收入	3.9△	4.1	…	…	…	…
农民人均纯收入	6.0△	2.6	…	…	…	…
城乡居民储蓄余额	27.2※	10.1	22.2※	24.6	17.4	14.4

注：※表示以1950年为基期，△表示以1952年为基期。

1－5 主要指标日均水平

指 标	单位	1949年	1965年	1978年	1990年	1995年	2000年
一、地区生产总值	万元	78.53△	192.44	461.52	2805	9116	19749
二、工业总产值	万元	15.87	218.33	627.18	3196	9341	17000
三、公共财政预算收入	万元	…	…	…	…	493	944
四、农林牧渔业总产值	万元	46.63	81.64	267.56	1001	2479	3200
五、粮食总产量	吨	2036	2767	5200	7236	6707	7187
六、固定资产投资	万元	5.60△	14.89	66.13	496	2875	5543
竣工房屋面积	平方米	192※	939	2230	3007	8618	9412
# 住宅	平方米	33※	359	1128	1265	4622	5439
七、邮电:函件	万件	1.65※	5.28	5.88	17.68	30.52	23.01
八、社会消费品零售总额	万元	25	96	252	1408	4543	9570
九、城市生活用水	万吨	0.10	4.33	12.81	34.15	47.23	58.21
十、城市公共汽车乘客人数	万人次	1.65	11.29	45.06	72.76	64.77	92.64
十一、出 生	人	…	352	193	242	113	170
死 亡	人	…	94	83	103	101	114
结 婚	对	…	…	…	140	110	110
离 婚	对	…	…	…	14	20	17
十二、出版报纸	万份	18.59△	46.58	82.35	110.48	150.38	170.83
出版杂志	万份	0.67△	0.58	7.34	14.09	20.92	28.50
出版图书	万册	4.45△	6.98	5.43	88.04	92.27	68.07

注:1. ※为1950年数,△为1952年数。

2. 1949年、1965年工农业总产值按不变价格计算,其他年份按现价计算。

2005 年	2008 年	2009 年	2010 年	2011 年	2012 年	2013 年	2014 年	2015 年	2016 年
49256	91348	103777	125981	155718	177528	198604	217388	236453	256354
35633	96095	114022	150349	195270	226386	244878	286151	306154	334458
2960	5632	6748	8610	11665	13442	14701	17337	19697	20375
5127	7735	8072	8867	10622	11501	12455	13441	14716	15989
7186	6795	6820	6853	6699	6793	6690	6809	6881	6778
24149	51324	66898	87468	96171	109917	125847	148925	174337	183379
25522	27874	41367	47715	44023	41866	41725	46055	39233	52636
16774	19527	31006	32449	33321	31521	29693	30855	26419	32045
10.74	9.67	13.50	11.64	11.44	9.40	5.70	4.90	4.30	3.40
20509	35856	41525	50021	60694	69753	76766	90234	101112	112806
86.41	68.14	72.87	72.91	80.12	82.05	85.65	92.82	96.27	96.44
214.14	289.87	224.48	197.87	290.85	291.40	285.21	318.57	320.39	308.36
185	195	191	196	208	227	242	279	268	284
117	106	96	100	85	117	103	97	89	83
125	172	219	190	216	209	182	191	159	159
28	38	43	46	50	55	57	58	60	60
206.33	208.44	275.49	279.07	257.59	281.36	290.20	294.75	289.41	194.34
29.93	23.20	30.88	34.36	33.26	34.24	35.08	36.29	38.13	37.69
83.52	79.68	71.67	85.23	94.46	99.42	97.90	115.46	132.86	141.45

1－6 主要指标人均水平

指 标	单位	1949 年	1965 年	1978 年	1990 年	1995 年	2000 年
一、地区生产总值	元	89△	194	370	1871	5930	12368
二、工业总产值	元	19	221	503	2132	6811	10464
三、农林牧渔业总产值	元	55	82	215	667	1548	2004
四、粮食产量	公斤	240	280	417	480	435	450
五、固定资产投资完成额	元	6.34△	15.04	53.02	331	1870	3471
竣工房屋面积	平方米	0.02※	0.09	0.18	0.20	0.56	0.59
六、社会消费品零售总额	元	30	96	201	934	2955	5993
七、职工工资	元	439△	585	601	2135	5319	10137
八、人民生活							
农村居民人均可支配收入	元	48△	103	143	721	1737	3005
城镇居民人均可支配收入	元	131△	216	327	1770	4860	7530
城市居民人均购买主要商品：							
粮食	公斤	…	…	…	134.1	106.8	95.9
油脂类	公斤	…	…	…	7.8	7.7	9.8
鲜菜	公斤	…	…	…	134.9	115.5	115.4
猪肉	公斤	…	…	…	24.2	19.2	17.9
鲜蛋	公斤	…	…	…	5.6	7.8	7.3
煤炭	公斤	…	…	…	159.2	37.4	20.3
液化气	公斤	…	…	…	22.2	29.7	35.4
管道煤气	立方米	…	…	…	…	1.3	15.3
电	度(千瓦时)	…	…	…	…	169.2	307.3
九、城市住房建筑面积	平方米	…	…	…	…	…	18.6
十、城乡居民储蓄余额	元	…	…	25	771	3266	6400
十一、年末医疗病床数	张/千人	0.24	2.34	2.85	3.34	3.80	3.53

注：1. ※为 1950 年数，△为 1952 年数。
2. 1949 年、1965 年工农业总产值按不变价格计算。
3. 1999 年以后职工工资均为在岗职工平均工资。
4. 2003 年以前的除城乡居民调查指标、职工工资、城市住宅居住面积以外的指标按户籍人口计算。
5. 从 2013 年开始，农村居民人均可支配收入开始统计，2012 年及以前为农民纯收入统计口径，城镇居民人均可支配收入 2012 年以前为城市统计口径。

2005年		2010年		2011年		2012年		2013年	
按户籍人口计算	按常住人口计算	按户籍人口计算	按常住人口计算	按户籍人口计算	按常住人口计算	按户籍人口计算	按常住人口计算	按户籍人口计算	按常住人口计算
29202	28351	70909	67212	86990	80441	98385	91025	109550	100906
21126	20510	84625	80193	109093	100854	125461	116077	135074	124416
3040	2951	4991	4729	5934	5486	6374	5897	6870	6328
426	414	386	366	374	346	376	348	369	340
14317	13900	49232	46654	53725	49668	60915	56358	69417	63939
1.51	1.47	2.69	2.55	2.46	2.27	2.32	2.15	2.30	2.12
12159	11804	28155	26681	33906	31346	38657	35765	42345	39003
21499	21499	38338	38338	44497	44497	50904	50904	56381	56381
4908	4908	11206	11206	13400	13400	15763	15763	19713	19713
12434	12434	23347	23347	27069	27069	31044	31044	33662	33662
95.6	95.6	71.8	71.8	70.6	70.6	71.7	71.7	77.8	77.8
13.6	13.6	13.9	13.9	12.8	12.8	14.0	14.0	18.5	18.5
121.7	121.7	143.0	143.0	141.5	141.5	128.3	128.3	118.4	118.4
24.8	24.8	24.8	24.8	25.3	25.3	23.5	23.5	27.6	27.6
7.2	7.2	8.3	8.3	7.9	7.9	8.1	8.1	9.3	9.3
38.4	38.4	4.3	4.3	2.9	2.9	2.0	2.0	17.2	17.2
40.0	40.0	19.7	19.7	14.4	14.4	16.5	16.5	19.4	19.4
35.5	35.5	3.6	3.6	6.9	6.9	5.1	5.1	1.3	1.3
626.9	626.9	988.8	988.8	1004.9	1004.9	987.4	987.4	1038.4	1038.4
27.2	27.2	30.9	30.9	32.2	32.2	31.8	31.8	41.4	41.4
15503	15050	33495	31741	38676	35756	45612	42200	53006	48824
4.45	4.32	6.57	6.23	7.20	6.66	7.79	7.20	8.75	8.06

1－6 续表

指　　标	单位	2014 年		2015 年		2016 年	
		按户籍人口计算	按常住人口计算	按户籍人口计算	按常住人口计算	按户籍人口计算	按常住人口计算
一、地区生产总值	元	118940	109196	127692	117077	135954	124111
二、工业总产值	元	156563	143736	165333	151589	177392	161938
三、农林牧渔业总产值	元	7354	6751	7947	7286	8480	7741
四、粮食产量	公斤	373	342	372	341	360	328
五、固定资产投资完成额	元	81482	74806	94148	86321	97261	88788
竣工房屋面积	平方米	2.16	1.98	2.12	1.94	2.79	2.55
六、社会消费品零售总额	元	49370	45325	54604	50065	59830	54618
七、职工工资	元	61787	61787	67266	67266	77782	77782
八、人民生活							
农村居民人均可支配收入	元	21723	21723	23601	23601	25448	25448
城镇居民人均可支配收入	元	36826	36826	39961	39961	43294	43294
城市居民人均购买主要商品：							
粮食	公斤	64.3	64.3	55.7	55.7	59.8	59.8
油脂类	公斤	16.8	16.8	15.5	15.5	17.1	17.1
鲜菜	公斤	99.9	99.9	93.1	93.1	97.1	97.1
猪肉	公斤	25.0	25.0	23.6	23.6	25.6	25.6
鲜蛋	公斤	8.7	8.7	7.5	7.5	8.2	8.2
煤炭	公斤	16.5	16.5	13.7	13.7	9.7	9.7
液化气	公斤	16.4	16.4	16.8	16.8	18.0	18.0
管道煤气	立方米	1.2	1.2	1.1	1.1	0.4	0.4
电	度(千瓦时)	964.4	964.4	1041.4	1041.4	1234.2	1234.2
九、城市住房建筑面积	平方米	46.7	46.7	45.3	45.3	44.8	44.8
十、城乡居民储蓄余额	元	58444	53655	64399	59046	70806	64638
十一、年末医疗病床数	张/千人	9.53	8.75	9.77	8.96	10.37	9.46

1-7 长沙市主要经济指标占湖南省的比重(2016年)

	单 位	湖南省	长沙市	长沙市占湖南省的比重(%)
一、地区生产总值	亿元	31244.70	9356.91	29.9
第一产业	亿元	3578.40	370.95	10.4
第二产业	亿元	13181.00	4513.28	34.2
第三产业	亿元	14485.30	4472.68	30.9
人均地区生产总值	元	45931	124122	(比全省高)78191
二、工业增加值	亿元	11177.30	3727.24	33.3
三、粮食产量	亿元	2953.10	247.41	8.4
四、固定资产投资总额	亿元	27688.50	6693.32	24.2
五、社会消费品零售总额	亿元	13436.50	4117.40	30.6
六、地方一般公共预算收入	亿元	2697.90	743.70	27.6
七、进出口总额	亿元	1782.20	726.71	40.8
# 出口总额	亿元	1205.30	485.74	40.3
八、实际利用外资金额	亿美元	128.50	48.14	37.5
九、年末金融机构本外币存款余额	亿元	41996.70	15488.77	36.9
# 住户存款	亿元	21242.10	4872.74	22.9
年末金融机构本外币贷款余额	亿元	27532.30	13866.96	50.4
十、城镇居民人均可支配收入	元	31284	43294	(比全省高)12010
城镇居民人均消费性支出	元	21420	31826	(比全省高)10406
农村居民人均可支配收入	元	11930	25448	(比全省高)13518
农村居民人均生活消费支出	元	10630	17574	(比全省高)6944

2 国民经济核算

2-1 历年总产出

（按当年价格计算） 单位:万元

年份	总产出	第一产业	第二产业		
				工业	建筑业
1978	445167	94885	261262	228923	32339
1979	512800	100294	298835	263262	35573
1980	566778	99522	330929	290431	40498
1981	597597	102508	343903	301612	42291
1982	653134	115616	364941	313445	51496
1983	716729	133258	386077	328343	57734
1984	848086	140045	467896	388263	79633
1985	1070680	166053	591822	482327	109495
1986	1231664	180977	685235	556770	128465
1987	1544336	212304	861354	700625	160729
1988	2013436	274536	1132867	948752	184115
1989	2292734	307534	1284368	1121732	162636
1990	2498218	365244	1328070	1166550	161520
1991	2942165	368160	1572739	1371512	201227
1992	3807618	409372	2074753	1801621	273132
1993	5028164	480104	2860695	2444544	416151
1994	6595639	725156	3600830	3036926	563904
1995	8240569	868362	4454041	3406708	1047333
1996	10256270	1011363	5687635	4502675	1184960
1997	12039809	1114485	6648486	5344290	1304196
1998	13451981	1137967	7455518	5880203	1575315
1999	14471584	1146479	7981480	6270220	1711260
2000	15978660	1167935	8748929	6902519	1846410
2001	18346572	1239986	9932709	7359676	2573033
2002	20870200	1302245	11076359	7842960	3233399
2003	24604045	1371608	13658734	9648174	4010560
2004	29217117	1720663	16130998	11395605	4735393
2005	39388751	1871313	21397931	15109129	6288803
2006	48161693	1903000	27474114	19588310	7885804
2007	60974271	2171300	36496839	28091372	8405467
2008	75373122	2818996	47177646	37171939	10005707
2009	85876615	2946120	53878897	42642488	11236409
2010	110405737	3236412	74357726	57457785	16899941
2011	136785666	3877163	94213826	73795874	20417952
2012	156137344	4197846	108394151	85490251	22903900
2013	178514938	4546157	123888975	98694685	25194290
2014	201713514	4822930	140099800	108339183	31938725
2015	222614022	5279133	153389323	118803007	34781819
2016	243500275	5731966	166626076	128976089	37864500

注:2004 年开始行业分类按《国民经济行业分类》GB/T4754 - 2002 标准执行;2014 年执行新的《三次产业划分规定》,第一产业不含农、林、牧、渔服务业,划入第三产业;第二产业不含开采辅助活动,金属制品、机械和设备修理划入第三产业。本章节数据相应调整。2016 年,将部分研发支出计入 GDP,并对历史数据进行了调整,总产出进行了相应调整。

2－1 续表 单位：万元

年 份	第三产业	运 输 邮电业	批 零 餐饮业	金 融 保险业	房地 产业	其 它 服务业
1978	89020	13371	44740	5811	2472	22626
1979	113671	14681	67286	7748	3508	20448
1980	136327	16532	85098	8281	3826	22590
1981	151186	17016	88469	10396	4803	30502
1982	172577	18756	97993	15478	7162	33188
1983	197394	19496	107028	15768	7284	47818
1984	240145	29057	129045	16099	8864	57080
1985	312805	33065	168113	19685	10424	81518
1986	365452	41562	186341	36243	10994	90312
1987	470678	51710	219776	49340	11618	138234
1988	606033	64103	284396	65060	13068	179406
1989	700832	74676	311346	86466	13728	214616
1990	804904	83888	370881	89610	15809	244716
1991	1001266	104325	499593	92454	19098	285796
1992	1323493	131979	670888	131440	23284	365902
1993	1687365	156154	898097	162164	33950	437000
1994	2269653	198468	1125958	252566	44842	647819
1995	2918166	268451	1479267	304331	62621	803496
1996	3557272	380222	1634927	368767	80094	1093262
1997	4276838	502581	1833517	469979	93396	1377365
1998	4858496	569160	1917848	450031	113360	1808097
1999	5343625	629051	1973462	466289	129017	2145806
2000	6061796	564692	2115542	493440	198579	2689543
2001	7173877	886577	2224348	500138	278584	3284230
2002	8491596	1012094	2436837	505376	357754	4179535
2003	9573703	1110567	2609552	528518	421431	4903635

年 份	第三产业	运输仓储 邮政业	批 发 零售业	住 宿 餐饮业	金 融 保险业	房地 产业	其 它 服务业
2004	11365456	908212	2176196	948442	566267	640735	6125604
2005	16119507	1564680	2551144	1511009	1646100	1000624	7845948
2006	18784579	1788637	2930295	1820634	1886243	1321325	9037445
2007	22306132	2196608	3654189	2295949	2371947	1585570	10201869
2008	25376480	2544687	4102151	2413104	2625656	1478295	12212586
2009	29051598	2821984	4816549	2630963	3255809	1961896	13564397
2010	32811599	3180407	5549636	2990783	3703589	2152435	15234749
2011	38694677	3763168	6485229	3449536	4229975	2356685	18410084
2012	43545347	3952640	7651929	3931253	5170389	2478412	20360724
2013	50079806	4350988	8499719	4204586	6280235	2890968	23853310
2014	56790784	4832519	9714132	4796462	7533192	2601038	27313441
2015	63945566	5111552	10203616	5299598	8025299	3072608	32232893
2016	71142233	5601897	11056173	5802107	8156260	3611702	36914094

2-2 历年总产出构成

单位:%

年份	总产出	第一产业	第二产业			第三产业					
				工业	建筑业		运输邮电业	批零餐饮业	金融保险业	房地产业	其它服务业
1978	100	21.3	58.7	51.4	7.3	20.0	3.0	10.1	1.3	0.6	5.0
1979	100	19.6	58.2	51.3	6.9	22.2	2.9	13.1	1.5	0.7	4.0
1980	100	17.6	58.3	51.2	7.1	24.1	2.9	15.0	1.5	0.7	4.0
1981	100	17.2	57.6	50.5	7.1	25.2	2.8	14.8	1.7	0.8	5.1
1982	100	17.7	55.9	48.0	7.9	26.4	2.9	14.9	2.4	1.1	5.1
1983	100	18.6	53.9	45.8	8.1	27.5	2.7	14.9	2.2	1.0	6.7
1984	100	16.5	55.2	45.8	9.4	28.3	3.4	15.2	1.9	1.0	6.8
1985	100	15.5	55.3	45.1	10.2	29.2	3.1	15.7	1.8	1.0	7.6
1986	100	14.7	55.6	45.2	10.4	29.7	3.4	15.1	2.9	0.9	7.4
1987	100	13.7	55.8	45.4	10.4	30.5	3.3	14.2	3.2	0.8	9.0
1988	100	13.6	56.3	47.1	9.2	30.1	3.2	14.1	3.2	0.6	9.0
1989	100	13.4	56.0	48.9	7.1	30.6	3.3	13.6	3.7	0.6	9.4
1990	100	14.6	53.2	46.7	6.5	32.2	3.4	14.8	3.6	0.6	9.8
1991	100	12.5	53.5	46.6	6.9	34.0	3.5	17.0	3.2	0.6	9.7
1992	100	10.7	54.5	47.3	7.2	34.8	3.5	17.6	3.5	0.6	9.6
1993	100	9.5	56.9	48.6	8.3	33.6	3.1	17.9	3.2	0.7	8.7
1994	100	11.0	54.6	46.0	8.6	34.4	3.0	17.1	3.8	0.7	9.8
1995	100	10.5	54.1	41.4	12.7	35.4	3.3	17.9	3.7	0.8	9.7
1996	100	9.8	55.5	43.9	11.6	34.7	3.7	15.9	3.6	0.8	10.7
1997	100	9.3	55.2	44.4	10.8	35.5	4.2	15.2	3.9	0.8	11.4
1998	100	8.5	55.4	43.7	11.7	36.1	4.2	14.3	3.3	0.8	13.5
1999	100	7.9	55.2	43.4	11.8	36.9	4.3	13.7	3.2	0.9	14.8
2000	100	7.3	54.8	43.2	11.6	37.9	3.5	13.2	3.1	1.2	16.8
2001	100	6.8	54.1	40.1	14.0	39.1	4.8	12.1	2.7	1.5	17.9
2002	100	6.2	53.1	37.6	15.5	40.7	4.8	11.7	2.4	1.7	20.0
2003	100	5.6	55.5	39.2	16.3	38.9	4.5	10.6	2.1	1.7	19.9

年份	总产出	第一产业	第二产业			第三产业						
				工业	建筑业		运输仓储邮政业	批发零售业	住宿餐饮业	金融保险业	房地产业	其它服务业
2004	100	5.9	55.2	39.0	16.2	38.9	3.1	7.4	3.2	1.9	2.2	21.0
2005	100	4.8	54.3	38.4	16.0	40.9	4.0	6.5	3.8	4.2	2.5	19.9
2006	100	4.0	57.0	40.7	16.4	39.0	3.7	6.1	3.8	3.9	2.7	18.8
2007	100	3.6	59.9	46.1	13.8	36.6	3.6	6.0	3.8	3.9	2.6	16.7
2008	100	3.7	62.6	49.3	13.3	33.7	3.4	5.4	3.2	3.5	2.0	16.2
2009	100	3.4	62.7	49.7	13.1	33.8	3.3	5.6	3.1	3.8	2.3	15.8
2010	100	2.9	67.3	52.0	15.3	29.7	2.9	5.0	2.7	3.4	1.9	13.8
2011	100	2.8	68.9	54.0	14.9	28.3	2.8	4.7	2.5	3.1	1.7	13.5
2012	100	2.7	69.4	54.8	14.7	27.9	2.5	4.9	2.5	3.3	1.6	13.0
2013	100	2.5	69.4	55.3	14.1	28.1	2.4	4.8	2.4	3.5	1.6	13.4
2014	100	2.4	69.5	53.7	15.8	28.2	2.4	4.8	2.4	3.7	1.3	13.5
2015	100	2.4	68.9	53.4	15.6	28.7	2.3	4.6	2.4	3.6	1.4	14.5
2016	100	2.4	68.4	53.0	15.6	29.2	2.3	4.5	2.4	3.3	1.5	15.2

2－3 历年总产出环比指数

（按可比价格计算，以上年为100）

年份	总产出	第一产业	第二产业	工业	建筑业
1978					
1979	111.4	105.7	113.3	115.0	102.0
1980	106.8	99.2	109.5	110.3	103.0
1981	105.0	99.3	103.1	103.2	102.4
1982	110.0	112.4	106.1	104.2	121.2
1983	109.2	107.0	107.0	106.4	111.6
1984	114.0	104.4	118.0	114.4	142.2
1985	115.6	108.1	119.0	119.5	116.8
1986	112.8	106.0	114.2	113.1	119.9
1987	117.9	103.0	120.3	121.2	115.5
1988	113.6	104.5	117.8	118.8	112.4
1989	107.0	102.8	106.6	109.7	88.6
1990	105.3	102.3	102.7	103.2	99.1
1991	112.7	103.5	115.4	115.7	113.6
1992	113.5	102.9	112.8	111.8	120.1
1993	114.5	105.5	118.0	116.2	130.5
1994	114.8	106.3	117.8	117.6	119.4
1995	115.9	106.4	121.3	116.1	153.2
1996	115.4	108.4	115.2	116.6	108.6
1997	114.5	107.8	115.5	117.1	107.6
1998	114.0	103.5	115.5	115.0	118.5
1999	110.6	103.1	110.9	111.5	107.8
2000	111.8	104.7	112.8	112.0	116.9
2001	113.8	106.0	112.2	107.9	128.5
2002	113.4	102.4	110.5	107.4	120.5
2003	116.1	105.1	119.9	118.9	122.7
2004	117.2	111.4	120.6	121.1	119.3
2005	116.0	106.5	118.6	117.0	123.2
2006	114.2	99.4	119.3	123.9	108.1
2007	116.9	106.8	117.8	121.0	108.9
2008	117.8	116.7	120.6	124.9	107.5
2009	116.3	106.4	118.4	120.0	112.8
2010	118.1	104.5	122.9	124.4	117.2
2011	115.0	104.0	117.1	118.9	111.1
2012	120.3	104.0	122.4	125.6	110.5
2013	114.2	103.0	115.3	116.9	108.5
2014	113.1	104.5	113.6	113.2	115.3
2015	111.2	103.5	110.2	110.8	107.8
2016	110.0	103.1	109.1	109.4	108.1

单位:%

第三产业	运输邮电业	批零餐饮业	金融保险业	房地产业	其它服务业
115.6	102.0	117.8	133.3	141.9	109.7
111.1	102.5	116.0	106.9	109.1	107.2
116.9	102.9	114.9	123.4	123.4	125.6
115.9	108.6	107.7	146.3	146.6	119.6
115.9	102.9	116.7	100.1	99.9	130.8
115.9	148.3	116.1	98.5	117.3	111.4
115.9	118.0	114.7	109.0	104.8	121.6
115.9	108.3	112.4	174.7	100.1	110.3
124.6	114.6	122.0	124.2	96.2	137.4
111.6	118.6	114.0	106.6	90.9	109.7
110.1	110.4	107.6	114.8	90.7	113.9
111.8	111.6	112.2	102.1	113.5	114.9
112.7	107.1	120.7	96.5	113.0	108.3
119.6	111.0	126.5	124.7	117.4	109.3
112.3	115.7	112.1	103.1	120.4	114.3
112.5	106.8	111.6	126.6	107.2	112.0
109.6	120.3	111.0	99.9	124.9	105.9
118.1	121.7	107.2	133.8	118.3	132.8
114.6	126.6	106.1	109.1	110.7	126.5
114.1	120.3	104.6	103.6	120.1	127.9
111.8	111.1	108.9	103.5	123.1	116.7
111.6	119.4	104.0	105.7	126.0	117.5
117.6	129.8	109.7	100.6	128.8	123.6
119.2	123.1	108.8	100.8	129.8	127.6
112.9	122.2	107.1	104.6	118.4	115.0

第三产业	运输仓储邮政业	批发零售业	住宿餐饮业	金融保险业	房地产业	其它服务业
113.3	115.9	104.0	104.3	106.5	121.4	117.4
113.4	107.6	113.3	113.6	107.1	108.9	115.3
109.1	108.3	112.4	106.2	112.9	109.0	108.0
116.6	120.1	115.8	121.0	115.9	118.0	115.3
113.7	110.0	114.5	117.2	112.6	94.0	116.3
113.9	109.9	119.6	106.4	125.1	131.3	110.0
111.5	117.8	112.1	112.2	110.0	104.1	111.2
111.4	111.1	112.5	108.9	111.5	103.1	112.7
116.9	111.5	120.5	114.6	123.0	109.1	116.6
112.4	107.9	109.2	104.6	119.1	110.4	114.5
112.4	110.0	112.4	111.0	119.2	90.2	113.9
114.2	108.3	105.5	106.0	126.9	111.7	116.5
112.7	107.4	107.3	106.8	106.6	114.0	117.6

2－4 历年总产出定基指数

（按可比价格计算，以1978年为100）

年份	总产出	第一产业	第二产业	工业	建筑业
1978	100	100	100	100	100
1979	111.4	105.7	113.3	115.0	102.0
1980	119.0	104.9	124.1	126.8	105.1
1981	125.0	104.2	127.9	130.9	107.6
1982	137.5	117.1	135.7	136.4	130.4
1983	150.2	125.3	145.2	145.1	145.5
1984	171.2	130.8	171.3	166.0	206.9
1985	197.9	141.4	203.8	198.4	241.7
1986	223.2	149.9	232.7	224.4	289.8
1987	263.2	154.4	279.9	272.0	334.7
1988	299.0	161.3	329.7	323.1	376.2
1989	319.9	165.8	351.5	354.4	333.3
1990	336.9	169.6	361.0	365.7	330.3
1991	379.7	175.5	416.6	423.1	375.2
1992	431.0	180.6	469.9	473.0	450.6
1993	493.5	190.5	554.5	549.6	588.0
1994	566.5	202.5	653.2	646.3	702.1
1995	656.6	215.5	792.3	750.4	1075.6
1996	757.7	233.6	912.7	875.0	1168.1
1997	867.6	251.8	1054.2	1024.6	1256.9
1998	989.1	260.6	1217.6	1178.3	1489.4
1999	1093.9	268.7	1350.3	1313.8	1605.6
2000	1223.0	281.3	1523.1	1471.5	1876.9
2001	1391.8	298.2	1708.9	1587.7	2411.8
2002	1578.3	305.4	1888.3	1705.2	2906.2
2003	1832.4	321.0	2264.1	2027.5	3565.9
2004	2147.6	357.6	2730.5	2455.3	4254.1
2005	2491.2	380.8	3238.4	2872.7	5241.1
2006	2845.0	378.7	3863.4	3559.3	5665.6
2007	3325.8	404.5	4551.1	4306.8	6169.8
2008	3917.8	471.8	5488.6	5379.2	6632.5
2009	4556.4	502.2	6498.5	6455.0	7481.5
2010	5381.1	524.8	7986.7	8030.0	8768.3
2011	6188.3	545.8	9352.4	9547.7	9741.6
2012	7444.5	567.6	11447.3	11991.9	10764.5
2013	8501.6	584.6	13198.7	14018.5	11679.5
2014	9615.3	610.9	14993.7	15868.9	13466.5
2015	10692.2	632.3	16523.1	17582.7	14516.9
2016	11761.4	651.9	18026.7	19235.5	15692.8

单位:%

第三产业	运输邮电业	批零餐饮业	金融保险业	房地产业	其它服务业
100	100	100	100	100	100
115.6	102.0	117.8	133.3	141.9	109.7
128.4	104.6	136.6	142.5	154.8	117.6
150.1	107.6	157.0	175.8	191.0	147.7
174.0	116.9	169.1	257.2	280.0	176.6
201.7	120.3	197.3	257.5	279.7	231.0
233.8	178.4	229.1	253.6	328.1	257.3
271.0	210.5	262.8	276.4	343.8	312.9
314.1	228.0	295.4	482.9	344.1	345.1
391.4	261.3	360.4	599.8	331.0	474.2
436.8	309.9	410.9	639.4	300.9	520.2
480.9	342.1	442.1	734.0	272.9	592.5
537.6	381.8	496.0	749.4	309.7	680.8
605.9	408.9	598.7	723.2	350.0	737.3
724.7	453.9	757.4	901.8	410.9	805.9
813.8	525.2	849.0	929.8	494.7	921.1
915.5	560.9	947.5	1177.1	530.3	1031.6
1003.4	674.8	1051.7	1175.9	662.3	1092.5
1185.0	821.2	1127.4	1573.4	783.5	1450.8
1358.0	1039.6	1196.2	1716.6	867.3	1835.3
1549.5	1250.6	1251.2	1778.4	1041.6	2347.3
1732.3	1389.4	1362.6	1840.6	1282.2	2739.3
1933.2	1658.9	1417.1	1945.5	1615.6	3218.7
2273.4	2153.3	1554.6	1957.2	2080.9	3978.3
2709.9	2650.7	1691.4	1972.9	2701.0	5076.3
3059.5	3239.2	1811.5	2063.7	3198.0	5837.7

第三产业	运输仓储邮政业	批发零售业	住宿餐饮业	金融保险业	房地产业	其它服务业
3466.4	3638.3	1872.5	1883.1	2197.8	3872.8	6853.5
3930.9	3914.8	2121.6	2139.2	2353.9	4217.5	7902.1
4288.6	4238.7	2384.2	2272.4	2656.8	4596.6	8534.3
5000.5	5090.7	2760.9	2749.6	3079.3	5424.0	9840.0
5685.6	5599.7	3161.2	3222.6	3467.3	5098.5	11443.9
6475.9	6156.4	3779.8	3427.8	4336.4	6695.5	12588.3
7220.6	7252.2	4237.2	3846.0	4770.0	6970.0	13998.2
8043.7	8055.8	4767.5	4189.6	5317.5	7185.3	15776.0
9403.1	8982.2	5744.8	4801.3	6540.5	7839.2	18394.8
10569.1	9691.8	6273.3	5022.2	7789.7	8654.5	21062.0
11879.7	10661.0	7051.2	5574.6	9285.3	7806.4	23989.6
13566.6	11545.9	7439.0	5909.1	11783.0	8719.7	27947.9
15289.6	12400.3	7982.0	6310.9	12560.7	9940.5	32866.7

2－5 历年地区生产总值

（按当年价格计算）

年份	地区生产总值（GDP）	第一产业	第二产业	工业	建筑业
1978	168453	56092	74436	63735	10701
1979	213830	66329	100585	87584	13001
1980	231716	65819	111424	96623	14801
1981	257289	70974	123181	106641	16540
1982	286247	77973	135101	112880	22221
1983	323103	91952	146343	120864	25479
1984	364037	100688	161664	129822	31842
1985	450774	120844	197301	155838	41463
1986	514749	131395	222520	174528	47992
1987	634135	147543	275363	214193	61170
1988	825712	194304	356294	288687	67607
1989	932540	212031	393832	330194	63638
1990	1023956	243772	405796	343378	62418
1991	1189012	241941	484759	410114	74645
1992	1498739	266151	626843	522893	103950
1993	1935420	301613	830974	687474	143500
1994	2609009	358777	1132512	937517	194995
1995	3327521	455780	1403433	1065652	337781
1996	4157722	583757	1731447	1369267	362180
1997	5037611	687320	2056865	1671931	384934
1998	5709136	707519	2336161	1877559	458602
1999	6280205	713285	2521526	2042102	479424
2000	7208461	741104	2814982	2264823	550159
2001	8185333	783636	3182635	2458448	724187
2002	9302779	791826	3643217	2751136	892081
2003	10860986	832886	4502866	3378634	1124232

年份	地区生产总值（GDP）	第一产业	第二产业	工业	建筑业
2004	13089830	1045950	5491605	4043841	1447764
2005	17978497	1139776	7944584	5907734	2036850
2006	21378191	1163200	9893610	7652717	2240893
2007	26047100	1329500	12234286	9721814	2512472
2008	33341947	1721126	16945418	13927416	3018002
2009	37878437	1793998	19201655	15811180	3390475
2010	45983041	2020081	24688016	20524513	4163503
2011	56836892	2433845	31918789	27026673	4892116
2012	64797773	2723145	36445717	31039946	5405771
2013	72490550	2945508	40152657	34206309	5946348
2014	79346649	3118995	43218888	36555704	6707481
2015	86305197	3417777	43360777	36028986	7378229
2016	93569088	3709463	45132823	37272350	7909461

注：1. 2004年开始行业分类按《国民经济行业分类》GB/T4754－2002标准执行；2014年执行新的《三次产业划分规定》，第一产业不含农、林、牧、渔服务业，划入第三产业；第二产业不含开采辅助活动，金属制品、机械和设备修理划入第三产业。本章节数据相应调整。

2. 2000年以前人均地区生产总值按户籍人口计算，2000年以后按常住人口计算。

3. 2016年，将部分研发支出计入GDP，并对历史数据进行了调整。

单位:万元

第三产业	运输邮电业	批零餐饮业	金融保险业	房地产业	其它服务业	人均地区生产总值（元/人）
37925	8417	13427	4090	1978	10013	370
46916	9002	19072	5811	2807	10224	464
54473	9939	23967	6211	3061	11295	496
63134	10267	25976	7797	3843	15251	544
73173	11802	27438	11609	5730	16594	596
84808	12058	31188	11826	5827	23909	662
101685	16537	37443	12074	7091	28540	737
132629	19833	48934	16764	8339	38759	900
160834	24937	54039	27907	8795	45156	1012
211229	29992	64834	37992	9294	69117	1227
275114	37180	85372	50596	10035	91931	1526
326677	43006	93404	66579	10983	112705	1718
374388	48991	112377	69000	12647	131373	1871
462312	62071	153974	71596	15994	158677	2155
605745	80035	209877	93536	18534	203763	2703
802833	105875	274691	117513	27024	277730	3485
1117720	126546	366270	178916	35650	410338	4680
1468308	184223	516085	224019	49846	494135	5930
1842518	257171	617100	270892	63915	633440	7356
2293426	337992	749793	306628	74623	824390	8842
2665456	382181	852130	336268	90688	1004189	9939
3045394	417239	952207	362988	103562	1209398	10834
3652375	525950	1086770	389800	159062	1490793	11789
4219062	584865	1215367	400167	223285	1795378	13267
4867736	649131	1390327	403000	286847	2138431	14921
5525234	709677	1565903	430689	337988	2480977	17305

第三产业	运输仓储邮政业	批发零售业	住宿餐饮业	金融保险业	房地产业	其它服务业	人均地区生产总值（元/人）
6552275	560137	1567600	383674	469797	514253	3056814	20821
8894137	719753	1837690	622278	806589	860537	4047290	28351
10321381	822773	2110807	749790	924259	1047555	4666196	33253
12483315	1010440	2554309	875136	1162254	1331727	5549449	40090
14675403	1201981	2940177	1069162	1286506	1267867	6909710	50846
16882784	1332497	3452215	1165687	1593933	1681973	7656479	57271
19274944	1570005	3984640	1324917	1780423	1844637	8770322	67212
22484258	1786425	4651427	1528260	2033472	1922122	10562552	80441
25628911	2016779	5153121	1723354	2311174	2043367	12381116	91025
29392386	2206553	5712022	1880529	2773320	2374176	14445786	100906
33008766	2435576	6223922	2042144	3217757	2221583	16867784	109195
39526643	2524342	6547337	2235337	5133754	2615315	20470558	117076
44726802	2686454	6993073	2421014	5684306	3294375	23647580	124122

2－6 历年地区生产总值构成

单位：%

年份	地区生产总值(GDP)	第一产业	第二产业	工业	建筑业	第三产业	运输邮电业	批零餐饮业	金融保险业	房地产业	其它服务业
1978	100	33.3	44.2	37.8	6.4	22.5	5.0	8.0	2.4	1.2	5.9
1979	100	31.0	47.1	41.0	6.1	21.9	4.2	8.9	2.7	1.3	4.8
1980	100	28.4	48.1	41.7	6.4	23.5	4.3	10.3	2.7	1.3	4.9
1981	100	27.6	47.9	41.4	6.5	24.5	4.0	10.1	3.0	1.5	5.9
1982	100	27.2	47.2	39.4	7.8	25.6	4.1	9.6	4.1	2.0	5.8
1983	100	28.5	45.3	37.4	7.9	26.2	3.7	9.7	3.7	1.8	7.3
1984	100	27.7	44.4	35.7	8.7	27.9	4.5	10.3	3.3	1.9	7.9
1985	100	26.8	43.8	34.6	9.2	29.4	4.4	10.9	3.7	1.8	8.6
1986	100	25.5	43.2	33.9	9.3	31.3	4.8	10.5	5.4	1.7	8.9
1987	100	23.3	43.4	33.8	9.6	33.3	4.7	10.2	6.0	1.5	10.9
1988	100	23.5	43.2	35.0	8.2	33.3	4.5	10.3	6.1	1.2	11.2
1989	100	22.8	42.2	35.4	6.8	35.0	4.6	10.0	7.1	1.2	12.1
1990	100	23.8	39.6	33.5	6.1	36.6	4.8	11.0	6.7	1.2	12.9
1991	100	20.3	40.8	34.5	6.3	38.9	5.2	13.0	6.0	1.3	13.4
1992	100	17.8	41.8	34.9	6.9	40.4	5.3	14.1	6.2	1.2	13.6
1993	100	15.6	42.9	35.5	7.4	41.5	5.5	14.2	6.1	1.4	14.3
1994	100	13.8	43.4	35.9	7.5	42.8	4.9	14.0	6.9	1.4	15.6
1995	100	13.7	42.2	32.0	10.2	44.1	5.5	15.5	6.7	1.5	14.9
1996	100	14.0	41.6	32.9	8.7	44.4	6.2	14.9	6.5	1.5	15.3
1997	100	13.6	40.8	33.2	7.6	45.6	6.7	14.9	6.1	1.5	16.4
1998	100	12.4	40.9	32.9	8.0	46.7	6.7	14.9	5.9	1.6	17.6
1999	100	11.4	40.2	32.5	7.7	48.4	6.6	15.2	5.8	1.6	19.2
2000	100	10.3	39.0	31.4	7.6	50.7	7.3	15.1	5.4	2.2	20.7
2001	100	9.6	38.9	30.0	8.8	51.5	7.1	14.8	4.9	2.7	21.9
2002	100	8.5	39.2	29.6	9.6	52.3	7.0	14.9	4.3	3.1	23.0
2003	100	7.7	41.5	31.1	10.4	50.8	6.5	14.4	4.0	3.1	22.8

年份	地区生产总值(GDP)	第一产业	第二产业	工业	建筑业	第三产业	运输仓储邮政业	批发零售业	住宿餐饮业	金融保险业	房地产业	其它服务业
2004	100	8.0	42.0	30.9	11.1	50.0	4.3	12.0	2.9	3.6	3.9	23.3
2005	100	6.3	44.2	32.9	11.3	49.5	4.0	10.2	3.5	4.5	4.8	22.5
2006	100	5.4	46.3	35.8	10.5	48.3	3.8	9.9	3.5	4.3	4.9	21.8
2007	100	5.1	47.0	37.3	9.6	47.9	3.9	9.8	3.4	4.5	5.1	21.3
2008	100	5.2	50.8	41.8	9.1	44.0	3.6	8.8	3.2	3.9	3.8	20.7
2009	100	4.7	50.7	41.7	9.0	44.6	3.5	9.1	3.1	4.2	4.4	20.2
2010	100	4.4	53.7	44.6	9.1	41.9	3.4	8.7	2.9	3.9	4.0	19.1
2011	100	4.3	56.1	47.6	8.5	39.6	3.1	8.2	2.7	3.6	3.4	18.6
2012	100	4.2	56.2	47.9	8.3	39.6	3.1	8.0	2.7	3.6	3.2	19.1
2013	100	4.1	55.4	47.2	8.2	40.5	3.0	7.9	2.6	3.8	3.3	19.9
2014	100	3.9	54.5	46.1	8.5	41.6	3.1	7.8	2.6	4.1	2.8	21.3
2015	100	4.0	50.2	41.7	8.5	45.8	2.9	7.6	2.6	5.9	3.0	23.7
2016	100	4.0	48.2	39.8	8.5	47.8	2.9	7.5	2.6	6.1	3.5	25.3

2-7 历年地区生产总值环比指数

（按可比价格计算，以上年为100）

单位：%

年份	地区生产总值（GDP）	第一产业	第二产业	工业	建筑业	第三产业	运输邮电业	批零餐饮业	金融保险业	房地产业	其它服务业	人均地区生产总值
1978												
1979	115.4	110.0	120.0	120.0	120.0	117.2	123.2	109.4	118.1	141.9	128.9	114.3
1980	114.7	110.1	121.3	120.7	127.4	111.3	121.7	108.1	108.3	109.1	113.8	113.1
1981	111.2	109.5	110.0	110.0	110.0	115.9	121.5	109.8	127.8	123.4	116.9	109.9
1982	112.4	109.5	110.0	107.7	131.7	120.6	114.4	106.3	138.5	146.6	139.7	110.6
1983	114.2	109.5	110.0	109.7	112.3	126.9	109.7	120.5	110.7	112.1	164.9	112.3
1984	112.3	109.8	110.0	105.6	143.1	118.2	119.5	110.9	131.8	117.4	121.2	111.4
1985	112.2	109.2	109.9	109.0	115.0	118.3	112.6	115.7	137.1	104.8	117.6	110.4
1986	109.4	105.5	111.6	109.4	122.8	110.8	112.7	105.0	124.1	103.5	110.5	107.7
1987	110.4	100.5	115.4	115.6	114.9	114.1	113.6	108.7	116.3	102.8	120.5	108.7
1988	113.7	103.3	117.1	118.3	111.2	118.4	107.6	116.9	126.0	106.7	121.7	108.8
1989	104.5	102.0	108.4	112.3	88.7	102.0	100.2	105.2	97.1	94.5	103.5	104.0
1990	104.6	103.8	102.9	103.6	98.5	107.3	112.2	102.3	103.4	104.1	112.6	103.7
1991	108.7	94.1	113.9	113.9	113.9	112.9	113.0	120.0	107.5	112.0	109.6	107.8
1992	117.2	101.7	122.6	120.6	135.9	120.0	117.5	128.7	110.3	113.8	118.3	116.6
1993	118.2	105.6	120.7	120.7	120.6	121.5	120.5	119.2	115.9	126.0	126.4	118.0
1994	113.4	105.0	116.4	117.3	110.9	113.6	101.8	108.4	118.8	107.2	121.3	113.0
1995	114.0	104.9	115.4	110.6	145.5	116.0	127.9	122.4	110.6	124.9	108.4	113.3
1996	114.0	108.0	115.4	117.7	104.7	114.5	119.9	116.0	110.9	118.3	112.3	113.2
1997	115.9	108.2	116.5	119.1	102.8	117.7	124.2	114.9	107.5	110.7	123.2	115.0
1998	113.9	102.5	114.5	113.9	118.3	116.8	121.2	113.6	108.4	120.1	121.0	113.0
1999	111.5	103.4	110.7	111.2	108.2	114.7	111.0	115.6	107.7	123.1	116.9	110.5
2000	112.2	104.0	112.5	112.6	112.0	113.9	117.0	113.3	105.7	126.0	114.6	110.7
2001	113.6	104.9	113.7	109.3	131.6	115.3	110.7	113.9	104.4	128.4	119.4	112.5
2002	114.4	101.8	114.6	112.8	120.8	116.5	113.0	117.6	102.6	129.8	118.5	113.0
2003	115.2	104.8	120.8	120.1	122.9	112.8	108.2	112.6	105.8	118.4	115.0	114.8

年份	地区生产总值（GDP）	第一产业	第二产业	工业	建筑业	第三产业	运输仓储邮政业	批发零售业	住宿餐饮业	金融保险业	房地产业	其它服务业	人均地区生产总值
2004	116.1	107.0	120.8	121.4	119.0	113.6	109.2	114.5	116.9	104.6	122.1	114.0	115.8
2005	114.9	106.7	117.5	116.9	119.4	113.8	107.6	113.3	115.7	107.3	108.9	116.9	113.9
2006	115.3	101.1	118.7	123.0	106.4	114.1	109.0	113.5	122.2	112.1	117.9	113.6	113.8
2007	115.8	106.5	116.1	119.7	104.2	116.5	120.1	115.8	112.3	118.8	116.2	116.5	114.5
2008	115.6	106.8	118.6	121.8	106.3	113.6	112.2	112.8	118.1	110.6	88.0	119.7	114.4
2009	114.8	106.6	116.5	117.7	111.3	114.0	109.9	119.6	106.0	120.7	131.7	109.5	113.7
2010	115.5	104.5	120.6	121.4	116.5	111.5	117.6	111.5	112.6	107.8	103.9	112.5	113.9
2011	114.4	104.0	118.3	120.3	108.1	110.7	112.4	110.4	111.5	107.2	95.9	114.1	110.9
2012	113.2	104.0	114.7	115.9	108.1	112.0	112.5	109.0	108.1	111.6	103.8	115.3	112.1
2013	112.0	103.0	112.6	113.4	108.3	111.9	107.2	108.9	104.3	117.7	110.1	114.3	110.9
2014	110.5	104.4	111.4	111.4	111.1	109.7	108.5	107.2	105.7	113.7	92.1	113.2	109.2
2015	110.0	103.6	108.9	108.9	108.9	112.0	106.1	105.6	105.2	123.8	111.0	114.0	108.4
2016	109.4	103.0	107.2	107.3	106.5	112.4	105.4	105.8	105.5	105.6	113.1	117.7	107.0

2－8 历年地区生产总值定基指数

（按可比价格计算，以1978年为100）

年 份	地区生产总值（GDP）	第一产业	第二产业		
				工 业	建筑业
1978	100	100	100	100	100
1979	115.4	110.0	120.0	120.0	120.0
1980	132.4	121.1	145.6	144.8	152.9
1981	147.2	132.6	160.2	159.3	168.2
1982	165.5	145.2	176.2	171.6	221.5
1983	189.0	159.0	193.8	188.2	248.7
1984	212.2	174.6	213.2	198.7	355.9
1985	238.1	190.7	234.3	216.6	409.3
1986	260.5	201.2	261.5	237.0	502.6
1987	287.6	202.2	301.8	274.0	577.5
1988	327.0	208.9	353.4	324.1	642.2
1989	341.7	213.1	383.1	364.0	569.6
1990	357.4	221.2	394.2	377.1	561.1
1991	388.5	208.1	449.0	429.5	639.1
1992	455.3	211.6	550.5	518.0	868.5
1993	538.2	223.4	664.5	625.2	1047.4
1994	610.3	234.6	773.5	733.4	1161.6
1995	695.7	246.1	892.6	811.1	1690.1
1996	793.1	265.8	1030.1	954.7	1769.5
1997	919.2	287.6	1200.1	1137.0	1819.0
1998	1047.0	294.8	1374.1	1295.0	2151.9
1999	1167.4	304.8	1521.1	1440.0	2328.4
2000	1309.8	317.0	1711.2	1621.4	2607.8
2001	1487.9	332.5	1945.6	1772.2	3431.9
2002	1702.2	338.5	2229.7	1999.0	4145.7
2003	1960.9	354.7	2693.5	2400.8	5095.1
2004	2276.6	379.5	3253.7	2914.6	6063.2
2005	2615.8	404.9	3823.1	3407.2	7239.5
2006	3016.0	409.5	4538.0	4190.9	7702.8
2007	3492.5	436.1	5268.6	5016.5	8026.3
2008	4037.3	465.8	6248.6	6110.1	8532.0
2009	4634.8	496.1	7279.6	7191.6	9499.7
2010	5353.2	518.4	8779.2	8730.6	11067.2
2011	6124.1	539.1	10385.8	10502.9	11963.6
2012	6932.5	560.7	11912.5	12172.9	12932.7
2013	7764.4	577.5	13413.5	13804.1	14006.1
2014	8579.7	602.9	14942.6	15377.8	15560.8
2015	9437.7	624.6	16272.5	16746.4	16945.7
2016	10324.8	643.3	17444.1	17968.9	18047.2

单位:%

第三产业	运输邮电业	批零餐饮业	金融保险业	房地产业	其它服务业	人均地区生产总值
100	100	100	100	100	100	100
117.2	123.2	109.4	118.1	141.9	128.9	114.3
130.4	149.9	118.3	127.9	154.8	146.7	129.3
151.1	182.1	129.9	163.5	191.0	171.5	142.1
182.2	208.3	138.1	226.4	280.0	239.6	157.2
231.2	228.5	166.4	250.6	313.9	395.1	176.5
273.3	273.1	184.5	330.3	368.5	478.9	196.6
323.3	307.5	213.5	452.8	386.2	563.2	217.0
358.2	346.6	224.2	561.9	399.7	622.3	233.7
408.7	393.7	243.7	653.5	410.9	749.9	254.0
483.9	423.6	284.9	823.4	438.4	912.6	276.4
493.6	424.4	299.7	799.5	414.3	944.5	287.5
529.6	476.2	306.6	826.7	431.3	1063.5	298.1
597.9	538.1	367.9	888.7	483.1	1165.6	321.4
717.5	632.3	473.5	980.2	549.8	1378.9	374.8
871.8	761.9	564.4	1136.1	692.7	1742.9	442.3
990.4	775.6	611.8	1349.7	742.6	2114.1	499.8
1148.9	992.0	748.8	1492.8	927.5	2291.7	566.3
1315.5	1189.4	868.6	1655.5	1097.2	2573.6	641.1
1548.3	1477.2	998.0	1779.7	1214.6	3170.7	737.3
1808.4	1790.4	1133.7	1929.2	1458.7	3836.5	833.1
2074.2	1987.3	1310.6	2077.7	1795.7	4484.9	920.6
2362.5	2325.1	1484.9	2196.1	2262.6	5139.7	1019.1
2724.0	2573.9	1691.3	2292.7	2905.2	6136.8	1146.5
3173.5	2908.5	1989.0	2352.3	3770.9	7272.1	1295.5
3579.7	3147.0	2239.6	2488.7	4464.7	8362.9	1487.2

第三产业	运输仓储邮政业	批发零售业	住宿餐饮业	金融保险业	房地产业	其它服务业	人均地区生产总值
4066.5	3327.3	2530.0	2629.8	2603.2	5451.4	9533.7	1722.2
4627.7	3580.2	2866.5	3042.7	2793.2	5936.6	11144.9	1962.2
5280.2	3902.4	3253.5	3718.2	3131.2	6999.2	12660.6	2232.2
6151.5	4686.8	3767.5	4175.5	3719.9	8133.1	14749.6	2556.1
6988.1	5258.6	4249.8	4931.2	4114.2	7157.1	17655.3	2924.5
7966.4	5779.2	5083.5	5227.6	4966.3	9427.0	19332.5	3325.7
8882.5	6796.3	5668.1	5886.3	5353.7	9794.7	21749.1	3788.0
9833.0	7639.0	6257.6	6563.2	5739.2	9393.1	24815.7	4200.9
11012.9	8593.9	6820.8	7094.8	6404.9	9750.0	28612.5	4709.2
12323.5	9212.7	7427.9	7399.9	7538.6	10734.8	32704.1	5222.5
13518.8	9995.8	7962.7	7821.7	8571.4	9886.8	37021.1	5703.0
15141.1	10605.5	8408.6	8228.4	10611.4	10974.3	42204.0	6182.1
17018.6	11178.2	8896.3	8681.0	11205.6	12411.9	49674.1	6614.8

2－9 历年地区生产总值(支出法)

（按当年价格计算） 单位:万元

年份	地区生产总值(GDP)	最终消费	居民消费	农村居民	城镇居民	政府消费	资本形成总额	固定资本形成总额	存货增加	货物和服务净流出
1978	168453	172284	148449	90300	58149	23835	25139	13202	11937	－28970
1979	213830	195851	169757	99247	70510	26094	36380	23846	12534	－18401
1980	231716	206529	178792	104594	74198	27737	42262	29101	13161	－17075
1981	257289	224473	191815	112488	79327	32658	42860	29041	13819	－10044
1982	286247	242481	205422	129065	76357	37059	54528	40018	14510	－10762
1983	323103	266839	222561	139564	82997	44278	66275	43772	22503	－10011
1984	364037	310906	253169	153520	99649	57737	72934	47180	25754	－19803
1985	450774	363593	306265	186515	119750	57328	114712	65232	49480	－27531
1986	514749	404309	330827	198362	132465	73482	138607	87772	50835	－28167
1987	634135	464652	378087	227320	150767	86565	183887	110839	73048	－14404
1988	825712	574394	472492	276756	195736	101902	260415	185088	75327	－9097
1989	932540	626774	517780	284874	232906	108994	287779	206652	81127	17987
1990	1023956	671614	551512	297910	253602	120102	315923	223335	92588	36419
1991	1189012	750219	599488	316895	282593	150731	375134	278238	96896	63659
1992	1498739	887244	683049	358103	324946	204195	445048	331721	113327	166447
1993	1935420	1116510	863978	451008	412970	252532	555844	415519	140325	263066
1994	2609009	1431179	1109662	549491	560171	321517	808398	534270	274128	369432
1995	3327521	1740592	1325481	658868	666613	415111	1111454	784506	326948	475475
1996	4157722	2110832	1566483	766006	800477	544349	1453339	1072228	381111	593551
1997	5037611	2504380	1880989	895894	985095	623391	1784578	1304841	479737	748653
1998	5709136	2788818	2077880	977425	1100455	710938	2054219	1546063	508156	866099
1999	6280205	3016682	2280621	1016441	1264180	736061	2222696	1709202	513494	1040827
2000	7208461	3778692	2894838	912951	1981887	883854	2234085	1949709	284376	1195684
2001	8185333	4166220	3111904	976855	2135049	1054316	2946647	2537045	409602	1072466
2002	9302779	4590803	3423539	1028848	2394691	1167264	3575646	3282486	293160	1136330
2003	10860986	5082389	3692596	1055639	2636957	1389793	4832086	4316753	515333	946511
2004	13089830	5820921	4133537	1166155	2967382	1687384	6697473	6062709	634764	571436
2005	17978497	7281447	5154218	1398217	3756001	2127229	9216481	8670149	546332	1480569
2006	21378191	8495012	6047745	1468718	4579027	2447267	11111066	10467210	643856	1772113
2007	26047100	9990866	7140064	1606337	5533727	2850802	13940406	13250419	689987	2115828
2008	33341947	11233193	7915467	1839035	6076432	3317726	18812828	17914640	898188	3295926
2009	37878437	12970239	9236442	1995720	7240722	3733797	22130697	21546652	584045	2777501
2010	45983041	14932431	10785757	2358393	8427364	4146674	27536053	27022093	513960	3514557
2011	56836892	17040491	12137968	2248546	9889422	4902523	35737569	35060858	676711	4058832
2012	64797773	19659088	13756755	2614758	11141997	5902333	40507558	39731577	775981	4631127
2013	72490550	26876245	19840271	3724345	16115926	7035974	41659726	40873581	786145	3954579
2014	79346649	30708512	23151292	4160093	18991199	7557220	45343973	44588959	755014	3294164
2015	86305197	35010132	26770288	4908446	21861842	8239844	48751003	48069487	681516	2544062
2016	93569088	39202965	30027695	5606859	24420836	9175270	51787402	51037734	749668	2578721

2-10 历年地区生产总值构成(支出法)

单位:%

年份	地区生产总值(GDP)	最终消费	居民消费	农村居民	城镇居民	政府消费	资本形成总额	固定资本形成总额	存货增加	货物和服务净流出
1978	100	102.3	88.1	53.6	34.5	14.2	14.9	7.8	7.1	
1979	100	91.6	79.4	46.4	33.0	12.2	17.0	11.1	5.9	
1980	100	89.1	77.1	45.1	32.0	12.0	18.3	12.6	5.7	
1981	100	87.2	74.5	43.7	30.8	12.7	16.7	11.3	5.4	
1982	100	84.7	71.8	45.1	26.7	12.9	19.1	14.0	5.1	
1983	100	82.6	68.9	43.2	25.7	13.7	20.5	13.5	7.0	
1984	100	85.4	69.5	42.2	27.3	15.9	20.0	12.9	7.1	
1985	100	80.7	68.0	41.4	26.6	12.7	25.4	14.4	11.0	
1986	100	78.5	64.2	38.5	25.7	14.3	27.0	17.1	9.9	
1987	100	73.3	59.6	35.8	23.8	13.7	29.0	17.5	11.5	
1988	100	69.6	57.2	33.5	23.7	12.4	31.5	22.4	9.1	
1989	100	67.2	55.5	30.5	25.0	11.7	30.9	22.2	8.7	1.9
1990	100	65.6	53.9	29.1	24.8	11.7	30.8	21.8	9.0	3.6
1991	100	63.1	50.4	26.6	23.8	12.7	31.5	23.4	8.1	5.4
1992	100	59.2	45.6	23.9	21.7	13.6	29.7	22.1	7.6	11.1
1993	100	57.7	44.6	23.3	21.3	13.1	28.7	21.4	7.3	13.6
1994	100	54.9	42.6	21.1	21.5	12.3	31.0	20.5	10.5	14.1
1995	100	52.3	39.8	19.8	20.0	12.5	33.4	23.6	9.8	14.3
1996	100	50.8	37.7	18.4	19.3	13.1	35.0	25.8	9.2	14.2
1997	100	49.7	37.3	17.8	19.5	12.4	35.4	25.9	9.5	14.9
1998	100	48.8	36.4	17.1	19.3	12.4	36.0	27.1	8.9	15.2
1999	100	48.0	36.3	16.2	20.1	11.7	35.4	27.2	8.2	16.6
2000	100	52.4	40.5	12.8	27.7	12.4	30.4	26.4	4.0	16.7
2001	100	50.9	38.0	11.9	26.1	12.9	36.0	31.0	5.0	13.1
2002	100	49.3	36.8	11.1	25.7	12.5	38.4	35.3	3.2	12.2
2003	100	46.8	34.0	9.7	24.3	12.8	44.5	39.7	4.7	8.7
2004	100	44.5	31.6	8.9	22.7	12.9	51.2	46.3	4.8	4.4
2005	100	40.5	28.7	7.8	20.9	11.8	51.3	48.2	3.0	8.2
2006	100	39.7	28.3	6.9	21.4	11.4	52.0	49.0	3.0	8.3
2007	100	38.4	27.4	6.2	21.2	10.9	53.5	50.9	2.6	8.1
2008	100	33.7	23.7	5.5	18.2	10.0	56.4	53.7	2.7	9.9
2009	100	34.2	24.4	5.3	19.1	9.9	58.4	56.9	1.5	7.3
2010	100	32.5	23.5	5.1	18.3	9.0	59.9	58.8	1.1	7.6
2011	100	30.0	21.4	4.0	17.4	8.6	62.9	61.7	1.2	7.1
2012	100	30.3	21.2	4.0	17.2	9.1	62.5	61.3	1.2	7.1
2013	100	37.1	27.4	5.1	22.2	9.7	57.5	56.4	1.1	5.5
2014	100	38.7	29.2	5.2	23.9	9.5	57.1	56.2	1.0	4.2
2015	100	40.6	31.0	5.7	25.3	9.5	56.5	55.7	0.8	2.9
2016	100	41.9	32.1	6.0	26.1	9.8	55.3	54.5	0.8	2.8

2－11 历年最终消费指数

（按可比价格计算）

单位:%

年份	最终消费		居民消费		农村居民		城镇居民		政府消费	
	环比	定基	环比	定基	环比	定基	环比	定基	环比	定基
1978		100		100		100		100		100
1979	103.9	103.9	104.7	104.7	99.9	99.9	112.1	112.1	99.5	99.5
1980	110.9	115.2	110.7	115.9	111.5	111.4	109.5	122.7	112.5	111.9
1981	108.8	125.3	107.4	124.5	107.7	120.0	107.1	131.4	117.9	131.9
1982	104.7	131.2	103.8	129.2	111.2	133.4	93.3	122.6	110.0	145.1
1983	116.0	152.2	114.3	147.7	114.0	152.1	114.6	140.5	126.0	182.8
1984	116.2	176.9	113.4	167.5	109.7	166.9	119.7	168.2	130.0	237.6
1985	106.0	187.5	109.7	183.7	110.1	183.8	108.9	183.2	90.0	213.8
1986	106.5	199.7	103.5	190.1	101.9	187.3	106.0	194.2	122.8	262.5
1987	103.0	205.7	102.4	194.7	102.7	192.4	102.0	198.1	105.6	277.2
1988	108.2	222.6	109.3	212.8	106.5	204.9	113.6	225.0	103.0	285.5
1989	100.8	224.4	101.2	215.4	95.1	194.9	109.9	247.3	98.8	282.1
1990	102.1	229.1	101.5	218.6	99.6	194.1	103.8	256.7	105.0	296.2
1991	104.6	239.6	101.8	222.5	99.6	193.3	104.3	267.7	117.5	348.0
1992	110.0	263.6	106.0	235.9	105.1	203.2	106.9	286.2	126.0	438.5
1993	115.3	303.9	115.9	273.4	115.4	234.5	116.4	333.1	113.3	496.8
1994	107.7	327.3	107.9	295.0	102.4	240.1	114.0	379.7	107.0	531.6
1995	108.1	353.8	104.2	307.4	106.8	256.4	101.6	385.8	121.5	645.9
1996	111.2	393.4	110.5	339.7	106.0	271.8	115.2	444.4	113.2	731.2
1997	113.5	446.5	114.7	389.6	112.3	305.2	116.9	519.5	110.0	804.3
1998	111.9	499.6	112.8	439.5	109.6	334.5	115.7	601.1	109.0	876.7
1999	109.8	548.6	109.6	481.7	105.4	352.6	113.3	681.0	110.3	967.0
2000	108.9	597.4	109.2	526.0	103.7	365.6	113.6	773.6	108.0	1044.4
2001	111.0	663.1	108.9	572.8	105.3	385.0	110.8	857.1	117.9	1231.3
2002	109.0	722.8	108.6	622.1	102.2	393.5	111.7	957.4	110.0	1354.4
2003	112.2	811.0	109.9	683.7	105.5	415.1	111.9	1071.3	119.2	1614.4
2004	112.0	908.3	107.9	737.7	102.0	423.4	110.5	1183.8	123.1	1987.3
2005	112.3	1020.0	111.9	825.5	107.6	455.6	113.5	1343.6	113.1	2247.6
2006	114.5	1167.9	114.9	948.2	104.0	473.8	118.9	1597.5	113.8	2557.8
2007	114.4	1336.1	115.0	1090.5	104.3	494.2	118.5	1893.1	113.0	2890.3
2008	113.9	1521.8	113.5	1237.3	116.6	576.2	112.6	2131.0	114.9	3321.0
2009	115.5	1757.7	117.3	1451.5	109.1	628.4	119.8	2552.1	111.0	3686.3
2010	115.7	2033.7	116.2	1686.6	118.5	744.7	115.6	2950.2	114.4	4217.1
2011	109.3	2222.8	108.3	1826.6	94.0	700.0	112.3	3313.1	112.1	4727.4
2012	115.6	2569.6	111.9	2044.0	111.3	779.1	112.1	3714.0	124.7	5895.1
2013	110.9	2849.7	110.9	2266.8	108.0	841.4	111.6	4144.8	110.9	6537.7
2014	113.6	3237.3	115.0	2606.8	111.7	939.8	115.8	4799.7	110.4	7217.6
2015	112.6	3645.2	113.4	2956.1	115.9	810.9	112.8	5414.1	110.7	7989.9
2016	111.8	4075.3	112.1	3313.8	114.0	924.4	111.6	6042.1	110.8	8852.8

2-12 历年资本形成总额指数

（按可比价格计算）

单位:%

年 份	资本形成总额		固定资本形成总额		存货增加	
	环比	定基	环比	定基	环比	定基
1978		100		100		100
1979	131.5	131.5	164.2	164.2	95.4	95.4
1980	122.9	161.6	129.2	212.1	111.1	106.0
1981	101.6	164.2	99.9	211.9	105.1	111.4
1982	123.3	202.5	133.6	283.1	101.8	113.4
1983	128.2	259.6	115.3	326.4	163.5	185.4
1984	109.7	284.8	107.5	350.9	114.1	211.5
1985	142.6	406.1	125.3	439.7	174.1	368.2
1986	115.8	470.3	128.9	566.8	98.4	362.3
1987	118.9	559.2	113.2	641.6	128.8	466.6
1988	123.9	692.8	146.1	937.4	90.2	420.9
1989	102.1	707.3	103.1	966.5	99.5	418.8
1990	104.6	739.8	103.0	995.5	108.8	455.7
1991	111.2	822.7	116.6	1160.8	98.0	446.6
1992	110.3	907.4	110.9	1287.3	108.8	485.9
1993	114.4	1038.1	114.8	1477.8	113.4	551.0
1994	122.2	1268.6	108.1	1597.5	164.2	904.7
1995	122.2	1550.2	130.5	2084.7	106.0	959.0
1996	119.9	1858.7	124.9	2603.8	107.8	1033.8
1997	117.4	2182.1	116.8	3041.2	119.3	1233.3
1998	115.6	2522.5	119.0	3619.0	106.4	1312.2
1999	109.8	2769.7	112.2	4060.5	102.5	1345.0
2000	113.0	3129.8	117.3	4763.0	98.8	1328.9
2001	124.3	3890.3	121.6	5791.8	142.5	1893.7
2002	119.7	4656.7	128.0	7413.5	71.1	1346.4
2003	135.9	6328.5	132.1	9793.3	175.8	2367.0
2004	130.0	8227.1	130.8	12809.6	123.8	2930.3
2005	121.4	9987.7	126.8	16242.5	76.5	2241.7
2006	116.7	11655.6	116.8	18971.3	114.0	2555.5
2007	118.0	13753.6	118.3	22443.0	112.8	2882.6
2008	118.6	16311.8	119.4	26797.0	105.7	3045.8
2009	118.0	19247.9	120.7	32344.0	65.2	1986.5
2010	118.3	22770.2	119.3	38586.3	81.7	1623.0
2011	117.1	26664.0	117.5	45338.9	97.0	1574.3
2012	112.7	30050.3	112.7	51097.0	112.8	1775.8
2013	113.2	34016.9	113.4	57944.0	101.6	1804.2
2014	110.9	37724.8	111.1	64375.8	98.0	1768.1
2015	111.3	41987.7	111.2	71585.9	114.4	2022.7
2016	108.2	45430.6	108.2	77455.9	109.6	2216.9

2－13 历年居民消费水平及指数

年份	按当年价格计算(元/人)			按可比价格计算					
				环比指数(以上年为100)			定基指数(以1978年为100)		
	居民消费水平	农村居民消费水平	城镇居民消费水平	居民消费水平	农村居民消费水平	城镇居民消费水平	居民消费水平	农村居民消费水平	城镇居民消费水平
1978	337	248	635				100	100	100
1979	380	273	726	99.5	99.8	104.7	99.5	99.8	104.7
1980	390	287	727	111.7	111.1	101.2	111.1	110.9	106.0
1981	414	306	751	106.3	106.9	104.0	118.1	118.6	110.2
1982	439	347	700	103.0	110.1	92.6	121.6	130.6	102.0
1983	470	371	741	112.7	112.7	112.2	137.0	147.2	114.4
1984	521	409	836	110.4	110.0	108.3	151.2	161.9	123.9
1985	429	499	942	109.5	110.5	105.1	165.6	178.9	130.2
1986	572	522	1031	102.4	100.1	105.9	169.6	179.1	137.9
1987	731	587	1162	101.3	100.6	102.2	171.8	180.2	140.9
1988	895	703	1455	108.8	105.0	113.3	186.9	189.2	159.6
1989	959	711	1678	100.8	100.2	100.9	188.4	189.6	161.0
1990	1008	734	1791	101.7	100.1	103.4	191.6	189.8	166.5
1991	1091	790	1906	102.3	100.4	103.9	196.0	190.6	173.0
1992	1235	907	2053	107.3	106.9	106.9	210.3	203.8	184.9
1993	1556	1167	2443	115.7	116.0	114.1	243.3	236.4	211.0
1994	1984	1453	3095	107.9	103.1	111.5	262.5	243.7	235.3
1995	2345	1776	3432	105.3	106.6	102.6	276.4	259.8	241.4
1996	2736	2111	3819	110.5	109.8	109.0	305.4	285.3	263.1
1997	3239	2519	4379	114.9	113.2	114.9	350.9	323.0	302.3
1998	3531	2788	4627	110.5	109.7	113.6	387.7	354.3	343.4
1999	3814	2951	4985	108.4	102.1	112.6	420.3	361.7	386.7
2000	4734	2695	7267	108.6	104.5	109.6	456.4	378.0	423.8
2001	5044	2863	7742	106.1	105.1	105.1	484.2	397.3	445.4
2002	5477	3100	8169	108.7	109.7	106.3	526.3	435.8	473.5
2003	5884	3308	8547	106.8	106.1	105.9	562.1	462.4	501.4
2004	6575	3800	9221	110.1	112.3	105.8	618.9	519.3	530.5
2005	7364	4330	9961	110.9	112.8	107.0	686.4	585.8	567.6
2006	8523	4758	11421	113.3	108.8	111.9	777.7	637.4	635.1
2007	9957	5628	12818	113.8	112.8	110.1	885.0	719.0	699.2
2008	12071	7141	15259	104.0	107.8	102.5	920.4	775.1	716.7
2009	13965	7929	17674	116.3	111.6	116.4	1070.4	865.0	834.2
2010	15766	9285	19594	112.9	117.1	110.9	1208.5	1012.9	924.8
2011	17179	10104	20431	109.0	108.8	104.3	1317.3	1102.0	964.6
2012	19325	11996	22559	112.5	118.7	110.4	1482.0	1308.1	1064.9
2013	27617	17633	31775	109.9	111.5	108.7	1628.7	1458.5	1157.5
2014	31860	20698	36128	113.7	117.3	111.7	1851.8	1710.8	1292.9
2015	36315	25000	40423	111.7	118.7	109.6	2068.5	2030.7	1417.0
2016	39832	29988	43079	109.6	119.7	106.5	2267.1	2430.7	1509.1

注:1. 2005－2008年历史数据按第二次经济普查结果调整。

2. 2000年以前居民消费水平按户籍人口计算,2000年以后按常住人口计算。

2-14 地区生产总值构成项目(2016年)

单位:万元

指标	增加值	劳动者报酬	生产税净额	#补贴	固定资产折旧	营业盈余
地区生产总值	93569088	40016854	15287729	38978	8459741	29804764
农、林、牧、渔业	3784273	3249555	4541	38978	269819	260358
农业	2350276	2018182	2820	24208	167575	161699
林业	178948	153662	215	1843	12759	12312
畜牧业	1045964	898170	1255	10773	74577	71962
渔业	134275	115302	161	1383	9574	9238
农、林、牧、渔服务业	74810	64239	90	771	5334	5147
工业	37272350	11925324	8278019		2311754	14757253
采矿业	502146	198345	123528		26615	153658
# 开采辅助活动	4593	2561	1078		696	258
制造业	35839067	11473786	7990723		1946670	14427888
# 金属制品、机械和设备修理业	44395	29130	1480		4932	8853
电力、热力、燃气及水的生产和供应业	931137	253193	163768		338469	175707
建筑业	7909461	5378767	1142505		202625	1185564
批发和零售业	6993073	2363944	2061053		512243	2055833
批发业	3984765	1228691	1296642		208404	1251028
零售业	3008308	1135253	764411		303839	804805
交通运输、仓储和邮政业	2686454	1303752	220575		639518	522609
铁路运输业	85763	53063	9589		17048	6063
道路运输业	1432171	772990	122909		415781	120491
水上运输业	40221	3646	3355		22685	10535
航空运输业	152789	83502	15208		42176	11903
邮政业	202956	122329	11327		63757	5543
其他交通活动	772554	268222	58187		78071	368074
住宿和餐饮业	2421014	1580927	461783		360187	18117
住宿业	724350	410466	115743		190420	7721
餐饮业	1696664	1170461	346040		169767	10396
信息传输、软件和信息技术服务业	2456582	968109	151831		680320	656322
电信、广播电视和卫星传输服务	1820129	659811	102806		632145	425367
其他信息活动	636453	308298	49025		48175	230955
金融业	5684306	1462777	753994		92353	3375182
货币金融服务	4442901	1009720	596762		76177	2760242
资本市场服务	536967	195466	95699		7137	238665
保险业	567081	212836	54968		7355	291922
其他金融业	137357	44755	6565		1684	84353
房地产业	3294375	553919	723092		1152883	864481
房地产开发经营	2122461	431653	699566		157105	834137
其他房地产活动	200000	122266	23526		23864	30344
自有房地产经营活动	971914				971914	
租赁和商务服务业	3264876	871289	362441		429735	1601411
科学研究和技术服务业	2429594	1566145	224322		133246	505881
水利、环境和公共设施管理业	418238	254981	65761		57576	39920
居民服务、修理和其他服务业	2553682	1990436	211716		195579	155951
教育	2775347	2107474	19374		218872	429627
卫生和社会工作	1079251	625551	8709		113982	331009
文化、体育和娱乐业	4536807	1163842	591545		646789	2134631
公共管理、社会保障和社会组织	4009405	2650062	6468		442260	910615
第一产业	3709463	3185316	4451	38207	264485	255211
第二产业	45132823	17272400	9417966		2508751	15933706
第三产业	44726802	19559138	5865312	771	5686505	13615847

3 人口、就业和职工工资

长沙统计年鉴

3-1 历 年 人 口 数

单位:人

年份	年末总人口	#市区	年末总人口性别 男	女	总人口中非农业人口
1949	3092437	383480	1627510	1464927	…
1950	3145165	413635	1651036	1494129	541516
1951	3196041	457535	1689104	1506937	541220
1952	3258889	516649	1765075	1493814	594811
1953	3303293	553645	1751683	1551610	613308
1954	3387651	611273	1787749	1599902	677017
1955	3424900	616425	1797081	1627819	681060
1956	3495470	672224	1850703	1644767	735358
1957	3503470	673291	1854666	1648804	751649
1958	3483494	663049	1825598	1657896	794300
1959	3492082	722762	1838482	1653600	871173
1960	3424156	761761	1795656	1628500	898527
1961	3377929	726486	1768523	1609406	853456
1962	3389151	721271	1776645	1612506	800737
1963	3495649	748797	1822271	1673378	826516
1964	3569849	764357	1861086	1708763	835599
1965	3657335	767725	1906015	1751320	838458
1966	3738916	770835	1950918	1787998	833097
1967	3810119	786500	1986179	1823940	826945
1968	3905884	763400	2030386	1875498	812115
1969	4001407	749700	2079936	1921471	792368
1970	4056467	742284	2105841	1950626	759390
1971	4130870	759730	2147639	1983231	819740
1972	4203286	779922	2183495	2019791	830731
1973	4290576	799715	2234648	2055928	857908
1974	4366094	824109	2270621	2095473	882576
1975	4433412	827874	2308774	2124638	886884
1976	4481192	827582	2331700	2149492	894068
1977	4521943	823848	2353927	2168016	891943
1978	4582271	948305	2387967	2194304	940265
1979	4643351	992761	2420686	2222665	1003276
1980	4700086	1019438	2449155	2250931	1039452

3－1 续表 单位：人

年份	年末总人口		年末总人口性别		总人口中非农业人口
		#市区	男	女	
1981	4766041	1046890	2489027	2277014	1072702
1982	4844868	1072350	2527992	2316876	1105302
1983	4913280	1097558	2562729	2350551	1135401
1984	4969539	1123923	2593427	2376112	1247495
1985	5042168	1157176	2631652	2410516	1292901
1986	5127298	1192667	2680097	2447201	1276052
1987	5212346	1226819	2721147	2491199	1317406
1988	5346897	1263481	2790048	2556849	1373221
1989	5444511	1301171	2838683	2605828	1401767
1990	5500533	1326825	2861410	2639123	1429440
1991	5535603	1349865	2881298	2654305	1449901
1992	5553843	1372749	2888636	2665207	1480589
1993	5554172	1387087	2887752	2666600	1511184
1994	5594385	1422651	2912803	2681582	1556040
1995	5628222	1454461	2919369	2708853	1601864
1996	5675339	1603804	2950934	2724405	1673328
1997	5719062	1634412	2960697	2758365	1709754
1998	5768787	1669081	2987038	2781749	1736934
1999	5824692	1714606	3011434	2813258	1809828
2000	5831894	1754142	3015303	2816591	1864206
2001	5870933	1807670	3030648	2840285	1918942
2002	5954592	1889773	3065775	2888817	1991046
2003	6017624	1962561	3093901	2923723	2058257
2004	6103844	2024646	3137629	2966215	2125741
2005	6209248	2086476	3186039	3023209	2180688
2006	6309958	2146096	3231737	3078221	2256477
2007	6373561	2187488	3258991	3114570	2305611
2008	6417367	2370643	3274848	3142519	2332132
2009	6468350	2391675	3292771	3175579	2347616
2010	6501248	2395348	3300191	3201057	2377815
2011	6566185	2967851	3326741	3239444	2418105
2012	6606166	2979005	3340494	3265672	2455126
2013	6628122	2992513	3346546	3281576	2495548
2014	6714121	3035103	3384823	3329298	2566387
2015	6803579	3184995	3423948	3379631	—
2016	6959998	3283293	3494672	3465326	—

注：历年人口数为公安户籍人口。因户籍制度改革，2015 年取消非农业人口统计指标。

3－2 历年城镇化率

	常住人口(万人)	# 城镇人口	城镇化率(%)
2002 年	626.88	294.01	46.90
2003 年	628.34	308.89	49.16
2004 年	629.00	321.99	51.19
2005 年	639.30	344.39	53.87
2006 年	646.50	365.27	56.50
2007 年	652.92	393.06	60.20
2008 年	658.56	403.37	61.25
2009 年	664.22	416.00	62.63
2010 年	704.07	476.58	67.69
2011 年	709.07	485.64	68.49
2012 年	714.66	495.84	69.38
2013 年	722.14	509.86	70.60
2014 年	731.15	528.88	72.34
2015 年	743.18	552.78	74.38
2016 年	764.52	580.97	75.99

3－3 历年人口自然变动情况

年份	年内出生人数（人）	出生率（‰）	年内死亡人数（人）	死亡率（‰）	年内自然增长人数（人）	自然增长率（‰）
1954	131963	39.45	55897	16.71	76066	22.74
1956	105956	30.62	38032	10.99	67924	19.63
1957	115144	32.90	35906	10.26	79238	22.64
1958	102730	29.41	67454	19.31	35276	10.10
1960	74321	21.49	94529	27.34	－20208	－5.84
1961	43524	12.80	71606	21.05	－28082	－8.26
1962	111205	32.87	39432	11.65	71773	21.21
1963	159097	46.22	32012	9.30	127085	36.92
1965	126297	35.50	34359	9.51	93938	26.00
1971	99124	24.21	31826	7.77	67298	16.44
1973	100011	23.55	31069	7.32	68942	16.23
1974	91174	21.06	34589	7.99	56585	13.07
1975	91494	20.80	33273	7.56	58221	13.23
1976	78301	17.57	32546	7.30	45755	10.27
1977	76402	16.97	33773	7.50	42629	9.47
1978	70593	15.51	30800	6.77	39793	8.74
1979	72294	15.67	31970	6.93	40324	8.74
1980	66900	14.32	31670	6.78	35230	7.54
1981	73936	15.62	30853	6.52	43083	9.10
1982	87006	18.11	31928	6.64	55078	11.46
1983	78950	16.18	33772	6.92	45178	9.26
1984	72092	14.59	33442	6.77	38650	7.82
1985	76747	15.33	33236	6.64	43511	8.69
1986	83611	16.44	32137	6.32	51474	10.12
1987	89952	17.40	33857	6.55	56095	10.85
1988	87708	16.61	35382	6.70	52326	9.91
1989	100791	18.70	36904	6.80	63887	11.80
1990	88309	16.10	37683	6.80	50626	9.30

3－3 续表

年　份	年内出生人　数（人）	出生率（‰）	年内死亡人　数（人）	死亡率（‰）	年内自然增长人数（人）	自然增长率（‰）
1991	59771	10.83	36717	6.65	23054	4.18
1992	42654	7.69	37281	6.72	5373	0.97
1993	33420	6.02	36436	6.56	－3016	－0.54
1994	35592	6.39	35621	6.39	－29	－0.01
1995	41370	7.37	36742	6.55	4628	0.82
1996	47944	8.48	35842	6.34	12102	2.14
1997	49607	8.71	34933	6.13	14674	2.58
1998	52969	9.22	37124	6.46	15845	2.76
1999	55873	9.64	38162	6.58	17711	3.06
2000	62026	10.64	41506	7.12	20520	3.52
2001	53994	9.23	31587	5.40	22407	3.83
2002	53746	9.09	36363	6.15	17383	2.94
2003	49683	8.30	40064	6.69	9619	1.61
2004	56062	9.25	37273	6.15	18789	3.10
2005	67537	10.97	42788	6.95	24749	4.02
2006	62960	10.06	31607	5.05	31353	5.01
2007	64312	10.14	37565	5.92	26747	4.22
2008	71118	11.12	38565	6.03	32553	5.09
2009	69777	10.83	34983	5.43	34794	5.40
2010	71677	11.05	36567	5.64	35110	5.41
2011	75825	11.61	30895	4.73	44930	6.88
2012	82741	12.56	42575	6.46	40166	6.10
2013	83357	12.60	52090	7.87	31267	4.73
2014	101938	15.28	35379	5.30	66559	9.98
2015	97861	14.48	32626	4.83	65235	9.65
2016	103484	15.04	30347	4.41	73137	10.63

3－4 历年市区人口自然变动情况

年　份	年内出生人　数（人）	出生率（‰）	年内死亡人　数（人）	死亡率（‰）	年内自然增长人数（人）	自然增长率（‰）
1950	10356	25.98	5256	13.19	5100	12.79
1952	20076	41.22	6552	13.45	13524	27.77
1954	26861	46.12	6981	11.99	19880	34.13
1956	25303	39.27	6426	9.97	18877	29.30
1957	30306	45.05	6250	9.29	24056	35.76
1958	21682	32.45	7231	10.82	14451	21.63
1960	19431	26.18	8555	11.53	10876	14.65
1961	12814	17.22	10876	14.62	1938	2.60
1962	22248	30.73	7382	10.20	14866	20.54
1963	28618	37.88	6091	8.05	22527	29.78
1965	14028	18.31	4704	6.14	9324	12.17
1971	10638	14.16	5139	6.84	5499	7.32
1972	9739	12.65	5196	6.75	4543	5.90
1973	9795	12.40	4939	6.25	4856	6.15
1974	9476	11.67	5443	6.70	4033	4.97
1975	10737	13.00	5297	6.41	5440	6.59
1976	9384	11.34	5503	6.65	3881	4.69
1977	10416	12.61	5907	7.15	4509	5.46
1978	11600	13.09	5981	6.75	5619	6.34
1979	12502	12.88	5755	5.93	6747	6.95
1980	10098	10.04	6005	5.97	4093	4.07
1981	14382	13.92	6639	6.43	7743	7.49
1982	17287	16.31	6673	6.30	10614	10.01
1983	15576	14.36	6879	6.34	8697	8.02
1984	14139	12.73	6783	6.11	7356	6.62
1985	14546	12.75	7258	6.36	7288	6.39
1986	14359	12.23	6677	5.53	7682	6.54
1987	17779	14.70	7244	5.99	10535	8.71
1988	16962	13.62	8019	6.44	8943	7.18
1989	15966	12.50	7818	6.10	8148	6.40
1990	14920	11.40	7822	6.00	7098	5.40

3－4 续表

年　份	年内出生人　数（人）	出生率（‰）	年内死亡人　数（人）	死亡率（‰）	年内自然增长人数（人）	自然增长率（‰）
1991	10801	8.07	7599	5.68	3202	2.39
1992	9245	6.79	7993	5.87	1252	0.92
1993	8490	6.15	7504	5.44	986	0.71
1994	9760	6.95	7070	5.03	2690	1.91
1995	9799	6.81	7510	5.22	2289	1.59
1996	12508	8.18	7697	5.03	4811	3.15
1997	10400	6.42	7259	4.48	3141	1.94
1998	11631	7.04	8428	5.10	3203	1.94
1999	12775	7.55	10211	6.04	2564	1.52
2000	16533	9.53	10581	6.10	5952	3.43
2001	13735	7.71	5948	3.34	7787	4.37
2002	12286	6.65	7284	3.94	5002	2.71
2003	14334	7.44	5635	2.93	8699	4.52
2004	15768	7.91	7275	3.65	8493	4.26
2005	16037	7.80	7218	3.51	8819	4.29
2006	20156	9.52	11106	5.24	9050	4.28
2007	20815	9.61	9247	4.27	11568	5.34
2008	23565	9.95	10877	4.59	12688	5.36
2009	21218	9.08	8213	3.51	13005	5.57
2010	20485	8.56	7313	3.06	13172	5.50
2011	33652	11.39	10572	3.58	23080	7.81
2012	37146	12.49	15854	5.33	21292	7.16
2013	36757	12.30	15728	5.27	21029	7.04
2014	42139	13.98	13720	4.55	28419	9.43
2015	43335	13.93	13091	4.21	30244	9.72
2016	48740	15.07	11225	3.47	37515	11.60

注：2011 年开始市区包括望城区数据。

3－5 历年县(市)人口自然变动情况

年　份	年内出生人　数（人）	出生率（‰）	年内死亡人　数（人）	死亡率（‰）	年内自然增长人数（人）	自然增长率（‰）
1954	105102	38.04	48916	17.70	56186	20.34
1956	80653	15.28	31606	11.22	49047	17.42
1957	84838	30.01	29656	10.50	55182	19.63
1958	81048	28.69	60223	21.32	20825	7.37
1960	54890	20.21	85974	31.66	31084	－11.45
1961	30710	11.56	60730	22.86	－30020	－11.30
1962	88957	33.45	32050	12.05	56907	21.40
1963	130479	48.19	25921	9.57	104558	38.62
1965	114269	40.13	29655	10.41	84614	29.71
1971	88486	26.47	26687	6.34	61799	18.49
1972	91082	26.81	27979	8.24	63103	18.57
1973	90216	26.10	26130	7.56	64086	18.54
1974	81698	23.23	29146	8.29	52552	14.94
1975	80757	22.60	27976	7.83	52781	14.77
1976	68917	18.99	27043	7.45	41874	11.54
1977	65986	17.95	27866	7.58	38120	10.37
1978	58993	16.09	24819	6.77	34174	9.32
1979	59792	16.42	26215	7.20	33577	9.22
1980	56802	15.50	25665	7.00	31137	8.49
1981	59554	16.01	24214	6.54	35340	9.55
1982	69719	18.61	25255	6.74	44464	11.87
1983	63374	16.70	26893	7.09	36481	9.62
1984	57953	15.13	26659	6.96	31294	8.17
1985	62201	16.09	25978	6.72	36223	9.37
1986	69252	17.71	25460	6.51	43792	11.20
1987	72173	18.23	26613	6.72	45560	11.50
1988	70746	17.54	27363	6.78	43383	10.75
1989	84825	20.60	29086	7.00	55739	13.60
1990	73389	17.60	29861	7.20	43528	10.50

3－5 续表

年　份	年内出生人　数（人）	出生率（‰）	年内死亡人　数（人）	死亡率（‰）	年内自然增长人数（人）	自然增长率（‰）
1991	48970	11.72	29118	6.97	19852	4.75
1992	33409	7.99	29288	7.00	4121	0.99
1993	24930	5.97	28932	6.93	－4002	－0.96
1994	25832	6.20	28551	6.85	－2719	－0.65
1995	31571	7.57	29232	7.01	2339	0.56
1996	35436	8.60	28145	6.83	7291	1.77
1997	39207	9.61	27674	6.79	11533	2.83
1998	41338	10.10	28696	7.01	12642	3.09
1999	43098	10.50	27951	6.81	15147	3.69
2000	45493	11.11	30925	7.55	14568	3.56
2001	40259	9.91	25639	6.31	14620	3.60
2002	41460	10.20	29079	7.16	12381	3.04
2003	35349	8.72	34429	8.48	920	0.24
2004	40294	9.91	29998	7.38	10296	2.53
2005	51500	12.56	35570	8.67	15930	3.89
2006	42804	10.33	20501	4.95	22303	5.38
2007	43497	10.42	28318	6.78	15179	3.64
2008	47553	11.81	27688	6.88	19865	4.93
2009	48559	11.83	26770	6.52	21789	5.31
2010	51192	12.51	29254	7.15	21938	5.36
2011	42173	11.78	20323	5.68	21850	6.10
2012	45595	12.62	26721	7.40	18874	5.22
2013	46600	12.83	36362	10.01	10238	2.82
2014	59799	16.35	21659	5.92	38140	10.43
2015	54526	14.94	19535	5.40	34991	9.59
2016	54744	15.01	19122	5.24	35622	9.77

注:2011 年开始市区包括望城区数据。

3－6 历年计划生育情况

单位：人

年份	计划内生育率(%)	已婚育龄妇女	已落实节育措施人数	节育率(%)	有一子女育龄妇女人数	已领独生子女证(对)	领证率(%)
1980	72.62	636467	538117	84.55	104240	49446	7.77
1981	73.53	659267	556807	84.46	118706	61433	9.32
1982	69.04	710965	608098	85.53	135451	83853	11.79
1983	70.94	750229	653919	87.16	157472	104442	13.92
1984	68.71	790499	690817	87.39	177205	118010	14.93
1985	70.49	818855	722933	88.29	192701	127607	15.58
1986	70.91	858473	745234	86.81	216053	135519	15.79
1987	72.13	910133	815513	89.60	237870	145567	15.99
1988	72.41	963351	862340	89.51	262167	160844	16.70
1989	63.37	1008878	895987	88.81	…	162357	16.09
1990	68.90	1051259	948723	90.25	…	181953	17.31
1991	80.30	1083592	994278	91.76	…	187256	17.28
1992	97.27	1109091	1025914	92.50	…	197764	17.83
1993	99.27	1122068	1047645	93.37	…	212443	18.93
1994	99.37	1138915	1056082	92.73	391508	220772	19.38
1995	96.29	1142678	1051298	92.00	446396	218407	19.11
1996	99.32	1178074	1073664	91.14	476914	237342	20.15
1997	98.03	1199736	1080488	90.06	495804	240706	20.06
1998	98.47	1196938	1075935	89.89	530862	221305	18.49
1999	97.73	1196508	1076656	89.98	560329	208970	17.46
2000	98.00	1213156	1093858	90.17	584109	197693	16.30
2001	97.82	1216453	1097351	90.21	598690	195612	16.08
2002	97.77	1227225	1100768	89.70	593854	180916	14.74
2003	97.84	1242152	1126182	90.66	573853	177604	14.30
2004	97.89	1271326	1140033	89.67	675558	182902	14.39
2005	96.75	1306840	1174861	89.90	728547	351674	26.91
2006	96.81	1317525	1181269	89.66	749256	395674	30.03
2007	96.09	1267952	1140108	89.92	742927	426384	33.63
2008	92.65	1301996	1158319	88.96	772509	453414	34.82
2009	93.24	1341581	1188184	88.57	801539	463698	34.56
2010	95.32	1417574	1256182	88.61	864236	512730	36.17
2011	93.52	1393485	1189349	85.35	785942	387332	27.80
2012	93.14	1393739	1195544	85.78	834893	427938	30.70
2013	92.39	1366756	1154941	84.49	841827	193737	23.01
2014	90.16	1357620	1155528	85.11	842016	184245	21.88
2015	90.70	1341778	1137853	84.80	831097	360023	43.32
2016	97.01	1330232	1020890	76.75	805473	346413	43.01

注：领证率＝只有一个15周岁以下孩子已领独生子女证数/已婚育龄妇女人数×100%。

3-7 历年婚姻登记情况

单位:对

年份	登记结婚	#涉外婚	离婚总数	登记离婚	调解离婚	判决离婚
1980	37635	7	…	666	…	…
1981	52812	2	…	706	…	…
1982	48954	10	…	776	…	…
1983	37903	3	1879	761	981	137
1984	44115	15	2327	885	1203	239
1985	44710	11	2099	763	1174	162
1986	55830	16	2545	952	1414	179
1987	53378	35	3157	1068	1831	258
1988	48000	57	4053	1324	2347	382
1989	56329	65	4753	1377	2739	637
1990	51366	95	4968	1372	2903	693
1991	48159	144	4999	1465	2696	838
1992	43702	246	5395	1765	2772	858
1993	38103	307	5755	2029	2847	878
1994	34463	361	6996	2120	3534	1342
1995	40178	468	7448	2628	3327	1493
1996	39672	551	7970	2831	3520	1619
1997	39910	512	7424	3810	2436	1178
1998	39947	576	6553	3232	2115	1206
1999	37140	596	7420	3365	1835	928
2000	39977	710	6291	3782	1486	1023
2001	39365	749	5875	3376	1465	1034
2002	35950	907	5639	4337	591	711
2003	42297	500	7152	4997	1048	1107
2004	47581	98	10064	6887	1143	2034
2005	45622	88	10048	7983	1012	1053
2006	57061	89	11443	8304	1350	1789
2007	52358	306	11889	9104	1381	1404
2008	62759	316	13885	10537	1740	1608
2009	79816	298	15862	12720	1813	1329
2010	69251	316	16786	13770	1778	1238
2011	78954	258	18310	15507	1877	926
2012	76127	241	20079	16528	2443	1108
2013	66317	231	20853	17429	2177	1247
2014	69709	213	21147	17007	1945	2195
2015	58187	133	22007	18183	2019	1805
2016	55272	…	25287	20108	2022	3157

3－8 历年在岗职工人数与工资

年　　份	年末人数(人)	年平均人数(人)	工资总额(万元)	年平均工资(元)
1998	732766	737636	559561	7586
1999	693863	695666	596986	8582
2000	662207	661120	670168	10137
2001	593964	598389	733898	12265
2002	625839	628383	901247	14342
2003	598370	600425	1019924	16987
2004	631679	628634	1190857	18944
2005	684154	677171	1455835	21499
2006	741106	729237	1795041	24615
2007	782838	769253	2151481	27968
2008	816795	810169	2579185	31835
2009	931149	919382	3207591	34889
2010	1037487	1014399	3888976	38338
2011	1162124	1143753	5089361	44497
2012	1177512	1177222	5992566	50904
2013	1221088	1206441	6802064	56381
2014	1239662	1237767	7655378	61848
2015	1232744	1233405	8296622	67266
2016	1143208	1125463	8754046	77782

注:因为统计制度改革,在岗职工指标从1998年年报开始使用。

3-9　历年市区在岗职工人数与工资

年　份	年末人数(人)	年平均人数(人)	工资总额(万元)	年平均工资(元)
1998	552018	557168	442090	7935
1999	527978	531626	475812	8950
2000	506733	505917	540794	10689
2001	444879	449278	584165	13002
2002	479088	481051	715969	14883
2003	449920	452303	795129	17580
2004	458026	456312	912810	20004
2005	489713	485936	1089144	22413
2006	529329	526011	1351710	25697
2007	543329	536916	1554223	28947
2008	557777	555166	1799291	32410
2009	619898	614190	2241291	36492
2010	668105	657800	2641521	40157
2011	791751	775786	3554995	45824
2012	802520	793221	4183751	52744
2013	820361	809542	4793347	59211
2014	833122	826930	5347681	64669
2015	847560	837806	5986297	71452
2016	810254	800345	6653933	83138

3－10 单位从业人员和劳动报酬情况(2016年)

项目	单位从业人员年末人数	在岗职工	其他从业人员
总计	**1209318**	**1143208**	**66110**
一、按注册类型分组			
1. 国有单位	323693	305677	18016
2. 集体单位	20748	19992	756
3. 其他单位	864877	817539	47338
二、按企业、事业、机关分组			
1. 企业	914218	865359	48859
2. 事业	190636	177959	12677
3. 机关	81614	77986	3628
4. 民间非营利组织	4874	4792	82
5. 其他	17976	17112	864
三、按国民经济行业分组			
(一)农、林、牧、渔业	983	935	48
(二)采矿业	1387	1387	0
(三)制造业	303628	300104	3524
(四)电力、热力、燃气及水生产和供应业	8093	7985	108
(五)建筑业	222647	192915	29732
(六)批发和零售业	73582	71857	1725
(七)交通运输、仓储和邮政业	49059	47014	2045
(八)住宿和餐饮业	28097	27474	623
(九)信息传输、软件和信息技术服务业	24898	24423	475
(十)金融业	66015	62500	3515
(十一)房地产业	43528	41951	1577
(十二)租赁和商务服务业	26967	26193	774
(十三)科学研究和技术服务业	47636	44514	3122
(十四)水利、环境和公共设施管理业	11271	10232	1039
(十五)居民服务、修理和其他服务业	5059	3817	1242
(十六)教育	105871	98001	7870
(十七)卫生和社会工作	72374	69726	2648
(十八)文化、体育和娱乐业	21859	20981	878
(十九)公共管理、社会保障和社会组织	96364	91199	5165
(二十)国际组织			

单位:人、万元

单位从业人员平均人数	在岗职工	其他从业人员	单位从业人员劳动报酬	在岗职工	其他从业人员
1185848	**1125463**	**60385**	**9028875**	**8754046**	**274829**
320169	303019	17150	3010406	2938761	71645
20066	19392	674	101218	98437	2781
845613	803052	42561	5917251	5716848	200403
893805	850264	43541	6347051	6136850	210201
188613	176275	12338	1837238	1789712	47526
80744	77119	3625	613581	599322	14259
4833	4733	100	22663	22344	319
17853	17072	781	208342	205818	2524
988	941	47	4288	4134	154
1383	1383		7312	7312	
299153	295650	3503	1793637	1779533	14103
8058	7948	110	56184	55716	468
211007	185823	25184	1228333	1103529	124804
72543	70779	1764	400607	393890	6717
48669	46553	2116	340969	329139	11830
28268	27723	545	115115	113249	1865
24618	24150	468	232883	229053	3830
64903	62174	2729	1113257	1104473	8784
43381	41758	1623	301886	293118	8768
26713	25917	796	178689	175564	3125
46873	43805	3068	397008	379380	17629
11282	10248	1034	64241	60645	3596
4972	3780	1192	24042	19163	4880
105188	97501	7687	911532	888180	23352
70585	68084	2501	922653	906268	16385
21770	20899	871	227141	222657	4484
95494	90347	5147	709098	689043	20055

3－11 年末分行业在岗职工人数

行业	2003 年	2004 年	2005 年	2006 年	2007 年
总计	**598370**	**631679**	**684154**	**741106**	**782838**
# 国有经济单位	396717	378460	331003	367600	363384
城镇集体经济单位	41593	45649	41990	42679	44705
按国民经济行业分组					
(一)农、林、牧、渔业	2913	2804	3003	2576	1784
(二)采矿业	6434	10751	11596	11954	9107
(三)制造业	127853	146675	166184	173092	190189
(四)电力、热力、燃气及水生产和供应业	9702	7436	7569	8169	11929
(五)建筑业	68965	72073	94224	119117	131732
(六)批发和零售业	41023	49481	44314	48692	54058
(七)交通运输、仓储和邮政业	30084	28839	29279	30405	30470
(八)住宿和餐饮业	20896	22459	31506	34215	32743
(九)信息传输、软件和信息技术服务业	12647	9895	9943	10241	9065
(十)金融业	20407	21696	19249	21033	24420
(十一)房地产业	9838	12269	22051	23816	22519
(十二)租赁和商务服务业	13540	15428	15762	15189	12333
(十三)科学研究和技术服务业	24917	24395	23121	25070	25536
(十四)水利、环境和公共设施管理业	6483	7216	7430	9056	9340
(十五)居民服务、修理和其他服务业	1966	2295	2388	2737	4140
(十六)教育	82925	82419	80410	83246	87654
(十七)卫生和社会工作	30868	32060	33868	37479	38950
(十八)文化、体育和娱乐业	19483	15345	15498	18503	18754
(十九)公共管理、社会保障和社会组织	67426	68143	66759	66516	68115
(二十)国际组织					

单位：人

2008 年	2009 年	2010 年	2011 年	2012 年	2013 年	2014 年	2015 年	2016 年
816795	**931149**	**1037487**	**1162124**	**1177512**	**1221088**	**1239662**	**1232744**	**1143208**
367771	361869	382313	381401	387797	339566	315810	305922	305677
44564	44693	46098	39455	36059	27745	23931	20584	19992
1502	109	464	1446	1219	1070	768	974	935
8187	10098	9918	12087	12055	12112	4789	3716	1387
199707	253295	296984	366112	363083	371804	384988	368837	300104
12184	13825	15849	6518	7822	7262	7482	8012	7985
135895	145429	153193	174571	168026	182446	198622	209827	192915
53847	60818	63755	72676	74866	81543	75977	78176	71857
30230	28582	26773	43777	45294	49567	49570	47074	47014
32255	34429	39177	42418	44399	44326	37241	34402	27474
9029	9507	13299	18867	19455	20262	22019	22118	24423
22955	31290	46108	48197	50538	54716	57461	61284	62500
27311	34433	39674	41037	42671	44934	46982	47251	41951
13524	15718	20618	22370	28453	25791	25925	27948	26193
28684	32705	34998	38592	43548	49470	50284	42916	44514
10778	13193	13224	10692	11537	9277	9135	9193	10232
4348	3863	4987	6007	7248	5314	3937	4290	3817
97593	100022	103590	107471	105352	102571	105185	93848	98001
41398	51228	54962	56478	59349	60686	62561	65684	69726
17109	16704	18710	22600	22094	22142	22812	21521	20981
70259	75901	81204	70208	70503	75795	73924	85673	91199

3－12 年末城镇单位按行业分组的女性从业人员(2016年)

单位:人

行业	合计	国有经济	城镇集体经济	其他经济
总计	**461920**	**146126**	**8382**	**307412**
(一)农、林、牧、渔业	357	61	1	295
(二)采矿业	205	14	71	120
(三)制造业	110295	1311	2310	106674
(四)电力、热力、燃气及水生产和供应业	2635	178	20	2437
(五)建筑业	31243	2084	578	28581
(六)批发和零售业	42504	716	173	41615
(七)交通运输、仓储和邮政业	15459	3517	20	11922
(八)住宿和餐饮业	16299	1999	202	14098
(九)信息传输、软件和信息技术服务业	9540	132	9	9399
(十)金融业	36054	2105		33949
(十一)房地产业	18298	457	60	17781
(十二)租赁和商务服务业	9940	759	596	8585
(十三)科学研究和技术服务业	13291	5893	40	7358
(十四)水利、环境和公共设施管理业	3523	2251	27	1245
(十五)居民服务、修理和其他服务业	3223	378	9	2836
(十六)教育	58659	48521	1672	8466
(十七)卫生和社会工作	48540	38406	2560	7574
(十八)文化、体育和娱乐业	9953	5567	33	4353
(十九)公共管理、社会保障和社会组织	31902	31777	1	124
(二十)国际组织				

3－13 市区从业人员及工资总额(2016年)

单位:人、万元

项目	单位从业人员年末人数	在岗职工	其他从业人员	单位从业人员平均人数	在岗职工	其他从业人员	单位从业人员劳动报酬	在岗职工	其他从业人员
总计	**864552**	**810254**	**54298**	**849918**	**800345**	**49573**	**6881569**	**6653933**	**227636**
一、按企业、事业、机关分组									
1. 企业	654948	614687	40261	642877	607008	35869	4832541	4657109	175432
2. 事业	132790	122589	10201	131164	121230	9934	1390020	1351620	38400
3. 机关	57029	54036	2993	56247	53255	2992	442140	430850	11290
4. 民间非营利组织	3306	3225	81	3265	3166	99	15621	15309	312
5. 其他	16479	15717	762	16365	15686	679	201247	199045	2202
二、按国民经济行业分组									
(一)农、林、牧、渔业	783	735	48	788	741	47	3305	3152	154
(二)采矿业	131	131		131	131		518	518	
(三)制造业	115912	114151	1761	117131	115303	1828	697467	689624	7843
(四)电力、热力、燃气及水生产和供应业	6443	6426	17	6417	6399	18	45160	45094	67
(五)建筑业	194108	169679	24429	184314	163531	20783	1099619	995771	103847
(六)批发和零售业	65857	64308	1549	64867	63312	1555	345532	339722	5810
(七)交通运输、仓储和邮政业	35835	33843	1992	35710	33716	1994	255601	244511	11090
(八)住宿和餐饮业	24409	24044	365	24767	24378	389	101692	100308	1383
(九)信息传输、软件和信息技术服务业	24192	23764	428	23903	23481	422	228304	224675	3629
(十)金融业	63095	59899	3196	62011	59563	2448	1077405	1070809	6596
(十一)房地产业	37537	36026	1511	37340	35888	1452	254851	246568	8284
(十二)租赁和商务服务业	24016	23651	365	23873	23485	388	162538	161230	1308
(十三)科学研究和技术服务业	46328	43230	3098	45562	42518	3044	389849	372312	17538
(十四)水利、环境和公共设施管理业	8102	7330	772	8249	7478	771	46487	43711	2776
(十五)居民服务、修理和其他服务业	4680	3518	1162	4644	3532	1112	22508	17867	4641
(十六)教育	72114	65670	6444	71603	65295	6308	656753	637384	19368
(十七)卫生和社会工作	54319	52405	1914	52847	51060	1787	772209	759937	12272
(十八)文化、体育和娱乐业	20470	19645	825	20376	19559	817	218610	214301	4309
(十九)公共管理、社会保障和社会组织	66221	61799	4422	65385	60975	4410	503161	486439	16721
(二十)国际组织									

3－14 全社会从业人员(2016年)

单位:万人

项　　目	2016年	2015年
从业人员合计	**466.36**	**463.34**
1.按就业身份分组		
城镇非私营在岗职工	114.32	123.27
个体工商户	86.70	84.13
私营企业从业人员	101.73	84.52
农村从业人员	100.26	103.46
其他从业人员	63.35	67.96
2.按产业分组		
第一产业	100.26	103.46
第二产业	159.50	157.18
第三产业	206.60	202.70

3－15 历年城镇失业情况

年　　份	年末城镇登记失业人数(人)	年末城镇登记失业率(%)
2000	39565	3.50
2001	44035	3.80
2002	50066	4.20
2003	52310	4.20
2004	53805	3.87
2005	49001	3.80
2006	47673	3.62
2007	38129	3.12
2008	43939	3.41
2009	46067	3.47
2010	41335	2.89
2011	54764	2.86
2012	58748	2.88
2013	60751	2.89
2014	59065	2.85
2015	34011	2.60
2016	40223	2.74

4 固定资产投资、建筑业

长沙统计年鉴

4－1 历年固定资产投资按项目性质、用途分类

单位：万元

年 份	按项目性质分				按用途分		
	基本建设	更新改造	城镇集体及其它	房地产开发	生产性建设	非生产性建设	#住 宅
1951	2816				1030	1786	338
1952	1828				546	1282	544
1953	3947				1339	2608	197
1954	3842				1506	2336	732
1955	4520				2223	2297	915
1956	5226				2419	2807	927
1957	4705				2318	2387	813
1958	8850				7185	1665	177
1959	12001				8942	3059	955
1960	15958				11717	4241	788
1961	3551				2274	1277	196
1962	1581				1113	468	161
1963	2237				1310	927	431
1964	4852		440		3226	2066	900
1965	4365		386		3162	1589	622
1966	4864		490		4121	1233	433
1967	3092		472		2818	746	229
1968	2632		420		2152	900	231
1969	3333		558		2651	1240	372
1970	3851		601		3798	654	288
1971	4081		644		3542	1183	265
1972	8393		687		7903	1177	542
1973	10005	716	731		8527	2925	1490
1974	11755	461	541		9514	3243	1440
1975	13898	565	652		11480	3635	1349
1976	14926	331	596		12550	3303	1393
1977	12291	459	715		9511	3954	1574
1978	17355	907	1076		12021	7317	3269
1979	20831	3947	1133		12249	13662	8055
1980	26808	6709	4526		20850	17193	10905
1981	26195	8490	4549		19744	19490	12859
1982	29049	12141	6685		24012	23863	14183

4－1 续表

年份	按项目性质分				按用途分		
	基本建设	更新改造	城镇集体及其它	房地产开发	生产性建设	非生产性建设	#住宅
1983	27347	20035	5941		27785	25538	13630
1984	34186	21846	4322		28541	31813	16121
1985	47881	34767	7446		48570	41524	18861
1986	61682	33983	8929		56636	47958	19335
1987	57541	30802	11430		54657	45116	18641
1988	64064	44637	15709		79149	45261	16247
1989	75319	29108	12934		72212	45149	18021
1990	64098	31403	9786		63925	41362	16254
1991	78694	41773	11965		82832	49600	24116
1992	126866	77635	23097	37602	142064	123136	68739
1993	169923	101502	26973	110618	213502	195514	117735
1994	252111	122572	19773	122277	276814	239919	134355
1995	384730	236186	25440	229657			193965
1996	478687	229143	43015	195679			182731
1997	522409	250450	20853	157374			162080
1998	635004	221346	42157	174078			281600
1999	615723	252996	32383	225765			282935
2000	724858	318703	40775	330238			238246
2001	1228733	313587	87130	631878			396807
2002	1538278	438381	137921	817883			566393
2003	2112133	723661	278144	1225551			831982
2004	2827529	942369	332705	1755376			1339396
2005		1238674		2563500			2282295
2006		1565282		3038612			2595357
2007		2734688		4129929			3698799
2008		4031531		4694654			3959407
2009		5455484		4974692			4125399
2010		7531385		6841481			5240352
2011		9613561		8869232			7068387
2012		13028480		10320003			7291779
2013		16356206		11536073			7815668
2014		18165719		13104995			8757828
2015		21799365		9966008			6615143
2016		13696322		12605475			7348861

说明：因国家报表制度取消按“项目性质”有关指标分组，部分年份有关指标缺失。

4-2 历年固定资产投资、新增固定资产及竣工房屋面积

单位:万元

年份	固定资产投资额	#市区	新增固定资产	#市区	房屋竣工面积(万 m^2)	#住宅
1951	2816	2736	1845	1765	11.74	1.92
1952	1828	1730	1630	1532	17.84	8.11
1953	3947	3797	3479	3329	31.67	7.93
1954	3842	3577	3327	3062	40.06	13.47
1955	4520	4307	3901	3687	47.18	15.30
1956	5226	4917	4043	3733	50.45	16.07
1957	4705	4336	4424	4099	58.48	23.65
1958	8850	7513	7207	6134	64.30	6.78
1959	12001	10075	9138	7551	79.09	20.92
1960	15958	13154	12053	10010	79.57	20.80
1961	3551	3212	2415	2143	22.10	5.30
1962	1581	1037	1368	967	11.39	2.54
1963	2237	1734	1645	1198	9.83	5.31
1964	5292	4364	4039	3366	23.64	10.08
1965	4751	3654	4615	3993	34.28	13.09
1966	5354	2912	3839	2960	30.18	10.37
1967	3564	1703	3631	969	18.61	4.56
1968	3052	2230	2486	1785	21.97	6.10
1969	3891	3699	3306	2742	22.43	6.21
1970	4452	3527	2871	2280	22.29	6.13
1971	4725	3866	1791	1302	23.42	5.02
1972	9080	7913	5096	4494	33.27	8.67
1973	11452	9031	6358	5198	55.34	23.43
1974	12757	10502	6927	5469	42.33	18.30
1975	15115	13162	7402	6420	43.98	16.26
1976	15853	14226	5891	5487	50.78	18.13
1977	13465	11999	13517	12533	58.63	21.35
1978	19338	15460	13202	10485	81.41	41.17
1979	25911	22331	18846	15261	116.75	81.59
1980	38043	32150	29101	25288	180.17	109.92
1981	39234	32235	29041	25984	169.77	114.18
1982	47875	41878	40018	31582	182.83	114.17

4－2 续表

年　份	固定资产投资额	#市　区	新增固定资　产	#市　区	房屋竣工面积(万 m^2)	#住　宅
1983	53323	47161	40772	36434	208.32	120.17
1984	60354	53262	47180	41748	170.20	95.38
1985	90094	80012	64883	57605	186.78	93.49
1986	104594	92115	61507	54382	183.62	94.12
1987	99773	82812	75918	63473	178.11	76.79
1988	124410	97916	72322	59022	147.54	61.08
1989	117361	104388	98524	90968	143.13	61.64
1990	105287	93023	82545	74365	109.77	91.95
1991	132432	117253	113889	99600	131.37	55.72
1992	265200	241509	158962	143582	196.38	114.36
1993	409016	361367	240534	223206	213.38	116.41
1994	516733	457287	268878	237979	215.65	136.56
1995	876013	744446	493739	462822	314.55	168.87
1996	946524	877722	599994	555437	269.19	161.76
1997	951086	804219	620944	505469	259.56	135.57
1998	1072585	907871	683627	538812	333.86	185.63
1999	1126867	976976	785031	728914	401.03	282.04
2000	1414574	1340870	883380	826963	343.54	198.51
2001	2261328	1847913	1107918	828550	435.83	258.30
2002	2932463	2209442	1710366	1407213	655.42	358.30
2003	4339489	2913082	2419902	1865769	785.81	417.64
2004	5857979	3996135	2983264	1932250	946.28	542.01
2005	7911578	5506268	3437205	2403500	931.57	612.26
2006	9727734	6718000	4185400	2801450	874.75	544.88
2007	13264416	8810139	4564415	2418662	997.47	646.41
2008	17122436	11321325	6507365	3818165	1017.39	712.75
2009	22384726	14563385	12552343	9040592	1509.90	1131.71
2010	29098275	18774670	13758212	8631083	1741.56	1184.42
2011	32742805	20806850	19716236	11907021	1606.85	1216.21
2012	40119564	25386814	22607968	14119928	1528.11	1150.53
2013	45933871	26916899	28613400	16601383	1522.97	1083.82
2014	54357478	30635115	33616542	18918108	1681.04	1126.19
2015	63632944	36933099	40948168	23646606	1432.02	964.28
2016	66933188	38215904	33707045	17448846	1921.23	1169.64

注:2012 年以前为城镇投资。

4－3 主要年份固定资产投资完成情况

单位:万元

指　　标	1998 年	1999 年	2000 年	2001 年	2002 年	2003 年	2004 年	2005 年	2006 年	2007 年
固定资产投资	**1484337**	**1648488**	**2023194**	**2798029**	**3625747**	**4949713**	**6680876**	**8814166**	**10898087**	**14451811**
一、城镇投资合计	1172569	1219514	1533449	2381395	3120627	4373774	5905978	7911578	9727734	13264416
基本建设	635004	615723	724858	1228733	1538278	2112133	2827529			
更新改造	221346	252996	318703	313587	438381	723661	942369	1238674	1565282	2734688
城镇集体及其它	61046	32383	40775	87130	137921	278144	332705			
房地产开发	174078	225765	330238	631878	817883	1225551	1755376	2563500	3038612	4129929
城镇私人建房	81095	92647	118875	120067	80921	34285	47999			
跨区项目					107243				94200	105000
二、农村投资合计	311768	389483	439096	416634	505120	575939	774898	902588	1170353	1187395
# 农村个人	198165	245890	298665	265757	347283	382579	444081	516306	541385	586897

4－3 续表

指　　标	2008 年	2009 年	2010 年	2011 年	2012 年	2013 年	2014 年	2015 年	2016 年
固定资产投资	**18733290**	**24417763**	**31925699**	**35102425**	**40119564**	**45933871**	**54357478**	**63632944**	**66933188**
一、城镇投资合计	17122436	22384726	29098275	32742805	37423204	42545671			
基本建设									
更新改造	4031531	5455484	7531385	9613561	13028480	16356206	18165719	21799365	13696322
城镇集体及其它									
房地产开发	4694654	4974692	6841481	8869232	10320003	11536073	13104995	9966008	12605475
城镇私人建房									
跨区项目	121835	326758	567641	600170	559000				
二、农村投资合计	1610854	2033037	2827424	2359620	2696360	3388200			
# 农村个人	649617	699692	572300						

注:从 2011 年开始,原全社会固定资产投资指标改名为固定资产投资,固定资产投资统计起点由 50 万元提高到 500 万元。从 2014 年起,取消城镇投资和农村投资分组。

4－4 历年国有及民间投资情况

单位:万元

年　份	固定资产投资	国　有	民间投资	#集　体	#个　体
1979	33109	24778	8331	3200	5131
1980	49665	33517	16148	7175	8973
1981	54243	34685	19558	8561	10997
1982	60749	41190	19559	9685	9874
1983	73354	47382	25972	12422	13550
1984	88663	56032	32631	14111	18520
1985	125655	82648	43007	19516	23491
1986	136742	95665	41077	21330	19747
1987	138980	88343	50637	25003	25634
1988	166314	108701	57613	27765	29848
1989	169625	104427	65198	32407	32791
1990	181209	95501	85708	38706	47002
1991	214801	120467	94334	41965	52369
1992	368464	247474	120990	58570	62420
1993	566259	334655	197995	100082	73827
1994	686636	408461	227761	96819	92856
1995	1049543	624367	245430	73273	118481
1996	1171025	688967	313008	109419	148133
1997	1239759	711195	351964	96308	205704
1998	1484337	920319	463704	126955	279260
1999	1648488	1013028	561138	158021	338537
2000	2023194	1113413	787656	204096	424555
2001	2798029	1370056	814754	225598	402705
2002	3625747	1646219	1727379	194818	561035
2003	4949713	2012591	2682577	243485	679585
2004	6680876	2256470	4078114	478166	947923
2005	8814166	2701981	5819174		
2006	10898081	2837387	7672717		
2007	14451811	3516975	10523601		
2008	18733290	4390152	14014870		
2009	24417763	6923805	17237278		
2010	31925699	8159763	23381580		
2011	35102425	8366550	24584329		
2012	40119564	9702681	25177233		
2013	45933871	11063544	31478330		
2014	54357478	12011393	38086644		
2015	63632944	15151604	43705950		
2016	66933188	17967475	40687389		
总计	445105459	117073861	295501338		
“九五”时期	7566803	4446922	2477470		
“十五”时期	26868531	9987317	15121998		
“十一五”时期	100426644	25828082	72830046		
“十二五”时期	239146282	56295772	163032486		
“十三五”时期	66933188	17967475	40687389		

4－5　固定资产投资完成情况(2016年)

指　　标	单位	总计	中央	地方			
				省	市	县(市)	其他
计划投资	万元	198406397	8312511	190093886	8319522	33825745	22846565	125102054
本年新开工项目	万元							
自开始建设累计完成投资	万元	132300289	5880961	126419328	6508145	18813951	14758355	86338877
本年完成投资	万元	66933188	1830904	65102284	2114709	6798676	11762129	44426770
# 国有经济控股	万元	25297871	1648470	23649401	1478783	5002979	9873031	7294608
# 住宅	万元	7348861	285940	7062921	206812	929151	510215	5416743
按登记注册类型分								
内资企业	万元	65063843	1812060	63251783	2091098	6670821	11751452	42738412
国有企业	万元	10491450	611884	9879566	832307	2123396	3892843	3031020
集体企业	万元	288762		288762	4375	3800	49382	231205
股份合作企业	万元	75581		75581				75581
国有联营企业	万元	27988		27988	2000		10852	15136
集体联营企业	万元	2810		2810	2206			604
国有与集体联营企业	万元	4409		4409			4409	
其他联营企业	万元							
国有独资公司	万元	7448037	185418	7262619	72026	1513695	3795891	1881007
其他有限责任公司	万元	20481736	721704	19760032	715286	2401612	2797682	13845452
股份有限公司	万元	2180395	144424	2035971	202175	291696	258399	1283701
私营独资企业	万元	3336333		3336333				3336333
私营合作企业	万元	958402		958402				958402
私营有限责任公司	万元	16755173	144750	16610423	260723	224876	529366	15595458
私营股份有限公司	万元	611539		611539		41993	103249	466297
其他企业	万元	2401228	3880	2397348		69753	309379	2018216
港、澳、台商投资企业	万元	1233989	18844	1215145	23611	97901	4870	1088763
合资经营企业(港或澳、台资)	万元	376187	18844	357343	23611	6721		327011
合作经营企业(港或澳、台资)	万元	26868		26868				26868
港、澳、台商独资经营企业	万元	815086		815086		91180		723906
港、澳、台商投资股份有限公司	万元	10978		10978				10978
其他港、澳、台商投资企业	万元	4870		4870			4870	
外商投资企业	万元	605937		605937		29954	5807	570176
中外合资经营企业	万元	394528		394528		24900	5807	363821
中外合作经营企业	万元							
外资企业	万元	204993		204993		5054		199939
外商投资股份有限公司	万元	5168		5168				5168
其他外商投资企业	万元	1248		1248				1248
个体经营	万元	29419		29419				29419
个体户	万元	23192		23192				23192
个体合伙	万元	6227		6227				6227
按建设性质分								
新建	万元	37237769	1267271	35970498	1398417	4567088	9270440	20734553
扩建	万元	4575215	76012	4499203	51723	421552	820917	3205011
改建和技术改造	万元	11709935	100709	11609226	137427	432184	980997	10058618
按构成分								
建筑工程	万元	47130941	1016801	46114140	1465250	4728925	9412982	30506983
安装工程	万元	6151493	284349	5867144	141127	440486	663690	4621841
设备工器具购置	万元	4952784	195704	4757080	93421	186891	370543	4106225
# 用于更新的设备	万元							
其他费用	万元	8697970	334050	8363920	414911	1442374	1314914	5191721

4－5 续表 1

指 标	单位	总计	中央	地方				
					省	市	县(市)	其他
按国民经济行业分								
(一)农、林、牧、渔业	万元	753772		753772	2000		266820	484952
农业	万元	308924		308924			38716	270208
林业	万元	93598		93598	2000		63410	28188
畜牧业	万元	15466		15466			610	14856
渔业	万元	38823		38823			15399	23424
农、林、牧、渔服务业	万元	296961		296961			148685	148276
(二)采矿业	万元	172487		172487			26771	145716
煤炭开采和洗选业	万元	10535		10535			500	10035
石油和天然气开采业	万元							
黑色金属矿采选业	万元	16462		16462			7073	9389
有色金属矿采选业	万元	20083		20083			3680	16403
非金属矿采选业	万元	114676		114676			14243	100433
开采辅助活动	万元							
其他采矿业	万元	10731		10731			1275	9456
(三)制造业	万元	19655925	554607	19101318	168335	526350	1477690	16928943
农副食品加工业	万元	1444508	8940	1435568	20400	30076	162661	1222431
食品制造业	万元	1175527		1175527			22490	1153037
酒、饮料和精制茶制造业	万元	481838		481838		65780	122090	293968
烟草制品业	万元	68750		68750				68750
纺织业	万元	206509		206509		36000		170509
纺织服装、服饰业	万元	170006		170006			69219	100787
皮革、毛皮、羽毛及其制品和制鞋业	万元	61122		61122				61122
木材加工和木、竹、藤、棕、草制品业	万元	226187		226187	11680		9385	205122
家具制造业	万元	273289		273289			3770	269519
造纸和纸制品业	万元	334192		334192		22781		311411
印刷业和记录媒介复制业	万元	473499		473499			69090	404409
文教、工美、体育和娱乐用品制造业	万元	129991		129991	1606		18619	109766
石油加工、炼焦和核燃料加工业	万元	25874		25874				25874
化学原料和化学制品制造业	万元	2050821		2050821	11084	4281	110455	1925001
医药制造业	万元	810184		810184	33720	19455	71957	685052
化学纤维制造业	万元	14799		14799				14799
橡胶和塑料制品业	万元	514243		514243			21110	493133
非金属矿物制品业	万元	1168673		1168673	1413		127350	1039910
黑色金属冶炼和压延加工业	万元	145667		145667			4970	140697
有色金属冶炼和压延加工业	万元	276654		276654		7206	15709	253739
金属制品业	万元	1446362	149200	1297162		24990	121854	1150318
通用设备制造业	万元	1877706		1877706		68168	36292	1773246
专用设备制造业	万元	1547855	72115	1475740	36317	91733	172373	1175317
汽车制造业	万元	1604208	27643	1576565	45215	13551	176274	1341525
铁路、船舶、航空航天和其他运输设备制造	万元	268484	130852	137632		27505	40101	70026
电气机械和器材制造业	万元	1062434	115857	946577		103372	36471	806734
计算机、通信和其他电子设备制造业	万元	1024497	50000	974497		7231	20709	946557
仪器仪表制造业	万元	127066		127066	2000	2169	7026	115871
其他制造业	万元	548008		548008		2052	9715	536241
废弃资源综合利用业	万元	67412		67412			28000	39412
金属制品、机械和设备修理业	万元	29560		29560	4900			24660

4－5 续表 2

指　　标	单位	总计	中央	地方				
					省	市	县(市)	其他
(四)电力、燃气及水的生产和供应业	万元	907918	4388	903530	150786	207017	140653	405074
电力、热力的生产和供应业	万元	317530	4388	313142	150786	3971	19441	138944
燃气生产和供应业	万元	62155		62155			15000	47155
水的生产和供应业	万元	528233		528233		203046	106212	218975
(五)建筑业	万元	289924	22980	266944		48535	3450	214959
房屋建筑业	万元	23329		23329		2579		20750
土木工程建筑业	万元	75879	22980	52899		31286		21613
建筑安装业	万元	43735		43735		9700		34035
建筑装饰和其他建筑业	万元	146981		146981		4970	3450	138561
(六)批发和零售业	万元	2841340	1000	2840340	92156	262934	187021	2298229
批发业	万元	1549953	1000	1548953	81830	229934	45519	1191670
零售业	万元	1291387		1291387	10326	33000	141502	1106559
(七)交通运输、仓储和邮政业	万元	4430425	297946	4132479	322015	1432858	935925	1441681
铁路运输业	万元	403608	294100	109508	91696	8920		8892
道路运输业	万元	2765192	3846	2761346	42738	1341332	820477	556799
水上运输业	万元	56986		56986			38186	18800
航空运输业	万元	234089		234089	173415		22525	38149
管道运输业	万元							
装卸搬运和运输代理业	万元	450466		450466	11066	70606	53232	315562
仓储业	万元	496733		496733	3100	12000	1505	480128
邮政业	万元	23351		23351				23351
(八)住宿和餐饮业	万元	487417		487417		100910	32795	353712
住宿业	万元	298213		298213		95552	28695	173966
餐饮业	万元	189204		189204		5358	4100	179746
(九)信息传输、软件和信息技术服务业	万元	1678303	266529	1411774	34297	45650	109649	1222178
电信、广播电视和卫星传输服务	万元	193972	59845	134127	9911	21257	61414	41545
互联网和相关服务	万元	449697	189367	260330	4986		33802	221542
软件和信息技术服务业	万元	1034634	17317	1017317	19400	24393	14433	959091
(十)金融业	万元	340003	20010	319993	12918	13610	7438	286027
货币金融服务	万元	124042	15750	108292	8930	6490	1338	91534
资本市场服务	万元	116618		116618	3988	2210	4700	105720
保险业	万元	62733	4260	58473				58473
其他金融业	万元	36610		36610		4910	1400	30300
(十一)房地产业	万元	17030642	379082	16651560	422720	1768311	2513541	11946988
(十二)租赁和商务服务业	万元	2641664		2641664	28601	274369	57709	2280985
租赁业	万元	339935		339935	7563	14534	13910	303928
商务服务业	万元	2301729		2301729	21038	259835	43799	1977057
(十三)科学研究和技术服务业	万元	2004436	123753	1880683	72151	66324	210654	1531554
研究与试验发展	万元	642283	119473	522810	39543	7394	3657	472216
专业技术服务业	万元	675368	4280	671088	12448	45844	195202	417594
科技推广和应用服务业	万元	686785		686785	20160	13086	11795	641744

4－5 续表 3

指　　标	单位	总计	中央	地方				
					省	市	县(市)	其他
(十四)水利、环境和公共设施管理业	万元	8883744	75497	8808247	343078	1507760	4053949	2903460
水利管理业	万元	837705		837705	3150	7030	642974	184551
生态保护和环境治理业	万元	190838	4000	186838		3389	119572	63877
公共设施管理业	万元	7855201	71497	7783704	339928	1497341	3291403	2655032
(十五)居民服务、修理和其他服务业	万元	211451		211451	4985	6890	5898	193678
居民服务业	万元	92427		92427		2510	598	89319
机动车、电子产品和日用产品修理业	万元	73792		73792			5300	68492
其他服务业	万元	45232		45232	4985	4380		35867
(十六)教育	万元	1502386	38729	1463657	118846	173369	697265	474177
(十七)卫生和社会工作	万元	719591	33268	686323	97654	84834	163969	339866
卫生	万元	562695	33268	529427	92714	82257	119031	235425
社会工作	万元	156896		156896	4940	2577	44938	104441
(十八)文化、体育和娱乐业	万元	2119532	7415	2112117	192968	247391	799028	872730
新闻和出版业	万元	118650		118650	99957			18693
广播、电视、电影和影视录音制作业	万元	302016		302016	90000	3000	14511	194505
文化艺术业	万元	1004923	5715	999208	1000	137626	486637	373945
体育	万元	180011	1700	178311		6309	46218	125784
娱乐业	万元	513932		513932	2011	100456	251662	159803
(十九)公共管理、社会保障和社会组织	万元	262228	5700	256528	51199	31564	71904	101861
中国共产党机关	万元							
国家机构	万元	170056	5700	164356	16700	26654	64258	56744
人民政协、民主党派	万元							
社会保障	万元	1010		1010			1010	
群众团体、社会团体和其他成员组织	万元	55424		55424	34499	4910	4218	11797
基层群众自治组织	万元	35738		35738			2418	33320
新增固定资产	万元	33707045	603064	33103981	886699	2271237	5467671	24478374
施工项目个数	个	9357	95	9262	147	364	1429	7322
# 本年新开工	个	7811	61	7750	107	229	1183	6231
本年投产项目个数	个	5271	38	5233	87	123	757	4266
施工面积	万 m^2	10755.78	386.52	10369.26	425.97	1167.79	655.33	8120.17
# 住宅	万 m^2	6384.30	258.38	6125.92	240.97	724.58	397.92	4762.45
竣工面积	万 m^2	1921.23	89.48	1831.75	60.29	199.74	129.83	1441.89
# 住宅	万 m^2	1169.64	69.16	1100.49	49.14	113.70	65.86	871.79

4－6 固定资产投资资金来源(2016年)

指　标	单位	总计	中央	地方				
					省	市	县(市)	其他
本年资金来源合计	**万元**	**80541195**	**2122771**	**78418424**	**2884412**	**8307277**	**12339261**	**54887474**
上年末结余资金	万元	6638071	141082	6496989	439285	972912	222295	4862497
本年资金来源小计	万元	73903124	1981689	71921435	2445127	7334365	12116966	50024977
国家预算内资金	万元	3020650	138622	2882028	220977	411299	1716356	533396
国内贷款	万元	7973856	267721	7706135	385200	1958632	1594094	3768209
债券	万元	107160		107160		102200		4960
利用外资	万元	77071		77071		25401	2100	49570
# 外商直接投资	万元	32280		32280			2100	30180
自筹资金	万元	48082319	1014377	47067942	1103702	2972362	7928186	35063692
# 企、事业单位自有资金	万元	12054025	588749	11465276	238066	646069	1405722	9175419
其他资金来源	万元	14642068	560969	14081099	735248	1864471	876230	10605150
各项应付款合计	万元	6622639	439164	6183475	333536	1255038	611770	3983131
# 工程款	万元	3467765	283993	3183772	207831	599239	275962	2100740

4－7 主要年份更新改造投资完成主要指标

指　　标	1998 年	1999 年	2000 年	2001 年	2002 年	2003 年	2004 年	2005 年
一、本年完成投资额合计	221346	252996	318703	313587	438381	723661	942369	1238674
按隶属关系分								
中央部属	172819	160774	135945	112949	127476	102509	164903	149968
省　　属	9374	6721	3285	45582	98948	117315	140096	326157
市县属及其他	39153	85501	179473	155056	211957	503837	637370	762549
按构成分								
建筑安装工程	58989	77169	166120	113130	148174	393327	521878	959315
设备工器具购置	146324	140804	136576	180591	240907	242539	331781	121960
其他费用	16033	35023	16007	19866	49300	87795	88710	157399
按产业分								
第一产业				72	312			550
第二产业	76214	86864	186365	183906	333612	519701	779416	1151002
第三产业	145132	166132	132338	129609	104457	203960	162953	87122
按用途分								
# 增　　产	29417	62520	151144	113238	216884			
节约能源			1301	2794	1792			
增加品种	14805	13650	14347	41160	18894			
提高质量	7262	4444	2237	2880	19582			
二、本年新增固定资产	99463	136975	253727	235225	191519	327935	371891	583362
三、项目个数(个)								
施工项目	184	183	103	129	209	287	290	475
竣工项目	102	101	54	50	84	98	64	193
四、房屋建筑面积(万 m^2)								
施工面积	13.48	26.94	18.05	31.43	92.99	130.30	275.68	241.76
竣工面积	4.82	8.41	14.20	10.39	21.81	34.53	41.95	74.21

单位:万元

2006年	2007年	2008年	2009年	2010年	2011年	2012年	2013年	2014年	2015年	2016年
1565282	2734688	4031531	5455484	7531385	9613561	13028480	16356206	18165719	21799365	13696322
172661	295419	227137	178507	191156	313359	372454	343072	233500	153561	258526
185466	296571	387370	315991	531877	551785	798082	714460	712832	434611	325413
1207155	2142698	3417024	4960986	6808352	8748417	11857944	15298674	17219387	21211193	13112383
728957	1625392	2707061	3716770	5247972	7120834	9320098	11978656	12974750	16701906	10489712
677030	828415	1038779	1274225	1586369	1549807	2533083	2817550	3365576	3343278	2017730
159295	280881	285691	464489	697044	942920	1175299	1560000	1825393	1754181	1188880
7428	16961	25330	21573	62830	113146	98584	160177	52167	51702	35424
1367014	2482222	3231738	3919417	5331142	6588171	9134626	11819086	12944462	14997360	9994486
190840	235505	774463	1514494	2137413	2912244	3795270	4376943	5169090	6750303	3666412
774955	1278199	1598106	3217321	4402110	6370171	9881912	11758664	13752438	16857898	8327304
660	1016	1654	1827	2132	2483	2674	3418	3574	4461	2643
276	348	704	651	1134	1629	1909	2530	2765	3427	1544
176.90	283.80	359.09	646.15	771.20	601.76	407.65	290.11	292.00	241.98	134.36
79.98	108.27	85.92	89.19	274.09	106.96	56.74	45.07	56.98	36.33	42.73

4－8　主要年份房地产开发及商品房销售主要指标

指　　标	单位	1998 年	1999 年	2000 年	2001 年	2002 年	2003 年	2004 年	2005 年	2006 年	2007 年
一、完成投资额	万元	174078	225765	330238	631878	817883	1225551	1755376	2563500	3038612	4129929
# 住宅	万元	77797	131260	151091	305549	442655	732833	1167921	2011118	2305640	3408702
二、新增固定资产	万元	121802	205616	166677	377131	525566	743987	932398	828971	1048277	1268230
三、建筑面积											
施工房屋面积	万 m^2	339.01	336.68	385.32	634.01	833.94	1102.12	1462.41	1913.57	2411.94	3270.34
竣工房屋面积	万 m^2	98.38	156.27	147.73	214.99	332.12	443.24	591.90	515.16	547.09	699.90
四、商品房销售情况											
商品房销售额	万元	67692	137043	178455	305217	418141	666279	1072486	1162249	1961129	3258716
商品房销售面积	万 m^2	39.97	79.97	92.72	163.90	232.10	325.82	519.95	536.99	741.69	985.09
五、土地开发情况											
本年购置土地面积	万 m^2	35.10	28.91	49.56	262.86	544.43	789.72	807.63	1007.59	1186.10	973.23
本年完成开发土地面积	万 m^2	118.08	61.66	176.23	221.25	358.58	562.14	543.46	246.81	707.68	645.94
土地开发投资额	万元	26757	39059	85418	92344	130367	216418	224325	196384	477218	626022

4－8 续表

指　　标	单位	2008 年	2009 年	2010 年	2011 年	2012 年	2013 年	2014 年	2015 年	2016 年
一、完成投资额	万元	4694654	4974692	6841481	8869232	10320003	11536073	13104995	9966008	12605475
# 住宅	万元	3688740	3929930	5163283	6843026	6988572	7665970	8556727	6391805	6899559
二、新增固定资产	万元	1900755	3686224	4293394	5294334	5602631	5930203	5650417	6899198	6153304
三、建筑面积										
施工房屋面积	万 m^2	4225.29	6168.62	6687.29	7670.96	7361.67	8668.15	9647.15	9208.60	9586.41
竣工房屋面积	万 m^2	750.57	1314.71	1392.55	1451.77	1402.27	1400.36	1438.85	1349.29	1670.58
四、商品房销售情况										
商品房销售额	万元	2733593	5130956	7423283	8824072	9315598	11603801	9289202	11166104	16614055
商品房销售面积	万 m^2	822.59	1406.58	1680.21	1500.20	1526.93	1840.59	1519.20	1904.89	2593.71
五、土地开发情况										
本年购置土地面积	万 m^2	965.48	392.92	288.48	331.71	311.15	458.99	279.50	106.68	204.77
本年完成开发土地面积	万 m^2	581.80	640.51	216.78						
土地开发投资额	万元	601574	337539	327188						

4－9 房地产开发投资完成情况(2016 年)

单位:万元

指标	总计	中央	地方					
				省	地市县属			
						地区	县	其他
计划总投资	92160804	3362348	88798456	4635658	84162798	11971650	3462637	68728511
本年完成投资	12605475	363932	12241543	407077	11834466	1363221	628782	9842463
# 土地购置费	1870723	56148	1814575	19509	1795066	171031	16810	1607225
# 国有经济控股	2552438	345088	2207350	248082	1959268	640391	534811	784066
按登记注册类型分								
内资	11780062	345088	11434974	385477	11049497	1363221	628782	9057494
国有	42846				42846	31221	5000	6625
集体								
股份合作								
联营								
# 其他联营								
有限责任公司	7748721	345088	7403633	385477	7018156	1108286	606202	5303668
国有独资公司	867688	142635	725053	63614	661439	113320	390130	157989
其他有限责任公司	6881033	202453	6678580	321863	6356717	994966	216072	5145679
股份有限公司	347194		347194		347194	218534	17580	111080
私营	3488474					5180		3483294
其他内资	152827							152827
港澳台投资	745274	18844		21600				704830
港澳台合资经营	104142	18844		21600				63698
港澳台合作经营	26868							26868
港澳台独资	614264							614264
外商投资	80139							80139
中外合资经营企业	51930							51930
外资企业	28209							28209

4－9 续表

单位:万元

指　　标	总计							
		中央	地方					
				省	地市县属			
						地区	县	其他
按构成分								
建筑工程	7968955	245368	7723587	261286	7462301	879650	516504	6066147
安装工程	1804777	33411	1771366	67692	1703674	191908	63375	1448391
设备工器具购置	198580	6500	192080	10770	181310	25644	14059	141607
其他费用	2633163	78653	2554510	67329	2487181	266019	34844	2186318
按工程用途分								
住宅	6899559	281020	6618539	200511	6418028	821181	452649	5144198
办公楼	1388250	32081	1356169	60524	1295645	187563	51974	1056108
商业营业用房	2548430	22640	2525790	49889	2475901	177933	60358	2237610
其他	1769236	28191	1741045	96153	1644892	176544	63801	1404547
本年新增固定资产	6153304	113926	6039378	239005	5800373	1207264	214988	4378121
本年资金来源合计	24771894	692230	24079664	1142306	22937358	2688512	1069258	19179588
上年末结余资金	4811391	73312	4738079	387834	4350245	463507	139165	3747573
本年资金来源小计	19960503	618918	19341585	754472	18587113	2225005	930093	15432015
国内贷款	3502587	20000	3482587	74900	3407687	245503	329590	2832594
利用外资								
# 外商直接投资								
自筹资金	4028815	38104	3990711	42752	3947959	526941	281730	3139288
# 企事业单位自有资金	1795081	24759	1770322	8000	1762322	188507	124318	1449497
其他资金来源	12429101	560814	11868287	636820	11231467	1452561	318773	9460133
# 定金及预付款	6754786	350407	6404379	338616	6065763	820244	121527	5123992
本年各项应付款合计	4457115	183317	4273798	135080	4138718	546301	210250	3382167
# 工程款	2351269	93960	2257309	99850	2157459	199373	120111	1837975

4－10 房地产施工竣工及销售主要指标(2016年)

指　　标	单位	合计	按用途分						
			商品住宅	#90平方米以下	#140平方米以上住房	#别墅、高档公寓	办公楼	商业营业用房	其他
房屋施工面积	万㎡	9586.41	6188.72	1533.54	1112.34	301.75	660.44	1217.85	1519.39
# 新开工面积	万㎡	2204.14	1327.39	249.48	164.92	62.30	172.00	359.39	345.37
房屋竣工面积	万㎡	1670.58	1125.60	235.46	259.43	35.39	83.53	176.03	285.42
竣工房屋价值	万元	5660073	3812644	675903	1027080	118930	489167	625731	732531
商品房屋销售建筑面积	万㎡	2593.71	2291.77	474.15	346.98	78.19	82.15	114.50	105.30
商品房销售额	万元	16614055	14110431	2765249	2449524	610108	795927	1286720	420977
商品房待售面积	万㎡	1039.66	490.76	94.75	149.31	62.68	63.75	238.88	246.27
# 待售1－3年面积(含一年)	万㎡	726.99	347.77	66.13	107.92	53.87	30.93	152.91	195.38
待售3年以上面积(含三年)	万㎡	83.38	37.11	4.64	13.49	4.66	0.41	20.04	25.81

4－11 固定资产投资主要新增生产能力(或效益)(2016年)

指　　标	单位	数　量
新建公路	公里	464.85
# 高速公路	公里	
一级公路	公里	24.58
二级公路	公里	330.73
改建公路	公里	722.68
# 高速公路	公里	
一级公路	公里	
二级公路	公里	631.28
新建独立公路桥梁	延长米	870
新建独立公路桥梁	座	3
新建独立公路隧道	延长米	6955
新建独立公路隧道	处	4
新(扩)建公路客、货运站	个	10
新(扩)建公路客、货运站	平方米	12583.92
民航机场跑道	条	1
民航机场跑道	米	600
城市自来水供水能力	万吨/日	29.5
城市污水处理能力	万吨/日	31.2

4-12　主要年份建筑业生产主要指标完成情况

项　　目	单位	2005年	2006年	2007年	2008年	2009年	2010年
一、企业个数	个	445	445	447	501	481	517
二、建筑业总产值	万元	5793596	7368797	9601564	11091958	13394211	17401686
1. 建筑工程产值	万元	4836578	6216932	8172834	9503215	11660263	15073216
2. 安装工程产值	万元	301454	388116	601774	599862	606981	712116
3. 其他产值	万元	655564	763749	826956	988881	1126967	1616354
三、竣工产值	万元	3976719	4504392	5528176	6881158	7996605	9003006
四、房屋建筑施工面积	万 m^2	5597.62	6983.43	9500.70	10910.10	10998.63	15052.19
# 本年新开工面积	万 m^2	3017.74	3771.37	5237.54	4715.30	4736.42	7149.80
# 实行投标承包面积	万 m^2	4767.81	6106.65	8242.84	10179.80	10349.69	14298.23
五、房屋建筑竣工面积	万 m^2	2431.57	2811.50	3045.60	3565.23	3757.24	4267.59
六、年末自有施工机械设备							
1. 净值	万元	330386	397547	446669	568426	608749	610815
2. 总台数	台	105340	117455	121980	133226	136815	176855
3. 总功率	万千瓦	178.43	239.49	244.35	278.69	327.69	368.86
七、计算劳动生产率平均人数	万人	45.08	51.78	56.86	64.95	64.42	72.74

4-12 续表

项　　目	单位	2011年	2012年	2013年	2014年	2015年	2016年
一、企业个数	个	540	555	592	564	552	545
二、建筑业总产值	万元	21002701	23299080	27637110	31938738	34781817	37864479
1. 建筑工程产值	万元	18474160	20611794	23998080	27104990	30051017	33252557
2. 安装工程产值	万元	814652	952003	1235752	1613458	1672813	1779164
3. 其他产值	万元	1713889	1735283	2403279	3220289	3057987	2832758
三、竣工产值	万元	11581484	15036364	17642193	17984470	20216497	21999213
四、房屋建筑施工面积	万 m^2	18325.65	19728.70	23775.93	26251.72	25848.26	27980.19
# 本年新开工面积	万 m^2	7299.01	6540.38	8813.35	9275.52	7965.95	8885.55
# 实行投标承包面积	万 m^2	14931.50	16099.54	19301.80	23972.89	23665.58	25374.59
五、房屋建筑竣工面积	万 m^2	4523.29	5005.64	6517.54	6697.81	6537.11	7370.01
六、年末自有施工机械设备							
1. 净值	万元	706808	533180	735361	946082	1075868	12357011
2. 总台数	台	160030	144560	146421	149930	156653	152527
3. 总功率	万千瓦	422.21	424.80	414.55	419.99	500.20	452.49
七、计算劳动生产率平均人数	万人	75.98	78.62	91.27	100.27	110.22	107.01

4-13 建筑业企业生产情况(2016年)

项　目	企业个数（个）	建筑业总产值（万元）	#装饰装修产　值	#在外省完成的产值
总　计	**545**	**37864479**	**2208061**	**17238291**
# 国有及国有控股企业	77	19238384	659502	13044838
一、按登记注册类型分组				
内资企业	542	37765799	2167850	17191807
国有企业	20	2297804	156631	1080447
集体企业	6	274063	30179	32294
联营企业	1	8052	7762	142
国有联营企业	1	8052	7762	142
有限责任公司	194	23984923	1244581	13770856
国有独资公司	21	5826794	74494	3331092
其他有限责任公司	173	18158129	1170087	10439764
股份有限公司	25	2859074	201108	830142
私营企业	295	8325746	527589	1468736
私营合伙企业	1	11206	256	834
私营有限责任公司	285	7717582	508433	1185645
私营股份有限公司	9	596958	18900	282258
其他企业	1	16139		9190
港、澳、台商投资企业	2	40845	40210	614
合资经营企业(港或澳、台资)	2	40845	40210	614
港、澳、台商独资经营企业				
外商投资企业	1	57835		45870
中外合资经营企业				
外资企业	1	57835		45870

			竣工产值（万元）	房屋建筑施工面积（m^2）		
建筑工程产　　值	安装工程产　　值	其他产值			#本年新开工面积	#实行投标承包面积
33252557	**1779165**	**2832758**	**21999213**	**279801930**	**88855525**	**253745905**
18250119	566526	421740	10292257	160161295	48057297	153930443
33212325	1721329	2832145	21901792	279801930	88855525	253745905
2167257	67267	63280	1191892	18668241	4295276	17639770
208783	65280		313987	2236566	585471	2213366
7762		289	7762			
7762		289	7762			
22014844	763211	1206869	12792909	181151945	60734558	171356681
5432404	155073	239317	3317437	38339026	7318391	35221775
16582439	608138	967552	9475472	142812919	53416167	136134906
2083364	190246	585464	1807803	22997131	5255542	16300688
6714178	635326	976242	5771300	54748047	17984678	46235400
6724	3362	1121	9214	15500	12800	15500
6165363	610262	941956	5293936	49870060	16182339	43865328
542091	21702	33165	468150	4862487	1789539	2354572
16139			16139			
40231		614	39586			
40231		614	39586			
	57835		57835			
	57835		57835			

4－13 续表 1

项　　目	企业个数（个）	建筑业总产值（万元）	#装饰装修产　　值	#在外省完成的产值
二、按建筑业行业中类分组				
房屋建筑业	244	27919140	951995	12009735
土木工程建筑业	122	8065176	551411	4458776
铁路、道路、隧道和桥梁工程建筑	53	5426683	544939	2974454
水利和内河港口工程建筑	23	1818081	1415	1255719
工矿工程建筑	4	135880		61268
架线和管道工程建筑	18	433780	250	156159
其他土木工程建筑	24	250752	4807	11176
建筑安装业	81	972228	59835	432057
电气安装	25	358246		114729
管道和设备安装	4	29841		9190
其他建筑安装业	52	584141	59835	308138
建筑装饰和其他建筑业	98	907936	644820	337723
建筑装饰业	63	684220	631107	265962
工程准备活动	9	108879		59403
提供施工设备服务	1	11050		350
其他未列明建筑业	25	103786	13713	12009
三、按企业资质等级分组				
施工总承包	329	35568439	1381115	16370972
特　　级	11	14382912	65379	10098094
一　　级	113	16299745	1152141	5736442
二　　级	123	3715084	81827	443263
三级及以下	82	1170697	81768	93172
专业承包	216	2296041	826946	867319
一　　级	44	1191930	509875	505938
二　　级	59	728227	266580	320585
三级及以下	113	375884	50491	40797

建筑工程产值	安装工程产值	其他产值	竣工产值（万元）	房屋建筑施工面积（m^2）	#本年新开工面积	#实行投标承包面积
25262904	620629	2035607	16263955	271933153	85576832	248515172
6984433	618020	462724	4580948	6587448	2461017	4072694
4840995	209538	376150	3331140	4056299	1436740	1632440
1692519	83096	42465	765051	1476116	372701	1475980
124970	10799	111	29040	205782	205782	205782
115125	306340	12316	292180	151772	26096	151772
210824	8247	31682	163537	697479	419698	606720
456652	369256	146320	665587	919329	459876	796039
28096	201672	128479	209980			
16139	13702		29841			
412418	153882	17841	425767	919329	459876	796039
548567	171260	188108	488723	362000	357800	362000
488806	110286	85129	332570			
21184		87696	97169			
572	10478		4443	51400	47800	51400
38007	50496	15284	54541	310600	310000	310600
32027984	1065532	2474923	20606060	279027857	88219916	253201481
13668304	163834	550774	8449572	147004308	42568105	139564221
14480949	652210	1166586	9031420	102928274	32407595	89654234
2920314	164405	630365	2369860	24077517	10257278	20134526
958417	85082	127198	755208	5017758	2986938	3848500
1224573	713633	357835	1393153	774073	635609	544424
680066	257845	254019	725324	14600	14600	
324896	323480	79852	403735	197035	171259	197035
219612	132308	23964	264094	562438	449750	347389

4－13 续表2

项　　目	房屋建筑竣工面积（m^2）	直接从事生产经营活动的平均人数（人）	工程技术人员（人）	一级建造师（人）
总　　计	**73700097**	**1070075**	**111239**	**9779**
# 国有及国有控股企业	28648270	472544	40111	3696
一、按登记注册类型分组				
内资企业	73700097	1064739	110808	9759
国有企业	5488120	59348	7479	770
集体企业	1716245	8176	659	48
联营企业		808	155	12
国有联营企业		808	155	12
有限责任公司	38783937	655798	57485	4740
国有独资公司	6576514	134063	11120	1293
其他有限责任公司	32207423	521735	46365	3447
股份有限公司	7651244	77817	7174	741
私营企业	20060551	262692	37816	3438
私营合伙企业		3740	339	1
私营有限责任公司	18171116	243298	34916	3297
私营股份有限公司	1889435	15654	2561	140
其他企业		100	40	10
港、澳、台商投资企业		1415	60	15
合资经营企业（港或澳、台资）		1415	60	15
港、澳、台商独资经营企业				
外商投资企业		3921	371	5
中外合资经营企业				
外资企业		3921	371	5

4－13 续表 3

项　　目	房屋建筑竣工面积（m^2）	直接从事生产经营活动的平均人数（人）	工程技术人员（人）	一级建造师（人）
二、按建筑业行业中类分组				
房屋建筑业	71285599	801895	76818	6512
土木工程建筑业	1738860	212902	25591	2130
铁路、道路、隧道和桥梁工程建筑	657115	135052	15034	1218
水利和内河港口工程建筑	505375	51484	5260	514
工矿工程建筑	165782	4603	353	48
架线和管道工程建筑	46495	12020	3055	199
其他土木工程建筑	364093	9743	1889	151
建筑安装业	656088	25646	4290	609
电气安装		7913	1350	222
管道和设备安装	60120	424	219	17
其他建筑安装业	595968	17309	2721	370
建筑装饰和其他建筑业	19550	29632	4540	528
建筑装饰业		20538	2624	326
工程准备活动		3635	754	44
提供施工设备服务	19550	305	132	18
其他未列明建筑业		5154	1030	140
三、按企业资质等级分组				
施工总承包	73360127	997436	100475	8528
特　　级	27631103	331813	24304	2172
一　　级	33909784	487785	46882	4322
二　　级	9454496	137108	21897	1544
三级及以下	2364744	40730	7392	490
专业承包	339970	72639	10764	1251
一　　级		36025	4182	519
二　　级	89646	23702	4047	336
三级及以下	250324	12912	2535	396

4－14 主要年份建筑业财务状况

项　　目	单位	2003 年	2004 年	2005 年	2006 年
一、年末资产负债					
流动资产合计	万元	2034223	2497515	2837325	3314982
固定资产合计	万元	657031	744062	853474	987386
固定资产原价	万元	939419	1016557	1014513	1184889
# 生产经营用	万元	773510	842984	829613	1002572
累计折旧	万元	346382	375197	373969	438718
# 本年折旧	万元	53952	70832	69070	72647
资产合计	万元	2878833	3506609	3983250	4633015
流动负债合计	万元	1742514	2045453	2233802	2685378
长期负债合计	万元	144163	184479	300389	335771
所有者权益合计	万元	992156	1276677	1449059	1611867
# 实收资本	万元	832230	1073970	1058647	1169051
二、损益及分配					
工程结算收入	万元	2990005	4435990	5373740	6954650
工程结算成本	万元	2678074	3976472	4840714	6258321
工程结算税金	万元	107282	150500	192859	242343
工程结算利润	万元	204649	288449	328120	428752
管理费用	万元	142310	172786	197115	234888
利润总额	万元	54713	114030	120833	181684
# 应交所得税	万元	18455	31436	35207	49380
应付利润	万元	26681	49120	33505	64611
三、工资福利费					
本年应付工资总额	万元	338100	544287	658688	892361
本年应付福利费总额	万元	36159	61906	73090	105268
应付职工薪酬	万元				
四、建筑业增加值	万元	610186	965292	—	—
五、亏损企业个数	个	45	114	100	107

2007年	2008年	2009年	2010年	2011年	2012年	2013年	2014年	2015年	2016年
4270154	5122164	6252585	8001811	9709347	11483057	13600316	15879020	18371152	22082517
1242267	1408123	1458198	1337343	1296658	1577538	1547066	1645353	1682273	1615510
1612399	1785749	1962253	1875495	2026409	2152809	2341521	2574911	2670440	2616760
1409999	1466618	1299391	1537300	—	—	—	—	—	—
551166	602533	694491	775604	891674	1010130	1125930	1222525	1342849	1340516
75814	132602	139803	172206	186788	187878	178722	223529	234960	209190
5996227	7078559	8350689	10402388	12540899	14979997	17815511	20658175	23665787	28570473
3751735	4250492	5210629	6760187	7637066	8783469	10516791	12044082	13413952	16462656
402464	469312	556174	507208	753704	951942	1030037	1284100	1550722	2601079
1842028	2358755	2583886	3135023	4024090	4874075	5966979	7072768	8194043	8970403
1271429	1478953	1595580	1917221	2170676	2474991	2963173	3554730	3917093	4352833
8987932	10454726	12713365	16904511	19993351	21974786	26653588	31139757	33379898	36755907
8086699	9270280	11440235	15254694	18001663	19734193	23614205	27828963	29902777	33428524
320945	410904	444092	580124	694310	742423	978091	1175188	1126043	821344
531138	721953	770303	1011895	—	—	—	—	—	—
271463	277710	329378	438016	507585	570283	793192	888405	954001	1050216
245663	477409	418620	574081	712628	828360	1129347	1102611	1125163	1181762
63394	63536	87801	91193	127590	163997	218115	198906	219279	232523
77834	122978	187868	173645	—	—	—	—	—	—
972833	1412042	1183888	1573560	—	—	—	—	—	—
104317	187003	120383	137333	—	—	—	—	—	—
				1487379	1700926	4666217	4027362	3855556	3697098
2132700	2561400	3027543	4163506	4892120	5405771	5946348	6707481	7378229	7909461
82	50	69	82	65	101	69	76	80	84

4－15 建筑业企业财务状况(2016年)

指 标	资产总计	流动资产合计	应收工程款	#存货	固定资产合计	固定资产原价
总 计	**28570473**	**22082517**	**5675726**	**5170940**	**1615510**	**2616760**
# 国有及国有控股企业	18409248	13854683	3375146	3421930	728326	1453822
一、按登记注册类型分组						
内资企业	28416363	21941683	5640959	5162535	1615005	2615872
国有企业	1849199	1458151	351520	256283	110746	178591
集体企业	69664	53080	13837	13970	7208	8246
联营企业	8286	7338	555	103	919	1876
有限责任公司	20618421	15548196	3948133	3794847	964260	1737762
国有独资公司	6794035	4539356	881253	1389535	332198	700693
其他有限责任公司	13824386	11008840	3066880	2405312	632061	1037069
股份有限公司	911056	810285	264092	165328	68197	126442
私营企业	4950080	4055826	1060328	931253	462826	562910
私营独资企业						
私营有限责任公司	4187421	3369787	933394	707367	433443	509488
私营股份有限公司	762659	686039	126934	223886	29383	53422
其他企业	9657	8807	2496	752	850	46
港、澳、台商投资企业	45893	45389	4887	1611	504	888
合资经营企业(港或澳、台资)	45893	45389	4887	1611	504	888
港、澳、台商独资经营企业						
外商投资企业	108217	95445	29880	6794		
中外合资经营企业						
外资企业	108217	95445	29880	6794		
二、按建筑业行业中类分组						
房屋建筑业	18941852	14974556	3468817	3598055	966140	1325536
土木工程建筑业	8249538	5945378	1812801	1367878	548751	1171204
铁路、道路、隧道和桥梁工程建筑	4949488	3604020	1227214	818020	286422	631750
水利和内河港口工程建筑	2552424	1691514	317104	469572	202304	444088
工矿工程建筑	123556	112546	82451	4062	4920	9420
架线和管道工程建筑	438684	369932	148631	48450	39608	62462
其他土木工程建筑	185387	167366	37401	27775	15498	23484
建筑安装业	762268	629568	236144	107292	45137	60158
电气安装	233942	213648	110379	28432	12233	23342
管道和设备安装	21657	17912	7228	1309	3085	2130
其他建筑安装业	506668	398008	118537	77551	29819	34686
建筑装饰和其他建筑业	616815	533014	157964	97714	55482	59862
建筑装饰业	456772	405379	111499	86182	31731	35465
工程准备活动	67019	52570	21705	1743	12972	8787
提供施工设备服务	7154	5029	295	3591	1796	1796
其他未列明建筑业	85870	70037	24466	6199	8984	13814
三、按企业资质等级分组						
施工总承包	26707195	20467226	5131425	4893689	1462310	2376132
特 级	13168604	9184601	2016649	2376850	508948	964281
一 级	9647096	8060667	2205900	1860544	525110	953463
二 级	3048377	2485716	712496	592756	352662	375336
三级及以下	843118	736243	196380	63539	75590	83052
专业承包	1863278	1615290	544302	277251	153200	240628
一 级	875713	762555	275781	161542	91969	141104
二 级	635285	552351	179331	75082	33974	61902
三级及以下	352279	300385	89190	40627	27257	37623

单位:万元

累计折旧	#本年折旧	在建工程	流动负债合计	应付账款	非流动负债合计	负债合计	所有者权益合计	#实收资本
1340516	**209190**	**216415**	**16462656**	**7285397**	**2601079**	**19599570**	**8970403**	**4352833**
830959	140298	47469	12220896	6088091	2259173	14491186	3917562	2234665
1340133	209189	216415	16421469	7279674	2601079	19489924	8925939	4344941
95635	5483	994	1021621	370989	252634	1280243	568956	310820
4353	433	421	53729	5382	5767	60077	9587	12450
1004	33	46	1748	754	496	2244	6043	
927902	164971	104499	12818212	6125135	2180707	15173218	5444702	2701746
411947	61227	42601	3977988	1643240	1447721	5425849	1367686	604679
515956	103744	61899	8840224	4481895	732987	9747369	4077016	2097067
63514	6181	1334	269087	119237	2926	393392	517664	174999
247689	32082	109122	2250111	655275	158549	2573786	2376293	1143426
223304	30335	109122	1875927	568540	118549	2033091	2154330	1069717
24385	1748		374183	86735	40000	540695	221964	73710
36	7		6963	2902		6963	2695	1500
383			41187	5723		41187	4706	2200
383			41187	5723		41187	4706	2200
						68459	39758	5691
						68459	39758	5691
591032	100932	161858	10673776	4640732	1260118	12376919	6564933	3037750
698227	102766	38875	5022435	2295942	1303078	6404362	1845177	982158
378261	58554	9763	3320157	1611133	659021	3982091	967396	652449
272935	40742	26495	1307813	546998	640592	1954787	597637	180950
4500	806		103585	66900	2350	105935	17621	15684
34146	1241	2618	197585	50451	615	266660	172024	72380
8385	1424		93296	20461	500	94888	90498	60695
27162	3644	7093	393971	199823	26985	425307	336461	191985
11748	1703		102417	48941	119	105646	128297	66587
926	123	1040	10055	4105	350	10405	11253	8850
14488	1818	6053	281499	146777	26517	309256	196912	116547
24095	1848	8589	372475	148900	10898	392983	223832	140940
13424	808	8477	299131	119431	2312	310878	145894	83540
5415	530		31983	14132	8445	40428	26591	19466
232	111		1913		141	2054	5100	5100
5025	399	112	39448	15338		39623	46247	32834
1220653	184601	199636	15382565	6762501	2588590	18422457	8284738	3953858
527130	100435	43468	7913479	3969495	2087902	10001381	3167223	1565538
500093	59289	33590	5542010	2226069	429502	6246050	3401047	1509411
164639	19444	110907	1554102	507675	53321	1770724	1277653	666191
28791	5433	11672	372974	59263	17866	404302	438816	212718
119864	24589	16779	1080092	522896	12488	1177113	685665	398974
69318	17569	8514	657234	311871	10314	674227	201486	128550
35674	4443	6588	282159	151211	1510	359183	276103	134088
14872	2577	1677	140699	59815	665	143704	208076	136337

4－15 续表1

指标	国家资本	集体资本	法人资本	个人资本	港澳台资本	营业收入
总计	**1725270**	**65760**	**1176487**	**1380987**	**4329**	**38410528**
# 国有及国有控股企业	1718148	501	511348	4243	425	20957992
一、按登记注册类型分组						
内资企业	1723995	65760	1170599	1380987	3600	38293617
国有企业	310820					3257688
集体企业		12450				123961
联营企业						11429
有限责任公司	1401566	19335	868145	409101	3600	24186539
国有独资公司	420001		184678			7040975
其他有限责任公司	981565	19335	683468	409101	3600	17145564
股份有限公司	8948	12228	11044	142779		2588658
私营企业	2661	20248	291410	829108		8110557
私营独资企业						
私营有限责任公司	2661	20248	268542	778266		7508584
私营股份有限公司			22868	50842		601973
其他企业		1500				14786
港、澳、台商投资企业	1275		196		729	26278
合资经营企业(港或澳、台资)	1275		196		729	26278
港、澳、台商独资经营企业						
外商投资企业			5691			90633
中外合资经营企业						
外资企业			5691			90633
二、按建筑业行业中类分组						
房屋建筑业	1096772	49296	878046	1010037	3600	28159739
土木工程建筑业	556379	6383	227214	192183		8395998
铁路、道路、隧道和桥梁工程建筑	394791		171988	85670		4921323
水利和内河港口工程建筑	135804	334	2672	42140		2478500
工矿工程建筑	2183		13501			130199
架线和管道工程建筑	18801	6048	24571	22960		613004
其他土木工程建筑	4800		14482	41413		252971
建筑安装业	42115	9357	39977	100536		984398
电气安装	17915	119	20111	28442		367750
管道和设备安装		1500		7350		31289
其他建筑安装业	24201	7738	19865	64743		585358
建筑装饰和其他建筑业	30004	725	31251	78232	729	870393
建筑装饰业	12591	60	29170	40991	729	641339
工程准备活动	13873		80	5513		84647
提供施工设备服务				5100		11050
其他未列明建筑业	3540	665	2001	26628		133357
三、按企业资质等级分组						
施工总承包	1658389	55470	1060989	1175410	3600	36083505
特　　级	1132919		338485	94134		15747380
一　　级	434585	17989	502671	550566	3600	15432308
二　　级	84614	30597	167027	383952		3775120
三级及以下	6272	6884	52806	146757		1128697
专业承包	66880	10290	115498	205577	729	2327023
一　　级	62221	1617	36836	27451	425	1129425
二　　级	100	7048	58526	68110	304	790072
三级及以下	4560	1625	20136	110016		407527

单位:万元

主营业务收入	营业成本	主营业务成本	营业税金及附加	主营业务税金及附加	其他业务利润	销售费用	管理费用	#税金
36755907	**35216195**	**33428524**	**860834**	**821344**	**13502**	**95659**	**1050216**	**46334**
19470552	19711197	18303915	232338	200145	4059	13485	512149	6240
36638999	35133203	33345532	859729	820238	13499	95385	1043351	46298
3238031	3082585	3064454	57840	57724	627	1209	66672	2837
123811	113359	113211	4255	4255		1503	4239	66
10896	10790	10385	367	367	91		235	
22710010	22394220	20977542	417790	384343	8587	35166	666625	13291
5591008	6494644	5119892	93417	62250	1227	9488	261863	1719
17119003	15899576	15857650	324373	322093	7360	25678	404762	11572
2490748	2287235	2196790	100197	100196	356	3645	101785	6437
8050717	7232604	6970739	279220	273294	3838	53230	202560	23667
7449238	6710470	6448606	262617	256711	3426	49398	183308	22342
601479	522133	522133	16603	16583	412	3832	19252	1325
14786	12411	12411	60	60		632	1236	
26275	24411	24411	498	498	3	266	1258	7
26275	24411	24411	498	498	3	266	1258	7
90633	58581	58581	608	608		8	5606	29
90633	58581	58581	608	608		8	5606	29
26549407	25862086	24111246	693752	656005	7527	67020	635291	37570
8365333	7716024	7690586	126825	125168	5018	17746	331029	7308
4913063	4559870	4552356	86216	86059	1585	10794	156074	3575
2468079	2268670	2259457	22339	21648	235	2599	131810	2211
129001	124416	124219	1445	1241	798	5	4517	46
612223	538638	538271	8544	7939	515	1989	28648	1049
242968	224431	216283	8281	8281	1885	2359	9980	427
972800	862230	851877	19136	19086	611	5475	43369	647
357513	324996	315448	7055	7032	199	2563	18088	347
31148	25462	25462	892	892	142	772	2540	7
584140	511773	510967	11188	11162	270	2139	22742	293
868367	775856	774815	21121	21084	346	5419	40526	810
640394	580955	580274	14934	14897	98	4927	22202	395
83890	67467	67226	2351	2351	194	339	7405	111
11050	9242	9242	245	245			1545	6
133034	118191	118073	3592	3592	54	152	9374	297
34446539	33179531	31406914	807687	768706	10243	80658	938332	44264
14295999	14695107	13319844	197544	165922	1963	12150	405140	5276
15310687	14135742	13824169	434586	429674	7326	35674	379330	26893
3719480	3371990	3304069	125182	123028	854	26207	118523	10228
1120374	976693	958832	50375	50082	101	6627	35339	1867
2309368	2036664	2021610	53147	52638	3259	15001	111883	2071
1125670	1028774	1024990	18934	18489	506	3303	48447	638
789250	667277	666938	20480	20464	484	5783	36271	758
394448	340614	329682	13733	13685	2269	5914	27165	674

4－15 续表2

指　　标	财务费用	利息收入	#利息支出	资产减值损失	公允价值变动收益	投资收益
总　　计	**153379**	**77011**	**220542**	**27013**	**118**	**130415**
# 国有及国有控股企业	79629	72907	163771	22142		101484
一、按登记注册类型分组						
内资企业	153566	76986	220542	27013	118	128893
国有企业	16443	4151	20339	554		1673
集体企业	191	326	65			
联营企业	51					
有限责任公司	92744	70112	165929	23643	40	125446
国有独资公司	36312	24869	81210	881		11578
其他有限责任公司	56432	45243	84720	22762	40	113868
股份有限公司	5847	617	5954	434		
私营企业	38327	1818	28255	2363	78	1774
私营独资企业						
私营有限责任公司	30972	1034	20219	1519	78	1100
私营股份有限公司	7355	784	8036	844		675
其他企业	－37	－37		20		
港、澳、台商投资企业	－24	24				
合资经营企业(港或澳、台资)	－24	24				
港、澳、台商独资经营企业						
外商投资企业	－163					1522
中外合资经营企业						
外资企业	－163					1522
二、按建筑业行业中类分组						
房屋建筑业	108252	59908	138493	14660	118	123602
土木工程建筑业	43054	16464	80158	10485		5871
铁路、道路、隧道和桥梁工程建筑	44138	2817	47776	5520		1361
水利和内河港口工程建筑	－3202	13372	30265	4212		2695
工矿工程建筑	382	56	404	75		6
架线和管道工程建筑	840	205	1115	419		1809
其他土木工程建筑	895	14	599	260		
建筑安装业	506	399	884	324		820
电气安装	166	80	92	189		20
管道和设备安装	246	－37	285	20		
其他建筑安装业	95	357	507	116		800
建筑装饰和其他建筑业	1566	240	1008	1544		122
建筑装饰业	1129	130	759	417		
工程准备活动	334	82	151	1127		1
提供施工设备服务	－3	－3				
其他未列明建筑业	105	30	98			121
三、按企业资质等级分组						
施工总承包	147413	75960	215150	25009	118	128771
特　级	67792	73490	150165	15459		98670
一　级	58509	5458	51682	5823	40	28859
二　级	17738	－3008	12104	3717	78	1244
三级及以下	3375	19	1200	10		－2
专业承包	5966	1051	5392	2005		1644
一　级	3763	583	3375	1708		1
二　级	1308	429	1471	43		1622
三级及以下	895	39	546	254		21

单位:万元

营业利润	营业外收入	补贴收入	营业外支出	利润总额	应交所得税	应付职工薪酬(本年贷方累计发生额)	建筑业企业在境外完成的营业收入	应交增值税
1140805	**60635**	**35971**	**13865**	**1181762**	**232523**	**3697098**	**1270437**	**436039**
490665	55599	35702	8231	537984	90682	1636270	1094204	272618
1113420	59913	35971	13615	1153906	225838	3679331	1270437	435989
32075	806	90	201	32680	8752	98488	64410	28223
641				641	378	16767		1653
-15	19			4		1052		108
687887	56532	35801	10582	730418	125486	2265294	1067721	287517
155947	21668	10736	3727	173837	43550	422328	655584	127278
531940	34864	25066	6855	556580	81936	1842966	412138	160239
90057	361		146	90311	23151	372768	20804	10499
302118	2002	79	2685	299196	67965	924254	117502	107846
269489	1908	14	2233	266925	61447	830814	49437	101382
32629	95	65	452	32271	6518	93440	68065	6465
657	192			657	106	709		143
-130	355		2	224	60	5981		50
-130	355		2	224	60	5981		50
27515	367		249	27633	6626	11787		
27515	367		249	27633	6626	11787		
900131	19337	1547	8204	908460	176801	2832758	510102	288239
161553	39764	34420	4830	193670	41463	691553	748168	119890
60808	35380	33363	3178	90190	20683	360414	138900	54117
54767	3191	1051	770	57190	8081	206239	609269	55329
-634	74		68	-628	52	22823		2729
39847	1024	5	804	40067	10977	66048		6377
6766	94		10	6850	1671	36030		1338
54513	956	1	677	54601	8643	84744	3344	17274
14717	35		24	14727	2942	32700		4419
1692	203		1	1702	254	1989		362
38105	719	1	651	38173	5447	50054	3344	12492
24607	578	3	155	25032	5616	88043	8822	10637
16821	422	2	93	17150	3393	53981	7940	7857
5626	116		5	5737	1718	12631		1969
21				21	5	901		184
2141	40	1	57	2125	500	20530	882	626
1036397	58477	35966	12697	1076554	210066	3465279	1258823	412041
452858	27135	11296	5690	474303	80830	1425481	1031293	202064
405549	29076	24459	5275	429340	89240	1474729	92980	154197
119468	2226	212	1729	116594	27501	454324	39323	44452
58522	41		4	56317	12496	110745	95227	11328
104407	2158	4	1168	105208	22457	231819	11613	23999
24543	561	2	198	24906	4409	103291	5955	14803
60623	1313	2	873	61064	13459	88235	1985	6442
19241	284	0	97	19238	4588	40293	3673	2754

5 财政、金融、保险

长沙统计年鉴

5－1 主要年份财政收支情况

单位:万元

年份	辖区内财政收入	#财政总收入	上划中央两税	一般公共预算收入	地方一般公共预算收入	国土收入	所得税净上划收入	公共财政预算支出
1994	…	231865	91711	140154	134875	5282		152093
1995	518409	287494	98314	189180	179864	9316		216021
1996	675251	374213	119022	255191	245965	9226		273809
1997	787809	375994	119610	256384	250306	6078		280728
1998	910694	422279	119613	302666	294507	8159		329659
1999	991512	454291	130630	323661	316691	6970		362715
2000	1096493	504342	150260	354082	344491	9591		414336
2001	1239745	617997	170220	447777	421620	26157		523252
2002	1369867	754759	204719	550040	460682	35768	53590	625493
2003	1612343	1027631	234356	793275	598930	114311	80034	784168
2004	2051400	1331234	287636	1043598	806555	104542	132501	1005542
2005	2524803	1730364	336548	1393816	1080572	135778	177466	1330503
2006	2966297	2171904	401804	1770100	1328345	183528	258229	1671873
2007	5062048	2663841	486275	2625198	1745761	550501	328936	2181733
2008	5989800	3188656	552269	3422139	2055700	933144	433295	2605584
2009	6856000	3729724	663675	4060314	2462933	1123813	473568	3140820
2010	8482000	5112800	830606	5063172	3142836	1346962	573374	4033349
2011	11014000	6889551	1024740		4257827	2395757		5208876
2012	12453330	7965760	1148368		4906482	2651327		6246207
2013	14203395	8838849	1330601		5366331	4114049		7018238
2014	16214467	10030833	1328466		6327992	5499579		8023838
2015	17621465	11134811	1359797		7189468	3721509		9249992
2016	18261529	12310190	2018282		7436954	2762966		10414331

5－2 主要年份财政收支增长速度

单位:%

年份	辖区内财政总收入	#财政总收入	上划中央两税	地方财政收入	#公共财政预算收入	公共财政预算支出
1995	…	24.0	7.2	35.0	33.4	42.0
1996	30.3	30.2	21.1	34.9	36.8	26.8
1997	16.7	0.5	0.5	0.5	1.8	2.5
1998	15.6	12.3		18.1	17.7	17.4
1999	8.9	7.6	9.2	6.9	7.5	10.0
2000	10.6	11.0	15.0	9.4	8.8	14.2
2001	13.1	22.5	13.3	26.5	22.4	26.3
2002	10.5	22.1	20.3	22.8	22.0	19.5
2003	17.7	36.2	14.5	44.2	33.2	25.4
2004	27.2	29.5	22.7	31.6	34.7	28.2
2005	23.1	30.0	17.0	33.6	34.0	32.3
2006	17.5	25.5	19.4	27.0	22.9	25.7
2007		43.3	21.0	48.3	31.4	30.5
2008	18.3	19.7	13.6	30.4	17.8	19.4
2009	14.5	17.0	20.2	18.6	19.8	20.5
2010	23.7	28.1	25.2	27.2	31.2	28.4
2011	29.9	34.8	23.4		35.5	29.1
2012	13.1	15.6	12.1		15.2	19.9
2013	14.1	11.0	15.9		9.4	12.4
2014	14.2	13.5	-0.2		17.9	14.3
2015	8.7	11.0	2.4		13.6	15.3
2016	3.6	10.6	48.4		3.4	12.6

5-3 财 政 收 入

单位:万元

指 标	2016 年	2015 年	2016 年比 2015 年 ±%
上划中央“两税”	2018282	1359797	48.4
地方一般公共预算收入	7436954	7189468	3.4
增值税	1092259	519235	110.4
营业税	739673	1484233	-50.2
企业所得税	527872	502890	5.0
企业所得税退税			
个人所得税	273805	221897	23.4
资源税	839	1309	-35.9
固定资产投资方向调节税			
城市维护建设税	445122	459310	-3.1
房产税	208631	185724	12.3
印花税	87585	84866	3.2
城镇土地使用税	113860	124950	-8.9
土地增值税	382385	307726	24.3
车船税	68357	60304	13.4
耕地占用税	124093	116806	6.2
烟叶税	9144	8678	5.4
契税	679541	674836	0.7
国有资本经营收入	33185	16365	102.8
国有资源(资产)有偿使用收入	1082873	986164	9.8
行政性收费	301449	275822	9.3
罚没收入	115632	97433	18.7
专项收入	519569	688933	-24.6
其他收入	631080	371987	69.7
基金收入	3095416	4141669	-25.3

5－4 财 政 支 出

单位：万元

指 标	2016年	2015年	2016年比2015年±%
一般公共预算支出	10414331	9249992	12.6
一般公共服务	1315468	1330488	－1.1
科学技术	246112	241731	1.8
交通运输	507042	415237	22.1
农林水事务	808919	718833	12.5
环境保护	392861	198713	97.7
城乡社区事务	2477252	2161475	14.6
文化体育与传媒	162474	140397	15.7
教育支出	1567751	1444932	8.5
医疗卫生支出	554994	532706	4.2
社会保障和就业	829289	679418	22.1
公共安全	534323	465050	14.9
外交支出			
其他支出	1017846	921012	10.5
基金支出合计	3004532	4457848	－32.6

5－5 主要年份金融统计指标

单位:亿元

年 份	各项存款余额	#城乡居民储蓄存款	各项贷款余额	#短期贷款	#中长期贷款
1994	235.31	132.80	180.85	145.33	24.21
1995	306.02	183.27	240.84	176.71	31.56
1996	399.57	218.20	350.59	233.68	57.65
1997	449.56	241.43	379.24	277.16	72.28
1998	594.69	269.43	468.90	279.30	111.78
1999	723.57	346.12	588.87	382.74	159.03
2000	826.18	373.22	631.57	378.29	184.48
2001	986.84	444.10	778.28	447.47	264.61
2002	1232.98	544.99	1207.42	555.09	550.23
2003	1598.70	704.85	1629.42	680.13	859.68
2004	1960.23	800.89	1851.38	775.58	1016.02
2005	2322.32	954.42	2055.35	751.94	1209.74
2006	2756.80	1093.04	2482.50	854.34	1495.71
2007	3267.46	1177.17	2982.40	967.88	1904.50
2008	3869.21	1494.93	3516.27	1083.35	2275.10
2009	5325.84	1881.32	5200.76	1201.37	3751.76
2010	6427.95	2172.08	6353.68	1371.86	4846.59
2011	7364.26	2526.93	7483.83	1708.80	5698.04
2012	8800.66	3004.07	8518.93	1957.10	6393.43
2013	10148.76	3507.51	9633.02	2331.67	7165.55
2014	11266.10	3898.85	10712.82	2529.89	7992.60
2015	14065.66	4352.63	12323.87	2668.64	9137.69
2016	15488.77	4872.74	13866.96	2677.38	10472.19

注:从2015年开始人民银行不公布城乡居民储蓄存款这一指标,数据由住户存款代替。

5－6 金融机构消费贷款

单位:万元

指 标	2016年	
	年末余额	比年初±额
消费贷款总计	28088793	7118254
短期个人消费贷款	1701309	199366
住房贷款	15257	1545
汽车贷款	15546	－5828
助学贷款	1646	－536
其他贷款	1668860	204186
中长期个人消费贷款	26387485	6918888
住房贷款	24710527	6713975
汽车贷款	133401	13216
助学贷款	201451	35609
其他贷款	1342106	156088

5－7 金融机构存贷款(本外币)

单位:亿元

指　　标	2016年		指　　标	2016年	
	年末余额	比年初±额		年末余额	比年初±额
各项存款	15488.77	1423.11	各项贷款	13866.96	1543.09
一、境内存款	15477.45	1436.76	一、境内贷款	13802.06	1573.33
1.住户存款	4872.73	520.09	1.短期贷款	2677.38	0.18
2.非金融企业存款	6632.19	899.67	2.中长期贷款	10472.19	1343.07
3.广义政府存款	2827.84	190.62	3.融资租赁		
4.非银行业金融机构存款	1144.69	－173.62	4.票据融资	638.67	231.48
二、境外存款	11.32	－13.65	5.各项垫款	13.48	－1.40
			二、境外贷款	64.91	－30.23

5－8 金融机构存贷款(人民币)

单位:亿元

指　　标	2016年		指　　标	2016年	
	年末余额	比年初±额		年末余额	比年初±额
各项存款	15459.68	1430.87	各项贷款	13813.84	1545.73
一、境内存款	15448.61	1443.15	一、境内贷款	13748.94	1575.81
1.住户存款	4868.64	520.09	1.短期贷款	2657.98	4.11
2.非金融企业存款	6618.21	901.68	2.中长期贷款	10454.15	1341.76
3.广义政府存款	2826.87	190.51	3.融资租赁		
4.非银行业金融机构存款	1134.89	－169.12	4.票据融资	623.31	231.35
二、境外存款	11.07	－12.28	5.各项垫款	13.16	－1.40
			二、境外贷款	64.91	－30.08

5-9 财产保险公司业务主要指标(2016年)

单位:万元

指　　标	保费收入	赔款支出
合　　计	**980647**	**496153**
1. 企业财产保险	52944	24236
2. 家庭财产保险	2779	965
3. 机动车辆保险	746139	395038
4. 工程保险	16226	6259
5. 责任保险	50166	18748
6. 信用保险	15848	10241
7. 保证保险	25184	9013
# 机动车辆消费贷款保证保险	10	
个人贷款抵押房屋保证保险	30	
8. 船舶保险	1124	482
9. 货物运输保险	3892	1331
10. 特殊风险保险	888	281
11. 农业保险	18721	9341
12. 健康险	18937	10698
13. 意外伤害保险	22968	6230
14. 其他险	4830	3291

5－10 人寿保险公司业务主要指标(2016年)

单位:万元

指　　标	2016年
一、原保险保费收入	1578030
1. 寿险小计	1296840
2. 意外伤害险小计	47180
(1)一年期以内业务	2608
(2)一年期业务	31406
(3)一年期以上业务	13166
3. 健康险小计	234010
二、赔付支出	330238
1. 赔款支出	36448
(1)意外伤害险	7559
一年期以内业务	381
一年期业务	7178
(2)一年期以内及一年期健康险	28889
个人业务	8161
团体业务	20728
2. 死伤医疗给付	40945
(1)寿险	13844
个人业务	13199
团体业务	645
(2)一年期以上健康险	27100
个人业务	20452
团体业务	6648
3. 满期给付	198695
(1)寿险	198592
个人业务	198083
其中:年金保险	2772
团体业务	509
其中:年金保险	0
(2)一年期以上健康险	103
个人业务	98
团体业务	5
4. 年金给付	54151
(1)个人业务	49360
其中:年金保险	40905
(2)团体业务	4790
其中:年金保险	4787
三、退保金	250209
1. 寿险	246872
(1)个人业务	246287
其中:年金保险	48218
(2)团体业务	586
其中:年金保险	537
2. 一年期以上健康险	3336

6 物价指数

长沙统计年鉴

6-1 历年物价总指数

（以上年价格为100）

年份	商品零售价格指数	居民消费价格指数	服务项目价格指数
1951	105.6		
1952	97.4		
1953	107.6	109.6	105.7
1954	104.8	104.8	100.5
1955	100.9	100.2	100.2
1956	100.2	99.9	94.4
1957	103.9	104.9	96.2
1958	98.5	98.6	99.7
1959	101.0	100.8	99.3
1960	103.0	102.7	100.0
1961	128.8	123.6	100.5
1962	92.2	93.2	103.4
1963	84.9	85.8	95.0
1964	95.4	95.3	94.2
1965	97.9	97.7	95.9
1966	100.1	99.4	92.8
1967	100.9	100.7	98.1
1968	99.7	99.7	100.0
1969	100.5	100.5	100.0
1970	99.3	99.4	100.0
1971	99.8	99.9	100.0
1972	99.9	99.9	99.9
1973	100.3	99.8	94.7
1974	99.8	99.6	97.9
1975	100.1	100.1	100.0
1976	100.0	99.9	97.8
1977	100.1	99.5	94.0
1978	99.9	99.6	96.4
1979	101.3	101.3	101.7
1980	107.7	107.2	101.7
1981	101.6	101.7	102.9
1982	101.8	101.7	101.1
1983	101.4	101.8	106.9
1984	103.5	103.7	106.1
1985	112.7	112.2	107.0

6-1 续表

年份	商品零售价格指数	居民消费价格指数	服务项目价格指数
1986	105.3	105.4	106.5
1987	109.8	109.6	107.7
1988	124.9	123.7	111.2
1989	115.4	115.8	120.3
1990	100.2	101.5	113.3
1991	106.5	106.9	110.3
1992	111.8	114.0	128.5
1993	118.4	119.7	127.6
1994	119.0	123.8	133.7
1995	114.0	117.1	119.2
1996	105.4	106.9	111.6
1997	100.8	103.5	112.3
1998	98.5	101.2	112.6
1999	98.4	100.2	112.6
2000	100.7	101.7	111.1
2001	98.2	98.4	103.1
2002	98.6	99.2	102.2
2003	99.2	100.9	101.1
2004	101.3	103.2	102.4
2005	100.4	101.9	102.9
2006	101.1	101.1	101.0
2007	102.3	104.9	101.9
2008	103.9	105.2	101.4
2009	97.7	99.4	100.5
2010	103.8	102.9	101.3
2011	105.4	105.5	103.6
2012	101.5	102.3	102.1
2013	101.2	102.8	104.0
2014	101.7	102.7	102.7
2015	99.6	101.1	100.6
2016	100.9	101.9	101.8

6-2 重要年份定基物价指数

年份	基期	居民消费价格指数	商品零售价格指数
1952	以1950年为100		102.9
1957	以1950年为100	124.0	121.7
	以1952年为100	120.6	118.3
1965	以1950年为100	136.5	136.1
	以1952年为100	132.7	132.3
	以1957年为100	110.1	111.8
1970	以1950年为100	138.6	138.9
	以1952年为100	134.7	135.0
	以1957年为100	111.8	114.1
	以1965年为100	101.5	102.1
1978	以1950年为100	136.0	138.8
	以1952年为100	132.2	134.9
	以1957年为100	109.6	114.0
	以1965年为100	99.6	102.0
	以1970年为100	98.1	99.9
1980	以1950年为100	147.7	151.4
	以1952年为100	143.6	147.2
	以1957年为100	119.1	124.4
	以1965年为100	108.2	111.3
	以1970年为100	106.6	109.0
	以1978年为100	108.7	109.1
1990	以1950年为100	308.8	309.1
	以1952年为100	291.9	300.5
	以1957年为100	249.0	254.0
	以1965年为100	227.7	230.5
	以1970年为100	224.1	225.9
	以1978年为100	223.7	223.0
	以1980年为100	205.9	204.4
2000	以1950年为100	733.5	613.4
	以1952年为100	713.2	596.3
	以1957年为100	591.5	504.1
	以1965年为100	537.3	450.9
	以1970年为100	529.3	441.6
	以1978年为100	539.6	442.1
	以1980年为100	496.6	405.2
	以1990年为100	241.3	198.3
	以1995年为100	114.1	103.7
2005	以1950年为100	759.8	605.3
	以1952年为100	738.7	582.6
	以1957年为100	612.7	492.4
	以1965年为100	556.5	440.4
	以1970年为100	548.3	431.4
	以1978年为100	558.9	431.9
	以1980年为100	514.3	395.8
	以1990年为100	249.9	193.7
	以1995年为100	118.2	101.3
	以2000年为100	105.3	100.5
2010	以1950年为100	866.9	659.6
	以1952年为100	843.0	634.8
	以1957年为100	699.2	536.6
	以1965年为100	635.1	479.6
	以1970年为100	625.5	470.1
	以1978年为100	637.8	470.6
	以1980年为100	586.9	431.3
	以1990年为100	285.1	211.1
	以1995年为100	134.8	110.4
	以2000年为100	123.0	109.6
	以2005年为100	116.9	111.5

6－2 续表

年份	基期	居民消费价格指数	商品零售价格指数
2012	以1950年为100	935.6	705.6
	以1952年为100	909.8	679.1
	以1957年为100	754.7	574.1
	以1965年为100	685.4	513.1
	以1970年为100	675.1	502.9
	以1978年为100	688.4	503.4
	以1980年为100	633.4	461.4
	以1990年为100	307.7	225.8
	以2000年为100	132.7	117.2
	以2005年为100	124.3	119.3
	以2010年为100	108.1	106.8
2013	以1950年为100	961.8	714.1
	以1952年为100	935.3	687.2
	以1957年为100	775.8	581.0
	以1965年为100	704.6	519.3
	以1970年为100	694.0	508.9
	以1978年为100	707.7	509.4
	以1980年为100	651.1	466.9
	以1990年为100	316.3	228.5
	以2000年为100	136.4	118.6
	以2005年为100	127.8	120.7
	以2010年为100	112.6	109.3
2014	以1950年为100	987.8	726.2
	以1952年为100	960.6	698.9
	以1957年为100	796.7	590.9
	以1965年为100	723.6	528.1
	以1970年为100	712.7	517.6
	以1978年为100	726.8	518.1
	以1980年为100	668.7	474.8
	以1990年为100	324.8	232.4
	以2000年为100	140.1	120.6
	以2005年为100	131.3	122.8
	以2010年为100	114.4	109.7
2015	以1950年为100	998.7	723.3
	以1952年为100	971.2	696.1
	以1957年为100	805.5	588.5
	以1965年为100	731.6	526.0
	以1970年为100	720.5	515.5
	以1978年为100	734.8	516.0
	以1980年为100	676.1	472.9
	以1990年为100	328.4	231.5
	以2000年为100	141.6	120.1
	以2005年为100	132.7	122.3
	以2010年为100	115.7	109.9
2016	以1950年为100	1017.7	729.8
	以1952年为100	989.7	702.4
	以1957年为100	820.8	593.8
	以1965年为100	745.5	530.7
	以1970年为100	734.2	520.1
	以1978年为100	748.8	520.6
	以1980年为100	688.9	477.2
	以1990年为100	334.6	233.6
	以2000年为100	139.2	123.1
	以2005年为100	135.2	123.4
	以2010年为100	117.9	110.9
	以2015年为100	102.7	101.7

6－3 商品零售价格指数(2016年)

(以上年价格为100)

项　　目	以上年价格为100	项　　目	以上年价格为100
商品零售价格总指数	**100.9**	15. 在外餐饮	104.1
一、食品	104.2	二、饮料、烟酒	101.1
1. 粮食	101.3	三、服装、鞋帽	102.0
2. 薯类	110.4	四、纺织品	100.2
3. 豆类	100.0	五、家用电器及音像器材	100.2
4. 食用油	101.7	六、文化办公用品	99.9
5. 菜	108.1	七、日用品	100.6
6. 畜肉类	111.9	八、体育娱乐用品	99.5
7. 禽肉类	101.4	九、交通、通信用品	98.1
8. 水产品	100.3	十、家具	100.5
9. 蛋类	100.8	十一、化妆品	99.8
10. 奶类	99.4	十二、金银珠宝	108.7
11. 干鲜瓜果类	99.5	十三、中西药品及医疗保健用品	102.7
12. 糖果糕点类	100.0	十四、书报杂志及电子出版物	99.8
13. 调味品	100.8	十五、燃料	97.3
14. 其他食品类	100.2	十六、建筑材料及五金电料	100.1

6-4 居民消费价格指数(2016年)

(以上年价格为100)

项目	以上年价格为100	项目	以上年价格为100
居民消费价格总指数	**101.9**	5.鞋类	100.4
一、食品烟酒	103.9	三、居住	102.9
1.食品	104.3	1.租赁房房租	103.9
(1)粮食	101.1	2.住房保养维修及管理	100.3
(2)薯类	110.4	3.水电燃料	100.4
(3)豆类	100.0	4.自有住房	105.4
(4)食用油	101.7	四、生活用品及服务	100.3
(5)菜	108.1	1.家具及室内装饰品	100.3
(6)畜肉类	112.2	2.家用器具	99.9
(7)禽肉类	101.3	3.家用纺织品	100.2
(8)水产品	100.3	4.家庭日用杂品	100.2
(9)蛋类	100.8	5.个人护理用品	100.1
(10)奶类	99.5	6.家庭服务	102.3
(11)干鲜瓜果类	99.4	五、交通和通信	97.9
(12)糖果糕点类	100.0	1.交通	97.8
(13)调味品	100.8	2.通信	98.2
(14)其他食品类	100.2	六、教育文化和娱乐	100.2
2.茶及饮料	99.9	1.教育	99.1
3.烟酒	101.4	2.文化娱乐	101.7
4.在外餐饮	103.9	七、医疗保健	102.8
二、衣着	102.3	1.药品及医疗器具	102.7
1.服装	102.6	2.医疗服务	102.8
2.服装材料	100.0	八、其他用品和服务	102.6
3.其他衣着及配件	100.4	1.其他用品类	105.2
4.衣着加工服务费	110.5	2.其他服务类	100.2

注:2016年开始执行新的报表制度,指标体系和分类有所变化。

6-5 居民消费价格定基指数(2016年)

(以2015年价格为100)

项目	以2015年价格为100	项目	以2015年价格为100
居民消费价格总指数	**101.9**	5. 鞋类	100.4
一、食品烟酒	103.9	三、居住	102.9
1. 食品	104.3	1. 租赁房房租	103.9
(1)粮食	101.1	2. 住房保养维修及管理	100.3
(2)薯类	110.4	3. 水电燃料	100.4
(3)豆类	100.0	4. 自有住房	105.4
(4)食用油	101.7	四、生活用品及服务	100.3
(5)菜	108.1	1. 家具及室内装饰品	100.3
(6)畜肉类	112.2	2. 家用器具	99.9
(7)禽肉类	101.3	3. 家用纺织品	100.2
(8)水产品	100.3	4. 家庭日用杂品	100.2
(9)蛋类	100.8	5. 个人护理用品	100.1
(10)奶类	99.5	6. 家庭服务	102.3
(11)干鲜瓜果类	99.4	五、交通和通信	97.9
(12)糖果糕点类	100.0	1. 交通	97.8
(13)调味品	100.8	2. 通信	98.2
(14)其他食品类	100.2	六、教育文化和娱乐	100.2
2. 茶及饮料	99.9	1. 教育	99.1
3. 烟酒	101.4	2. 文化娱乐	101.7
4. 在外餐饮	103.9	七、医疗保健	102.8
二、衣着	102.3	1. 药品及医疗器具	102.7
1. 服装	102.6	2. 医疗服务	102.8
2. 服装材料	100.0	八、其他用品和服务	102.6
3. 其他衣着及配件	100.4	1. 其他用品类	105.2
4. 衣着加工服务费	110.5	2. 其他服务类	100.2

注:从2016年开始,居民消费价格定期指数以2015年作为基期。

6－6 商品零售价格定基指数(2016年)

(以2015年价格为100)

项　　目	以2015年价格为100	项　　目	以2015年价格为100
商品零售价格总指数	**100.9**	15. 在外餐饮	104.1
一、食品	104.2	二、饮料、烟酒	101.1
1. 粮食	101.3	三、服装、鞋帽	102.0
2. 薯类	110.4	四、纺织品	100.2
3. 豆类	100.0	五、家用电器及音像器材	100.2
4. 食用油	101.7	六、文化办公用品	99.9
5. 菜	108.1	七、日用品	100.6
6. 畜肉类	111.9	八、体育娱乐用品	99.5
7. 禽肉类	101.4	九、交通、通信用品	98.1
8. 水产品	100.3	十、家具	100.5
9. 蛋类	100.8	十一、化妆品	99.8
10. 奶类	99.4	十二、金银珠宝	108.7
11. 干鲜瓜果类	99.5	十三、中西药品及医疗保健用品	102.7
12. 糖果糕点类	100.0	十四、书报杂志及电子出版物	99.8
13. 调味品	100.8	十五、燃料	97.3
14. 其他食品类	100.2	十六、建筑材料及五金电料	100.1

注:从2016年开始,商品零售价格定期指数以2015年作为基期。

6－7 居民消费价格指数(分月)(2016年)

(以上年同月为100)

项　　目	一月	二月	三月	四月	五月	六月	七月	八月	九月	十月	十一月	十二月
居民消费价格总指数	**101.3**	**101.9**	**102.2**	**102.3**	**101.9**	**101.5**	**101.5**	**101.0**	**101.9**	**102.0**	**102.6**	**102.2**
一、食品烟酒	103.2	105.7	107.2	107.4	105.8	103.7	102.8	100.9	102.2	102.3	103.4	101.8
1.食品	102.2	105.9	108.4	108.7	106.2	103.8	102.5	100.8	102.7	102.9	105.0	102.8
(1)粮食	101.0	101.1	100.9	100.9	101.0	101.2	101.2	101.0	101.1	101.1	101.1	101.3
(2)薯类	102.0	108.6	109.2	127.8	136.7	132.9	121.3	100.1	98.3	94.9	95.6	96.3
(3)豆类	102.4	101.4	100.4	100.2	100.2	100.1	99.4	98.5	98.7	99.9	99.6	99.2
(4)食用油	99.9	101.5	102.0	102.4	102.5	102.4	102.3	101.8	101.7	101.4	101.4	101.3
(5)菜	98.7	117.5	130.9	122.6	106.5	91.9	94.7	96.8	105.2	105.2	115.8	108.1
(6)畜肉类	111.8	114.4	117.8	122.8	123.3	121.6	114.7	105.5	105.5	105.2	106.2	102.7
(7)禽肉类	100.8	102.6	101.9	102.5	102.4	102.0	100.8	100.3	100.5	101.1	100.7	100.0
(8)水产品	97.2	98.1	98.8	99.9	100.6	99.8	99.7	100.9	101.9	100.8	102.8	103.0
(9)蛋类	96.8	98.3	97.6	99.1	100.3	100.3	101.8	101.5	102.0	104.0	105.5	102.9
(10)奶类	99.7	99.5	99.3	99.3	99.3	99.3	99.3	99.3	99.3	99.6	100.0	100.0
(11)干鲜瓜果类	100.3	97.5	95.9	98.2	97.6	99.0	97.1	97.6	101.1	103.0	104.0	102.3
(12)糖果糕点类	100.2	100.2	100.1	100.4	100.1	99.9	99.9	99.9	99.9	99.9	100.0	100.0
(13)调味品	100.0	100.3	100.4	100.4	100.7	100.8	101.0	101.1	101.1	101.1	101.1	101.1
(14)其他食品类	100.1	100.2	100.1	100.1	100.2	100.2	100.4	100.2	100.3	100.3	100.3	100.2
2.茶及饮料	100.0	99.9	99.9	99.9	99.9	100.0	100.0	100.0	100.1	100.1	99.6	100.1
3.烟酒	102.9	102.7	102.7	103.0	102.4	100.7	100.7	100.6	100.5	100.6	100.6	100.2
4.在外餐饮	106.8	106.8	106.3	106.1	106.4	105.2	105.0	101.5	101.5	101.5	100.1	99.8
二、衣着	102.2	101.9	102.2	102.5	102.5	102.4	102.4	102.5	102.3	101.9	102.1	102.2
三、居住	100.8	101.3	101.5	101.6	102.0	102.1	102.6	102.7	103.9	104.4	105.7	105.7
四、生活用品及服务	100.6	100.2	100.3	100.3	100.2	100.1	100.1	100.2	100.2	100.4	100.4	100.3
五、交通和通信	98.0	98.1	97.4	97.0	96.2	97.3	97.5	98.1	98.7	98.4	99.1	99.3
六、教育文化和娱乐	100.6	99.3	98.5	98.7	99.8	100.3	100.8	99.6	101.3	101.8	100.7	101.4
七、医疗保健	102.5	102.6	102.4	102.3	102.2	102.2	102.6	103.0	103.4	103.4	103.6	103.3
八、其他用品和服务	98.6	100.9	101.7	101.2	101.5	101.7	104.3	104.9	104.0	104.2	104.4	103.3

6－8 商品零售价格指数(分月)(2016年)

(以上年同月为100)

项目	一月	二月	三月	四月	五月	六月	七月	八月	九月	十月	十一月	十二月
商品零售价格总指数	**100.2**	**101.1**	**101.0**	**101.1**	**100.5**	**100.3**	**100.5**	**100.5**	**101.2**	**101.2**	**101.8**	**101.7**
一、食品	103.1	106.1	108.1	108.1	106.1	103.9	102.9	100.9	102.5	102.6	104.1	102.3
1. 粮食	101.1	101.3	101.1	101.1	101.2	101.4	101.4	101.2	101.3	101.3	101.3	101.6
2. 薯类	102.0	108.6	109.2	127.8	136.7	132.9	121.3	100.1	98.3	94.9	95.6	96.3
3. 豆类	102.5	101.5	100.5	100.3	100.3	100.1	99.4	98.6	98.8	99.9	99.6	99.2
4. 食用油	99.9	101.5	102.0	102.4	102.5	102.4	102.3	101.8	101.7	101.4	101.4	101.3
5. 菜	98.7	117.4	130.8	122.5	106.5	91.9	94.7	96.8	105.2	105.1	115.7	108.1
6. 畜肉类	111.4	113.7	117.1	121.7	122.2	120.6	114.2	105.5	105.5	105.3	106.6	103.6
7. 禽肉类	100.8	102.6	102.0	102.6	102.5	102.1	100.9	100.4	100.6	101.2	100.7	100.0
8. 水产品	97.1	98.1	98.8	99.9	100.5	99.8	99.9	100.9	101.8	101.0	103.0	103.3
9. 蛋类	96.8	98.2	97.5	99.1	100.2	100.2	101.8	101.5	102.0	104.1	105.6	102.9
10. 奶类	99.7	99.4	99.2	99.2	99.2	99.2	99.2	99.2	99.2	99.6	100.0	100.0
11. 干鲜瓜果类	100.3	97.6	96.1	98.3	97.7	99.1	97.2	97.8	101.1	103.0	103.9	102.3
12. 糖果糕点类	100.2	100.2	100.1	100.4	100.1	99.9	99.9	99.9	99.9	99.9	100.0	100.0
13. 调味品	100.0	100.3	100.4	100.4	100.8	100.9	101.0	101.1	101.1	101.1	101.1	101.1
14. 其他食品类	100.1	100.2	100.1	100.1	100.2	100.2	100.5	100.2	100.3	100.3	100.3	100.2
15. 在外餐饮	107.3	107.3	106.8	106.6	106.9	105.5	105.3	101.5	101.5	101.5	99.8	99.5
二、饮料、烟酒	102.1	101.9	101.9	102.2	101.8	100.5	100.5	100.5	100.4	100.5	100.4	100.2
三、服装、鞋帽	101.9	101.9	101.9	102.3	102.3	102.2	102.2	102.3	102.1	101.7	101.8	101.7
四、纺织品	100.2	100.2	100.2	100.2	100.2	100.2	100.2	100.2	100.2	100.2	100.0	100.0
五、家用电器及音像器材	100.1	100.1	100.2	100.2	100.2	100.2	100.2	100.1	100.1	100.1	100.2	100.2
六、文化办公用品	100.1	99.9	99.7	99.7	99.6	99.6	99.6	100.0	100.0	100.0	100.0	100.0
七、日用品	100.2	100.1	100.3	100.6	100.7	100.7	100.7	100.6	100.6	101.0	101.2	101.0
八、体育娱乐用品	99.2	98.4	98.7	99.5	100.4	99.9	99.9	99.6	99.6	99.7	99.8	99.8
九、交通、通信用品	98.1	98.1	98.1	97.8	97.9	98.1	98.1	98.4	98.2	98.2	98.3	98.2
十、家具	100.6	100.6	100.6	100.6	100.6	100.6	100.6	100.6	100.4	100.2	100.2	100.2
十一、化妆品	100.1	99.2	100.2	100.3	99.6	99.1	99.5	99.9	100.1	100.0	99.6	99.6
十二、金银饰品	94.6	102.1	105.4	103.7	104.6	105.2	114.6	117.3	114.7	115.3	116.1	112.3
十三、中西药品及医疗保健用品	102.2	102.3	102.0	101.9	101.7	101.7	102.5	102.8	103.8	103.9	104.2	103.7
十四、书报杂志及电子出版物	100.0	100.0	99.6	99.5	99.4	100.0	100.0	100.0	99.7	99.7	100.0	99.5
十五、燃料	94.4	96.0	91.8	92.3	91.2	93.7	95.6	97.9	102.2	102.2	104.0	108.1
十六、建筑材料及五金电料	100.3	100.3	100.2	100.2	100.1	99.9	99.8	99.8	99.7	99.9	100.6	101.0

6-9 主要商品零售平均价格(2016年)

单位:元

项　　目	规 格 等 级	单　位	年平均价	年末价
面粉	富强粉	千克	4.50	4.50
大米	猫牙米	千克	5.73	5.75
植物油	鲁花花生油	升	30.00	30.00
猪肉	无骨鲜猪肉	千克	32.35	31.40
白糖	白砂糖一级	千克	8.00	8.00
饼干	混合饼干散装	千克	17.60	17.60
甲级卷烟	硬盒白沙牌烟	盒	5.50	5.50
果酒	天津王朝干红红葡萄酒瓶装	瓶	50.60	50.60
皮鞋	江苏产森达40码男鞋	双	596.00	598.00
内衣	三枪牌男式全棉套装	套	208.00	212.00
家具	沙发床	张	2680.00	2680.00
手机	苹果	部	6300.21	5943.50
电脑	戴尔笔记本	台	4568.25	4549.50
空调	格力空调	台	3599.00	3599.00
微波炉	美的微波炉	台	1298.00	1298.00
汽车	丰田凯美瑞	辆	284666.67	280000.00
洗衣机	小天鹅	台	2098.00	2098.00
彩色电视机	创维彩电	台	3982.33	3999.00
电冰箱	海尔冰箱	台	2749.00	2749.00
肥皂	雕牌肥皂	条	4.90	4.90
洗发水	海飞丝洗发水	瓶	45.90	45.90
金饰品	24K金项链	克	327.56	334.50
液化石油气	民用(14.5公斤/瓶装)	千克	6.19	6.55

6－10 原材料、燃料、动力购进价格指数(2016年)

(以上年价格为100)

项 目	2016年	项 目	2016年
总指数	**98.0**		
1. 燃料、动力类	94.3	5. 木材及纸浆类	100.4
2. 黑色金属材料类	99.2	6. 建筑材料类及非金属矿类	100.2
# 钢材	98.8	7. 其他工业原材料及半成品类	98.7
其它	99.8	8. 农副食品类	98.6
3. 有色金属材料和电线类	96.4	9. 纺织原料类	99.3
4. 化工原料类	99.4		

6－11 工业生产者出厂价格指数(2016年)

(以上年价格为100)

项 目	2016年	项 目	2016年
总指数	**98.9**		
一、按轻重工业分		耐用消费品	97.2
1. 轻工业	99.9	三、按工业行业分	
以农产品为原料	100.0	1. 冶金工业	99.3
以非农产品为原料	99.6	2. 电力工业	98.2
2. 重工业	98.5	3. 煤炭及炼焦工业	93.0
采掘工业	98.8	4. 石油工业	92.9
原料工业	97.2	5. 化学工业	99.0
加工工业	98.9	6. 机械工业	98.6
二、按两大部类分		7. 建筑材料工业	99.4
1. 生产资料	98.4	8. 森林工业	98.5
采掘	98.8	9. 食品工业	100.0
原料	96.9	10. 纺织工业	100.1
加工	98.9	11. 缝纫工业	100.5
2. 生活资料	100.2	12. 皮革工业	101.1
食品	100.9	13. 造纸工业	99.7
衣着	100.6	14. 文教艺术用品工业	99.2
一般日用品	99.9	15. 其它工业	98.9

6－12 房地产价格指数(2016 年)

项　目	以上年同月为 100	以 2015 年为 100
一、新建住宅价格指数	117.8	118.3
二、新建商品住宅价格指数	118.2	118.8
1. 90m^2 及以下	116.8	116.5
2. 90－144m^2	118.7	119.4
3. 144m^2 以上	118.5	119.5
三、二手住宅价格指数	112.3	113.1
1. 90m^2 及以下	111.3	112.1
2. 90－144m^2	111.5	112.2
3. 144m^2 以上	114.6	115.5

7 人民生活

长沙统计年鉴

7－1 历年城市居民调查户基本情况

年份	调查户数（户）	平均每户家庭人口（人）	平均每一就业者负担人数（人）	月人均家庭总收入（元）	#可支配收入（元）	月人均消费性支出（元）	人均住房使用面积（m^2）
1980	100	3.70	1.68	44.26	43.47	39.41	7.67
1981	100	3.75	1.61	45.74	44.94	42.32	8.31
1982	100	3.75	1.60	47.05	46.25	41.68	8.93
1983	100	3.72	1.65	50.01	48.39	44.59	9.33
1984	100	3.70	1.67	55.92	55.01	47.63	10.10
1985	150	3.49	1.77	70.65	69.54	65.16	11.18
1986	150	3.44	1.82	81.99	80.87	74.59	11.85
1987	150	3.39	1.80	92.87	91.80	82.69	11.95
1988	200	3.46	1.76	118.89	117.80	114.72	11.51
1989	200	3.38	1.76	138.69	136.59	119.71	11.69
1990	200	3.30	1.71	148.74	147.51	124.64	12.07
1991	200	3.28	1.73	165.49	164.21	139.95	12.90
1992	200	3.20	1.76	208.10	206.80	162.79	13.53
1993	200	3.13	1.70	271.81	270.52	216.23	13.33
1994	200	3.39	1.60	341.58	339.08	291.85	13.22
1995	200	3.36	1.69	408.98	405.02	344.25	13.11
1996	200	3.31	1.65	470.22	440.74	391.40	13.93
1997	200	3.13	1.62	522.52	490.01	455.75	15.89
1998	200	3.07	1.57	558.43	522.84	465.38	16.66
1999	200	3.07	1.66	610.72	573.56	530.36	17.22
2000	200	3.07	1.64	670.92	627.48	587.55	18.23
2001	400	3.04	1.69	732.98	683.95	617.51	17.88
2002	400	2.99	1.85	802.87	751.72	654.52	17.82
2003	400	3.06	1.92	888.15	827.71	694.20	18.17
2004	400	3.05	1.85	993.93	918.38	752.63	18.80
2005	400	2.85	2.09	1114.26	1036.16	804.99	21.26
2006	400	2.81	2.06	1167.56	1160.34	889.98	21.40
2007	400	2.82	1.97	1472.43	1346.10	1023.99	21.64
2008	400	2.97	2.17	1611.48	1523.52	1080.00	21.23
2009	500	2.99	1.97	1859.38	1738.65	1287.28	29.33
2010	500	2.93	1.84	2062.92	1945.55	1380.25	30.88
2011	550	2.95	1.90	2364.69	2255.76	1505.76	33.10
2012	550	2.91	1.86	2698.07	2586.96	1636.59	33.08
2013	532	2.99	1.95	3007.87	2805.18	1862.18	41.42
2014	528	2.98	1.83	3614.48	3068.87	2231.55	46.74
2015	536	3.03	1.83	3565.11	3330.09	2479.42	45.34
2016	560	3.04	1.84	3974.11	3607.84	2652.13	44.77

注：1. 从2002年起，由于报表制度的变动，人均可支配收入应剔除出售财物收入、从1996年开始工资中扣除的各项社会保障支出，以及从1997年起的自有房房租折算收入。因此，本年鉴按新制度重新整理的（1980—2002年）各年的可支配收入额与原来相应年度出版的年鉴数据不一致，均以本年鉴数据为准。

2. 2012年以前数据为城市居民统计范围，从2013年起，因统计方法制度改革，统计范围调整为城镇居民统计范围，与往年数据不具有可比性。同时原人均住房使用面积指标调整为人均现住房建筑面积。

7－2 历年城市居民调查户消费性支出情况

单位:元

年份	全年人平消费性支出	食品支出	衣着支出	用品支出	燃料支出	非商品支出
1980	472.92	251.76	66.84	105.00	7.44	41.88
1981	507.90	286.69	66.61	106.92	7.68	40.00
1982	500.11	297.21	63.35	91.25	8.85	39.45
1983	535.13	316.86	73.00	96.07	8.77	40.43
1984	571.59	333.77	75.30	106.06	9.25	47.21
1985	781.95	424.80	112.76	173.87	11.29	59.23
1986	895.08	489.45	124.47	197.63	11.96	71.57
1987	992.32	561.30	129.40	204.93	11.41	85.28
1988	1376.64	672.13	173.07	402.32	12.25	116.87
1989	1436.52	788.83	184.73	307.20	17.79	137.97
1990	1495.68	823.29	202.33	287.72	22.06	160.28
1991	1679.40	879.93	227.33	357.18	24.01	190.95

年份	全年人平消费性支出	食品支出	衣着支出	家庭设备用品及服务支出	医疗保健支出	交通与通讯支出	教育、文化娱乐、服务支出	居住支出	杂项商品与服务支出
1992	1953.48	1003.40	279.11	192.23	41.82	54.19	209.56	96.17	77.00
1993	2594.76	1231.77	385.36	350.65	63.85	92.51	216.72	1540.00	99.90
1994	3502.20	1631.27	480.54	349.40	79.85	244.79	414.00	191.03	111.32
1995	4131.00	2031.19	513.42	372.25	123.91	257.41	439.72	262.95	130.15
1996	4696.80	2232.78	544.73	421.61	177.78	259.58	554.83	326.48	179.01
1997	5469.01	2408.21	645.88	394.89	186.45	432.40	856.45	356.62	188.11
1998	5584.51	2373.27	623.44	328.60	203.83	381.40	878.38	569.29	226.30
1999	6364.34	2454.35	765.00	575.22	228.58	482.08	943.56	661.06	254.49
2000	7050.55	2454.14	682.88	777.38	265.72	581.84	1057.01	964.47	267.11
2001	7410.13	2511.51	714.80	623.10	393.60	727.55	1289.36	852.51	297.70
2002	7854.24	2535.96	777.00	565.80	489.96	795.24	1402.80	1035.84	251.64
2003	8330.40	2629.44	778.08	558.24	607.92	1115.40	1574.88	792.00	274.44
2004	9031.60	3017.27	850.22	484.81	662.11	1195.27	1606.43	924.38	291.11
2005	9659.85	3229.71	969.53	613.96	788.21	1209.39	1685.70	851.56	311.78
2006	10679.74	3481.27	1055.52	669.78	867.24	1398.33	1794.97	1089.36	323.27
2007	12287.83	4286.48	1249.64	732.62	973.67	1925.14	1739.61	1074.84	305.83
2008	12960.00	4779.86	1297.81	932.80	1166.20	1614.84	1450.07	1388.04	330.38
2009	15447.36	4987.99	1487.31	1388.59	1096.78	2604.82	1870.60	1673.08	338.19
2010	16562.95	5654.76	1500.48	1261.87	981.47	2780.31	2101.30	1813.19	469.57
2011	18069.10	6498.30	1953.41	1162.05	943.05	2915.54	2410.48	1700.71	485.55
2012	19639.08	7128.28	2253.87	1297.49	882.00	2950.06	2669.97	1815.96	641.46
2013	22346.17	6589.32	1804.08	1388.03	1255.07	2990.38	2498.87	5415.40	405.02
2014	26778.55	7082.14	1915.39	1471.12	1610.42	4595.56	3807.73	5749.04	547.16
2015	29753.00	7739.98	2250.71	1853.36	1535.47	4218.87	5178.85	6462.21	513.55
2016	31825.56	7940.60	2164.87	2541.50	1983.73	4498.99	5739.09	6379.29	577.50

注:1. 从2002年起由于报表制度的变动,人均消费性支出不包括在外就学子女费用和1997年开始的自有房房租折算支出,以及各类社会保障支出。旅游消费也从杂项商品与服务支出中按相关指标相应地调整到娱乐文教、食品、交通与通讯支出项目中。因此,本年鉴按新制度重新整理的(1988－2002年)各年的消费支出与分类支出额与原来相应年度出版的年鉴数据不一致,均以本年鉴数据为准。

2. 2012年以前数据为城市居民统计范围,从2013年起,由于统计方法制度改革,统计范围调整为城镇居民统计范围,与往年数据不具有可比性。

7－3 历年城市居民家庭全年人平主要食品、衣着及日用品消费量

指标	单位	1980年	1981年	1982年	1983年	1984年	1985年	1986年	1987年	1988年	1989年	1990年	1991年	1992年
粮食	公斤	146.8	143.1	144.0	144.3	142.4	139.5	138.8	135.1	137.1	137.2	134.1	119.2	114.1
油脂类	公斤	5.4	4.7	5.2	5.7	5.9	5.4	5.4	7.3	8.1	5.3	7.8	7.5	9.0
鲜菜	公斤	168.0	151.9	160.0	161.8	162.0	182.4	153.6	156.5	149.6	137.3	134.9	138.7	127.2
猪肉	公斤	22.6	27.2	26.3	28.0	26.7	29.0	28.6	29.8	28.4	24.0	24.2	23.6	20.1
家禽	公斤	1.0	1.0	1.2	1.6	1.6	2.3	2.8	1.7	2.3	2.6	2.2	3.3	3.5
鲜蛋	公斤	4.3	4.6	4.9	4.3	5.8	6.1	6.0	4.9	5.3	6.0	5.6	6.5	7.2
鱼	公斤	9.0	7.5	6.7	8.3	8.2	9.3	11.6	10.4	9.5	9.4	9.1	8.4	8.0
酒	公斤	3.2	3.0	3.1	4.0	4.1	5.4	6.4	5.8	5.3	4.1	3.9	3.7	3.2
糕点	公斤	4.3	4.5	4.6	4.6	4.4	4.4	4.3	4.0	3.8	3.5	3.6	3.6	3.2
鲜瓜果	公斤										32.3	31.8	36.9	35.2
碳酸饮料	公斤													0.8
茶叶	公斤										0.1	0.3	0.3	0.3
鲜乳品	公斤										0.8	0.6	1.5	1.9
奶粉	公斤													0.5
鞋类	双/人										2.5	2.8	3.1	3.0
男式服装	件/人													2.4
女式服装	件/人													2.9
煤炭	公斤/人	194.0	193.5	211.5	210.0	212.5	235.0	194.1	182.7	173.6	172.7	159.2	261.9	110.6
液化石油气	公斤/人	4.2	4.9	5.9	6.7	8.4	10.9	12.3	15.3	17.1	19.3	22.2	22.2	24.7
管道煤气	立方米/人													
管道天然气	立方米/人													
水	吨/人													28.6
电	度/人													115.1

7－3 续表1

指　标	单位	1993年	1994年	1995年	1996年	1997年	1998年	1999年	2000年	2001年	2002年	2003年	2004年
粮 食	公斤	108.4	107.7	106.8	105.5	101.8	101.4	93.7	95.9	96.6	93.0	93.7	92.5
# 大米	公斤												
# 面粉	公斤												
油脂类	公斤	7.6	7.8	7.7	8.1	10.3	10.0	9.1	9.8	9.9	10.8	11.0	15.1
食用植物油	公斤												
鲜菜	公斤	126.3	116.3	115.5	130.2	112.5	113.4	110.1	115.4	120.7	129.1	132.5	126.0
猪肉	公斤	19.7	18.1	19.2	19.2	18.5	18.8	17.0	17.9	17.1	21.2	21.0	23.4
家禽	公斤	4.1	5.8	6.0	7.3	9.0	9.5	10.2	10.6	11.3	9.9	7.7	6.7
鲜蛋	公斤	7.5	7.4	7.8	7.2	7.6	7.2	6.7	7.3	7.0	6.4	7.1	6.6
鱼	公斤	8.1	7.6	8.1	8.1	8.1	7.9	8.7	9.1	9.0	8.6	9.4	9.0
酒	公斤	3.7	4.8	5.3	4.3	3.8	4.4	4.3	4.8	4.4	4.1	3.9	4.4
糕点	公斤	3.4	4.1	3.7	3.9	4.1	3.8	3.9	3.9	3.5	3.5	3.6	3.0
鲜瓜果	公斤	29.6	32.7	36.0	34.8	42.7	50.3	51.6	55.5	59.3	57.6	59.9	56.9
碳酸饮料	公斤	0.8	0.7	0.7	0.7	0.7	0.7	1.0	1.4	1.1	1.8	1.4	1.2
茶叶	公斤	0.3	0.3	0.2	0.2	0.2	0.2	0.2	0.2	0.3	0.3	0.3	0.2
鲜乳品	公斤	0.9	0.3	0.1	0.3	1.0	1.7	2.0	3.4	4.5	7.8	12.4	13.5
奶粉	公斤	0.5	0.5	0.5	0.5	0.7	0.8	1.0	1.0	1.2	1.2	1.0	0.9
鞋类	双/人	3.0	2.9	3.0	3.0	3.0	2.9	3.1	2.9	2.9	3.1	3.0	2.6
服装	件/人	5.4	5.5	5.5	6.0	7.2	6.5	7.9	7.1	7.6	7.8	6.8	6.9
煤炭	公斤/人	67.1	69.6	37.4	31.3	31.0	25.6	20.6	20.3	32.9	34.0	42.1	33.5
液化石油汽	公斤/人	25.4	26.1	29.7	36.5	34.9	33.6	34.4	35.4	39.5	40.3	38.8	36.4
管道煤气	立方米/人		0.3	1.3	4.0	6.5	13.5	14.2	15.3	23.6	22.8	17.5	24.1
管道天然气	立方米/人												
水	吨/人	24.2	29.1	26.8	36.5	41.6	42.5	41.3	43.5	54.1	49.8	49.1	58.2
电	度/人	124.9	149.7	169.2	173.0	172.8	239.3	266.4	307.3	372.2	419.0	571.7	495.3

7－3 续表 2

指　标	单位	2005 年	2006 年	2007 年	2008 年	2009 年	2010 年	2011 年	2012 年	2013 年	2014 年	2015 年	2016 年
粮 食	公斤	95.6	91.5	80.6	85.9	82.8	71.8	70.6	71.7	77.8	64.3	55.7	59.8
# 大米	公斤		47.3	50.1	58.0	58.0	49.7	46.8	45.6	59.0	45.4	40.0	38.3
# 面粉	公斤		2.1	2.6	2.9	2.2	2.6	2.8	3.1	2.3	1.9	1.3	1.5
油脂类	公斤	13.6	12.7	15.9	15.5	13.8	13.9	12.8	14.0	18.5	16.8	15.5	17.1
# 食用植物油	公斤		11.5	14.0	13.6	12.6	12.6	11.4	12.3	14.4	13.4	12.1	13.3
鲜菜	公斤	121.7	124.2	129.0	134.6	146.7	143.0	141.5	128.3	118.4	99.9	93.1	97.1
猪肉	公斤	24.8	26.1	24.5	23.9	24.6	24.8	25.3	23.5	27.6	25.0	23.6	25.6
家禽	公斤	7.6	7.8	8.0	8.5	9.3	11.7	10.2	9.8	9.7	9.6	9.3	10.7
鲜蛋	公斤	7.2	7.3	7.7	8.1	8.9	8.3	7.9	8.1	9.3	8.7	7.5	8.2
鱼	公斤	9.9	9.3	10.9	10.8	11.5	12.0	12.0	11.6	15.6	14.4	12.3	13.9
酒	公斤	5.6	6.3	6.1	5.6	5.1	5.2	4.1	3.6	6.6	6.2	4.6	5.3
糕点	公斤	3.9	3.6	3.8	2.7	3.0	3.1	3.0	3.6	4.5	4.1	4.1	4.3
鲜瓜果	公斤	51.0	60.3	62.3	54.0	83.6	57.1	53.0	55.5	59.2	52.6	54.3	52.3
碳酸饮料	公斤	0.9	1.0	0.8	1.1	1.1	1.1	0.8	0.7				
茶叶	公斤	0.4	0.4	0.5	0.6	0.6	0.5	0.5	0.5	0.7	0.7	0.5	0.5
鲜乳品	公斤	10.5	9.7	8.3	5.8	6.2	8.7	6.3	5.4	8.8	12.3	8.0	6.1
奶粉	公斤	1.4	1.3	0.8	1.5	1.6	0.9	0.7	1.0	0.6	0.5	0.7	0.9
鞋类	双/人	3.1	3.2	3.1	2.7	3.8	3.0	3.2	3.2	3.2	4.1	3.6	3.5
服装	件/人	6.5	6.4	6.9	6.5	7.1	6.5	7.2	7.9				
煤炭	公斤/人	38.4	18.1	11.0	23.5	15.4	4.3	2.9	2.0	17.2	16.5	13.7	9.7
罐装液化石油汽	公斤/人	40.0	28.5	26.5	23.0	25.0	19.7	14.4	16.5	19.4	16.4	16.8	18.0
管道煤气	立方米/人	35.5	32.4	33.3			3.6	6.9	5.1	1.3	1.2	1.1	0.4
管道天然气	立方米/人					39.1	65.2	68.4	73.7	114.2	57.6	57.2	86.6
水	吨/人	54.7	59.7	54.9	59.4	70.5	76.3	86.9	83.1	88.6	82.4	85.0	90.7
电	度/人	626.9	717.9	711.4	828.4	849.2	988.8	1004.9	987.4	1038.4	964.4	1041.4	1234.2

注：2012 年以前数据为城市居民统计范围，从 2013 年起，因统计方法制度改革，统计范围调整为城镇居民统计范围，与往年数据不具有可比性。

7－4 历年年末城市居民家庭平均每百户耐用消费品拥有量

指　标	单位	1980 年	1981 年	1982 年	1983 年	1984 年	1985 年	1986 年	1987 年	1988 年	1989 年	1990 年	1991 年	1992 年
摩托车	辆				2	2	2	2	1	1	1	1		
助力车	辆													
家用汽车	辆													
洗衣机	台		1	7	18	32	56	65	73	83	86	90	89	
电冰箱	台				1	1	5	9	17	45	61	68	80	
彩色电视机	台				2	5	13	21	29	61	64	68	78	
家用电脑	台													
组合音响	套										2	2	5	
摄像机	架													
照相机	架	3	2	3	1	2	11	15	17	23	25	27	31	
钢琴	架													
中高档乐器	件						5	6	13	8	9	9	7	
微波炉	台													
空调器	台										1		1	
淋浴热水器	台													
消毒碗柜	台													
健身器材	套													
固定电话	部													
移动电话	部													

注：以上固定电话数据中，1992 年至 1998 年包含公费电话，其中括号中的数为剔除公费电话后的纯私费电话数。

7－4 续表 1

指　标	单位	1993 年	1994 年	1995 年	1996 年	1997 年	1998 年	1999 年	2000 年	2001 年	2002 年	2003 年	2004 年	2005 年
摩托车	辆	1	2	3	7	10	14	16	12	16	14	18	18	19
助力车	辆										2	3	9	8
家用汽车	辆									0.5	0.8	0.8	1	4
洗衣机	台	97	97	103	105	98	101	102	102	102	101	102	102	101
电冰箱	台	86	87	87	88	91	97	100	93	96	96	97	94	94
彩色电视机	台	91	90	93	95	103	113	123	130	132	132	134	142	135
家用电脑	台					6	9	14	22	27	32	38	36	49
组合音响	套	9	11	13	15	17	28	36	37	40	41	41	45	41
摄像机	架					1	1	1			2	2	1	6
照相机	架	30	39	42	35	38	44	51	46	49	55	55	59	59
钢琴	架	0.5	0.5	0.5	1	2	2	2		2	4	4	5	3
中高档乐器	件	13	11	10	11	11	13	17	14	13	12	9	8	12
微波炉	台					3	8	23	40	46	58	60	71	64
空调器	台	10	13	18	26	38	45	63	71	79	95	106	114	124
淋浴热水器	台	22	36	44	45	52	63	72	74	81	82	82	88	90
消毒碗柜	台										18	21	24	26
健身器材	套					4	6	11	11	9	4	4	5	9
固定电话	部	7(1)	22(13)	29(18)	45(33)	64(58)	72(71)	83(82)	85	93	99	98	98	93
移动电话	部					2	3	10	26	49	84	109	141	149

7－4 续表2

指　标	单位	2006年	2007年	2008年	2009年	2010年	2011年	2012年	2013年	2014年	2015年	2016年
摩托车	辆	19	13.5	9	7.2	3.2	2.9	2.2	33.5	36	32.6	31.7
助力车	辆	8	7.8	13.3	16.8	24.5	23.6	23.4	16.0	17.6	19.5	21.9
家用汽车	辆	6	8.8	10.3	14.6	23.6	29.7	36.5	37.7	45.4	49.0	51.8
洗衣机	台	101	101	100	97.8	100.8	102.7	101.4	97.1	98.9	98.7	99.3
电冰箱	台	97	99.5	97.8	97.3	100.4	102.6	103.0	97.2	98.5	101.3	102.0
彩色电视机	台	136	132.8	122	121.7	125.5	127.8	125.1	116.6	117.1	120.7	119.5
计算机	台	57	62.3	60.5	65.7	79.0	88.1	96.4	78.4	83.8	91.5	92.4
组合音响	套	40	40.5	30.8	32.6	38.5	39.3	39.9	17.8	18.7	17.2	15.0
摄像机	架	8	10.8	6.3	8.4	12.9	14.3	13.5	10.5	10.8	8.4	9.6
照相机	架	59	54.3	42.5	45.4	50.8	59.1	61.8	43.7	46.8	43.3	38.2
钢琴	架	2	1.8	3.8	4.2	5.6	5.0	3.7				
中高档乐器	件	12	9.8	3.3	4.2	4.8	3.2	4.8	4.2	4.6	5.8	7.0
微波炉	台	65	70.3	65.5	67.2	70.1	73.2	75.0	57.6	60.5	63.2	64.2
空调器	台	132	136.3	133	140.5	161.8	188.4	192.9	174.3	180.2	209.4	223.8
淋浴热水器	台	91	89.8	95.5	96.1	101.6	100.2	100.8	90.1	94.1	95.2	102.3
消毒碗柜	台	27	27.0	26.8	29.9	34.2	34.9	35.3	21.8	21.4	29.5	26.1
健身器材	套	9	5.8	7.3	5.2	6.1	6.3	6.3	4.4	4.00	3.5	7.9
固定电话	部	93	93.5	87.8	87.9	89.7	82.7	77.2	50.3	59.8	48.5	43.5
移动电话	部	159	167	166.5	177.5	202.5	215.5	224.4	221.4	229.9	234.3	245.0

注：1. 以上固定电话数据中，1992年至1998年包含公费电话，其中括号中的数为剔除公费电话后的纯私费电话数。

2. 2012年以前数据为城市居民统计范围，从2013年起，因统计方法制度改革，统计范围调整为城镇居民统计范围，与往年数据不具有可比性。自2013年起，不再调查钢琴拥有量。

7-5 城镇居民调查户基本情况(2016年)

指 标	合 计	按人平月可支配收入比例分组				
		低收入户	中 低收入户	中 等收入户	中 高收入户	高收入户
一、调查户数	560	112	112	113	111	112
二、家庭人口数	1704	415	369	326	316	278
平均每户(人/户)	3.04	3.72	3.29	2.90	2.84	2.47
三、常住劳动力人数	1247	273	276	240	248	210
(一)就业人口数	928	210	189	199	174	156
平均每户(人/户)	1.66	1.88	1.69	1.76	1.57	1.39
1. 雇主人数	29	3	2	5	9	10
2. 公职人员人数	62	4	7	15	10	26
3. 事业单位人员人数	136	10	43	26	31	26
4. 国有企业雇员人数	50	2	5	17	14	12
5. 其他雇员人数	454	134	85	105	80	50
6. 农业自营人数	35	13	12	3	5	2
7. 非农自营人数	162	43	35	28	26	30
(二)未就业者人数	319	63	87	42	73	54
四、行政事业单位离退休人数	64	5	12	8	22	17
其他单位离退休人数	182	22	56	36	40	28
五、平均每一就业者负担人数	1.83	1.98	1.95	1.64	1.81	1.78
六、人平可支配收入(元)	43294.06	23140.08	33669.22	40738.90	50952.41	78211.05

7－6 年末城镇居民调查户主要消费品拥有量(2016年)

指　　标	单位	合计	按人平月可支配收入比例分组				
			低收入户	中 低收入户	中 等收入户	中 高收入户	高收入户
摩托车	辆	183	65	34	29	29	26
助力车	辆	134	30	26	37	22	19
家用汽车	辆	302	52	53	64	55	79
洗衣机	台	558	110	109	112	112	116
电冰箱	台	574	111	115	112	119	117
彩色电视机	台	691	136	131	132	145	148
计算机	台	502	71	84	107	116	125
组合音响	套	83	10	7	18	18	31
摄像机	架	53	1	7	12	16	17
照相机	架	211	15	28	48	60	59
中高档乐器	件	38	3	6	7	11	11
微波炉	台	370	47	69	76	88	90
空调	台	1251	197	216	248	275	314
热水器	台	568	107	105	115	119	123
消毒碗柜	台	141	12	20	24	37	49
健身器材	套	43	4	5	11	12	11
固定电话	部	234	32	47	44	54	59
移动电话	部	1389	305	280	279	261	265

7－7 城镇居民家庭人平收支情况(2016 年)

单位:元

指标	合计	按人平月可支配收入比例分组				
		低收入户	中低收入户	中等收入户	中高收入户	高收入户
一、家庭人均总收入	47689.26	27652.83	36809.93	43318.95	54594.62	86999.72
二、非收入所得	4914.40	3571.23	2178.15	2166.28	2429.59	16322.40
1. 出售资产所得	3138.64	1210.38	473.99	576.92	1224.46	14412.86
2. 非经常性转移所得	1766.99	2351.25	1694.89	1574.43	1205.13	1899.66
3. 其他非收入所得	8.77	9.59	9.28	14.93		9.88
三、借贷性所得	2532.98	2236.33	1190.27	2626.63	3244.90	3737.93
1. 提取储蓄存款	1967.97	1822.29	805.50	2058.84	3194.46	2143.65
2. 借入款	381.43	94.33	292.82	465.71	47.88	1184.71
3. 收回借出款	147.14	183.30	90.46	102.09		388.93
4. 收回储蓄性保险本金	3.44					20.63
5. 住房贷款						
6. 汽车贷款	32.99	136.40	1.50		2.55	
7. 教育贷款						
8. 其他贷款						
9. 其他借贷所得						
四、总支出	42373.80	31731.84	32730.99	42466.89	46630.86	64706.27
# 借贷性支出	779.15	455.07	877.69	465.75	1142.02	1058.30
1. 存入储蓄款	206.43	178.16	65.07	2.99	388.32	453.25
2. 借出款	21.43		12.63	2.17		109.76
3. 归还借款	26.89	31.63		6.30		109.07
4. 购买有价证券	0.53				2.76	
5. 其他投资支出	19.83	0.51	57.47		38.33	0.97
6. 归还住房贷款	410.31	91.38	606.72	401.56	673.81	319.10
7. 归还汽车贷款	43.34	59.19	24.21	50.85	35.67	45.42
8. 归还教育贷款						
9. 归还其他贷款	26.15	80.27	18.10	1.19		18.76
10. 其他借贷支出	24.23	13.94	93.48	0.68	3.13	1.98

7－8 城镇居民家庭人平收入情况(2016年)

单位:元

指标	合计	按人平月可支配收入比例分组				
		低收入户	中低收入户	中等收入户	中高收入户	高收入户
家庭总收入	47689.26	27652.83	36809.93	43318.95	54594.62	86999.72
# 可支配收入	43294.06	23140.08	33669.22	40738.90	50952.41	78211.05
一、工资性收入	23282.91	12902.21	17430.79	25676.48	26353.05	39118.56
1.工资	21912.55	11792.04	16729.11	24516.03	24890.15	36392.27
2.实物福利	82.79	69.51	34.21	80.19	74.47	175.97
3.其他	1287.57	1040.66	667.47	1080.26	1388.44	2550.32
二、经营净收入	6426.27	3451.82	4618.92	5518.67	7331.03	12944.09
三、财产净收入	6104.95	3356.32	4350.06	4510.19	8735.62	11053.88
1.利息净收入	197.45	63.38	101.67	153.45	485.43	229.80
2.红利收入	556.60	92.67	212.73	226.39	724.90	1839.15
3.储蓄性保险净收益	0.19		0.76			0.15
4.转让承包土地经营权租金净收入	34.98	74.30	46.90	26.25	10.40	2.49
5.出租房屋财产性收入	2670.15	1345.80	1944.55	1562.86	4253.27	4932.19
6.出租机械、专利、版权等资产的收入	87.63	21.50		12.78	27.02	448.71
7.其他财产净收入	-9.80	-76.03	-21.49	101.92	-36.42	
8.房屋虚拟租金	2567.75	1834.70	2064.94	2426.55	3271.02	3601.39
四、转移净收入	7479.93	3429.72	7269.45	5033.55	8532.71	15094.53
(一)转移性收入	8667.89	4045.59	8004.11	6440.96	9673.23	17468.78
1.养老金或离退休金	7702.32	3051.63	7193.09	5988.66	8709.23	15751.06
2.社会救济和补助	43.33	97.68	75.72	5.02	10.51	7.18
3.政策性生活补贴	36.94	83.41	12.48	2.96	34.71	44.30
4.报销医疗费	148.61	260.10	54.31	152.94	75.73	189.63
5.家庭外出从业人员寄回带回收入	247.62	355.09	180.53	14.75	73.57	649.96
6.赡养收入	430.79	148.36	393.46	233.05	744.81	746.32
7.其他经常转移收入	30.14	11.68	63.62	19.79	7.31	51.76
8.从政府和组织得到的实物产品和服务折价	12.97	11.35	8.77	9.94	10.44	27.03
9.现金政策性惠农补贴	15.16	26.29	22.12	13.86	6.92	1.54
(二)转移性支出	1187.96	615.86	734.66	1407.41	1140.52	2374.24

7－9 城镇居民家庭人平支出情况(2016 年)

单位:元

指　　标	合　计	按人平月可支配收入比例分组				
		低 收入户	中　低 收入户	中　等 收入户	中　高 收入户	高 收入户
家庭人均总支出	42373.80	31731.84	32730.99	42466.89	46630.86	64706.27
一、消费支出	31825.56	21450.37	25932.13	33576.49	36736.07	46340.43
二、生产经营费用支出	2682.50	3388.25	1921.21	881.81	2086.12	5420.51
(一)第一产业经营费用支出	140.97	269.32	171.85	41.25	4.92	191.48
(二)第二产业经营费用支出	823.54	1936.83	620.90	81.58	288.06	979.97
(三)第三产业经营费用支出	1717.99	1182.09	1128.46	758.97	1793.13	4249.06
三、财产性支出	50.87	80.84	37.10	19.96	52.87	59.51
(一)生活贷款利息支出	20.83	4.81	15.61	18.83	14.66	59.51
1. 住房贷款利息支出	9.62		15.61	18.83	13.86	0.05
2. 其他生活贷款利息支出	11.21	4.81			0.80	59.45
(二)其他财产性支出	30.04	76.03	21.49	1.13	38.21	
1. 非储蓄性财产保险支出	5.70				29.78	
2. 其他财产性支出	24.34	76.03	21.49	1.13	8.43	
四、转移性支出	1187.96	615.86	734.66	1407.41	1140.52	2374.24
(一)个人所得税	96.40	14.39	24.53	65.88	48.31	394.24
(二)社会保障支出	907.34	483.53	659.10	1048.72	918.41	1646.17
1. 个人缴纳的养老保险	613.75	279.82	421.32	736.63	602.11	1201.92
2. 个人缴纳的医疗保险	237.58	186.08	187.64	238.21	259.77	347.76
3. 个人缴纳的失业保险	47.66	17.11	48.81	53.52	54.23	75.07
4. 其他社会保障支出	8.36	0.52	1.33	20.37	2.30	21.43
(三)外来从业人员寄给家人的支出						
(四)赡养支出	118.05	54.52	37.08	205.80	107.27	221.79
(五)其他转移性支出	66.17	63.43	13.95	87.01	66.54	112.04
五、部分商业保险支出	208.85	128.29	73.34	221.99	352.05	315.99
六、购置资产及非经常性转移支出	5638.91	5613.17	3154.87	5893.47	5121.21	9137.29
七、借贷性支出	779.15	455.07	877.69	465.75	1142.02	1058.30

7－10 城镇居民家庭人平消费支出情况(2016年)

单位:元

指标	合计	按人平月可支配收入比例分组				
		低收入户	中低收入户	中等收入户	中高收入户	高收入户
全年人平消费支出	31825.56	21450.37	25932.13	33576.49	36736.07	46340.43
一、食品烟酒	7940.60	5884.08	7203.53	8311.80	9169.38	9948.08
二、衣着	2164.87	1406.25	2041.32	2325.20	2581.06	2731.91
三、居住	6379.29	4766.53	5159.55	6925.65	7315.27	8507.24
四、生活用品及服务	2541.50	1179.50	1674.69	2159.13	3088.91	5385.01
五、交通通信	4498.99	2532.81	4039.95	5116.81	4749.31	6860.72
# 通信	1266.92	889.19	1084.23	1394.90	1409.74	1721.67
六、教育文化娱乐	5739.09	4078.47	4371.97	6267.16	6819.23	7978.28
# 教育	2413.34	2363.34	1918.26	2364.31	2445.44	3134.36
# 文化娱乐	3325.75	1715.14	2453.71	3902.85	4373.78	4843.92
七、医疗保健	1983.73	1450.09	1110.59	1840.75	2133.29	3843.67
八、其他用品和服务	577.50	152.64	330.53	629.99	879.62	1085.53

7－11 城镇居民家庭人平主要食品及水电燃料购买消费量(2016 年)

指　标	单位	合　计	按人平月可支配收入比例分组				
			低 收入户	中　低 收入户	中　等 收入户	中　高 收入户	高 收入户
大米	公斤	38.35	37.84	38.74	37.63	40.71	36.69
面粉	公斤	1.51	1.07	1.55	1.63	1.43	2.01
食用植物油	公斤	13.31	11.97	12.35	12.36	12.87	18.01
猪肉	公斤	25.63	22.32	23.55	27.62	24.84	31.56
牛肉	公斤	3.28	1.92	2.95	3.60	3.78	4.65
羊肉	公斤	1.27	0.78	1.25	1.45	1.21	1.87
鸡	公斤	6.31	5.31	6.29	6.52	6.85	6.91
鸭	公斤	3.06	2.19	3.17	3.45	2.86	3.95
鲜蛋	公斤	8.18	6.53	8.18	7.53	8.00	11.45
鱼	公斤	13.88	12.42	12.93	13.66	13.83	17.45
鲜菜	公斤	97.15	74.26	90.01	98.92	102.39	130.53
白酒	公斤	1.72	1.18	1.68	1.45	2.00	2.54
果酒	公斤	0.21	0.15	0.13	0.16	0.40	0.22
啤酒	公斤	3.40	3.58	3.71	3.89	3.21	2.42
茶叶	公斤	0.54	0.47	0.37	0.58	0.68	0.66
鲜瓜果	公斤	52.33	38.80	47.29	62.43	54.07	64.18
糕点	公斤	4.26	4.75	4.20	4.17	3.76	4.30
鲜乳品	公斤	6.12	4.00	4.92	7.75	7.16	7.57
奶粉	公斤	0.90	1.05	0.59	0.74	1.38	0.74
酸奶	公斤	3.83	2.11	2.58	4.28	4.97	6.04
水	吨	90.69	57.28	70.24	88.31	116.73	136.87
电	度	1234.18	1045.09	1037.68	1363.25	1296.47	1530.95
煤炭	公斤	9.68	18.78	11.53	13.84	0.67	
罐装液化石油汽	公斤	17.99	23.86	15.90	19.68	13.17	15.95
管道天然气	立方米	86.57	50.32	77.02	91.65	89.19	141.07

7－12　城镇居民家庭人平主要食品支出额(2016年)

单位:元

指　　标	合　计	按人平月可支配收入比例分组				
		低收入户	中　低收入户	中　等收入户	中　高收入户	高收入户
谷物	422.82	375.31	397.27	406.79	474.51	481.79
油脂类	295.34	279.60	278.32	263.30	320.16	347.88
猪肉	729.29	630.40	688.09	782.53	704.05	888.83
牛肉	212.53	125.04	191.42	229.43	250.29	300.24
羊肉	76.18	45.54	81.06	79.51	74.42	111.42
家禽	323.65	246.96	330.92	334.49	341.70	389.55
蛋类	125.50	97.03	116.39	122.02	134.16	171.40
鱼	259.08	201.12	238.62	260.05	272.82	350.19
鲜菜	778.53	568.40	740.54	785.07	856.65	1026.78
白酒	182.78	89.51	155.70	149.09	264.10	294.85
果酒	15.82	6.68	8.77	26.94	24.36	15.10
啤酒	28.47	29.65	34.55	30.71	26.11	19.19
瓶装饮用水	9.42	6.54	7.01	10.98	10.84	13.12
茶叶	53.09	33.47	28.74	52.13	78.01	84.39
干鲜瓜果类	754.52	487.49	732.77	803.59	854.53	988.22
糕点类	125.68	119.00	115.87	130.48	131.73	135.12
鲜乳品	100.79	60.25	82.75	119.91	110.22	148.14
奶粉	118.34	127.38	74.06	91.82	179.99	122.00
酸奶	60.89	32.22	38.49	73.48	76.33	97.65
在外饮食	1417.34	765.84	1307.67	1558.60	1912.45	1746.98

7－13　城镇居民家庭人平主要设备用品及水电燃料消费额(2016 年)

单位:元

指　　标	合　计	按人平月可支配收入比例分组				
		低 收入户	中　低 收入户	中　等 收入户	中　高 收入户	高 收入户
摩托车	11.96	25.61	13.73	2.70	6.51	7.38
电动自行车	34.29	26.00	7.12	47.55	28.86	71.50
洗衣机	51.10	47.48	53.85	47.68	47.86	60.39
电冰箱	50.17	5.35	66.32	54.69	75.78	58.36
彩色电视机	69.79	65.42	60.76	59.99	51.13	120.17
计算机	62.91	43.45	22.46	82.20	94.79	83.10
组合音响	8.70	14.28		13.00	6.20	9.78
摄像机	1.89			0.63	9.22	
照相机	8.10		8.51		32.89	
微波炉	5.40	3.51	1.95	19.48	2.08	
空调器	135.05	141.48	78.97	112.72	252.20	88.96
热水器	34.14	33.33	43.73	45.67	33.64	10.29
固定电话机	4.97	0.16		0.33	4.60	23.92
移动电话	348.26	258.01	229.19	419.67	384.42	503.37
水	225.74	139.08	178.42	226.11	301.66	321.04
电	783.67	654.52	656.75	880.25	821.44	972.79
煤炭	11.53	20.78	15.19	17.09	0.49	
液化石油气	104.78	134.93	87.55	122.21	75.71	97.29
管道煤气	1.32	0.12		1.56		5.91
管道天然气	182.06	102.08	159.41	204.59	210.80	264.95

7－14 年末城镇居民家庭居住情况(2016年)

指　　标	单　位	合　计	比重(%)
一、按人均可支配收入分组现住房建筑面积			
城镇低收入户	平方米	44.68	19.96
城镇中低收入户	平方米	43.77	19.99
城镇中等收入户	平方米	45.95	20.09
城镇中高收入户	平方米	50.56	19.88
城镇高收入户	平方米	57.45	20.09
二、现住房房屋来源			
1. 租赁公房	户	6	1.07
2. 租赁私房	户	47	8.33
3. 自建住房	户	176	31.47
4. 购买商品房	户	182	32.54
5. 购买房改住房	户	84	15.01
6. 购买保障性住房	户	29	5.13
7. 拆迁安置房	户	29	5.18
8. 继承或获赠住房	户	3	0.54
9. 免费借用房	户	2	0.36
10. 雇主提供免费住房	户	2	0.36
11. 其他来源	户		
三、居住空间样式			
1. 单栋楼房	户	164	29.23
2. 单栋平房	户	10	1.79
3. 四居室及以上单元房	户	49	8.71
4. 三居室单元房	户	191	34.02
5. 二居室单元房	户	131	23.41
6. 一居室单元房	户	8	1.43
7. 筒子楼或连片平房	户	6	1.07
8. 其他	户	2	0.36
四、住户主要饮用水来源情况			
1. 经过净化处理的自来水	户	480	85.63
2. 受保护的井水和泉水	户	60	10.71
3. 不受保护的井水和泉水	户	6	1.07
4. 江河湖泊水	户	4	0.63
5. 收集雨水	户		
6. 桶装水	户	10	1.79
7. 其他水源	户	1	0.18

7－14 续表

指　　标	单 位	合 计	比重(%)
五、住宅有管道供水情况			
1. 管道供水入户	户	550	98.21
2. 管道供水至公共取水点	户	1	0.18
3. 没有管道设施	户	9	1.61
六、住户厕所类型			
1. 水冲式卫生厕所	户	550	98.23
2. 水冲式非卫生厕所	户	6	1.06
3. 卫生旱厕	户	2	0.36
4. 普通旱厕	户	1	0.18
5. 无厕所	户	1	0.18
七、住户洗澡设施情况			
1. 统一供热水	户	43	7.63
2. 家庭自装热水器	户	488	87.19
3. 其他	户	17	3.04
4. 无洗澡设施	户	12	2.14
八、住户主要取暖设备状况			
1. 由市政或小区集中供暖	户	31	5.49
2. 自行供暖	户	480	85.76
3. 无取暖设备	户	49	8.75
九、主要炊用能源状况			
1. 柴草	户	4	0.71
2. 煤炭	户	11	1.96
3. 罐装液化石油气	户	227	40.57
4. 管道液化石油气	户	22	3.93
5. 管道煤气	户	22	3.93
6. 管道天然气	户	239	42.74
7. 电	户	35	6.16
8. 燃料用油	户		
9. 沼气	户		
10. 其他	户		
11. 无炊用行为	户		
十、信息化调查(每百户)			
1. 接入互联网的移动电话	部	165.29	
2. 接入有线电视网络的电视机	台	108.20	
3. 接入互联网的计算机	台	84.46	

7－15 城乡(镇)居民分区、县(市)家庭人平收入情况(2016年)

指　　标	合　计	芙蓉区	天心区	岳麓区
家庭人均总收入	42964.01	48401.39	50407.25	53491.47
# 可支配收入	37791.78	46381.80	46561.25	45910.95
一、工资性收入	20919.48	24188.96	23117.50	28013.86
1.工资	19164.55	23762.29	21685.25	27216.38
2.实物福利	80.92	0.35	96.39	81.99
3.其他	1674.01	426.32	1335.86	715.48
二、经营净收入	6684.83	5954.10	6239.67	7253.18
三、财产净收入	4303.69	10885.15	6742.85	3993.56
1.利息净收入	129.30	36.55	863.44	18.01
2.红利收入	404.69	200.16	142.04	563.14
3.储蓄性保险净收益	0.39			0.19
4.转让承包土地经营权租金净收入	35.51			
5.出租房屋财产性收入	1878.78	7875.79	1369.50	769.53
6.出租机械、专利、版权等资产的收入	67.63		723.08	
7.其他财产净收入	11.35	133.30		
8.房屋虚拟租金	1776.05	2639.36	3644.80	2642.69
四、转移净收入	5883.78	5353.58	10461.23	6650.35
(一)转移性收入	6807.94	6636.77	12302.59	8609.57
1.养老金或离退休金	5567.16	5752.77	10508.01	8168.16
2.社会救济和补助	43.60		338.59	8.29
3.政策性生活补贴	27.60		23.83	
4.报销医疗费	139.80	99.62	660.58	4.71
5.家庭外出从业人员寄回带回收入	580.54	1.09	276.82	422.73
6.赡养收入	357.47	712.37	410.83	5.68
7.其他经常转移收入	46.61	67.40	71.76	
8.从政府和组织得到的实物产品和服务折价	14.15	3.51	12.18	
9.现金政策性惠农补贴	31.01			
(二)转移性支出	924.16	1283.19	1841.36	1959.22

注:7－15表至7－17表芙蓉区、天心区、岳麓区、开福区和雨花区无农村调查点,均为城镇数据。

单位:元

开福区	雨花区	望城区	长沙县	浏阳市	宁乡县
50788.18	47479.26	38289.64	36652.43	44092.96	32720.06
45719.11	46435.35	34024.73	33952.33	33491.65	29445.81
18336.12	23596.86	20122.55	24133.47	17040.69	17365.70
17973.16	22046.95	19354.27	19900.92	15987.72	14150.22
4.73	9.97	191.49	30.49	38.21	236.20
358.23	1539.94	576.79	4202.07	1014.76	2979.28
3005.66	7566.23	9553.95	4135.11	10476.27	5266.55
5314.96	4123.16	2226.45	4239.27	3342.26	2780.85
-20.54	70.67	245.92	-50.00	60.43	185.54
	379.05	88.95	851.65	953.33	31.18
				2.12	
		1.06	45.64	40.06	132.72
2900.30	1250.22	787.39	2665.95	1147.29	744.50
21.68		0.09	53.75	40.66	
-7.92	-39.69	54.57	-13.19		19.06
2421.44	2462.91	1048.49	685.47	1098.36	1667.86
19062.36	11149.10	2121.79	1444.48	2632.44	4032.71
20268.79	11873.60	2928.36	2021.99	3333.59	4524.88
19546.21	10129.90	2270.23	1216.43	1115.19	3273.61
38.07		46.04	18.14	16.01	39.54
2.45	139.54	7.51	18.88	13.69	38.34
266.51		171.50	20.50	157.76	118.00
63.59		177.24	451.13	1814.82	642.96
332.64	1562.53	81.20	187.64	121.01	237.33
3.73	32.94	48.60	34.80	13.98	129.72
13.31	1.50	23.91	4.76	42.41	11.35
2.28	7.19	102.12	69.70	38.72	34.04
1206.43	724.50	806.57	577.51	701.16	492.17

7－16　城乡（镇）居民分区、县（市）家庭人平支出情况（2016年）

指　　标	合　计	芙蓉区	天心区	岳麓区
家庭人均总支出	39501.22	39762.96	48259.87	46253.04
一、消费支出	27431.47	34647.76	38492.98	34313.43
二、生产经营费用支出	3719.72	572.84	1464.21	5508.88
（一）第一产业经营费用支出	680.69		0.88	
（二）第二产业经营费用支出	866.98	121.89	1060.33	1750.41
（三）第三产业经营费用支出	2172.05	450.95	402.99	3758.47
三、财产性支出	60.59	48.14		7.56
（一）生活贷款利息支出	37.19			7.56
（二）其他财产性支出	23.40	48.14		
四、转移性支出	924.16	1283.19	1841.36	1959.22
（一）个人所得税	67.10	1.23	144.58	475.92
（二）社会保障支出	695.97	1217.40	1586.29	1155.66
（三）外来从业人员寄给家人的支出				
（四）赡养支出	97.78	16.44	83.03	227.75
（五）其他转移性支出	63.31	48.12	27.47	99.90
五、部分商业保险支出	168.41	394.67	64.75	470.20
（一）意外伤害保险	23.09	27.70	19.59	121.80
（二）商业医疗保险（含大病保险）	64.92	331.28	28.10	61.51
（三）其他非储蓄性商业保险	11.95	0.27		18.71
（四）其他储蓄性商业保险	68.45	35.42	17.06	268.18
六、购置资产及非经常性转移支出	6204.37	2478.68	5493.80	3382.51
（一）购置资产支出	1771.31	97.01	317.44	503.38
（二）非经常性转移支出	4433.06	2381.67	5176.36	2879.13
七、借贷性支出	992.50	337.68	902.76	611.24

单位:元

开福区	雨花区	望城区	长沙县	浏阳市	宁乡县
37355.03	49631.39	39378.40	34941.18	38515.05	30972.25
29998.74	39422.42	22191.07	23861.61	20680.07	21421.75
2819.60	92.23	3276.17	1702.61	8934.78	2129.40
459.58		715.19	1144.48	1492.71	1057.91
718.06		1306.82	24.94	1634.68	4.80
1641.96	92.23	1254.16	533.19	5807.39	1066.70
28.49	39.69	10.57	146.49	34.85	144.25
20.56		0.78	131.18	34.85	69.85
7.92	39.69	9.78	15.31		74.40
1206.43	724.50	806.57	577.51	701.16	492.17
22.26	51.91	7.09	13.61	11.76	15.96
1041.65	498.21	735.89	358.61	511.74	325.93
72.07	122.43	37.32	162.32	86.72	75.56
70.45	51.96	26.27	42.97	90.94	74.72
121.47	54.24	166.70	71.20	248.03	7.17
87.70		7.34	5.64	1.29	1.29
28.41	42.25	25.19	46.89	93.09	0.32
	11.99	6.38	12.92	34.16	5.43
5.36		127.80	5.76	119.49	0.12
2975.45	9056.16	11475.85	7039.23	7037.45	5095.59
13.18	5871.06	4932.96	2171.59	1055.40	1409.69
2962.27	3185.11	6542.89	4867.64	5982.05	3685.90
204.86	242.13	1451.46	1542.53	878.72	1681.91

7－17 城乡(镇)居民分区、县(市)家庭人平消费支出情况(2016年)

单位:元

指　　标	合　计	芙蓉区	天心区	岳麓区	开福区	雨花区
全年人均消费支出	27431.47	34647.76	38492.98	34313.43	29998.74	39422.42
一、食品烟酒	6844.70	9061.96	8879.70	8276.99	9201.90	9255.81
二、衣着	1826.54	2279.17	2784.13	2489.20	1853.59	2368.61
三、居住	5474.57	8970.00	6845.75	6492.99	5287.43	7584.67
四、生活用品及服务	2076.82	2467.37	3237.27	2525.63	1727.80	5252.87
五、交通通信	4238.54	3210.11	7252.37	5127.84	2508.79	4091.18
六、教育文化娱乐	4853.73	6246.68	7024.08	6341.21	4955.87	7301.20
七、医疗保健	1649.59	1347.15	1718.70	2407.23	4292.32	3040.46
八、其他用品和服务	466.98	1065.32	750.98	652.34	171.04	527.62

7－17 续表

指　　标	望城区	长沙县	浏阳市	宁乡县
全年人均消费支出	22191.07	23861.61	20680.07	21421.75
一、食品烟酒	6161.98	5817.39	4953.37	5136.47
二、衣着	1476.75	1797.35	1331.13	1264.06
三、居住	3969.57	4870.85	3733.46	4922.36
四、生活用品及服务	1423.18	1641.10	988.10	1366.39
五、交通通信	3821.68	4291.82	4872.66	3595.92
六、教育文化娱乐	3797.11	4137.42	3566.53	3764.87
七、医疗保健	1085.63	981.18	949.41	965.19
八、其他用品和服务	455.17	324.50	285.42	406.48

7-18 2000—2016年农村居民家庭调查户基本情况

项目	单位	2000年	2005年	2006年	2007年	2008年	2009年	2010年	2011年	2012年
一、调查户数	户	560	1000	1000	1000	1000	1000	1000	980	690
常住人口	人	2249	3901	3887	3896	3833	3832	3836	3796	2648
年末人均住房面积	平方米	44.13	49.42	53.42	57.07	58.63	59.93	59.53	62.04	62.57
二、全年人均总收入	元	4558.39	7395.06	8215.63	9234.55	11097.88	12923.08	14920.03	18057.28	20648.09
(一)工资性收入	元	1107.30	2082.14	2657.13	3207.31	3707.79	4481.72	5354.01	6784.44	8751.13
(二)家庭经营收入	元	2935.69	4456.38	4659.24	5005.67	6090.95	6896.30	7623.05	8840.48	9243.61
1.农业收入	元	1017.52	1239.05	1342.94	1439.64	1830.53	1994.15	2409.98	2800.08	3144.00
2.林业收入	元	36.58	61.08	76.85	84.14	104.98	105.01	134.21	291.04	265.95
3.牧业收入	元	1198.03	1958.27	1792.85	1888.64	2110.96	2262.87	2239.78	2809.87	2015.99
4.渔业收入	元	58.40	74.09	80.74	65.91	81.98	103.27	106.29	70.71	64.02
5.二、三产业收入	元	625.16	1123.89	1365.86	1527.34	1962.49	2430.99	2732.80	2868.79	3754.00
(三)转移性收入	元	471.08	576.88	616.14	701.38	891.75	1013.04	1346.19	1653.53	1762.10
(四)财产性收入	元	44.32	279.67	283.08	320.19	407.39	532.03	596.78	778.83	891.25
三、全年人均纯收入	元	3005.00	4908.00	5653.00	6613.36	8002.60	9431.90	11205.87	13400.42	15763.10
人均可支配收入	元	2941.00	4735.00	5438.00	6339.41	7631.67	8986.35	10639.78	12717.27	15056.55
四、全年人均总支出	元	4162.65	6773.50	7282.19	8276.29	9637.71	10635.68	11749.13	13628.59	15579.10
(一)家庭经营费用支出	元	1061.21	1934.15	1981.70	2038.91	2384.49	2692.48	2774.01	3160.06	3415.44
1.种植业生产支出	元	225.53	336.98	353.94	366.87	397.07	471.17	524.36	638.03	691.33
2.林业生产支出	元	1.97	8.26	10.96	18.72	15.48	27.22	32.46	62.55	193.75
3.牧业生产支出	元	693.31	1203.10	1127.24	1075.98	1207.58	1263.44	1189.78	1426.63	1269.95
4.渔业生产支出	元	15.02	21.98	22.69	29.72	30.26	30.95	28.34	19.49	20.44
5.二、三产业支出	元	140.40	363.48	466.88	547.62	734.10	899.70	999.08	1013.37	1240.00
(二)购置生产用固定资产支出	元	71.83	141.00	142.32	174.31	201.11	156.08	204.65	218.36	274.25
(三)税费支出	元	76.13	15.83	14.20	9.35	20.62	14.20	31.56	4.34	4.84
(四)生活消费支出	元	2584.16	4166.23	4573.97	5413.68	6211.73	6826.35	7532.56	8579.29	10154.71
(五)其他	元	369.48	514.08	570.00	640.04	819.76	946.57	1206.36	1666.54	1729.86

7－18 续表

指　　标	单　位	2013 年	2014 年	2015 年	2016 年
一、调查户数	户	308	305	304	310
常住人口	人	1091	1114	1138	1188
年末人均住房建筑面积	平方米	61.97	51.79	56.47	60.00
二、总收入(未扣除生产费用)	元	23611.93	30122.45	31114.24	32363.62
(一)工资性收入	元	10311.07	10103.47	13355.44	15617.47
(二)经营性收入	元	10445.96	16225.54	14635.79	13765.49
1. 农业	元	1810.14	2086.12	1762.50	1821.81
2. 林业	元	846.74	944.18	615.51	225.56
3. 牧业	元	4020.20	8354.31	6943.80	2169.74
4. 渔业	元	126.81	108.82	168.88	140.83
5. 农林牧渔服务业	元	77.32	189.76	39.01	28.76
6. 二、三产业经营收入	元	3564.74	4732.11	5145.09	9407.55
(三)财产性收入	元	557.73	632.10	331.10	345.25
(四)转移性收入	元	2297.17	3161.34	2791.92	2635.41
(五)非收入所得	元	1420.53	3271.03	3287.44	5827.71
(六)借贷性所得	元	2782.60	2135.37	2003.91	1800.98
三、全年人均总支出	元	22658.36	28381.60	30699.74	33057.00
(一)消费支出	元	11585.76	13147.44	15953.98	17574.00
(二)生产经营费用支出	元	3422.63	7722.55	6724.49	6046.57
1. 农业	元	705.81	992.31	799.85	581.41
2. 林业	元	50.38	85.00	143.38	17.82
3. 牧业	元	2062.18	5476.13	4590.55	1260.37
4. 渔业	元	32.02	14.85	52.03	31.89
5. 农林牧渔服务业	元	36.29	37.86	6.96	14.66
6. 二、三产业经营支出	元	535.95	1154.26	1138.68	4140.42
(三)财产性支出	元	18.78	45.70	20.47	82.40
(四)转移性支出	元	344.05	242.43	340.23	332.35
(五)部分商业保险支出	元	31.08	52.07	66.88	77.69
(六)购置资产及非经常性转移支出	元	3989.66	4555.96	6252.53	7472.88
(七)借贷性支出	元	3266.40	2615.46	1341.15	1471.12

注:自 2013 年起,因统计方法制度改革,2013 年统计数据与以往年度数据不具有可比性。

7－19 农村居民家庭人均收入(2016年)

单位:元

项目	全市	#望城区	长沙县	浏阳市	宁乡县
全年人均总收入(未扣除生产费用)	32363.62	31585.92	30595.90	38131.66	27110.65
一、工资性收入	15617.47	17992.59	21180.56	11771.32	14673.61
1.工资	12999.82	17589.02	16630.27	10851.54	10137.32
2.实物福利	76.72	187.07	9.33	38.53	139.61
3.其他	2540.94	216.50	4540.96	881.26	4396.68
二、经营性收入	13765.49	11295.30	7473.28	22614.30	8917.93
1.第一产业经营收入	4357.93	3648.66	4050.88	4590.84	6247.38
(1)农业收入	1821.81	1317.67	1732.93	900.79	3665.54
(2)林业收入	225.56	57.18	307.71	257.82	295.89
(3)牧业收入	2169.74	2078.07	1978.85	3397.85	1950.26
(4)渔业收入	140.83	195.75	31.39	34.38	335.70
2.第二产业收入	2176.57	3756.12	207.65	2946.12	85.67
(1)采矿业	7.27				
(2)制造业	597.48	752.90		1316.26	
(3)电力、热力、燃气及水生产和供应业					
(4)建筑业	1571.82	3003.22	207.65	1629.85	85.67
3.第三产业收入	7230.98	3890.52	3214.75	15077.34	2584.88
(1)批发和零售业	3988.97	1516.66	1129.77	8212.54	879.46
(2)交通运输、仓储和邮政业	1507.76	1139.68	830.99	2574.56	1426.17
(3)住宿和餐饮业	228.28	220.21	942.79	58.56	
(4)房地产业					
(5)租赁和商务服务业	102.53		62.17	296.60	26.46
(6)居民服务、修理和其他服务业	1373.82	1013.97	215.98	3935.06	172.82
(7)其他	0.87		3.95		0.33
(8)农林牧渔服务业	28.76		29.10		79.64
三、财产性收入	345.25	549.09	398.42	123.73	200.15
四、转移性收入	2635.41	1748.94	1543.63	3622.31	3318.94
五、非收入所得	5827.71	26408.90	1471.35	3212.54	3144.82
六、借贷性所得	1800.98	1086.11	1143.05	2901.32	1836.86

注:7－19表至7－26表芙蓉区、天心区、岳麓区、开福区和雨花区无农村调查点。

7－20　农村居民家庭人均支出(2016年)

单位:元

项　　目	全　市	#望城区	长沙县	浏阳市	宁乡县
全年人均总支出	33057.00	37937.41	27806.33	33358.24	30520.00
一、消费支出	17574.00	17451.08	16732.26	16580.07	18663.43
(一)食品烟酒	4386.22	5073.40	4324.47	3844.92	4445.17
(二)衣着	1067.55	961.58	1214.39	958.16	907.24
(三)居住	3444.96	3789.46	3823.46	2577.54	3730.06
(四)生活用品及服务	1034.39	1103.42	1278.10	722.64	1014.11
(五)交通通信	3654.27	2573.45	2543.82	4515.64	4317.31
(六)教育文化娱乐	2867.57	2679.93	2715.61	2752.50	3110.07
(七)医疗保健	900.01	983.34	611.99	1055.93	937.69
(八)其他用品和服务	219.03	286.50	220.41	152.75	201.78
二、生产经营费用支出	6046.57	3258.71	2511.68	9970.01	3100.87
(一)第一产业经营费用支出	1891.48	1334.31	1764.17	2938.95	1907.31
1.农业	581.41	424.25	598.79	197.17	1215.23
2.林业	17.82	2.25	33.47	17.90	19.98
3.牧业	1260.37	821.17	1129.35	2713.11	612.54
4.渔业	31.89	86.64	2.56	10.77	59.56
(二)第二产业经营费用支出	964.44	1061.57	54.04	889.60	8.95
1.采矿业	5.20				
2.制造业	177.01	204.22		421.44	
3.电力、热力、燃气及水生产和供应业					
4.建筑业	782.24	857.36	54.04	468.15	8.95
(三)第三产业经营费用支出	3190.64	862.83	693.47	6141.46	1184.60
1.批发和零售业	2190.61	285.62	418.30	3901.00	364.50
2.交通运输、仓储和邮政业	528.39	288.32	143.40	835.87	774.46
3.住宿和餐饮业	31.93	48.01	93.20	27.43	
4.房地产业	0.74				
5.租赁和商务服务业	14.06		7.14	45.40	
6.居民服务、修理和其他服务业	409.93	240.86	7.26	1331.76	10.22
7.其他	0.33		1.67		
8.农林牧渔服务业	14.66	0.03	22.51		35.43
三、财产性支出	82.40	21.53	227.76	70.61	53.54
四、转移性支出	332.35	499.11	256.95	359.79	314.88
五、部分商业保险支出	77.69	80.20	29.01	94.78	13.15
六、购置资产及非经常性转移支出	7472.88	15173.04	7864.11	5436.49	5508.73
七、借贷性支出	1471.12	1453.74	184.56	846.49	2865.40

7-21 农村居民家庭人平可支配收入(2016年)

单位:元

项目	全市	#望城区	长沙县	浏阳市	宁乡县
可支配收入	25448.25	27639.05	27171.14	27182.07	23145.33
一、工资性收入	15617.47	17992.59	21180.56	11771.32	14673.61
(一)工资	12999.82	17589.02	16630.27	10851.54	10137.32
1.按月发放的工资	7841.68	9985.89	14731.01	5392.46	2961.54
2.补发工资	291.70	9.27	232.59	804.93	45.57
3.不按月发放的奖金、津贴、过节费等	4866.43	7593.86	1666.68	4654.14	7130.22
(二)实物福利	76.72	187.07	9.33	38.53	139.61
1.从单位或雇主得到的实物产品折价	14.32	16.24	9.33	22.86	14.01
2.从单位或雇主得到的服务折价	62.40	170.83		15.67	125.60
3.单位或雇主实物福利报销所得					
(三)其他	2540.94	216.50	4540.96	881.26	4396.68
1.住房公积金	19.39	124.71	12.50	4.15	
2.辞退金	8.09	63.45			
3.自由职业劳动所得(如稿费、翻译费)	123.43		593.93		22.74
4.安家费					
5.股票期权					
6.其他劳动所得	2390.02	28.35	3934.52	877.11	4373.95
二、经营净收入	7264.87	7869.06	4533.23	12095.11	5321.04
(一)第一产业经营净收入	2353.21	2252.79	2139.24	1530.44	4192.42
1.农业	1160.65	858.04	1045.64	642.04	2309.45
2.林业	207.07	54.92	274.06	239.92	273.70
3.牧业	878.10	1234.04	795.10	625.88	1333.13
4.渔业	107.38	105.78	24.44	22.60	276.14
(二)第二产业经营净收入	1095.57	2651.78	149.41	1805.87	76.72
1.采矿业	1.11		-2.54		
2.制造业	384.74	536.62		829.04	
3.电力、热力、燃气及水生产和供应业					
4.建筑业	709.72	2115.16	151.95	976.84	76.72
(三)第三产业经营净收入	3816.08	2964.50	2244.58	8758.80	1051.90
1.批发和零售业	1766.66	1214.21	689.29	4274.83	502.61
2.交通运输、仓储和邮政业	850.67	818.66	631.92	1658.35	336.67
3.住宿和餐饮业	163.80	167.39	687.56	30.03	
4.房地产业	-0.74				
5.租赁和商务服务业	85.65		52.49	242.86	26.46
6.居民服务、修理和其他服务业	941.28	764.27	180.89	2552.72	157.54
7.其他	-3.85		2.28		-14.83
8.农林牧渔服务业	12.61	-0.03	0.15		43.44

7－21 续表

单位:元

项　　目	全　市	#望城区	长沙县	浏阳市	宁乡县
三、财产净收入	262.85	527.56	170.66	53.12	146.61
(一)利息净收入	-23.58	289.25	-197.08	-58.51	-53.54
(二)红利收入	63.89	129.21	178.49	25.17	
1.集体分配的红利	23.08	129.21	1.02	21.39	
2.其他红利收入	40.81		177.47	3.78	
(三)储蓄性保险净收益	0.83			2.99	
(四)转让承包土地经营权租金净收入	36.69	2.15	98.88	51.19	5.83
(五)出租房屋财产性收入	103.47	1.66		32.28	19.86
(六)出租机械、专利、版权等资产的收入	22.75	0.18	116.45		
(七)其他财产净收入	58.78	105.11	-26.07		174.47
(八)房屋虚拟租金					
四、转移净收入	2303.06	1249.83	1286.69	3262.51	3004.07
(一)转移性收入	2635.41	1748.94	1543.63	3622.31	3318.94
1.养老金或离退休金	777.26	695.24	378.55	209.45	1692.54
2.社会救济和补助	44.21	81.63	17.09	32.44	72.12
3.政策性生活补贴	6.65	15.31	6.10	7.33	5.03
4.报销医疗费	120.03	230.78		184.68	135.60
5.家庭外出从业人员寄回带回收入	1327.39	361.15	847.40	2967.88	756.72
6.赡养收入	192.99	100.39	211.66	116.05	361.86
7.其他经常转移收入	83.54	73.33	10.25	3.84	242.17
8.从政府和组织得到的实物产品和服务折价	16.78	2.86	9.01	43.07	9.06
9.现金政策性惠农补贴	66.56	188.25	63.58	57.55	43.84
(二)转移性支出	332.35	499.11	256.95	359.79	314.88

7-22 农村居民家庭人平消费支出(2016年)

单位:元

项目	全市	#望城区	长沙县	浏阳市	宁乡县
消费支出	17574.00	17451.08	16732.26	16580.07	18663.43
一、食品烟酒	4386.22	5073.40	4324.47	3844.92	4445.17
二、衣着	1067.55	961.58	1214.39	958.16	907.24
三、居住	3444.96	3789.46	3823.46	2577.54	3730.06
四、生活用品及服务	1034.39	1103.42	1278.10	722.64	1014.11
五、交通通信	3654.27	2573.45	2543.82	4515.64	4317.31
# 通信	738.09	770.86	896.75	626.14	664.78
六、教育文化娱乐	2867.57	2679.93	2715.61	2752.50	3110.07
# 教育	1365.86	1398.25	1195.28	1706.32	922.43
# 文化娱乐	1501.71	1281.68	1520.33	1046.18	2187.64
七、医疗保健	900.01	983.34	611.99	1055.93	937.69
八、其他用品和服务	219.03	286.50	220.41	152.75	201.78

7－23　农村居民家庭人平粮食收支情况(2016年)

单位:公斤

项　　目	全　市	#望城区	长沙县	浏阳市	宁乡县
一、主要农产品产量					
1.谷物	353.72	375.30	665.96	244.24	372.91
#小麦	0.77		3.96		
稻谷	352.38	375.21	662.00	243.35	371.84
玉米	0.57	0.09		0.88	1.07
其他					
2.薯类	1.66	2.46	0.25	3.10	1.48
3.豆类	0.65	1.27	0.10	1.69	
二、购买粮食					
(一)购买生产资料用粮食					
1.种子用粮食	1.60	1.27	2.68	0.20	2.79
2.饲料用粮食	33.35	7.68	54.18	3.90	68.86
(二)购买生活用粮食					
1.谷物	38.74	21.46	45.23	36.58	37.69
#大米	19.48	13.57	26.82	15.03	15.03
稻谷	8.27	1.46	7.25	6.11	13.51
玉米	1.47	0.82	1.86	0.08	1.77
2.薯类	0.95	0.24	1.40	0.07	1.60
3.豆类	2.86	2.80	2.53	2.89	3.09
三、出售粮食					
1.谷物	201.47	219.66	326.11	50.03	330.22
2.薯类	1.03				3.55
3.豆类	0.04		0.15		0.02

7－24 农村居民家庭人平主要实物消费量(2016年)

单位:公斤

项目	全市	#望城区	长沙县	浏阳市	宁乡县
一、粮食消费量	144.18	172.46	75.71	157.90	169.19
1.谷物消费量	138.94	168.19	72.57	151.46	162.51
2.薯类消费量	1.86	0.63	0.52	2.45	3.31
3.豆类消费量	3.38	3.64	2.62	3.99	3.37
二、油脂类消费量	17.24	17.02	23.61	14.58	15.66
1.植物油	8.26	8.43	12.06	10.31	3.67
2.动物油	8.98	8.59	11.56	4.26	11.99
三、烟叶消费量	49.38	59.48	55.67	39.75	57.79
四、蔬菜及菜制品消费量	127.91	204.28	73.15	158.19	138.36
五、干鲜瓜果类	36.41	34.60	26.97	35.70	41.58
1.鲜瓜果	32.37	31.11	23.69	32.35	37.00
2.瓜果制品	0.95	1.28	0.42	0.61	1.40
3.坚果	3.10	2.21	2.85	2.73	3.17
六、消费茶叶	0.74	0.83	1.62	0.30	0.48
七、肉类	23.80	25.09	24.41	23.40	25.01
1.猪肉	20.04	22.39	20.05	18.85	21.60
2.牛肉	1.49	1.29	1.66	0.87	1.86
3.羊肉	0.48	0.44	0.33	0.79	0.33
4.其他肉类及制品	1.79	0.98	2.37	2.88	1.21
八、禽类	8.63	9.99	8.15	6.61	10.45
九、蛋类及蛋制品	9.32	12.66	10.05	5.91	11.33
十、奶和奶制品	5.12	6.51	7.67	3.43	3.88
十一、水产品	12.33	16.90	14.09	6.96	14.15
十二、糖果糕点	6.36	7.11	4.17	5.32	5.95
十三、酒	7.00	8.40	6.02	2.49	11.62

7－25　农村居民家庭每百户耐用消费品拥有量(2016年)

项　　目	单位	全　市	#望城区	长沙县	浏阳市	宁乡县
1. 家用汽车	辆	51.4	44.0	62.6	60.7	32.9
2. 摩托车	辆	117.8	70.9	129.7	162.0	114.7
3. 助力车	台	28.4	83.3	19.6	1.4	14.8
4. 洗衣机	台	107.2	109.6	112.6	98.7	108.2
5. 电冰箱(柜)	台	107.5	105.8	109.7	103.1	100.8
6. 微波炉	台	20.2	37.4	24.9		15.8
7. 彩色电视机	台	132.2	137.2	123.2	128.7	142.1
# 接入有线电视	台	94.1	112.8	101.8	84.3	97.4
8. 空调	台	149.3	154.4	169.0	145.4	123.8
9. 热水器	台	74.0	93.9	89.7	65.7	69.1
# 太阳能热水器	台	9.0	5.0	11.3	19.0	2.9
10. 消毒碗柜	台	7.2	3.1	4.0	0.7	15.9
11. 洗碗机	台	0.9		1.4		1.1
12. 排油烟机	台	44.8	104.1	51.6	14.1	46.5
13. 固定电话	线	15.8	16.4	29.0		14.1
14. 移动电话	部	297.6	325.3	311.1	331.3	260.1
# 接入互联网	部	137.1	205.7	195.9	224.1	26.0
15. 计算机	台	35.1	39.3	51.0	18.7	25.2
# 接入互联网	台	27.0	28.5	43.7	11.6	20.3
16. 摄像机	台	1.1	1.5	2.3		1.1
17. 照相机	台	10.2	12.9	22.6	7.2	4.5
18. 中高档乐器	架	1.7		4.8		2.3
19. 健身器材	台	8.8	3.7	4.2		15.0
20. 组合音响	套	12.0	12.4	12.6	12.4	9.9

7-26 农村居民抽样调查人口与就业期末情况(2016年)

单位:人

项目	全市	#望城区	长沙县	浏阳市	宁乡县
一、家庭常住人口	1204	293	269	281	241
二、家庭常住人口年龄状况					
1.5岁及以下	99	22	24	32	14
2.6-15岁	141	31	25	46	21
3.16-19岁	54	10	11	11	14
4.20-24岁	32	9	7	5	7
5.25-29岁	124	45	22	20	26
6.30-34岁	103	29	24	19	14
7.35-40岁	80	21	16	24	14
8.41-50岁	230	44	52	58	49
9.51-60岁	190	53	50.5	35	36
10.61-65岁	57	11	18	12	13
11.66岁及以上	94	18	20	19	33
三、由本户供养的在校学生	194	40	38	56	38
四、农村住户劳动力素质状况					
(一)整半劳动力数	873	224	200	181	184
(二)就业劳动力文化程度					
1.未上过学	5		1		4
2.小学	123	36	24	31	26
3.初中	473	107	104	123	102
4.高中	195	52	57	25	35
5.大学专科	54	14	13	1	16
6.大学本科	22	15	1	1	1
7.研究生	1				
五、农村住户劳动力就业状况					
(一)劳动力就业行业情况	788	204	179	159	171
1.一产业就业劳动力	242	57	63	28	82
2.非农产业就业劳动力	546	147	116	131	89
(1)二产业就业劳动力	266	62	53	88	49
(2)三产业就业劳动力	280	85	63	43	40

8 城市建设、环境保护

长沙统计年鉴

8-1　1999-2016年城市公共交通情况

指　　标	单位	1999年	2000年	2001年	2002年	2003年	2004年	2005年	2006年	2007年
一、全年客运总量	万人次	29310	33812	36321	34962	57656	76106	78161	83779	91967
二、公共汽车营运情况										
公共汽车营运车辆数	辆	921	1150	1248	1351	1785	2357	2507	2722	3252
年末营运线网长度	公里	617	704	750	813	1127	1460	1460	1617	899
年末营运线路条数	条	54	61	66	73	82	97	97	98	119
三、出租汽车营运情况										
出租汽车营运车辆数	辆	4305	5755	7192	6672	6257	6278	6279	6280	6280

8-1 续表

指　　标	单位	2008年	2009年	2010年	2011年	2012年	2013年	2014年	2015年	2016年
一、全年客运总量	万人次	105804	124460	101303	106159	106361	104103	115109	116944	112719
二、公共汽车营运情况										
公共汽车营运车辆数	辆	3259	3553	3557	3651	3775	4157	5142	6102	7187
年末营运线网长度	公里	914	1018	1048	3195	3263	3484	3512	3559	4519
年末营运线路条数	条	120	129	129	135	140	141	150	180	187
三、出租汽车营运情况										
出租汽车营运车辆数	辆	6280	6280	6280	6420	6420	6915	7816	7816	7816

注：1. 从2011年开始，表中数据含望城区。

2. 从2011年开始，公交车年末营运线网长度统计口径变更，与以前年度数据不可比，按同口径计算，2010年为3173公里；从2014年开始全年客运总量中含有地铁客运总量。

8－2　2000－2016年城市房屋发展状况及住房水平

指　　标	单位	2000年	2001年	2002年	2003年	2004年	2005年	2006年	2007年	2008年
一、城市房屋建筑面积	万 m^2	5283.28	5635.30	6132.40	6624.90	7352.00	8223.00	9021.62	9939.52	10891.33
# 住宅	万 m^2	2839.76	3097.40	3447.20	3771.81	4268.30	4776.00	5280.36	5883.72	6561.62
人均住房建筑面积	m^2/人	18.6	19.6	21.5	23.2	25.3	27.2	28.3	28.9	28.3
二、年末危险房屋	万 m^2	24.23	35.41	35.41	33.29	31.73	27.73	26.15	22.24	21.70

8－2续表

指　　标	单位	2009年	2010年	2011年	2012年	2013年	2014年	2015年	2016年
一、城市房屋建筑面积	万 m^2	10578.92	14940.70	16619.67	18583.00	17249.29	19177.00	21407.00	22904.80
# 住宅	万 m^2	9219.11	10581.09	11813.00	13267.00	11858.72	13239.00	14836.00	15844.30
人均住房建筑面积	m^2/人	29.5	30.9	32.2	31.8	41.4	48.3	45.3	44.8
二、年末危险房屋	万 m^2	2.96	2.54	3.19	4.66	8.64	120.00	120.04	81.91

注：1. 人均住房建筑面积统计指标2012年以前为城市统计口径，2013年开始调整为城镇统计口径。

2. 从2014年起年末危险住宅指标改为年末危险房屋，统计口径由危房改造面积调整为危房存量面积。

8－3 2000－2016年城市自来水、供气、用电供应情况

指 标	单位	2000年	2001年	2002年	2003年	2004年	2005年	2006年	2007年	2008年
一、自来水										
年末水厂个数	个	6	6	6	6	6	6	6	6	6
年末供水管道长度	公里	1087	1120	1188	1292	1338	1450	1529	1659	1801
年末供水总量	万吨	37399	39872	36748	38845	39819	41969	43328	32840	44866
# 生活用水	万吨	21246	22262	24199	29369	30105	31540	32441	24630	24870
年末水厂生产能力	万吨/日	132	157	165	165	165	165	165	167	167
二、供气情况										
1. 液化气										
液化气供气总量	吨	65700	70200	72306	75668	91500	92600	85000	84000	82000
# 生活用	吨	63796	68806	70870	74911	90584	91600	80300	79500	78000
液化气用气人口	万人	106.5	137.8	140.3	142.2	149.1	151.1	138.0	119.9	146.5
液化气储气能力	吨	3700	3700	3800	3800	3800	3800	3800	4000	4000
2. 天然气										
天然气供气总量	万 m^3						3418	11947	19254	26607
# 生活用	万 m^3						2238	3390	4647	6192
天然气用气人口	万人						25.0	68.0	90.1	90.9
天然气储气能力	万 m^3						10	10	10	10
三、供电										
全市用电总量	万度	480160	529409	591319	696000	722087	923856	1039585	1153430	1265685
# 工业用电	万度	221763	281711	310605	354800	375058	384129	345094	368754	498417
城乡居民生活用电	万度	136507	143681	235649	360300	276637	282458	423066	456961	426619
其中:市区用电总量	万度	313975	343137	375933	439000	430300	501464	602611	637260	683642
# 工业用电	万度	131522	156001	175375	201500	194500	193501	200408	167545	198858
# 居民生活用电	万度	105952	119738	163622	154200	215800	205719	277750	247098	273759

8－3 续表

指 标	单位	2009年	2010年	2011年	2012年	2013年	2014年	2015年	2016年
一、自来水									
年末水厂个数	个	6	6	7	7	7	8	8	8
年末供水管道长度	公里	1925	2012	2323	3050	3300	3490	3457	3647
年末供水总量	万吨	45144	46431	51224	41997	52739	55589	57652	60558
# 生活用水	万吨	26597	26611	29243	29950	31263	33880	34507	35201
年末水厂生产能力	万吨/日	167	180	221	265	270	225	215	215
二、供气情况									
1. 液化气									
液化气供气总量	吨	85000	83000	93000	76663	86492	101838	60876	61620
# 生活用	吨	80000	77000	84300	63385	72573	87210	49667	48766
液化气用气人口	万人	125.0	115.0	101.5	267.3	275.0	210.0	64.0	64.0
液化气储气能力	吨	4000	4000	4000	4000	4000	6400	3770	3770
2. 天然气									
天然气供气总量	万 m^3	32948	39300	50363	64298	70321	85657	72731	76757
# 生活用	万 m^3	10618	12500	19450	24911	26019	30780	23057	27625
天然气用气人口	万人	164.7	192.0	246.1	264.7	311.9	337.2	260.0	290.0
天然气储气能力	万 m^3	100	100	100	100	100	1200	1280	1280
三、供电									
全市用电总量	万度	1414653	1603152	1838972	2040474	2245429	2274871	2464961	2848657
# 工业用电	万度	456798	573315	675729	757802	898159	923598	993670	1142014
城乡居民生活用电	万度	564587	513122	587635	666846	718282	691650	754227	915832
其中:市区用电总量	万度	817921	943789	1156205	1268341	1373249	1382042	1501794	1759889
# 工业用电	万度	185517	223612	308003	332841	383172	387454	423836	527313
# 居民生活用电	万度	343932	344333	417589	464827	489662	465045	506081	610681

注:液化气用气人口统计受加气站增减和用气人口流动性等因素影响,变动较大。

8－4　2000－2016年城市环境卫生基本情况

指　　标	单位	2000年	2001年	2002年	2003年	2004年	2005年	2006年	2007年	2008年
一、道路清扫保洁面积	万 m^2	540	566	912	1200	1741	1912	2689	3033	2523
二、生活垃圾无害处理量	万吨		67.7	68.0	65.7	77.0	77.0	77.5	85.6	101.5
三、环卫专用车辆										
垃圾运输车	辆	156	148	160	173	219	182	199	180	187
真空吸粪车	辆	9	7	8	1	8	8	9	9	10
洒水车	辆	27	29	31	35	65	77	85	104	99
清扫车	辆									43
专用集装式垃圾中转车	辆									25
四、公共厕所	座	462	461	431	388	422	455	516	545	490
# 本年新建	座	10	2	7	13	35	33	61	29	24
五、垃圾站	个	504	504	494	458	487	576	637	545	570
# 本年新建	个	11	4	5	15	32	42	61	25	287

8－4 续表

指　　标	单位	2009年	2010年	2011年	2012年	2013年	2014年	2015年	2016年
一、道路清扫保洁面积	万 m^2	2638	2954	3543	3608	5238	5140	5810	6846
二、生活垃圾无害处理量	万吨	107.3	117.3	143.2	169.4	160.0	206.6	201.0	215.0
三、环卫专用车辆									
垃圾运输车	辆	200	368	201	204	264	368	339	395
真空吸粪车	辆	6	10	4	4	2	5	6	8
洒水车	辆	99	104	133	170	296	307	492	493
清扫车	辆	45	52	82	73	124	148	181	195
专用集装式垃圾中转车	辆	27	40	40	48	60	63	80	72
四、公共厕所	座	542	551	543	567	566	519	536	549
# 本年新建	座	52	9						
五、垃圾站	个	615	635	661	673	676	620	641	672
# 本年新建	个	51	20						

8－5 2000－2016年市政设施基本情况

指 标	单位	2000年	2001年	2002年	2003年	2004年	2005年	2006年	2007年	2008年
一、城市道路										
年末实有道路长度	公里	998	1098	1150	1188	1323	1415	1466	1552	1608
年末实有道路面积	万 m^2	928	1099	1575	1980	2385	2795	3002	3131	3320
二、年末实有永久性桥梁	座	71	71	73	73	76	77	77	87	92
三、年末实有下水道长度	公里	636	648	648	770	800	895	1046	1046	1186
四、路灯盏数	盏	16259	17309	26411	37215	43215	53468	64938	69731	77135

8－5 续表

指 标	单位	2009年	2010年	2011年	2012年	2013年	2014年	2015年	2016年
一、城市道路									
年末实有道路长度	公里	1660	1781	2173	2342	2966	1698	1698	1798
年末实有道路面积	万 m^2	3489	3618	4258	3958	4307	4382	4596	4706
二、年末实有永久性桥梁	座	93	97	168	172	174	179	186	196
三、年末实有下水道长度	公里	1230	1842	2601	2169	2169	2698	2172	2270
四、路灯盏数	盏	76200	79542	82423	87389	91393	102602	84848	86349

注：路灯盏数2015年以前为城市拥有路灯统计口径，2015年统计口径开始调整为移交使用路灯盏数。

8-6 2000-2016年城市园林、绿化情况

指　标	单位	2000年	2001年	2002年	2003年	2004年	2005年	2006年	2007年	2008年
城市园林绿化覆盖面积	公顷	5508	5846	6094	6720	6949	7368	7876	8541	8818
城市园林绿地面积	公顷	5152	5541	5712	5712	5907	6244	6706	5656	7693
公共绿地面积	公顷	889	1006	1085	1229	1240	1381	1590	1892	2142
公园处数	处	10	11	12	14	14	18	19	21	21
公园面积	公顷	575	576	717	904	904	1143	1210	1302	1302

8-6 续表

指　标	单位	2009年	2010年	2011年	2012年	2013年	2014年	2015年	2016年
城市园林绿化覆盖面积	公顷	9304	9857	10235	10729	11206	11813	12278	12928
城市园林绿地面积	公顷	8134	8598	9188	9293	9611	10163	10586	11177
公共绿地面积	公顷	2348	2522	2794	2804	2913	3256	3538	3779
公园处数	处	22	22	22	23	24	26	27	30
公园面积	公顷	1323	1323	1323	1573	1581	1779	1809	2002

说明：绿地面积、绿化覆盖面积均不含湿地面积。

8－7 1999－2016年城市环境污染和治理情况

指标	单位	1999年	2000年	2001年	2002年	2003年	2004年	2005年	2006年	2007年
一、工业废水排放总量	万吨	6037.6	5532.9	4992.2	4310.7	4006.7	4047	4065	4073	4377
工业废水排放达标量	万吨	4381.9	4212.6	3956.9	3556.8	3510	3552	3562	3482	3704
二、工业废气排放总量	万标 m^3	2405157	2624324	3252834	2762532	2501271	2679022	3078324	2891585	2933547
三、工业粉尘排放量	万吨	8.20	7.81	4.81	7.11	7.22	9.39	10.06	10.35	10.29
工业粉尘去除量	万吨	8.93	11.19	9.32	13.37	13.34	11.03	11.83	10.58	19.15
四、工业固体废物产生量	万吨	133.91	137.53	133.95	111.83	112.72	107.70	109.70	111.69	107.30
# 综合利用	万吨	96.00	101.79	120.83	105.64	99.67	94.00	98.40	102.94	101.96
五、工业锅炉数	台	433	407	392	351	318	324	307	273	229
# 达标数	台	386	359	321	285	245	257	243	267	222
六、工业炉窑数	台	496	465	477	430	371	262	222	226	251
# 达标数	台	251	232	149	150	309	124	117	118	194

8－7 续表

指标	单位	2008年	2009	2010年	2011年	2012年	2013年	2014年	2015年	2016年
一、工业废水排放总量	万吨	4162	3726	4336	4051	3777	4049	4397	5102	4287
工业废水排放达标量	万吨	3665	3354	3955						
二、工业废气排放总量	万标 m^3	5278500	5315831	6269499	10219789	5470000	6233559	6486474	4803775	4834697
三、工业粉尘排放量	万吨	13.48	13.35	10.52	1.59	1.20	1.90	1.73	1.16	0.69
工业粉尘去除量	万吨	20.08	19.19	12.62	198.59	131.69	114.10	138.90	102.2	40.8
四、工业固体废物产生量	万吨	183.6	154.6	148.8	177.6	103.5	100.5	107.0	107.6	141.3
# 综合利用	万吨	164.6	140.1	148.4	174.8	94.7	86.9	91.5	92.7	132.8
五、工业锅炉数	台	187	267	284	269	259	280	288	272	264
# 达标数	台	167	254	256						
六、工业炉窑数	台	213	232	219	108	116	108	117	124	94
# 达标数	台	163	178	151						

注:2011年起工业粉尘排放量(去除量)指标改为工业烟粉尘排放量(去除量)。

9 农　业

9－1 历年农、林、牧、渔业总产值

（按现行价格计算）

单位：万元

年份	合计	农业	林业	牧业	渔业	服务业
1978	97658					
1980	99524					
1983	133455					
1984	139627					
1985	165803					
1986	180977					
1987	212304					
1988	274536					
1989	307534					
1990	365244					
1991	368160					
1992	409372					
1993	480104	237282	16083	205582	21157	
1994	725156	351689	17108	328777	27582	
1995	868362	426578	28951	375241	37592	
1996	1011363	509820	40193	416774	44576	
1997	1114485	561705	41906	460042	50832	
1998	1137969	596651	43425	446164	51729	
1999	1146402	635440	41800	413206	55956	
2000	1167935	628013	43598	442543	53781	
2001	1239985	672704	47407	464641	55233	
2002	1302245	700436	57148	486981	57680	
2003	1371608	694002	70917	527412	61035	18242
2004	1720668	825189	73635	734973	68050	18821
2005	1871313	926445	76257	771539	75967	21105
2006	1903000	994600	80300	712700	74700	40600
2007	2171300	1146600	94000	780900	103500	46100
2008	2818996	1367085	112079	1165305	122893	51634
2009	2946120	1465841	123699	1171296	127520	57764
2010	3236412	1735890	144988	1156629	137340	61565
2011	3877163	2082639	179791	1405473	142489	66770
2012	4197846	2303064	195535	1484271	145535	69441
2013	4546157	2518547	217452	1572730	161432	75996
2014	4905925	2849093	238930	1552892	182015	82995
2015	5371294	3173856	273543	1637130	194604	92161
2016	5835816	3409328	291856	1826860	203922	103850

注：1. 2003年开始农林牧渔服务业从规模以下工业中划归农业统计，同时种植业中的农民家庭兼营商品性工业产值划入规模以下工业中。

2. 2006年、2007年、2008年数据根据农业普查结果予以调整。

9－1 续表 1　　（按不变价格计算）　　单位：万元

年　份	合　计	农　业	林　业	牧　业	渔　业	服务业
（按 1952 年不变价格计算）						
1949	17020	15081	390	1356	193	
1952	21728	18337	734	2084	573	
1957	27743	22819	504	4001	419	
（按 1957 年不变价格计算）						
1957	27743	22819	504	4001	419	
1962	24328	21436	527	2084	281	
1965	29799	24251	663	4499	386	
1970	38426	31441	639	6115	231	
1971	43127	35736	1137	5982	272	
（按 1970 年不变价格计算）						
1971	43127	35736	1137	5982	272	
1972	62622	50111	1576	10618	317	
1973	66813	54094	1730	10637	352	
1974	67157	54138	1777	10849	393	
1975	67676	54516	1675	11096	389	
1976	70920	57176	1536	11753	455	
1977	73598	59758	1771	11603	466	
1978	73800	58941	1911	12475	473	
1979	78000	61738	1726	13968	568	
1980	77400	59996	1789	14927	688	
（按 1980 年不变价格计算）						
1980	98260	73690	3079	20109	1382	
1981	102770	76279	3380	21494	1617	
1982	115532	85345	3406	24870	1911	
1983	125664	93427	3253	26879	2105	
1984	129025	92077	3588	30767	2593	
1985	139379	93056	3819	39692	2812	
1986	147691	97645	3586	43193	3267	
1987	152161	100216	4491	43812	3642	
1988	159036	100182	4570	50212	4072	
1989	163414	102263	5623	51134	4394	
1990	167152	104672	4217	53793	4470	

9－1 续表2　　（按不变价格计算）　　单位:万元

年 份	合 计	农 业	林 业	牧 业	渔 业	服务业
	（按1990年不变价格计算）					
1990	393694	222433	12668	143383	15210	
1991	407495	231266	13740	145338	17151	
1992	419479	222100	14341	163178	19860	
1993	442505	219393	15467	184955	22690	
1994	470439	227779	16548	201545	24567	
1995	500336	236182	23768	212214	28172	
1996	542354	267499	31460	213555	29840	
1997	584737	290795	35970	223452	34520	
1998	605182	293536	36341	238917	36388	
1999	623902	321588	34528	229693	38093	
2000	653582	336044	37905	238238	41395	
2001	692224	357291	37281	252324	45328	
2002	723725	375476	41428	259782	47039	
2003	746034	339273	57973	276659	53887	
2004	800454	361818	56654	305791	57070	
	（按可比价格计算）					
2005	1841526	882440	76519	791928	70443	20196
2006	1860893	950749	80731	713768	75825	39819
2007	1987611	1051292	87366	728379	77090	43483
2008	2318577	1179040	94567	887459	107671	49840
2009	3004722	1432889	110758	1276600	128220	56255
2010	3078386	1600565	130924	1152458	133944	60495
2011	3365918	1864808	159174	1136426	138659	66851
2012	4032356	2180591	192860	1443670	144529	70705
2013	4324845	2386699	204710	1503566	155792	74078
2014	4752645	2691186	231027	1574997	173981	81455
2015	5080925	3036773	257485	1504251	190846	91571
2016	5545322	3350530	291795	1598708	202196	102092

注:1. 根据湖南省统计局制定的2004年农林牧渔业综合统计报表制度规定,从2004年开始取消不变价计算农林牧渔业产值,改用可比价计算产值,用农产品价格指数缩减法计算农业发展速度。

2. 2006年、2007年、2008年数据根据农业普查结果予以调整。

9－2 历年粮食总产量

单位：吨

年份	合计	稻谷	小麦	折粮薯类	杂粮	大豆
1949	742990	694100	2835	30400	10980	4675
1950	836155	774735	3165	37490	11290	9475
1951	924745	858455	3965	47375	10720	4230
1952	941680	879335	4900	36270	14185	6990
1953	959055	892065	6345	39730	13800	7115
1954	855385	784730	7735	44225	13730	4965
1955	1026360	925905	12220	69045	14845	4345
1956	982635	919265	9565	42550	9210	2045
1957	1002970	911700	4480	69455	13155	4180
1958	1054150	947910	8155	82070	10645	5370
1959	962480	861870	8325	70490	14745	7050
1960	657725	622300	7280	21100	6420	625
1961	607360	543910	7650	45385	9605	810
1962	833095	729930	11180	74505	15465	2015
1963	920345	853725	5960	40875	18485	1300
1964	936420	872145	5265	39790	17200	2020
1965	1010075	929350	7675	55745	13895	3410
1966	1145640	1098985	6355	29465	7265	3570
1967	1198540	1127455	9465	48510	9910	3200
1968	1252535	1189595	6660	46560	7195	2525
1969	1166505	1100210	6735	51155	6510	1895
1970	1308655	1249270	9515	40930	6040	2900
1971	1536300	1468475	8905	47170	7480	4270
1972	1453085	1370820	8100	61575	8200	4390
1973	1562770	1487460	7040	60010	5400	2860
1974	1550020	1493725	6245	43145	4035	2870
1975	1546080	1478850	8410	50855	5220	2745
1976	1543550	1471275	14965	49300	4835	3175
1977	1537670	1465765	11240	53105	4710	2850
1978	1898070	1829940	15135	44545	3300	5150
1979	1960495	1892480	13060	44880	5000	5075
1980	2028640	1970115	7885	42590	3565	4485

9－2 续表

单位:吨

年　份	合　计	稻　谷	小　麦	折粮薯类	杂　粮	大　豆
1981	1931885	1878290	8575	35120	5525	4375
1982	2334880	2269795	8630	44360	4735	7360
1983	2558240	2487825	7335	51200	4860	7020
1984	2443660	2373670	6565	48105	7915	7405
1985	2449215	2386240	5210	45600	5215	6950
1986	2518856	2458199	5550	37918	9536	7653
1987	2554153	2469708	5487	45653	24970	8335
1988	2535020	2453928	6436	42982	23901	7773
1989	2588563	2499928	7733	47108	24606	9188
1990	2641261	2542642	6094	50715	31949	9861
1991	2693046	2586304	7760	53322	33903	11757
1992	2548991	2440907	8370	53100	33969	12645
1993	2450080	2349086	7318	50828	26659	16189
1994	2534843	2412841	5801	62742	37218	16241
1995	2448028	2325133	4928	77917	24793	15257
1996	2737179	2597117	6905	77701	40598	14858
1997	2928132	2757668	9551	85889	58636	16388
1998	2618000	2443065	10211	90492	57497	16735
1999	2750152	2503557	9372	100343	121111	15769
2000	2623327	2405899	5324	98682	98444	14978
2001	2503041	2299943	6859	97099	86043	13097
2002	2119788	1908942	5245	116868	72908	15825
2003	2163732	1939536	3091	121342	82360	17403
2004	2520412	2300549	3498	125934	74045	16386
2005	2622817	2386731	3598	131021	82366	19101
2006	2424098	2344684	607	37223	32502	9082
2007	2439304	2363917	547	41246	24545	9049
2008	2480144	2405060	529	42925	23674	7956
2009	2489340	2354964	2048	69984	49384	12960
2010	2363578	2220198	1966	76435	50684	14295
2011	2445122	2289909	1977	76009	59803	17424
2012	2479354	2303806	2088	79026	75544	18890
2013	2442253	2298038	2137	49237	74453	18388
2014	2485182	2324215	968	54841	84639	20519
2015	2511421	2338591	973	58196	92972	20689
2016	2474072	2298773	660	57997	95131	21511

注:1. 2006年、2007年、2008年数据根据农业普查结果予以调整。
2. 根据国家抽样调查情况,全省统一对2010年粮食产量数据进行了调整。

9－3 历年耕地面积

单位:千公顷

年份	合计	水田	旱地	每一农业人口占有耕地(亩)
1949	274.27	253.77	20.50	
1950	278.19	255.97	22.22	1.60
1951	282.98	258.87	24.11	1.60
1952	287.05	264.09	22.96	1.62
1953	291.23	265.75	25.48	1.62
1954	292.94	265.89	27.05	1.62
1955	297.80	266.27	31.53	1.63
1956	298.36	265.45	32.91	1.62
1957	295.05	260.49	34.56	1.61
1958	276.36	247.11	29.25	1.54
1959	271.76	241.87	29.89	1.56
1960	266.09	234.82	31.27	1.58
1961	261.71	235.12	26.59	1.55
1962	263.38	234.45	28.93	1.53
1963	261.97	235.25	26.72	1.47
1964	264.50	235.60	28.90	1.45
1965	265.87	235.99	29.88	1.41
1966	264.43	234.05	30.38	1.36
1967	263.07	231.56	31.51	1.32
1968	257.48	231.51	25.97	1.26
1969	260.65	231.72	28.93	1.22
1970	261.79	231.55	30.24	1.19
1971	261.47	231.93	29.54	1.18
1972	260.93	231.17	29.76	1.16
1973	260.49	230.51	29.98	1.14
1974	260.03	229.66	30.37	1.14
1975	258.92	228.44	30.48	1.09
1976	257.33	227.44	29.89	1.08
1977	257.11	227.22	29.89	1.06
1978	255.91	226.27	29.64	1.05
1979	255.49	225.86	29.63	1.05
1980	254.80	225.85	28.95	1.04

9－3 续表

单位：千公顷

年 份	合 计	水 田	旱 地	每一农业人口占有耕地(亩)
1981	254.31	225.74	28.57	1.03
1982	253.96	225.77	28.19	1.02
1983	253.30	225.11	28.19	1.01
1984	251.97	224.80	27.17	1.02
1985	250.05	223.64	26.41	1.00
1986	249.58	223.65	25.93	0.97
1987	249.04	223.33	25.71	0.96
1988	248.44	222.91	25.53	0.94
1989	248.20	222.69	25.51	0.92
1990	247.93	222.47	25.46	0.91
1991	248.07	222.58	25.49	0.91
1992	247.89	220.03	27.86	0.90
1993	246.89	219.37	27.52	0.90
1994	246.00	218.36	27.64	0.90
1995	245.77	218.18	27.59	0.89
1996	244.68	217.20	27.48	0.89
1997	244.07	216.70	27.37	0.88
1998	242.99	215.73	27.26	0.88
1999	242.14	215.26	26.88	0.87
2000	242.32	215.26	27.06	0.87
2001	242.53	215.48	27.05	0.87
2002	239.99	214.73	25.26	0.87
2003	237.10	215.20	21.90	0.86
2004	246.79	224.31	22.48	0.89
2005	246.90	220.43	26.47	0.88
2006	243.66	202.19	38.02	…
2007	262.20	226.24	35.96	1.01
2008	274.03	…	…	…
2009	278.07	245.62	32.45	1.05
2010	276.79	244.41	32.38	1.05
2011	275.65	243.33	32.32	1.04
2012	274.89	241.62	33.27	1.04
2013	274.15	241.42	32.73	1.04
2014	273.36	241.00	32.36	…
2015	271.97	236.01	35.64	…
2016	270.16	234.17	35.65	…

9－4 历年牲猪、水产品生产情况

年　份	全年出栏肉猪(万头)	年末牲猪存栏(万头)	每一农业人口出栏肉猪(头)	水产品产量(吨)	#鱼　类(吨)	#虾贝类(吨)
1950	31.14	36.44	0.12	4945	4945	
1951	34.83	39.44	0.13	4865	4865	
1952	39.97	46.42	0.15	5335	5335	
1953	43.40	48.64	0.16	5840	5840	
1954	48.56	39.24	0.18	7320	7320	
1955	45.69	41.77	0.17	6300	6300	
1956	46.70	81.19	0.17	7105	7105	
1957	72.89	123.12	0.26	7195	7175	20
1958	73.25	102.37	0.27	6635	6580	55
1959	49.19	88.98	0.19	7055	6730	325
1960	37.64	66.15	0.15	6270	5780	490
1961	15.44	37.05	0.06	4180	4125	55
1962	14.09	55.42	0.05	3875	3575	300
1963	31.27	82.81	0.12	3815	3490	325
1964	73.35	79.57	0.27	5050	4355	700
1965	68.20	76.22	0.24	7620	6170	1450
1966	55.80	101.08	0.19	8130	6805	1325
1967	80.36	104.46	0.27	3950	3925	25
1968	92.58	104.17	0.30	4220	4190	30
1969	92.69	96.31	0.29	5950	5585	365
1970	80.19	129.80	0.24	5370	5365	5
1971	97.24	150.42	0.29	5845	5835	10
1972	147.12	162.80	0.44	5350	5205	145
1973	151.93	166.88	0.44	5535	5445	90
1974	155.31	166.56	0.45	6380	6375	5
1975	132.83	165.53	0.37	6490	6480	10
1976	149.60	182.02	0.42	7415	7340	75
1977	146.23	171.03	0.40	7555	7425	130
1978	147.47	170.29	0.40	7755	7575	180
1979	154.09	199.79	0.42	9995	9510	485
1980	184.47	185.29	0.50	11865	11185	680

9－4 续表

年 份	全年出栏肉猪(万头)	年末牲猪存栏(万头)	每一农业人口出栏肉猪(头)	水产品产量(吨)	#鱼 类(吨)	#虾贝类(吨)
1981	162.53	185.15	0.44	13195	12045	1150
1982	171.95	209.23	0.46	15520	14175	1345
1983	186.52	238.51	0.49	17025	16100	925
1984	230.25	245.42	0.62	21310	21140	170
1985	273.91	265.86	0.74	23265	22785	480
1986	306.75	283.68	0.81	27050	26572	478
1987	331.33	294.08	0.87	29983	29464	519
1988	370.10	307.93	0.93	33426	32983	443
1989	378.68	313.48	0.94	36079	35585	494
1990	399.12	328.75	0.98	36669	36184	485
1991	415.00	336.04	1.02	41276	40726	550
1992	480.11	358.38	1.17	47762	47198	564
1993	537.38	396.32	1.31	53917	53234	683
1994	560.84	385.31	1.37	56256	55128	1128
1995	592.63	369.33	1.43	61664	60719	679
1996	601.34	346.91	1.50	67887	66601	710
1997	608.33	355.90	1.53	75529	73663	851
1998	622.75	345.52	1.54	77425	75451	954
1999	596.75	322.08	1.52	82195	80965	771
2000	621.28	350.78	1.58	85191	83744	1015
2001	655.78	364.91	1.67	89965	88334	1208
2002	658.26	367.07	1.69	92874	90875	1502
2003	683.13	391.77	1.77	94235	91553	2104
2004	756.66	415.30	1.96	100128	97790	1805
2005	801.54	432.77	2.08	104201	101355	2249
2006	786.94	417.29	…	105074	102726	1764
2007	832.20	424.90	2.13	95302	93000	1537
2008	835.90	446.26	2.13	96395	94296	1442
2009	846.00	450.70	2.14	101443	99056	1738
2010	824.65	438.00	2.08	106571	104328	1819
2011	804.68	427.60	2.02	107154	104889	1563
2012	833.20	436.20	2.01	114084	111661	1643
2013	835.68	420.88	2.11	119349	116386	2336
2014	824.03	417.23	2.13	122494	119125	2748
2015	786.41	406.03	2.02	126951	123159	3149
2016	737.68	370.19	1.98	126440	122081	3704

9－5 农村基层组织情况与农业生产条件(2016年)

指 标	单 位	全 市	芙蓉区	天心区
一、农村基层组织情况				
1. 乡镇个数	个	74		
# 镇个数	个	68		
2. 村(居)民委员会个数	个	1011	11	20
# 村委员会个数	个	770	9	13
二、乡村人口与从业人员				
1. 乡村户数	万户	125.31	1.31	1.84
2. 乡村人口数	万人	417.20	4.31	5.70
3. 乡村劳动力资源数	万人	275.42	2.28	3.31
4. 乡村从业人员数	万人	244.74	1.73	3.29
按性别分				
(1)男	万人	138.35	0.89	1.87
(2)女	万人	106.39	0.84	1.42
按国民经济行业分				
(1)农业从业人员	万人	94.44	0.02	0.68
(2)工业从业人员	万人	58.48	0.19	0.70
(3)建筑业从业人员	万人	30.67	0.12	0.50
(4)交运运输、仓储及邮政从业人员	万人	10.97	0.18	0.35
(5)信息传输、计算机服务和软件从业人员	万人	4.54	0.11	0.15
(6)批零零售业从业人员	万人	17.93	0.47	0.28
(7)住宿和餐饮业从业人员	万人	9.93	0.36	0.21
(8)其他从业人员	万人	17.78	0.28	0.42
三、农村基础设施				
1. 通自来水村个数	个	552	9	13
2. 通汽车村个数	个	770	9	13
3. 通公共交通村个数	个	433	9	13
4. 通电话村个数	个	770	9	13
5. 通宽带村个数	个	770	9	13
6. 通有线电视村个数	个	770	9	13
7. 垃圾集中处理村个数	个	666	9	13
8. 污水集中处理村个数	个	278	9	13

岳麓区	开福区	雨花区	望城区	长沙县	浏阳市	宁乡县
2		1	5	13	28	25
2		1	5	13	26	21
63	32	35	120	159	314	257
58	9	13	97	114	237	220
6.43	2.96	1.74	15.92	20.10	36.89	38.12
19.87	8.88	6.15	51.70	70.97	129.52	120.10
12.82	4.78	5.54	32.53	43.31	80.69	90.16
11.17	3.18	5.26	30.26	39.14	76.03	74.68
6.17	1.87	2.68	16.16	23.23	42.76	42.72
5.00	1.31	2.58	14.10	15.91	33.27	31.96
4.58	1.01	3.42	11.26	17.80	27.45	28.22
1.18	0.51	0.94	3.86	9.67	24.70	16.73
2.07	0.61	0.23	6.34	4.26	6.18	10.36
0.50	0.22	0.12	1.01	1.44	2.85	4.30
0.22	0.16	0.18	0.36	0.46	1.24	1.66
0.90	0.17	0.10	1.70	2.38	5.85	6.08
0.69	0.22	0.10	1.00	1.71	2.94	2.70
1.03	0.28	0.17	4.73	1.42	4.82	4.63
19	9	13	72	73	211	133
58	9	13	97	114	237	220
33	9	8	97	110	67	87
58	9	13	97	114	237	220
58	9	13	97	114	237	220
58	9	13	97	114	237	220
58	9	13	83	111	195	175
30	9	2	41	56	64	54

9－5 续表

指标	单位	全市	芙蓉区	天心区
四、农业主要能源及物资消耗				
（一）农村用电量情况				
农村用电量（不包括县办工业和城镇生活用电）	万千瓦小时	204313	6752	10056
（二）农用化肥施用量				
1. 按实物量计算	吨	596356	132	3552
（1）氮 肥	吨	210098		1485
（2）磷 肥	吨	130225		832
（3）钾 肥	吨	72180		491
（4）复合肥	吨	183853	132	744
2. 按折纯量计算	吨	189662	59	920
（1）氮 肥	吨	53349		240
（2）磷 肥	吨	19331		109
（3）钾 肥	吨	35605		241
（4）复合肥	吨	81377	59	330
（三）农用塑料薄膜使用量	吨	7509	1	44
# 地膜使用量	吨	5581	1	9
地膜覆盖面积	公顷	67235	9	102
（四）农用柴油使用量	吨	56017		178
（五）农药使用量（实物量）	吨	8445		44
五、耕地面积	千公顷	270.16	0.09	1.17
1. 水 田	千公顷	234.17		1.04
2. 水浇地	千公顷	0.34	0.09	
3. 旱 地	千公顷	35.65		0.13

岳麓区	开福区	雨花区	望城区	长沙县	浏阳市	宁乡县
10415	13027	20221	10239	62541	43232	27829
17873	5094	1500	70480	102015	183035	212675
8199	2433	600	39232	37445	41792	78912
4525	949	300	17545	21529	35628	48917
1699	622	200	7086	9306	22063	30713
3450	1090	400	6617	33735	83552	54133
6781	1485	403	16761	30377	64659	68217
3771	560	90	7767	7740	11246	21935
634	124	39	2579	3229	5304	7313
841	311	98	3491	4564	10910	15149
1535	490	176	2924	14844	37199	23820
436	64	65	1020	758	2253	2868
214	64	65	966	578	1609	2075
2426	855	722	10895	8250	18013	25963
682	413	20	2344	8500	32058	11822
283	75	16	1054	1669	2253	3051
9.29	2.95	3.23	30.31	51.86	77.31	93.95
7.41	2.86	0.35	26.94	47.89	68.23	79.45
	0.01	0.07			0.04	0.13
1.88	0.08	2.81	3.37	3.97	9.04	14.37

9－6 主要农产品生产情况(2016年)

指标	单位	全市	芙蓉区	天心区
农作物总播种面积	**千公顷**	**678.42**	**0.18**	**3.89**
一、粮食作物播种面积	千公顷	372.73		1.93
单产	公斤/亩	443		471
总产量	吨	2474072		13629
(一)谷物播种面积	千公顷	349.53		1.88
单产	公斤/亩	454		475
总产量	吨	2382288		13382
1.稻谷播种面积	千公顷	336.07		1.86
单产	公斤/亩	456		476
总产量	吨	2298773		13276
(1)早稻播种面积	千公顷	146.49		1.12
单产	公斤/亩	420		447
总产量	吨	922137		7506
# 杂交稻面积	千公顷	71.31		1.12
单产	公斤/亩	423		447
总产量	吨	452388		7506
优质稻面积	千公顷	108.77		
单产	公斤/亩	415		
总产量	吨	676738		
(2)中稻与一季晚稻播种面积	千公顷	36.18		0.09
单产	公斤/亩	518		550
总产量	吨	281022		743
# 杂交稻面积	千公顷	26.77		0.09
单产	公斤/亩	517		550
总产量	吨	207580		743
优质稻面积	千公顷	23.28		
单产	公斤/亩	519		
总产量	吨	181201		
(3)晚稻播种面积	千公顷	153.40		0.65
单产	公斤/亩	476		516
总产量	吨	1095614		5027
# 杂交稻面积	千公顷	104.92		0.65
单产	公斤/亩	486		516
总产量	吨	765009		5027
优质稻面积	千公顷	132.93		
单产	公斤/亩	483		
总产量	吨	963673		

岳麓区	开福区	雨花区	望城区	长沙县	浏阳市	宁乡县
26.38	**3.9**	**0.73**	**106.58**	**139.56**	**189.97**	**207.23**
11.96	2.35	0.28	55.8	83.01	84.65	132.75
484	435	479	444	441	445	438
86828	15326	2010	371356	548619	564690	871615
11.06	2.30	0.28	51.06	75.30	78.86	128.79
502	439	479	461	458	458	443
83282	15139	2010	353026	517204	542320	855925
10.76	2.30	0.28	50.50	72.41	75.89	122.07
505	439	479	461	460	462	444
81457	15139	2010	349529	499163	525629	812570
3.41	0.05		24.53	35.86	23.86	57.66
433	339		438	410	414	419
22145	254		161078	220539	148222	362393
2.26			7.34	18.30	20.69	21.60
412			436	419	414	430
13971			47983	115080	128528	139320
2.69			17.20	28.00	18.63	42.25
438			439	408	415	408
17655			113181	171360	115972	258570
4.11	2.23	0.28	0.28	0.19	27.59	1.41
539	439	479	472	516	520	550
33213	14699	2010	1984	1470	215271	11632
1.31		0.28	0.17	0.19	24.08	0.65
550		479	485	516	516	505
10817		2010	1237	1470	186379	4924
0.59		0.28	0.11	0.19	21.35	0.76
522		479	453	516	520	511
4618		2010	748	1470	166530	5825
3.24	0.02		25.69	36.36	24.44	63.00
537	620		484	508	442	464
26099	186		186467	277154	162136	438545
2.96			5.90	28.36	20.75	46.30
537			522	517	453	474
23857			46237	219932	140930	329026
2.26			19.79	34.60	20.18	56.10
526			489	513	457	471
17815			145230	266247	138242	396139

9－6 续表 1

指　　标	单　位	全　市	芙蓉区	天心区
2. 小麦播种面积	千公顷	0.23		
单　产	公斤/亩	191		
总产量	吨	660		
3. 玉米播种面积	千公顷	12.33		0.02
单　产	公斤/亩	431		354
总产量	吨	79736		106
# 杂交玉米播种面积	千公顷	6.91		
单　产	公斤/亩	436		
总产量	吨	45240		
4. 高粱播种面积	千公顷	0.32		
单　产	公斤/亩	266		
总产量	吨	1279		
5. 其他谷物播种面积	千公顷	0.58		
单　产	公斤/亩	211		
总产量	吨	1840		
(1)其它春夏收杂粮播种面积	千公顷	0.10		
单　产	公斤/亩	215		
总产量	吨	323		
①大麦播种面积	千公顷	0.03		
单　产	公斤/亩	202		
总产量	吨	91		
②其他春夏收杂粮播种面积	千公顷	0.07		
单　产	公斤/亩	221		
总产量	吨	232		
(2)其它秋收杂粮播种面积	千公顷	0.48		
单　产	公斤/亩	211		
总产量	吨	1517		
①荞麦播种面积	千公顷	0.02		
单　产	公斤/亩	193		
总产量	吨	58		
②其他秋收杂粮播种面积	千公顷	0.46		
单　产	公斤/亩	211		
总产量	吨	1459		
(二)豆类播种面积	千公顷	10.32		0.02
单　产	公斤/亩	218		228
总产量	吨	33787		68
1. 大豆播种面积	千公顷	5.35		0.02
单　产	公斤/亩	268		228
总产量	吨	21511		68
2. 绿豆播种面积	千公顷	1.11		
单　产	公斤/亩	192		
总产量	吨	3195		
3. 蚕豌豆播种面积	千公顷	3.10		
单　产	公斤/亩	153		
总产量	吨	7135		
4. 红小豆播种面积	千公顷	0.09		
单　产	公斤	145		
总产量	吨	196		
5. 其他杂豆播种面积	千公顷	0.67		
单　产	公斤	174		
总产量	吨	1750		

岳麓区	开福区	雨花区	望城区	长沙县	浏阳市	宁乡县
					0.03	0.20
					200	190
					90	570
0.19			0.54	2.80	2.32	6.46
482			424	420	424	438
1374			3433	17640	14741	42442
0.13			0.33	2.53	2.32	1.60
464			429	424	424	475
904			2121	16074	14741	11400
0.05				0.07	0.15	0.05
267				299	200	420
200				314	450	315
0.06			0.02	0.02	0.47	0.01
279			212	290	200	187
251			64	87	1410	28
0.03			0.01		0.06	
249			207		200	
112			31		180	
			0.01		0.02	
			207		200	
			31		60	
0.03					0.04	
249					200	
112					120	
0.03			0.01	0.02	0.41	0.01
309			218	290	200	187
139			33	87	1230	28
					0.01	0.01
					200	187
					30	28
0.03			0.01	0.02	0.40	
309			218	290	200	
139			33	87	1200	
0.36	0.04		1.53	3.56	2.77	2.04
229	217		172	222	222	238
1236	130		3957	11869	9234	7293
0.19	0.04		0.58	1.43	1.86	1.23
231	217		205	288	263	290
658	130		1782	6185	7338	5350
0.12			0.08	0.16	0.26	0.49
224			231	241	180	168
403			277	578	702	1235
0.03			0.75	1.80	0.22	0.30
242			137	164	120	147
109			1540	4428	396	662
				0.01	0.06	0.02
				118	147	153
				18	132	46
0.02			0.12	0.16	0.37	
220			199	275	120	
66			358	660	666	

9－6 续表 2

指　　　　标	单　位	全　市	芙蓉区	天心区
(三)薯类播种面积	千公顷	12.88		0.03
单　产	公斤/亩	300		397
总产量	吨	57997		179
1.甘薯播种面积	千公顷	7.64		0.02
单　产	公斤/亩	294		424
总产量	吨	33655		127
2.马铃薯播种面积	千公顷	5.24		0.01
单　产	公斤/亩	310		344
总产量	吨	24342		52
# 夏马铃薯播种面积	千公顷	1.30		
单　产	公斤/亩	312		
总产量	吨	6086		
二、油料播种面积	千公顷	55.51		0.02
单　产	公斤/亩	114		127
总产量	吨	95201		38
1.花生果播种面积	千公顷	4.37		
单　产	公斤/亩	212		
总产量	吨	13898		
2.油菜籽播种面积	千公顷	50.52		0.02
单　产	公斤/亩	106		127
总产量	吨	80323		38
# 双低油菜籽播种面积	千公顷	44.14		
单　产	公斤/亩	108		
总产量	吨	71458		
3.芝麻播种面积	千公顷	0.48		
单　产	公斤/亩	92		
总产量	吨	666		
三、棉花播种面积	千公顷	0.25		
单　产	公斤/亩	111		
总产量	吨	416		
四、生麻播种面积	千公顷	0.01		
单　产	公斤/亩	133		
总产量	吨	20		
# 生苎麻播种面积	千公顷	0.01		
单　产	公斤/亩	133		
总产量	吨	20		
五、甘蔗播种面积	千公顷	0.15		
单　产	公斤/亩	1572		
总产量	吨	3537		

岳麓区	开福区	雨花区	望城区	长沙县	浏阳市	宁乡县
0.54	0.01		3.21	4.15	3.02	1.92
285	380		298	314	290	292
2310	57		14373	19546	13136	8397
0.36	0.01		2.29	1.82	2.02	1.12
287	380		296	307	285	282
1552	57		10165	8381	8636	4737
0.18			0.92	2.33	1.00	0.80
281			305	319	300	305
758			4208	11165	4500	3660
0.04			0.39	0.67		0.20
208			301	313		350
125			1761	3150		1050
1.74			4.56	9.02	32.20	7.97
172			148	115	106	117
4487			10092	15494	51095	13995
0.18			0.71	0.55	1.23	1.70
223			237	182	205	215
602			2529	1502	3782	5483
1.38			3.80	8.33	30.82	6.17
170			130	110	102	91
3520			7438	13750	47155	8422
1.30			3.75	8.27	30.82	
170			131	110	102	
3306			7357	13640	47155	
0.04			0.05	0.14	0.15	0.10
85			167	115	70	60
51			125	242	158	90
					0.10	0.15
					120	105
					180	236
					0.01	
					133	
					20	
					0.01	
					133	
					20	
					0.11	0.04
					1500	1770
					2475	1062

9－6 续表 3

指　　标	单　位	全　市	芙蓉区	天心区
六、烟叶播种面积	千公顷	8.52		
单　产	公斤/亩	136		
总产量	吨	17323		
1. 烤烟播种面积	千公顷	7.89		
单　产	公斤/亩	131		
总产量	吨	15563		
2. 晒(土)烟播种面积	千公顷	0.63		
单　产	公斤/亩	186		
总产量	吨	1760		
七、药材播种面积	千公顷	3.18		
单　产	公斤/亩	563		
总产量	吨	26850		
八、蔬菜播种面积(含菜用瓜)	千公顷	172.19	0.14	1.72
单　产	公斤/亩	2298	1742	2406
总产量	吨	5935927	3659	62083
九、瓜果类播种面积	千公顷	8.43	0.04	0.06
单　产	公斤/亩	2059	1218	4152
总产量	吨	260364	731	3737
1. 西瓜播种面积	千公顷	6.02		0.04
单　产	公斤/亩	2210		5271
总产量	吨	199545		3163
2. 甜瓜播种面积	千公顷	1.98		0.01
单　产	公斤/亩	1798		1429
总产量	吨	53404		214
3. 草莓播种面积	千公顷	0.43	0.04	0.01
单　产	公斤/亩	1150	1218	2400
总产量	吨	7415	731	360
十、其它农作物播种面积	千公顷	57.45		0.16
1. 青饲料播种面积	千公顷	15.72		0.16
2. 绿肥播种面积	千公顷	33.40		
3. 其他农作物播种面积	千公顷	8.33		
4. 其他农作物产量	吨	1179		
莲子(肉莲)	吨	465		
菱角	吨	442		
荸荠	吨	98		

岳麓区	开福区	雨花区	望城区	长沙县	浏阳市	宁乡县
0.01				0.04	4.33	4.14
33				205	128	143
5				123	8300	8895
				0.03	4.33	3.53
				256	128	135
				115	8300	7148
0.01				0.01		0.61
33				53		191
5				8		1747
			0.08	0.10	2.36	0.64
			87	480	605	480
			104	720	21418	4608
10.70	1.39	0.45	32.92	31.67	44.14	49.06
2188	2035	1536	2278	2531	2095	2380
351254	42432	10371	1125112	1202241	1387333	1751442
0.23	0.07		1.02	1.69	4.24	1.08
3959	1406		1994	2382	1891	1826
13660	1476		30501	60383	120297	29579
0.15	0.03		0.76	1.24	2.78	1.02
4213	2249		2139	2547	2046	1883
9479	1012		24387	47378	85318	28809
0.06	0.01		0.21	0.40	1.27	0.02
3588	1147		1683	2000	1678	1740
3229	172		5300	12000	31966	522
0.02	0.03		0.05	0.05	0.19	0.04
3173	649		1085	1340	1057	413
952	292		814	1005	3013	248
1.74	0.09		12.20	14.03	17.83	11.40
0.26	0.09		4.82	3.32	5.57	1.50
1.48			5.55	10.67	5.80	9.90
			1.83	0.04	6.46	
			831	3	175	170
			301	3	51	110
			432			10
			98			

9－7 茶叶、水果生产情况(2016年)

指　　标	单　位	全　市	芙蓉区	天心区
一、茶叶产量	吨	32498		
绿茶	吨	20723		
青茶	吨	87		
红茶	吨	7713		
其它茶	吨	3975		
二、水果产量	吨	432504	731	3813
1. 园林水果	吨	175518		31
柑	吨	28407		
桔	吨	69967		
橙	吨	3077		
柚	吨	9600		
桃	吨	12589		
猕猴桃	吨	657		
李子	吨	11166		
梨	吨	9473		
葡萄	吨	17049		31
红枣(干枣折成鲜枣)	吨	343		
鲜柿子(柿饼折成鲜柿)	吨	5658		
枇杷	吨	780		
其他园林水果	吨	6751		
2. 瓜果类水果(西瓜、甜瓜、草莓)	吨	260364	731	3737
三、食用坚果	吨	7043		
# 板栗	吨	7043		
三、年末茶园面积	千公顷	13.72		
# 当年采摘	千公顷	12.48		
四、年末果园面积	千公顷	17.43		
# 柑桔园面积	千公顷	6.12		
桃园面积	千公顷	1.89		
猕猴桃园面积	千公顷	0.13		
梨园面积	千公顷	1.88		
葡萄园面积	千公顷	1.49		

岳麓区	开福区	雨花区	望城区	长沙县	浏阳市	宁乡县
43	1		655	25703	1615	4480
31	1		655	15453	1172	3410
					58	29
				7120	3	590
12				3130	382	451
26370	1480	120	38340	104491	198059	59100
12710	4	120	11623	44108	77762	29160
2394		120	765	1000	19898	4230
4250	4		6671	12500	29462	17080
19			590	1000	1158	310
34			190	5000	4146	230
237			730	4000	6213	1410
			77	300	82	198
15			469	5000	3203	2480
96			473	2000	4254	2650
3062			1233	9800	2374	550
				200	133	10
			1	500	5157	
			1	320	455	4
2604			424	2488	1227	8
13660	1476		30501	60383	120297	29579
12			57	4560	2387	27
12			57	4560	2387	27
0.20			0.78	6.18	2.91	3.65
0.10			0.76	6.10	2.26	3.26
0.28		0.12	1.08	6.45	5.53	3.97
0.15			0.72	0.58	2.26	2.41
0.01			0.09	0.40	1.15	0.24
			0.01	0.05	0.03	0.04
0.01			0.05	0.53	0.93	0.36
0.11			0.21	0.53	0.42	0.22

9－8 畜牧业生产情况(2016年)

指标	单位	全市	芙蓉区	天心区
一、当年出栏猪头数	万头	737.68	0.40	4.33
1. 出栏肉猪	万头	737.68	0.40	4.33
2. 出口中仔猪	万头			
二、当年出售和自宰的肉用牛	万头	11.41		0.01
三、当年出售和自宰的肉用羊	万只	83.01		0.17
四、当年出售和自宰的肉用驴	匹	202		
五、当年出售和自宰的家禽(鸡鸭鹅)	万羽	5778.02	0.70	6.48
# 活鸡	万羽	4653.61	0.70	3.00
六、当年出售和自宰的肉用兔	万只	19.92		
七、当年出售和自宰的鹌鹑	羽	210648	120000	
八、当年出售和自宰的肉鸽	羽	119578		
九、当年出售和自宰的狗	只	148292		
十、当年肉类总产量	吨	658925	298	2663
1. 猪肉产量	吨	543666	272	2534
①肉猪肉产量	吨	543666	272	2534
②出口中仔猪肉产量	吨			
2. 牛肉产量	吨	14112		6
3. 羊肉产量	吨	12480		27
4. 驴肉产量	吨	21		
5. 禽肉产量	吨	87105	14	96
# 鸡肉产量	吨	67840	14	20
6. 兔肉产量	吨	232		
7. 其他肉产量	吨	1302	12	
十一、当年牛奶产量	吨	4443	163	
十二、当年蜂蜜产量	吨	883		

岳麓区	开福区	雨花区	望城区	长沙县	浏阳市	宁乡县
30.31	5.73	2.65	114.76	191.00	187.92	200.58
30.31	5.73	2.65	114.76	191.00	187.92	200.58
0.16		0.02	0.49	2.06	2.40	6.27
0.76	0.01	0.13	1.04	2.38	70.87	7.65
					202	
70.56	9.24	9.80	326.76	257.00	1356.00	3741.48
56.71	5.54	9.80	196.05	205.00	872.00	3304.81
			0.11	0.23	16.16	3.42
			6303	25500	57226	1619
			6957	43045	54707	14869
2524			15733	28100	73819	28116
23707	3862	2208	90149	150340	170078	215620
22151	3722	1961	84039	143250	135302	150435
22151	3722	1961	84039	143250	135302	150435
216		28	612	2575	3000	7675
139	2	23	175	336	10631	1147
					21	
1182	139	196	5161	3855	20340	56122
981	72	110	3406	3075	14363	45799
			1	3	176	51
19			160	321	600	190
			2717	1465		98
			3	58	781	41

9－8 续表

指 标	单 位	全 市	芙蓉区	天心区
十三、当年蜂蜡产量	公斤	25594		
十四、当年禽蛋产量	吨	52991	12	348
1. 鸡鸭鹅禽蛋产量	吨	52488		265
# 鸡蛋产量	吨	42440		229
2. 其他禽蛋产量	吨	503	12	83
十五、大牲畜存栏总头数	头	162108		
1. 牛存栏	头	161435		
(1)肉牛	头	122767		
# 能繁母牛	头	35155		
当年生仔牛	头	19265		
(2)役用牛	头	37132		
# 能繁母牛	头	12783		
当年生仔牛	头	5834		
(3)奶牛	头	1536		
# 能繁母牛	头	786		
当年生仔牛	头	317		
2. 马存栏	匹	140		
# 能繁母马	匹	36		
当年生仔马	匹	15		
3. 驴存栏	头	336		
# 能繁母驴	头	66		
当年生仔驴	头	40		
4. 骡存栏	头	197		
# 当年生仔骡	头	38		
十六、生猪存栏	万头	370.19		1.88
# 能繁母猪	万头	44.80		0.15
十七、山羊存栏	万只	56.10		0.21
# 能繁母羊	万只	24.98		0.10
十八、养蜂箱数	箱	43838		
十九、兔存栏	万只	14.24		
二十、家禽存笼	万羽	2746.82		8.53
# 活鸡	万羽	2300.14		5.87
# 肉鸡		990.26		0.13
蛋鸡	万羽	1167.50		1.00

岳麓区	开福区	雨花区	望城区	长沙县	浏阳市	宁乡县
			400	1550	22314	1330
1578		920	15350	8827	11436	14520
1578		920	14990	8802	11413	14520
1125		600	10188	7560	10058	12680
			360	25	23	
4055	146		8122	28500	44285	77000
4055	146		8122	28500	43612	77000
2555			5023	20120	25069	70000
798			2767	5352	9023	17215
441			2256	3745	2815	10008
1500	121		2168	7800	18543	7000
576	52		1221	2010	6343	2581
284			907	1107	2391	1145
	25		931	580		
			646	140		
			285	32		
					140	
					36	
					15	
					336	
					66	
					40	
					197	
					38	
20.11	5.36	1.10	63.40	85.00	79.74	113.60
1.68	0.65	0.12	6.92	10.08	10.25	14.95
0.76		0.03	2.60	2.62	42.92	6.96
0.40		0.03	1.64	0.68	19.46	2.67
			1910	3008	34785	4135
			0.06	0.07	9.69	4.42
84.72	12.04	5.28	362.98	246.00	918.27	1109.00
56.68	7.47	4.73	255.17	189.00	745.22	1036.00
22.69	1.99	4.21	79.04	101.00	346.20	435.00
33.99	5.48	0.52	176.13	84.00	356.38	510.00

9－9 渔业生产情况(2016年)

指标	单位	全市	芙蓉区	天心区
一、水产品总产量	吨	126440	307	2101
(一)淡水产品捕捞产量	吨	13308		62
1. 鱼类(含鳝鱼、泥鳅)	吨	12750		60
2. 虾蟹类	吨	452		2
3. 贝类	吨	93		
4. 其他类	吨	13		
(1)龟	公斤	2935		
(2)鳖	公斤	2270		
(3)其他	吨	8		
(二)淡水产品养殖产量	吨	113132	307	2039
1. 鱼类(含鳝鱼、泥鳅)	吨	109331	307	2039
2. 虾蟹类	吨	2414		
3. 贝类	吨	745		
4. 其他类	吨	642		
(1)珍珠	公斤	1696		
(2)龟	公斤	22039		
(3)鳖	公斤	281027		
(4)牛蛙	吨	336		
二、淡水养殖面积合计	千公顷	27.89	0.03	0.27
(一)池塘养殖	千公顷	19.03	0.03	0.27
# 精养池塘	千公顷	9.60	0.03	0.19
(二)湖泊养殖	千公顷	2.16		
# 粗养	千公顷	0.16		
(三)河沟养殖	千公顷	0.44		
(四)水库养殖	千公顷	6.02		
# 粗养	千公顷	1.60		
(五)其他养殖	千公顷	0.24		
附:1. 稻田养鱼面积	千公顷	2.20		
2. 稻田养殖成鱼面积	千公顷	1.11		
成鱼产量	吨	335.00		
3. 养殖水面中鱼种池面积	千公顷	0.58		

岳麓区	开福区	雨花区	望城区	长沙县	浏阳市	宁乡县
10099	1420	4600	26157	18809	26769	36178
2656		2000	2195	60	2112	4223
2651		1900	1753	60	2108	4218
5		100	345			
			93			
			4		4	5
			2525			410
			1680			590
					4	4
7443	1420	2600	23962	18749	24657	31955
6845	1420	2400	22021	18342	24050	31907
598		200	1225	390	1	
			473		272	
			243	17	334	48
			1526			170
			14149			7890
			225268	10000	28819	16940
			1	7	305	23
1.66	0.16	0.58	8.23	4.14	5.67	7.15
1.46	0.16	0.48	5.68	2.91	2.67	5.37
0.33	0.10		4.41	0.76	1.20	2.58
			1.65			0.51
			0.06			0.10
			0.41	0.03		
0.15		0.10	0.35	1.20	3.00	1.22
0.15			0.09	1.00		0.36
0.05			0.14			0.05
0.05			0.08	0.04	0.53	1.50
0.01			0.05		0.44	0.61
25.00			50.00			260.00
					0.28	0.30

9－10 农林牧渔业总产值(2016年)

指标	全市		芙蓉区	
	按现行价格计算	按可比价格计算	按现行价格计算	按可比价格计算
农林牧渔业总产值	**5835816**	**5545322**	**2955**	**2695**
一、农业产值	3409328	3350530	1726	1578
1. 谷物及其他作物	961783	947709		
# 粮食	830695	819245		
(1)谷物	788334	778946		
# 小麦	182	181		
稻谷	723363	714009		
玉米	23752	23795		
(2)折粮薯类	18217	16852		
(3)油料	74098	71791		
# 花生	13478	13174		
油菜籽	58032	56078		
(4)豆类	24144	23447		
# 大豆	13849	13305		
(5)棉花	1441	1441		
(6)生麻	11	11		
(7)糖料	1261	1261		
(8)烟草	52725	52429		
(9)其他农作物	1552	1531		
# 饲料作物	511	497		
2. 蔬菜园艺作物	2116473	2077485	1260	1154
(1)蔬菜	1626481	1579602	973	873
(2)食用菌(干鲜混合)	45244	44469	287	281
(3)花卉	45139	44014		
(4) 盆景园艺	399610	409400		
3. 水果、坚果、饮料和香料作物	286697	282074	467	425
# 水果(含果用瓜)	122567	121480	467	425
# 梨	3356	3355		
柑桔	24598	25021		
# 茶及其他饮料	155516	151980		
4. 中药材	44374	43263		
二、林业产值	291856	291795		
(一)林木的培育和种植	73651	74385		
1. 育种育苗	27541	28851		

单位:万元

天心区		岳麓区		开福区		雨花区	
按现行价格计算	按可比价格计算	按现行价格计算	按可比价格计算	按现行价格计算	按可比价格计算	按现行价格计算	按可比价格计算
30543	**27873**	**267362**	**243505**	**36161**	**33313**	**105581**	**96487**
20098	18604	168332	158860	23958	22880	90301	82198
4278	4036	32210	30387	4884	4875	598	564
4251	4010	28898	27263	4884	4875	598	564
4155	3920	27265	25722	4787	4786	598	564
3968	3744	25798	24338	4639	4639	577	545
26	25	341	322				
41	39	504	476	20	20		
27	26	3300	3113				
		500	471				
26	25	2425	2288				
55	52	1129	1065	77	69		
45	43	436	411	75	68		
		11	11				
		1	1				
15184	13963	130275	122901	18670	17613	89693	81624
8402	7926	107386	101308	18670	17613	2314	2183
2968	2800	3636	3430				
3815	3237	19253	18163			87379	79441
635	605	5848	5572	404	391	10	10
635	605	5669	5399	386	373	10	10
		30	29				
		567	540	1	1	10	10
		169	164	18	18		
		7058	6535				
		4285	3968				
		982	909				

9－10 续表 1

指　　标	全　市		芙　蓉　区	
	按现行价格计算	按可比价格计算	按现行价格计算	按可比价格计算
2. 造林	8165	8122		
3. 抚育和管理	6214	6053		
4. 零星植树	31492	31119		
(二)竹木采运	37545	37395		
(三)林产品	180661	180016		
三、牧业产值	1826860	1598708	830	733
(一)牲畜饲养	118108	119660	111	111
1. 牛的饲养	44796	47592		
2. 羊的饲养	70792	69683		
3. 牛奶	2520	2385	111	111
(二)猪的饲养	1364014	1136471	440	353
# 肉猪	1364014	1136471	440	353
(三)家禽饲养	335281	333135	279	269
1. 肉禽	230079	226264	255	241
2. 禽蛋	105202	106872	24	27
(四)其他畜牧业	9457	9442		
# 兔	200	200		
四、渔业产值	203922	202196	338	323
1. 鱼类	192877	191249	338	323
2. 虾蟹类	3370	3272		
3. 贝类	359	359		
4. 其他	7317	7317		
五、农林牧渔服务业	103850	102092	61	61

单位:万元

天心区		岳麓区		开福区		雨花区	
按现行价格计算	按可比价格计算	按现行价格计算	按可比价格计算	按现行价格计算	按可比价格计算	按现行价格计算	按可比价格计算
		234	217				
		3070	2842				
		1355	1255				
		1418	1313				
7209	6093	71246	57810	10299	8590	6079	5275
170	160	1800	1690			85	80
		1118	1050				
170	160	682	640			85	80
6140	5074	64593	51482	9872	8123	4146	3427
6140	5074	64593	51482	9872	8123	4146	3427
899	859	4748	4537	427	467	1848	1768
292	278	2251	2144	37	35	264	252
607	581	2497	2394	390	432	1583	1517
		106	101				
1934	1878	13616	13219	1811	1749	5969	5795
1931	1875	12746	12375	1811	1749	5581	5418
3	3	870	844			389	377
1303	1298	7109	7081	94	94	3231	3219

9－10 续表 2

指　　标	望城区		长沙县	
	按现行价格计算	按可比价格计算	按现行价格计算	按可比价格计算
农林牧渔业总产值	**777022**	**738500**	**1188015**	**1128406**
一、农业产值	477650	464290	698642	695575
1. 谷物及其他作物	143774	141262	182907	179692
# 粮食	135204	133278	169976	167086
(1)谷物	126818	125787	156517	154613
# 小麦				
稻谷	114060	113305	145937	143523
玉米	1562	1116	4040	4550
(2)薯类	5767	4993	4813	4279
(3)油料	7968	7402	12179	11865
# 花生	3295	3138	1202	1202
油菜籽	4351	3956	10313	9999
(4)豆类	2619	2498	8647	8195
# 大豆	1133	1108	4422	3970
(5)棉花				
(6)麻类				
(7)糖料				
(8)烟草			273	263
(9)其他农作物	602	582	479	479
# 饲料作物	224	211	168	168
2. 蔬菜园艺作物	315458	305006	372381	374155
(1)蔬菜	302880	288457	304528	296493
(2)食用菌(干鲜混合)	39	35	35621	34889
(3)花卉	136	136	88	88
(4) 盆景园艺	12403	16378	32145	42685
3. 水果、坚果、饮料和香料作物	18120	17794	141050	139380
# 水果(含果用瓜)	14251	14028	22314	22968
# 梨	156	156	800	800
柑桔	1673	1537	2170	2816
# 茶及其他饮料	3779	3676	113720	111396
4. 中药材	298	227	2304	2348
二、林业产值	10844	9079	37869	40129
(一)林木的培育和种植	6200	5288	32894	34858
1. 育种育苗	1743	1515	24150	25760

单位:万元

浏阳市		宁乡县	
按现行价格计算	按可比价格计算	按现行价格计算	按可比价格计算
1582706	**1515427**	**1845472**	**1759118**
909052	895540	1019570	1011005
243387	242452	349745	344440
175856	176027	311028	306142
163932	164093	304262	299461
22	21	160	160
151904	152066	276481	271851
7173	7173	10611	10611
5258	5267	1814	1779
41327	40222	9297	9163
2451	2451	6031	5913
37969	36863	2948	2948
6666	6666	4951	4902
4528	4528	3210	3178
1441	1441		
11	11		
1261	1261		
23489	23489	28952	28667
2	2	469	467
1	1	117	116
543103	532909	630449	628160
373059	366029	508269	498720
5769	5825	3529	3439
38311	37560		
125965	123495	118652	126001
85305	84008	34860	33889
68201	67234	10634	10439
1723	1723	647	647
17104	17104	3073	3013
13762	13432	24068	23294
37257	36172	4516	4516
179822	179822	56265	56231
27023	27023	3249	3249
53	53	613	613

9－10 续表3

指　　标	望　城　区		长　沙　县	
	按现行价格计算	按可比价格计算	按现行价格计算	按可比价格计算
2. 造林	1733	1386	4556	4860
3. 抚育和管理	966	773	749	799
4. 零星植树	1758	1613	3200	3200
(二)竹木采运	1427	1369	647	655
(三)林产品	3217	2422	4328	4616
三、牧业产值	234505	211090	410471	352082
(一)牲畜饲养	3707	3350	19989	20932
1. 牛的饲养	1445	1402	17220	17895
2. 羊的饲养	781	601	1872	2141
3. 牛奶	1481	1347	897	897
(二)猪的饲养	186910	164013	368504	308001
# 肉猪	186910	164013	368504	308001
(三)家禽饲养	43312	43152	20129	21301
1. 肉禽	14001	13786	8154	7863
2. 禽蛋	29311	29366	11976	13438
(四)其他畜牧业	577	575	1849	1849
# 兔	3	3	8	8
四、渔业产值	45115	45115	28554	28139
1. 鱼类	37587	37587	27787	27433
2. 虾蟹类	1501	1501	607	546
3. 贝类	357	357		
4. 其他	5670	5670	160	160
五、农林牧渔服务业	8909	8926	12481	12481

单位:万元

浏阳市		宁乡县	
按现行价格计算	按可比价格计算	按现行价格计算	按可比价格计算
1792	1792	85	85
4265	4265		
20913	20913	2551	2551
8756	8756	25361	25361
144044	144044	27655	27621
408850	355082	677372	601952
65402	63497	26844	29841
9750	9466	15263	17779
55651	54030	11550	12031
		31	31
273395	222272	450016	373726
273395	222272	450016	373726
66714	65974	196926	194809
41614	41614	163211	160051
25100	24360	33714	34757
3340	3340	3586	3577
53	53	136	136
44863	44863	61724	61116
43684	43684	61413	60805
1	1		
2	2		
1176	1176	311	311
40120	40120	30542	28814

10 工　业

长沙统计年鉴

10－1 历 年 工 业 总 产 值

单位:万元

年份	合计	#大中型企业	#国有工业	#集体工业	#乡办工业	轻工业	重工业
1949	5791	…	433		…	4896	895
1950	9002	…	1630	39	…	7921	1081
1951	14892	…	4057	129	…	12945	1947
1952	20409	…	10400	201	…	17076	3333
1953	28847	…	14602	378	…	24199	4648
1954	30875	…	17846	714	…	24523	6352
1955	35450	…	19311	2234	…	28742	6708
1956	45732	…	36351	7660	…	35686	10046
1957	49355	…	39277	9360	…	39189	10166
按1957年不变价格计算							
1957	46096	…	36541	8845		36868	9228
1958	80433	…	58213	22109	4659	59711	20722
1959	105816	…	75554	30262	4455	68870	36946
1960	120489	…	86411	34078	3508	68554	51935
1961	63898	…	46444	17333	1051	46572	17326
1962	53339	…	38507	14580	467	40256	13083
1963	54016	…	40829	12992	178	38672	15344
1964	64857	…	49533	15219	290	45358	19499
1965	79691	…	58891	20797	1277	51868	27823
1966	96285	…	68584	27701	3073	62743	33542
1967	87318	…	59683	27635	3151	57524	29794
1968	78585	…	51981	26604	3382	54247	24338
1969	97375	…	68078	29297	2194	60575	36800
1970	140654	…	104311	36343	2948	78545	62109
1971	150535	…	111997	38538	3577	81623	68912
按1970年不变价格计算							
1971	132575	…	96260	36315	3577	72794	59781
1972	154173	48387	113309	40864	3627	86545	67628
1973	163927	50018	118714	45213	4691	93632	70295
1974	128974	34209	89526	39448	5633	82062	46912
1975	163374	51074	113325	50049	7181	94128	69246
1976	147984	37453	97010	50974	9479	88653	59331
1977	190006	50228	125967	64039	11791	106133	83873
1978	238489	55004	153188	85301	14509	132376	106113
1979	274260	63033	178564	95696	17671	155407	118853
1980	302624	69477	192773	108551	19593	180677	121947
1981	312240	67577	193803	117076	20046	199146	113094

10－1 续表

单位:万元

年份	合计	#大中型企业	#国有工业	#集体工业	#乡办工业	轻工业	重工业
	按1980年不变价格计算						
1981	305989	65529	190040	114625	20357	197536	108453
1982	318933	68386	192110	124599	22348	204500	114433
1983	339270	80644	203733	135294	24694	213291	125979
1984	387985	108532	228587	158835	30208	239867	148118
1985	463521	139538	255540	207209	42044	279040	184481
1986	524318	179662	294463	218422	46225	301104	223214
1987	635046	227241	348228	271609	65890	364015	271031
1988	763387	275958	406300	329184	90309	418990	344397
1989	837404	307890	418981	369449	68336	465656	371748
1990	864295	332217	428900	388730	79207	481316	382979
	按1990年不变价格计算						
1990	1201241	519530	685839	461738	124188	680329	520912
1991	1389702	572449	751752	561615	167332	780430	609272
1992	1655135	646830	877163	716342	219372	856131	799004
1993	1923267	828288	907141	900189	345084	988828	934439
1994	2261762	917685	950930	664639	352342	1215599	1046163
1995(原规定)	2625906	888684	1072289	635231	388926	1458138	1167768
1995(新规定)	2465662	884923	1047582	887074	410523	1347777	1117885
1996	2874962	916152	1112524	1103270	492329	1465786	1409176
1997	3366581	1029812	1169371	1147896	518527	1655539	1711042
1998	3871568	1157742	1244845	1082559	490985	1812982	2058586
1999	4316798	1322056	1338019	990848		1990907	2325891
2000	4836651	1486342	1530512	914127		2235016	2601635
2001	5349642	1975827	1208526	1011082		2404381	2945261
2002	6079083	2522050	1318284			2412608	3666475
2003	7147780	2435058	1703105			2516350	4631430
	按当年价格计算						
2003	8034980	4075032	2273348			3438771	4596209
2004	10060596	4848325	2679230			4488562	5572034
2005	13006235	6193647	3151357			5802766	7203469
2006	16509547	7667315	3998824			5978281	10531266
2007	21546411	9933579	5289693			7461083	14085328
2008	35074824	17520328	10109994			14391159	20683665
2009	41618121	20436243	11793145			16262144	25355977
2010	54877395	28190353	15158744			21443162	33434233
2011	71273582	38750233	19293574			27958192	43315390
2012	82630847	42333662	21852534			32276868	50353979
2013	89380523	49570685	22108786			31876211	57504312
2014	104445106	59472793	22111685			32681853	62765763
2015	111746223	67380196	22134390			37262597	74483626
2016	122077301	74148116	21927534			41378142	80699159

10－2 历年工业总产值指数

（以1949年为100）

年份	工业总产值	#国有工业	轻工业	重工业
1949	100	100	100	100
1950	155.4	376.4	161.8	120.8
1951	257.2	937.0	264.4	217.5
1952	352.4	2401.8	348.8	372.4
1953	498.1	3372.3	496.3	519.3
1954	533.2	4121.5	500.9	709.7
1955	612.2	4459.8	587.1	749.5
1956	789.1	8395.2	728.9	1122.5
1957	852.3	9070.9	800.4	1135.9
1958	1487.1	14451.0	1296.4	2550.5
1959	1956.4	18755.9	1495.3	4547.5
1960	2227.7	21451.0	1488.4	6392.4
1961	1181.4	11529.6	1011.2	2132.5
1962	986.2	9559.1	874.0	1610.3
1963	998.7	10135.6	839.6	1888.6
1964	1199.1	12296.3	984.8	2400.0
1965	1473.4	14619.4	1126.1	3424.6
1966	1780.2	17025.6	1362.3	4128.5
1967	1614.4	14815.9	1248.9	3667.2
1968	1453.0	12903.9	1177.8	2995.6
1969	1800.4	16900.0	1315.2	4529.5
1970	2600.6	25894.7	1705.3	7544.6
1971	2783.3	27802.8	1772.2	8481.9
1972	3236.5	32726.1	2106.9	9595.6
1973	3441.3	34287.3	2279.4	9974.1
1974	2707.5	25857.0	1997.8	6656.3
1975	3429.7	32730.7	2291.5	9825.1
1976	3106.6	28018.7	2158.2	8418.3
1977	3988.8	36382.0	2583.7	11900.6
1978	5006.7	44180.5	3280.2	15302.0

10－2 续表 1　　(以 1949 年为 100)

年　份	工业总产值	# 国有工业	轻工业	重工业
1979	5757.7	51499.1	3860.0	17181.1
1980	6353.2	55597.1	4477.1	17585.4
1981	6555.0	55894.1	4934.7	16308.7
1982	6832.3	56502.9	5108.7	17208.0
1983	7268.0	59921.5	5328.3	18944.2
1984	8311.6	67231.5	5992.2	22273.4
1985	9929.8	75158.8	6970.8	27741.5
1986	11232.2	86606.8	7522.0	33566.0
1987	13604.2	102420.0	9093.6	40756.5
1988	16353.6	119500.0	10466.6	51789.0
1989	17939.4	123387.3	11764.7	56626.4
1990	18514.8	126305.5	12159.6	58332.8
1991	21419.6	138444.2	13948.7	68227.5
1992	25510.7	161540.1	15301.7	89446.2
1993	29643.5	167061.0	17673.5	104562.7
1994	34860.7	175125.0	21720.7	117057.9
1995	40473.3	181107.4	26043.1	130636.7
1996	47191.9	192334.7	28334.9	164732.8
1997	55261.7	202162.5	31990.1	199985.6
1998	63550.9	215210.6	35029.2	240582.7
1999	70859.3	237359.0	38462.1	271858.5
2000	79362.4	271506.4	43191.8	303937.8
2001	87774.8	214490.1	46474.4	344057.6
2002	99712.2	234008.7	46613.8	428351.1
2003	120950.9	302339.2	48618.2	541007.4
2004	151430.5	367946.9	63461.3	655863.3
2005	192771.0	484954.0	80215.1	847375.4
2006	251951.7	614921.7	101632.5	1129551.4
2007	328819.1	813425.8	126840.5	1510749.0
2008	433712.4	1002954.0	160326.4	2870788.7
2009	514643.1	1169945.8	181168.8	3519299.9
2010	618774.0	1515874.4	214431.6	4343423.3
2011	803787.4	1929708.1	279618.8	5629076.6
2012	931589.6	2186359.3	322680.1	6540987.0
2013	1007686.2	2202992.9	318674.6	7469816.0
2014	1177526.0	2203281.8	326728.8	8153279.0
2015	1259839.6	2201714.9	372523.7	9675430.6
2016	1376313.3	2181138.9	413667.9	10482829.0

10－2 续表2　　(以上年为100)

年　份	工业总产值	# 国有工业	轻工业	重工业
1950	155.4	376.4	161.8	120.8
1951	165.4	248.9	163.4	180.1
1952	137.0	256.3	131.9	171.2
1953	141.3	140.4	141.7	139.5
1954	107.0	122.2	101.3	136.7
1955	114.8	108.2	117.2	105.6
1956	129.0	188.2	124.2	149.8
1957	107.9	108.0	109.8	101.2
1958	174.5	159.3	162.0	224.5
1959	131.6	129.8	115.3	178.3
1960	113.9	114.4	99.5	140.6
1961	53.0	53.7	67.9	33.4
1962	83.5	82.9	86.4	75.5
1963	101.3	106.0	96.1	117.3
1964	120.1	121.3	117.3	127.1
1965	122.9	118.9	114.4	142.7
1966	120.8	116.5	121.0	120.6
1967	90.7	87.0	91.7	88.8
1968	90.0	87.1	94.3	81.7
1969	123.9	131.0	111.7	151.2
1970	144.4	153.2	129.7	168.8
1971	107.0	107.4	103.9	110.0
1972	116.3	117.7	118.9	113.1
1973	106.3	104.8	108.2	103.9
1974	78.7	75.4	87.6	66.7
1975	126.7	126.6	114.7	147.6
1976	90.6	85.6	94.2	85.7
1977	128.4	129.8	119.7	141.4
1978	125.5	121.6	124.7	126.5
1979	115.0	116.6	117.4	112.0
1980	110.3	108.0	110.2	102.6
1981	103.2	100.5	110.2	92.1
1982	104.2	101.1	103.5	105.5
1983	106.4	106.1	104.3	110.1
1984	114.4	112.2	112.5	117.6
1985	119.5	111.8	116.3	124.6
1986	113.1	115.2	107.9	121.0
1987	121.1	118.3	120.9	121.4
1988	120.2	116.7	115.1	127.1
1989	109.7	103.1	111.1	107.9
1990	103.2	102.4	103.4	103.0

10－2 续表3 （以上年为100）

年 份	工业总产值	# 国有工业	轻工业	重工业
1991	115.7	109.6	114.7	117.0
1992	119.1	116.7	109.7	131.1
1993	116.2	103.4	115.5	116.9
1994	117.6	104.8	122.9	112.0
1995	116.1	112.8	119.9	111.6
1996	116.6	106.2	108.8	126.1
1997	117.1	105.1	112.9	121.4
1998	115.0	111.0	109.5	120.3
1999	111.5	110.3	109.8	113.0
2000	112.0	112.8	112.3	111.8
2001	110.6	79.0	107.6	113.2
2002	113.6	109.1	100.3	124.5
2003	121.3	129.2	104.3	126.3
2004	125.2	121.7	130.5	121.2
2005	127.3	131.8	126.4	129.2
2006	130.7	126.8	126.7	133.3
2007	130.5	132.3	124.8	133.7
2008	131.9	123.3	126.4	137.4
2009	118.7	116.7	113.0	122.6
2010	131.9	128.5	131.9	131.9
2011	129.9	127.3	130.4	129.6
2012	115.9	113.3	115.4	116.2
2013	108.2	100.8	98.8	114.2
2014	116.9	100.0	102.5	109.1
2015	107.0	99.9	114.0	118.7
2016	109.2	99.1	111.0	108.3

10－3 规模以上工业企业主要产品产量

产　　品	单　位	2016年	2015年	2016年为2015年的%
一、纺织工业产品				
纱	万吨	12.05	10.01	120.4
布	万米	334.88	357.94	93.6
#化学纤维短纤布	万米	334.88	357.94	93.6
毛巾	万条	2495.00	2418.00	103.2
皮革服装	万件	32.24	29.50	109.3
服装	万件	4343.45	4502.22	96.5
二、轻工产品				
精制茶	万吨	4.74	4.82	98.4
大米	万吨	75.57	119.80	63.1
机制纸及纸板	万吨	23.29	32.19	72.3
家具	万件	247.87	250.94	98.8
合成洗涤剂	万吨	13.45	17.02	79.1
酱油	万吨	20.74	23.40	88.6
卷烟	万箱	338.92	351.47	96.4
饮料酒	千升	57723.29	68076.77	84.8
#白酒	千升	5785.00	5039.00	114.8
啤酒	千升	47005.29	57966.77	81.1
乳制品	万吨	9.59	10.15	94.6
塑料制品	万吨	15.51	13.84	112.0
精制食用植物油	万吨	12.94	9.63	134.4
饲料	万吨	316.98	327.05	96.9
三、石油化工产品				
农用氮、磷、钾化学肥料(折纯)	万吨	1.29	2.53	50.8
化学农药原药	万吨	1.58	1.59	99.6
涂料	万吨	57.37	55.30	103.7
焰火制品	亿元	439.62	414.01	106.2
四、机械产品				
泵	万台	5.57	4.67	119.2
风机	万台	16.95	15.96	106.2
交流电动机	万千瓦	246.67	266.12	92.7
电力电缆	万千米	186.65	189.86	98.3
显示器	万只	4.51	3.07	146.6
汽车	万辆	33.09	23.31	142.0
金属切削机床	台	1984.00	2094.00	94.7
#数控机床	台	80.00	97.00	82.5
工业锅炉	蒸发量吨	4416.60	4299.85	102.7
矿山专用设备	万吨	3.02	2.71	111.4
起重机	万吨	36.62	48.99	74.7
混凝土机械	万台	3.77	4.07	92.7
挖掘、铲土运输机械	万台	2.33	2.18	106.6
压实机械	万台	0.20	0.23	89.8
五、冶金、电力、煤炭工业产品				
发电量	万千瓦小时	653251.81	535859.59	121.9
#水电	万千瓦小时	208128.33	108508.91	191.8
钢材	万吨	5.77	16.00	36.0
铝材	万吨	142.14	141.54	100.4
六、建材工业产品				
水泥	万吨	1281.76	1296.44	98.9
商品混凝土	万立方米	1397.94	1244.75	112.3

10－4 1998－2016年规模以上工业企业主要经济指标

指　　标	1998年	1999年	2000年	2001年	2002年	2003年	2004年	2005年
企业单位数(个)	602	672	657	744	895	1096	1464	1691
# 亏损企业	273	241	223	230	258	226	263	217
工业总产值(当年价格)	2656096	3098178	3301641	3700281	4441769	5643301	7699353	9733713
工业销售产值(当年价格)	2560872	3007318	3229826	3636080	4391451	5578889	7594852	9551244
工业增加值(当年价格)	990023	1071758	1178774	1325474	1603271	2031020	2718925	3523338
流动资产合计	1889708	2097902	2456692	2742156	3077790	3772809	4574168	5102554
存货	713805	726300	849283	917658	1073247	1291700	1607995	1838326
# 产成品	238900	259808	313282	314616	387805	443290	478979	507981
固定资产合计	1905649	2113116	2364939	2416425	2673026	2775924	3283857	3955661
固定资产原价合计	2337912	2590306	2909204	3153749	3496219	3817462	4300092	5051470
固定资产净值平均余额	1582335	1756358	1888985	2076331	2298696	2411178	2748064	3167717
资产总计	4277157	4722014	5406433	5891896	6629858	7582870	9251983	10675036
流动负债合计	1954242	2101611	2306733	2551023	2729096	3220482	3871544	4505124
负债合计	2666746	2859586	3148273	3328496	3637202	4148846	5014353	5802134
主营业务收入	2531715	2916883	3212467	3538980	4296915	5679012	7490187	9351579
主营业务成本	1714194	1963016	2171292	2399290	2944484	3842496	5428851	6753573
主营业务税金及附加	322040	348163	370445	356460	356106	402640	580931	648061
营业利润	363206	455412	506053	579018	759425	1115558	558645	688131
利润总额	99866	176898	211786	240180	332138	470195	569891	640280
亏损企业亏损额	94747	79032	55843	60056	66425	60483	80676	62222
应交增值税	173616	192623	207553	237311	248126	285078	347826	482333

注:1. 从1998年起工业企业主要经济指标为规模以上工业企业(即年主营业务收入500万元以上独立核算工业企业)主要经济指标。
2. 2008年数据按第二次经济普查数据修正。
3. 从2011年起,规模以上工业企业统计标准由年主营业务收入500万元以上变更为2000万元及以上。

单位:万元

2006 年	2007 年	2008 年	2009 年	2010 年	2011 年	2012 年	2013 年	2014 年	2015 年	2016 年
1920	2047	2575	2527	2617	2219	2282	2407	2593	2708	2793
165	133	139	172	83	107	133	133	162	215	162
12717585	17326728	28153645	33728555	45716906	59756609	70583246	82891332	95447615	105459223	115582830
12673496	17105805	27807656	33256951	45390816	59014457	69289554	81506860	91924403	101995173	116536722
4411148	5845815	11296207	12360165	15722264	21092400	23098396	26532834	30420534	32282141	32530272
6357110	7761100	12471386	14094846	21065939	24386980	31078962	34637238	41059381	44827621	48302600
2267629	2564681	4130906	4820399	5985926	6907187	8391415	9349379	11166999	12561060	13521522
718122	1010958	1154176	1377478	1833303	1894490	2589496	2360520	3473773	3851748	4090793
4259095	5181152	9879593	12853030	13662049	14022082	16886035		23249698	24152862	25806732
5542976	6435469	12819906	14421067	15780005	18563250	21314194		31458658	34316223	38403910
3820512	4112795	7985703	10379476	11360425	13364154					
12728342	15679718	27347526	30867064	40568029	47623577	58250722	62596081	74286273	80761003	89110901
4881277	5891835	8910948	9765456	13402078	17902397	21572983		25564713	28907233	31729208
6722111	8464062	14926586	16705263	21315603	25903355	32693115	33628362	40306440	42917138	48558797
12350206	17518483	27181162	32754428	45087877	58597585	68645424	77588408	90240638	99478355	108795018
8770195	12115525	19484114	23391354	33142414	42733271	51359043	59274178	69004779	76844816	85833548
714015	899198	2452071	2617761	3388886	4043661	4748995	5385138	5950556	6377474	6304222
1172544	1756969	3356097	4234120	5160913	5882254	5977448	5615275	6321657	6432841	5896892
950519	1704861	2924227	3341951	4962418	5632994	6084527	5896607	6549215	6754329	6355174
48274	161573	124990	101164	28593	157392	197853	190173	258971	476813	527415
572429	792824	1657657	1504850	2296193	2558087	2697660	3029488	3719432	3944615	3685395

10－5 规模以上工业企业主要经济指标(2016年)

指　　标	企业单位数（个）	#亏损企业（个）	工业总产值（当年价格）	#新产品产　值	工业销售产值（当年价）	#出口交货值
总　　计	**2793**	**162**	**115582830**	**40642540**	**116536722**	**6420951**
按轻重行业分组						
轻工业	1312	45	39212513	12600292	37880516	1574573
重工业	1481	117	76370317	28042248	78656206	4846378
按登记注册类型分组						
内资企业	2653	137	98583323	29901606	99771126	3203953
国有企业	14	3	10568211	6140200	9854576	57257
集体企业	25	1	468847	4946	461749	4409
股份合作企业	3		50585	879	50565	7270
联营企业	1		19874	1930	19646	13925
集体联营企业	1		19874	1930	19646	13925
有限责任公司	437	51	20760099	5779807	20010408	596021
国有独资公司	24	4	1872677	531422	1745732	87022
其他有限责任公司	413	47	18887422	5248386	18264676	508999
股份有限公司	95	10	11028553	5093120	10402273	290879
私营企业	2024	72	54914624	12844188	58207064	2104618
私营独资企业	150	1	2120722	93466	2000843	256095
私营合伙企业	94		1131569	62921	1095743	131452
私营有限责任公司	1677	65	47660484	11061241	51311145	1629863
私营股份有限公司	103	6	4001849	1626560	3799333	87207
其他企业	54		772529	36535	764845	129576
港、澳、台商投资企业	67	11	10542595	7148114	10379590	2951841
合资经营企业(港或澳、台资)	32	5	4100320	3328881	4070114	2057850
合作经营企业(港或澳、台资)	3	1	23663	212	23663	6716
港、澳、台商独资经营企业	26	5	1145962	430040	976007	110145
港、澳、台商投资股份有限公司	6		5272651	3388981	5309806	777130
外商投资企业	73	14	6456912	3592820	6386006	265157
中外合资经营企业	37	6	3989919	2478359	3872863	47826
中外合作经营企业	1		12223	468	11471	11471
外资企业	32	8	1896020	588369	1943912	204633
外商投资股份有限公司	3		558751	525624	557759	1228

单位:万元

流动资产合计	#应收账款	存货	#产成品	固定资产合计	固定资产原价	累计折旧	资产总计
48302600	**15056694**	**13521522**	**4090793**	**25806732**	**38403910**	**13164059**	**89110901**
13695892	2531590	6320052	1056849	5731739	8569305	3134553	23430482
34606708	12525104	7201470	3033944	20074993	29834605	10029506	65680419
43292669	13241401	12515120	3654213	21955241	32793170	11262336	78651874
6316547	773324	4628988	169635	6006126	10665368	4668526	14395790
81003	21814	23156	11173	101126	130527	43197	207398
4732	2479	790	571	1746	2082	337	7329
487	436	51	42	506	987	481	1771
487	436	51	42	506	987	481	1771
8236698	2157402	1823460	568184	4225261	6355234	2215348	14828032
1911878	369379	227818	63537	1533601	2387334	795404	4291149
6324820	1788023	1595642	504648	2691660	3967900	1419944	10536883
10722915	3942289	2224658	1156854	2425772	3350159	991333	16191789
17881412	6321208	3803810	1740532	9137253	12219344	3323855	32877155
219388	86698	49949	34850	302061	341272	67996	585366
120164	48232	42010	22072	138236	173377	49843	307930
15397258	5565756	3115139	1411982	7914588	10732602	2994833	28257732
2144602	620521	596712	271630	782368	972093	211184	3726127
48874	22450	10208	7222	57452	69470	19258	142610
2625135	1272722	407758	179704	2053971	3197963	1150680	5746487
896402	320966	187931	65045	1069614	1476742	408659	2207755
8414	676	667	295	6090	7334	1475	34207
731094	365751	107121	45154	272906	402538	133124	1271123
989225	585329	112039	69210	705361	1311350	607423	2233402
2384796	542570	598644	256877	1797521	2412777	751043	4712540
1194382	142454	369964	140626	1233719	1583769	439339	2840638
1524	710	456	385	201	357	128	1725
1039472	394154	203963	99536	488575	725036	282985	1645732
149419	5252	24262	16330	75027	103615	28591	224446

10－5 续表 1

指　　标	企业单位数(个)	#亏损企业(个)	工业总产值(当年价格)	#新产品产　值	工业销售产值(当年价)	#出口交货值
按经济组织类型分组						
独资企业	247	18	16199761	7257021	15237087	632538
国有企业	14	3	10568211	6140200	9854576	57257
集体企业	25	1	468847	4946	461749	4409
私营独资企业	150	1	2120722	93466	2000843	256095
港澳台商独资经营企业	26	5	1145962	430040	976007	110145
外资企业	32	8	1896020	588369	1943912	204633
合作合伙企业	156	1	2010442	102945	1965933	300410
股份合作企业	3		50585	879	50565	7270
集体联营企业	1		19874	1930	19646	13925
私营合伙企业	94		1131569	62921	1095743	131452
合作经营企业(港或澳、台资)	3	1	23663	212	23663	6716
中外合作经营企业	1		12223	468	11471	11471
其他企业(内资)	54		772529	36535	764845	129576
股份有限公司	207	16	20861804	10634285	20069171	1156444
股份有限公司(内资)	95	10	11028553	5093120	10402273	290879
私营股份有限公司	103	6	4001849	1626560	3799333	87207
港澳台商投资股份有限公司	6		5272651	3388981	5309806	777130
外商投资股份有限公司	3		558751	525624	557759	1228
有限责任公司	2183	127	76510823	22648289	79264530	4331560
国有独资公司	24	4	1872677	531422	1745732	87022
私营有限责任公司	1677	65	47660484	11061241	51311145	1629863
合资经营企业(港或澳、台资)	32	5	4100320	3328881	4070114	2057850
中外合资经营企业	37	6	3989919	2478359	3872863	47826
其他有限责任公司	413	47	18887422	5248386	18264676	508999
在总计中:国有控股企业	122	30	21927534	10808016	20821821	348670
在总计中:大型企业	56	7	48077869	24953070	46243477	3970750
中型企业	353	13	24602580	8949005	23502676	882508
小型企业	2306	138	41039756	6719292	44936096	1567596
微型企业	78	4	1862625	21173	1854473	98
在总计中:园区工业	1381	120	83875019	32706295	86433326	5037680
在总计中:亏损企业		162	17048203	8521609	16379602	2755265

单位:万元

流动资产合计	#应收账款	存货	#产成品	固定资产合计	固定资产原价	累计折旧	资产总计
8387505	1641741	5013176	360347	7170793	12264740	5195827	18105408
6316547	773324	4628988	169635	6006126	10665368	4668526	14395790
81003	21814	23156	11173	101126	130527	43197	207398
219388	86698	49949	34850	302061	341272	67996	585366
731094	365751	107121	45154	272906	402538	133124	1271123
1039472	394154	203963	99536	488575	725036	282985	1645732
184194	74983	54181	30587	204231	253607	71523	495571
4732	2479	790	571	1746	2082	337	7329
487	436	51	42	506	987	481	1771
120164	48232	42010	22072	138236	173377	49843	307930
8414	676	667	295	6090	7334	1475	34207
1524	710	456	385	201	357	128	1725
48874	22450	10208	7222	57452	69470	19258	142610
14006161	5153391	2957671	1514023	3988527	5737216	1838531	22375764
10722915	3942289	2224658	1156854	2425772	3350159	991333	16191789
2144602	620521	596712	271630	782368	972093	211184	3726127
989225	585329	112039	69210	705361	1311350	607423	2233402
149419	5252	24262	16330	75027	103615	28591	224446
25724740	8186578	5496494	2185837	14443181	20148347	6058178	48134157
1911878	369379	227818	63537	1533601	2387334	795404	4291149
15397258	5565756	3115139	1411982	7914588	10732602	2994833	28257732
896402	320966	187931	65045	1069614	1476742	408659	2207755
1194382	142454	369964	140626	1233719	1583769	439339	2840638
6324820	1788023	1595642	504648	2691660	3967900	1419944	10536883
18358264	5305408	6832872	1143166	9663078	16102922	6494654	33133442
32045983	10258003	9913178	2291070	13422985	20653708	7584529	54031167
6263163	1764138	1328321	623603	3545518	5238639	1510129	12319008
9805500	2979397	2260583	1167467	7214232	9354806	2526973	20485004
187954	55156	19441	8654	1623998	3156757	1542428	2275722
37926650	12980961	8068511	3489714	16243995	23079803	7190433	65460587
16275158	6204871	3131617	1370720	5300468	7677237	2529922	25814587

10－5 续表2

指　　标	企业单位数（个）	#亏损企业（个）	工业总产值（当年价格）	#新产品产　值	工业销售产值（当年价）	#出口交货值
按行业大类分组						
采矿业	34	2	708643		686928	
黑色金属矿采选业	4	1	63711		62573	
有色金属矿采选业	4	1	55664		54601	
非金属矿采选业	26		589268		569754	
制造业	2714	153	111492381	40624936	113250616	6420951
农副食品加工业	184	12	4699784	790531	4473712	24203
食品制造业	91	4	2350523	729436	2223334	20659
酒、饮料和精制茶制造业	51	1	1414060	83048	1408403	56183
烟草制品业	2		8220616	6131181	8243322	54904
纺织业	25	2	1071037	402075	991843	
纺织服装、服饰业	23		593563	150095	522654	33407
皮革、毛皮、羽毛及其制品和制鞋业	9		294578		281756	
木材加工和木、竹、藤、棕、草制品业	28	2	418745	10241	412874	
家具制造业	35		918968	235871	874796	
造纸和纸制品业	74	2	1385487	139316	1356041	7583
印刷和记录媒介复制业	83	4	1773780	356730	1721389	3556
文教、工美、体育和娱乐用品制造业	28		409821	57956	385824	70060
石油加工、炼焦和核燃料加工业	7	1	187915	11307	182504	
化学原料和化学制品制造业	537	5	9947911	1810060	9689184	1202264
医药制造业	83	5	4748303	1357699	4505405	37650
化学纤维制造业	1		7547		7286	
橡胶和塑料制品业	97	9	1626718	271086	1488618	7059
非金属矿物制品业	232	12	5614823	1263841	5275748	140349
黑色金属冶炼和压延加工业	41	2	1265934	168975	1227565	37939
有色金属冶炼和压延加工业	59	8	8725608	3015169	8603244	94534
金属制品业	127	8	3432206	1149448	3348118	48504
通用设备制造业	230	17	5871225	1667389	5671401	203656
专用设备制造业	208	25	18068951	7228180	17477002	739332
汽车制造业	135	11	9885380	3886864	9738865	222713
铁路、船舶、航空航天和其他运输设备制造业	20	3	1053049	454299	958322	13703
电气机械和器材制造业	142	7	5325058	2036432	5073550	31101
计算机、通信和其他电子设备制造业	89	8	10630328	6641896	15712611	3319463
仪器仪表制造业	46	3	1205192	555397	1073032	48977
其他制造业	16		176089	15391	163719	1833
废弃资源综合利用业	10	2	156871		147072	
金属制品、机械和设备修理业	1		12313	5022	11423	1319
电力、热力、燃气及水生产和供应业	45	7	3381805	17604	2599178	
电力、热力生产和供应业	13	2	2564975		1822859	
燃气生产和供应业	13		447560	2079	436593	
水的生产和供应业	19	5	369271	15524	339726	

单位:万元

流动资产合计	#应收账款	存货	#产成品	固定资产合计	固定资产原价	累计折旧	资产总计
113186	29031	47774	32758	145258	177936	44222	270479
17620	2331	6453	1363	26718	35814	10247	47086
17522	3236	9445	2543	14060	25007	11392	33208
78044	23464	31876	28852	104480	117115	22583	190185
47283677	14857468	13413812	4049057	19196149	27351198	8971310	79600335
1415180	229824	427902	239403	740815	960802	252050	2786300
580295	107339	122145	46303	531588	683860	170416	1343936
343636	83982	74513	37778	337645	547335	212970	828238
6094266	742836	4591212	149542	732295	1896905	1164610	7936254
403131	102697	110855	76250	127114	176636	50304	756368
135436	24976	37867	22537	81533	120458	40814	245207
16346	5224	3805	2790	40981	49062	9027	61431
45053	14246	10650	7731	22696	30238	8058	84362
75582	18413	16252	10682	71631	94432	26925	202094
191605	67525	50862	26563	174145	206382	44018	439121
403042	127083	120164	37604	290623	542351	264927	808909
60091	13041	29241	22534	34221	47183	14780	115025
39188	10819	6670	3847	16446	28242	12706	60699
1736916	549442	387540	210889	1261321	1499483	418134	3599205
1147937	236411	229047	103101	694702	876654	217157	2230345
840	510	64	11	2997	3023	184	3953
421500	152890	100329	54894	537033	681614	177716	1086931
1736064	681437	452835	258974	976885	1322146	380446	3180512
346023	92809	79925	23700	302996	384013	96803	704664
1624871	298713	553532	106891	845288	1248318	412001	2839769
774894	212386	181817	89877	451153	657461	151734	1541515
1713710	492806	648039	316821	1093290	1524361	495022	3305573
15985906	6371298	3064964	1294535	3681418	5519864	1859108	23888093
4932647	1539454	903137	351526	2459644	3151290	915280	8311772
1118135	429426	186622	53501	307738	361859	111144	1723860
2034395	547356	388319	204039	862729	1085972	302365	3423835
2906155	1246857	502088	245733	2185847	3209308	1046463	6442671
899782	420419	112486	43505	224865	299180	79546	1397937
57070	22421	10484	3013	10714	15634	6270	87560
29545	7062	7757	2831	94007	124209	29199	147616
14438	7769	2691	1655	1790	2926	1136	16580
905738	170195	59936	8979	6465325	10874776	4148527	9240087
288885	67135	22977	4333	5570107	9649010	3765461	7225948
105326	35633	23387	4395	223833	284543	60574	414194
511527	67428	13572	252	671385	941223	322492	1599944

10－5 续表 3

指　　标	流动负债合计	应付账款	负债合计	所有者权益合计	#实收资本	国家资本
总　　计	**31729208**	**9543172**	**48558797**	**40518711**	**13027986**	**2722482**
按轻重行业分组						
轻工业	6867013	2292401	8169705	15256245	3627103	534908
重工业	24862195	7250771	40389092	25262466	9400883	2187574
按登记注册类型分组						
内资企业	27026249	7368930	43071321	35547161	10212727	2661022
国有企业	3318237	1028407	6472077	7923714	1357096	1169845
集体企业	86076	25724	129169	78229	33078	200
股份合作企业	2200	222	4385	2944	629	
联营企业	785		785	986	300	
集体联营企业	785		785	986	300	
有限责任公司	7088743	1945107	8763007	6039975	2851285	1183479
国有独资公司	2471122	589712	3100291	1165810	595308	515653
其他有限责任公司	4617621	1355395	5662716	4874165	2255977	667826
股份有限公司	4769248	1195061	8263799	7927989	1943174	280708
私营企业	11736996	3163118	19398068	13470745	3989430	26790
私营独资企业	135739	49037	166335	419030	150285	1206
私营合伙企业	99665	37923	139591	168339	75286	3262
私营有限责任公司	10232867	2708055	17563881	10687509	2994842	15214
私营股份有限公司	1268724	368104	1528260	2195867	769016	7108
其他企业	23966	11292	40032	102578	37736	
港、澳、台商投资企业	2285938	1165366	2705878	3040608	1158452	41516
合资经营企业(港或澳、台资)	1160857	608682	1423580	784176	727462	22256
合作经营企业(港或澳、台资)	2993	1219	16864	17343	15446	13500
港、澳、台商独资经营企业	508862	238928	628957	642166	154394	
港、澳、台商投资股份有限公司	613226	316537	636478	1596924	261150	5759
外商投资企业	2417022	1008875	2781598	1930942	1656806	19944
中外合资经营企业	1639780	701209	1950387	890252	961340	19944
中外合作经营企业	770		1427	298	210	
外资企业	712116	294556	765428	880304	676901	
外商投资股份有限公司	64356	13110	64356	160089	18355	

单位:万元

					主营业务收入	主营业务成本	主营业务税金及附加
集体资本	法人资本	个人资本	港澳台资本	外商资本			
182526	**4511043**	**3694970**	**468684**	**1448279**	**108795018**	**85833548**	**6304222**
94281	1119856	1453181	88659	336217	36990633	24805170	5597920
88245	3391187	2241789	380025	1112062	71804385	61028378	706302
164025	3463097	3644114	12065	268404	92373592	71421152	6005113
	1251	1000		185000	10561779	3588645	5095578
9402	11560	11916			446984	376582	5035
	50	579			46453	36500	1054
		300			19646	15672	956
		300			19646	15672	956
40562	1245313	366907	9000	6025	20282310	17319411	200589
	46469	33187			2300045	1946779	54247
40562	1198844	333719	9000	6025	17982264	15372631	146342
18621	502344	1087858		53643	10097292	8506762	50888
94360	1690360	2151119	3065	23736	50177700	40976427	598352
	23657	125422			1956638	1638009	61333
255	26480	45290			1081041	893791	41285
48598	1384408	1519822	3065	23736	43432307	35645998	464972
45507	255816	460585			3707714	2798630	30762
1080	12219	24437			741428	601153	52662
4585	563322	37632	455266	56133	10418355	9567304	43544
4585	462387	34637	201197	2400	4117455	3831621	20020
		149	1797		21931	18303	655
	17329		87100	49965	1026672	809093	10112
	83606	2847	165172	3767	5252297	4908286	12758
13917	484625	13224	1354	1123742	6003072	4845092	255565
7053	448169	13014	1254	471906	3805061	3124419	240455
		210			11471	10399	504
	36456		100	640345	2043618	1612069	11360
6863				11492	142922	98206	3247

10－5 续表4

指　　标	流动负债合计	应付账款	负债合计	所有者权益合计	#实收资本	国家资本
按经济组织类型分组						
独资企业	4761030	1636651	8161965	9943443	2371755	1171252
国有企业	3318237	1028407	6472077	7923714	1357096	1169845
集体企业	86076	25724	129169	78229	33078	200
私营独资企业	135739	49037	166335	419030	150285	1206
港澳台商独资经营企业	508862	238928	628957	642166	154394	
外资企业	712116	294556	765428	880304	676901	
合作合伙企业	130378	50657	203083	292488	129606	16762
股份合作企业	2200	222	4385	2944	629	
集体联营企业	785		785	986	300	
私营合伙企业	99665	37923	139591	168339	75286	3262
合作经营企业(港或澳、台资)	2993	1219	16864	17343	15446	13500
中外合作经营企业	770		1427	298	210	
其他企业(内资)	23966	11292	40032	102578	37736	
股份有限公司	6715554	1892812	10492894	11880869	2991695	293575
股份有限公司(内资)	4769248	1195061	8263799	7927989	1943174	280708
私营股份有限公司	1268724	368104	1528260	2195867	769016	7108
港澳台商投资股份有限公司	613226	316537	636478	1596924	261150	5759
外商投资股份有限公司	64356	13110	64356	160089	18355	
有限责任公司	20122247	5963053	29700855	18401911	7534929	1240894
国有独资公司	2471122	589712	3100291	1165810	595308	515653
私营有限责任公司	10232867	2708055	17563881	10687509	2994842	15214
合资经营企业(港或澳、台资)	1160857	608682	1423580	784176	727462	22256
中外合资经营企业	1639780	701209	1950387	890252	961340	19944
其他有限责任公司	4617621	1355395	5662716	4874165	2255977	667826
在总计中:国有控股企业	11002002	3107050	17869592	15238804	3948533	2587721
在总计中:大型企业	19465231	5901095	30237559	23793608	5555494	1730161
中型企业	4491300	1309444	5619434	6699573	2619449	339565
小型企业	6810587	2065363	11031382	9453609	4432366	278324
微型企业	962090	267270	1670422	571920	420677	374433
在总计中:园区工业	24927220	7671630	37425068	28035511	9913058	1463122
在总计中:亏损企业	9756377	2374069	16833593	8980994	2429883	354218

单位:万元

集体资本	法人资本	个人资本	港澳台资本	外商资本	主营业务收入	主营业务成本	主营业务税金及附加
9402	90253	138338	87200	875311	16035691	8024398	5183417
	1251	1000		185000	10561779	3588645	5095578
9402	11560	11916			446984	376582	5035
	23657	125422			1956638	1638009	61333
	17329		87100	49965	1026672	809093	10112
	36456		100	640345	2043618	1612069	11360
1335	38749	70964	1797		1921970	1575818	97116
	50	579			46453	36500	1054
		300			19646	15672	956
255	26480	45290			1081041	893791	41285
		149	1797		21931	18303	655
		210			11471	10399	504
1080	12219	24437			741428	601153	52662
70992	841766	1551289	165172	68902	19200224	16311883	97654
18621	502344	1087858		53643	10097292	8506762	50888
45507	255816	460585			3707714	2798630	30762
	83606	2847	165172	3767	5252297	4908286	12758
6863				11492	142922	98206	3247
100798	3540276	1934379	214516	504066	71637132	59921448	926035
	46469	33187			2300045	1946779	54247
48598	1384408	1519822	3065	23736	43432307	35645998	464972
4585	462387	34637	201197	2400	4117455	3831621	20020
7053	448169	13014	1254	471906	3805061	3124419	240455
40562	1198844	333719	9000	6025	17982264	15372631	146342
11886	585874	517084	4213	241754	21752970	13296069	5190320
9340	1682811	1006331	372206	754645	46020952	34176942	5491748
64400	917891	747585	25567	524442	22678946	18193919	247865
108716	1881776	1923525	70872	169153	38254015	31746241	555398
70	28565	17529	40	40	1841104	1716446	9211
153223	3917550	2695983	450594	1232586	78636732	65941572	708854
16992	1091536	582049	192678	192410	15707781	14096395	111503

10－5 续表 5

指　　标	流动负债合计	应付账款	负债合计	所有者权益合计	#实收资本	国家资本
按行业大类分组						
采矿业	55010	10321	100938	169542	121041	26969
黑色金属矿采选业	12872	2068	16499	30586	18491	
有色金属矿采选业	10251	2901	13910	19298	7908	
非金属矿采选业	31887	5352	70529	119658	94642	26969
制造业	28350786	9118806	41337904	38231039	11674608	1838663
农副食品加工业	737688	182232	948217	1838082	557164	10492
食品制造业	472980	113185	522523	821412	355609	450
酒、饮料和精制茶制造业	253559	75611	344201	484036	184564	11226
烟草制品业	1384272	743763	1384273	6551981	446000	446000
纺织业	316717	102502	388406	366589	116931	
纺织服装、服饰业	74596	20844	87265	157942	36525	2951
皮革、毛皮、羽毛及其制品和制鞋业	1633	721	11391	50039	7773	
木材加工和木、竹、藤、棕、草制品业	26807	10008	34950	49412	11565	
家具制造业	48332	15709	71494	130600	26420	
造纸和纸制品业	149599	53206	191005	248116	98404	2642
印刷和记录媒介复制业	312365	121821	377400	428353	127585	745
文教、工美、体育和娱乐用品制造业	43917	11043	56138	58887	33614	3598
石油加工、炼焦和核燃料加工业	32358	4234	36141	24558	12697	
化学原料和化学制品制造业	1166688	424113	1466418	2132312	675006	26078
医药制造业	685760	223636	853845	1376500	473035	11303
化学纤维制造业	895	852	3036	917	300	
橡胶和塑料制品业	336891	100301	448537	637065	428518	1379
非金属矿物制品业	1254171	408569	1574171	1581293	621161	49343
黑色金属冶炼和压延加工业	253567	36943	308289	396375	128658	28559
有色金属冶炼和压延加工业	1002253	146116	1495078	1344691	492003	50436
金属制品业	417931	135611	532613	1008901	360034	24412
通用设备制造业	1204656	411732	1616037	1689534	510402	78366
专用设备制造业	7768538	1657123	14440647	9447445	1459874	195859
汽车制造业	5491047	2083313	6112820	2198952	1610278	201488
铁路、船舶、航空航天和其他运输设备制造业	746461	244247	822043	901817	471768	426500
电气机械和器材制造业	1270364	452296	1486909	1936926	807835	51455
计算机、通信和其他电子设备制造业	2352808	1094180	5043604	1399067	1412466	201794
仪器仪表制造业	449693	216754	543234	854703	150130	13488
其他制造业	37808	11683	42769	44791	19291	
废弃资源综合利用业	54461	15591	92481	55135	33000	100
金属制品、机械和设备修理业	1971	871	1971	14610	6000	
电力、热力、燃气及水生产和供应业	3323412	414045	7119956	2118131	1232336	856851
电力、热力生产和供应业	2159196	297972	5572930	1653019	1052998	809729
燃气生产和供应业	231905	25209	302201	109993	37179	11459
水的生产和供应业	932311	90864	1244825	355119	142160	35663

单位:万元

					主营业务收入	主营业务成本	主营业务税金及附加
集体资本	法人资本	个人资本	港澳台资本	外商资本			
	21047	72819		207	656191	535205	14631
	5200	13291			62070	50599	846
	6600	1102		207	54470	44213	728
	9247	58426			539651	440393	13057
182526	4376719	3566118	459184	1251397	104852328	82635843	6262333
3457	238627	285795	2188	16605	4362843	3664832	28535
6963	107759	210754	1911	27771	1735256	1338002	15930
23641	24391	34365	31997	58944	1382373	1095183	15353
					8244147	1694205	5077376
	6516	110415			929578	719795	9514
500	3500	26756		2818	569217	451112	3515
	280	7493			276581	235329	2079
	1630	9935			369723	303057	5068
	3090	23330			910351	742575	10280
	58394	34830	2538		1328906	1098024	28485
300	69210	52286	520	4524	1685904	1370634	19182
100	5702	19650	1564	3000	371459	304351	6973
	7450	5247			141601	111526	2252
6065	343063	296619	1792	1389	9424639	7579747	347714
9316	272793	171117	4572	3934	4462214	3464426	23573
		300			5324	4443	41
2207	94918	145155	3664	181196	1496088	1208501	21037
21345	325308	219014	1150	5000	5108628	4091989	56912
	50886	42762		6451	1146066	964325	7324
10600	366065	64404	497		8645845	7876095	44202
2085	132328	187681	1174	12354	3392349	2711027	30776
17717	208796	194824	2000	8700	5365921	4367987	46479
12840	410960	760896	14958	64361	16777057	14552766	85001
3348	700415	85911	21691	597425	9549090	7843649	299082
	30848	14421			924586	682188	8574
54902	181931	260637	37914	220996	4797608	4037984	24479
6800	680309	201081	300070	22412	10041202	9033713	31011
300	36271	71795	14800	13477	1089625	841036	7146
	1350	17941			158824	123629	2640
40	11900	6734	14187	40	150189	118664	1732
	2028	3972			9136	5053	71
	113277	56033	9500	196675	3286498	2662499	27258
	47605	10664		185000	2529606	2053102	20618
	9580	3990	1500	10650	438964	354052	3387
	56092	41380	8000	1025	317928	255345	3254

10－5 续表6

指　　标	其他业务利润	销售费用	管理费用	#税金	财务费用
总　　计	**23763**	**4038411**	**5354542**	**464510**	**1135496**
按轻重行业分组					
轻工业	－42577	1690252	1766381	125854	182015
重工业	66340	2348159	3588161	338656	953481
按登记注册类型分组					
内资企业	6803	3609474	4678501	440150	1079008
国有企业	－64332	114891	444084	17114	266297
集体企业		17498	18188	1914	2743
股份合作企业		1930	1810		20
联营企业		304	303		305
集体联营企业		304	303		305
有限责任公司	24002	673546	989012	71622	186669
国有独资公司	6320	81411	128386	10433	76966
其他有限责任公司	17682	592135	860626	61189	109702
股份有限公司	4079	611322	520284	28018	155281
私营企业	43054	2171274	2684643	319840	462874
私营独资企业		50412	56763	1518	11980
私营合伙企业		32794	35401	1614	7679
私营有限责任公司	42557	1859215	2325783	300810	413852
私营股份有限公司	497	228853	266696	15898	29363
其他企业		18708	20176	1642	4820
港、澳、台商投资企业	3997	181071	341841	9957	24280
合资经营企业（港或澳、台资）	1600	61460	194294	2283	34645
合作经营企业（港或澳、台资）		528	1198	127	12
港、澳、台商独资经营企业	2396	57774	71677	4179	11378
港、澳、台商投资股份有限公司		61309	74672	3368	－21755
外商投资企业	12963	247866	334200	14403	32208
中外合资经营企业	8000	120527	203482	6770	33247
中外合作经营企业		114	128	128	12
外资企业	4935	113251	120974	7379	947
外商投资股份有限公司	29	13975	9616	126	－1999

单位:万元

#利息支出	营业利润	投资收益	政府补助	营业外收入	营业外支出	利润总额
1198358	**5896892**	**52410**	**309369**	**635727**	**178197**	**6355174**
164431	2952263	3612	53559	97531	43884	3006282
1033927	2944629	48798	255810	538196	134313	3348892
1130475	5347331	41358	240192	515397	160783	5702330
270307	1010255	21469	29205	40489	27189	1023555
1773	27340	378	162	403	56	27686
16	5139					5139
305	2105					2105
305	2105					2105
200542	967816	8966	69946	153969	25886	1095994
76785	35922	－5007	42536	61664	7350	90235
123758	931894	13972	27410	92305	18536	1005759
218407	245372	24894	54072	131123	39858	336637
436005	3046151	－14388	86807	189412	67597	3168256
8629	130008	－8181	12	110	963	129155
6247	70039	－52	1	21	2540	67520
390842	2518163	2587	73160	155596	60273	2613776
30288	327942	－8742	13635	33685	3821	357806
3120	43154	39			197	42957
29031	279635	8416	35902	57205	3231	333976
18742	－17060	4108	14897	27979	743	10176
14	1211		266	267		1478
5589	79120	3258	6490	12751	455	91782
4687	216364	1051	14249	16209	2033	230540
38851	269926	2636	33276	63126	14183	318869
32818	54922	4065	28572	51110	5865	100168
12	315					315
4858	193542	－1429	4451	11463	7959	197047
1163	21146		253	552	359	21339

10－5 续表7

指　　标	其他业务利润	销售费用	管理费用	#税金	财务费用
按经济组织类型分组					
独资企业	－57001	353826	711687	32104	293345
国有企业	－64332	114891	444084	17114	266297
集体企业		17498	18188	1914	2743
私营独资企业		50412	56763	1518	11980
港澳台商独资经营企业	2396	57774	71677	4179	11378
外资企业	4935	113251	120974	7379	947
合作合伙企业		54378	59016	3511	12849
股份合作企业		1930	1810		20
集体联营企业		304	303		305
私营合伙企业		32794	35401	1614	7679
合作经营企业(港或澳、台资)		528	1198	127	12
中外合作经营企业		114	128	128	12
其他企业(内资)		18708	20176	1642	4820
股份有限公司	4605	915459	871268	47410	160890
股份有限公司(内资)	4079	611322	520284	28018	155281
私营股份有限公司	497	228853	266696	15898	29363
港澳台商投资股份有限公司		61309	74672	3368	－21755
外商投资股份有限公司	29	13975	9616	126	－1999
有限责任公司	76159	2714748	3712571	381485	668413
国有独资公司	6320	81411	128386	10433	76966
私营有限责任公司	42557	1859215	2325783	300810	413852
合资经营企业(港或澳、台资)	1600	61460	194294	2283	34645
中外合资经营企业	8000	120527	203482	6770	33247
其他有限责任公司	17682	592135	860626	61189	109702
在总计中:国有控股企业	－49141	593574	1041839	41592	495955
在总计中:大型企业	－31240	1542273	2306591	186311	660026
中型企业	36748	1094964	1287284	124376	118259
小型企业	16260	1386312	1736046	152903	320153
微型企业	1995	14861	24621	919	37059
在总计中:园区工业	78964	3286317	4189044	393575	635004
在总计中:亏损企业	24906	697779	858581	65216	397160

单位:万元

#利息支出	营业利润	投资收益	政府补助	营业外收入	营业外支出	利润总额
291156	1440265	15494	40320	65216	36622	1469225
270307	1010255	21469	29205	40489	27189	1023555
1773	27340	378	162	403	56	27686
8629	130008	-8181	12	110	963	129155
5589	79120	3258	6490	12751	455	91782
4858	193542	-1429	4451	11463	7959	197047
9713	121962	-13	266	288	2737	119514
16	5139					5139
305	2105					2105
6247	70039	-52	1	21	2540	67520
14	1211		266	267		1478
12	315					315
3120	43154	39			197	42957
254544	810823	17203	82210	181569	46071	946322
218407	245372	24894	54072	131123	39858	336637
30288	327942	-8742	13635	33685	3821	357806
4687	216364	1051	14249	16209	2033	230540
1163	21146		253	552	359	21339
642944	3523841	19726	186574	388654	92767	3820113
76785	35922	-5007	42536	61664	7350	90235
390842	2518163	2587	73160	155596	60273	2613776
18742	-17060	4108	14897	27979	743	10176
32818	54922	4065	28572	51110	5865	100168
123758	931894	13972	27410	92305	18536	1005759
561442	1090228	47064	124098	246182	72100	1264311
794532	1641620	86305	190299	418609	108611	1951619
119196	1749403	-32429	43699	96396	28366	1817676
247760	2466027	-658	75319	116608	36206	2546939
36870	39842	-807	52	4114	5015	38941
741334	3724203	62929	266287	540541	136105	4129120
472322	-635531	57123	39785	181237	73120	-527415

10－5 续表 8

指　　标	其他业务利润	销售费用	管理费用	#税金	财务费用
按行业大类分组					
采矿业		43521	23173	7566	6182
黑色金属矿采选业		2342	2971	579	590
有色金属矿采选业		2261	3348	427	146
非金属矿采选业		38918	16854	6560	5446
制造业	15295	3968046	5243975	454793	784631
农副食品加工业	2682	176763	202527	23537	26532
食品制造业	1134	138880	107759	10325	6377
酒、饮料和精制茶制造业	1647	122042	51918	5780	7398
烟草制品业	－64564	110726	403516	16101	－7867
纺织业	131	83211	48424	6157	2166
纺织服装、服饰业	2	39885	33279	721	3793
皮革、毛皮、羽毛及其制品和制鞋业		9657	10359	212	1070
木材加工和木、竹、藤、棕、草制品业		29446	14860	101	1532
家具制造业	54	31378	42137	5136	3481
造纸和纸制品业	－276	62926	54897	2212	13589
印刷和记录媒介复制业	4613	60503	89622	12737	9724
文教、工美、体育和娱乐用品制造业		17736	17902	2185	3025
石油加工、炼焦和核燃料加工业	－37	11767	8772	534	555
化学原料和化学制品制造业	3852	365103	388953	23998	70721
医药制造业	2	399726	230360	9393	13086
化学纤维制造业		315	337	3	19
橡胶和塑料制品业	722	58444	70197	8933	11598
非金属矿物制品业	67	231025	262884	32038	45622
黑色金属冶炼和压延加工业	22140	39771	54062	1912	9634
有色金属冶炼和压延加工业	152	108860	263679	18546	50253
金属制品业	541	142516	197652	24509	18965
通用设备制造业	7206	234889	338109	30557	46986
专用设备制造业	11981	791993	828717	84015	326018
汽车制造业	15461	311272	645131	95333	63739
铁路、船舶、航空航天和其他运输设备制造业	177	34855	76781	1426	7302
电气机械和器材制造业	4146	152774	257200	15747	23464
计算机、通信和其他电子设备制造业	3334	122064	427132	16465	13113
仪器仪表制造业	128	64781	86125	3479	8830
其他制造业		7074	15868	1398	1824
废弃资源综合利用业		7040	13847	1278	2081
金属制品、机械和设备修理业		625	970	26	1
电力、热力、燃气及水生产和供应业	8468	26843	87394	2151	344683
电力、热力生产和供应业	2025	792	33179	581	298232
燃气生产和供应业	806	13036	24497	435	2452
水的生产和供应业	5638	13015	29718	1136	43999

单位:万元

#利息支出	营业利润	投资收益	政府补助	营业外收入	营业外支出	利润总额
5317	32384		2	11	630	31765
494	4722		2	2	106	4618
122	3774			9	16	3767
4701	23888				508	23380
848864	5685181	45158	273358	574419	164384	6095969
21118	305573	997	11551	14972	6382	314164
6577	136838	6977	3146	3980	708	140354
6280	91660	2162	9298	11653	1178	102194
443	914467	15776		1831	18836	897463
2554	67019	497	215	939	539	67419
1890	37779		499	647	388	38037
1076	15196	-2893			3	15193
1165	16095		35	1356	1147	16304
2930	80707		5	23	127	80603
10020	70848	-37	675	1485	337	71996
8412	140835	879	996	1650	1077	141472
1992	22162	431	341	381	141	22404
556	6863			135	1258	5741
61106	669408	-3365	1695	12424	11680	670151
12580	334624	1376	5429	11643	4866	341404
20	170					170
5453	120697	-13209	2104	4422	937	124181
39285	378493	-5162	9489	16515	2572	392435
8886	68691	-847	248	669	2725	66635
61356	289925	-6286	12912	18008	4604	303328
14940	282279	-6698	1735	2403	262	284420
40641	343797	2317	1852	26051	6497	363352
411990	-17405	58110	31059	159233	70990	70837
58313	374536	-18756	100765	139850	11751	502907
9093	126116	9909	6619	16386	3795	138707
24741	290121	-5069	22469	31245	2005	319362
28550	418881	7827	40248	73458	6785	485648
3289	82536	1189	2904	15461	319	97696
1591	7742	19	487	798	1624	6917
2021	5606	-988	6581	6798	852	11552
	2924			3	1	2925
344176	179327	7252	36010	61298	13183	227441
292106	136684	8305	24377	39597	12313	163967
5076	47733	5227	3972	4126	376	51482
46994	-5089	-6279	7661	17575	494	11992

10－5 续表9

指　　标	所得税费　用	亏损企业亏损额	本年应付职工薪酬	本年应交增值税
总　　计	**987055**	**527415**	**5293326**	**3685395**
按轻重行业分组				
轻工业	482427	41954	1745356	1995744
重工业	504628	485461	3547970	1689651
按登记注册类型分组				
内资企业	926077	393673	4243789	3209585
国有企业	304740	2973	622388	1327061
集体企业	2562	2	40194	16348
股份合作企业			1804	1856
联营企业			146	101
集体联营企业			146	101
有限责任公司	148201	71982	809400	450879
国有独资公司	9169	18064	117566	55964
其他有限责任公司	139032	53919	691834	394915
股份有限公司	43479	102324	567175	261995
私营企业	426562	216392	2167521	1122458
私营独资企业	8656	225	101327	53765
私营合伙企业	4463		77026	31735
私营有限责任公司	365517	212773	1738447	911601
私营股份有限公司	47927	3394	250720	125357
其他企业	531		35162	28887
港、澳、台商投资企业	12497	82564	758002	305815
合资经营企业(港或澳、台资)	－3386	80292	452572	46147
合作经营企业(港或澳、台资)	557	831	1370	588
港、澳、台商独资经营企业	12992	1441	65207	38679
港、澳、台商投资股份有限公司	2334		238853	220402
外商投资企业	48481	51178	291535	169994
中外合资经营企业	11988	39733	137908	111268
中外合作经营企业			769	280
外资企业	33938	11446	141542	50951
外商投资股份有限公司	2555		11316	7496

平均用工人数（人）	总资产贡献率（%）	资产负债率（%）	流动资产周转率（次/年）	成本费用利润率（%）	产销率（%）
708502	**19.69**	**54.49**	**2.25**	**6.60**	**100.83**
263445	45.94	34.87	2.70	10.57	96.60
445057	10.32	61.49	2.07	4.93	102.99
585596	20.40	54.76	2.13	7.06	101.20
32254	53.60	44.96	1.67	23.19	93.25
6231	24.51	62.28	5.52	6.67	98.49
531	110.03	59.83	9.82	12.76	99.96
38	195.83	44.30	40.37	12.69	98.85
38	195.83	44.30	40.37	12.69	98.85
119204	13.14	59.10	2.46	5.72	96.39
15340	6.46	72.25	1.20	4.04	93.22
103864	15.86	53.74	2.84	5.94	96.70
62673	5.36	51.04	0.94	3.44	94.32
356479	16.20	59.00	2.81	6.84	106.00
25597	43.20	28.42	8.92	7.35	94.35
15659	47.67	45.33	9.00	6.96	96.83
282525	15.50	62.16	2.82	6.49	107.66
32698	14.61	41.01	1.73	10.77	94.94
8186	89.49	28.07	15.17	6.66	99.01
91325	12.40	47.09	3.97	3.30	98.45
44419	4.31	64.48	4.59	0.25	99.26
343	7.99	49.30	2.61	7.37	100.00
10926	11.50	49.48	1.40	9.66	85.17
35637	20.97	28.50	5.31	4.59	100.70
31581	16.62	59.03	2.52	5.84	98.90
14886	17.06	68.66	3.19	2.88	97.07
179	64.41	82.74	7.53	2.96	93.85
15850	16.05	46.51	1.97	10.67	102.53
666	14.81	28.67	0.96	17.81	99.82

10－5 续表10

指　　标	所得税费　用	亏损企业亏损额	本年应付职工薪酬	本年应交增值税
按经济组织类型分组				
独资企业	362888	16087	970657	1486804
国有企业	304740	2973	622388	1327061
集体企业	2562	2	40194	16348
私营独资企业	8656	225	101327	53765
港澳台商独资经营企业	12992	1441	65207	38679
外资企业	33938	11446	141542	50951
合作合伙企业	5552	831	116277	63446
股份合作企业			1804	1856
集体联营企业			146	101
私营合伙企业	4463		77026	31735
合作经营企业(港或澳、台资)	557	831	1370	588
中外合作经营企业			769	280
其他企业(内资)	531		35162	28887
股份有限公司	96295	105717	1068064	615250
股份有限公司(内资)	43479	102324	567175	261995
私营股份有限公司	47927	3394	250720	125357
港澳台商投资股份有限公司	2334		238853	220402
外商投资股份有限公司	2555		11316	7496
有限责任公司	522320	404780	3138328	1519895
国有独资公司	9169	18064	117566	55964
私营有限责任公司	365517	212773	1738447	911601
合资经营企业(港或澳、台资)	－3386	80292	452572	46147
中外合资经营企业	11988	39733	137908	111268
其他有限责任公司	139032	53919	691834	394915
在总计中:国有控股企业	349523	149301	1304511	1580777
在总计中:大型企业	425873	389575	2606575	2093003
中型企业	263626	25813	1035425	640485
小型企业	293445	111940	1464871	883559
微型企业	4111	88	186456	68348
在总计中:园区工业	592517	484193	3619272	1798890
在总计中:亏损企业	－25093	527415	1189444	238482

平均用工人数（人）	总资产贡献率（%）	资　产负债率（%）	流动资产周 转 率（次/年）	成本费用利 润 率（%）	产销率（%）
90858	46.56	45.08	1.91	15.66	94.06
32254	53.60	44.96	1.67	23.19	93.25
6231	24.51	62.28	5.52	6.67	98.49
25597	43.20	28.42	8.92	7.35	94.35
10926	11.50	49.48	1.40	9.66	85.17
15850	16.05	46.51	1.97	10.67	102.53
24936	58.48	40.98	10.43	7.02	97.79
531	110.03	59.83	9.82	12.76	99.96
38	195.83	44.30	40.37	12.69	98.85
15659	47.67	45.33	9.00	6.96	96.83
343	7.99	49.30	2.61	7.37	100.00
179	64.41	82.74	7.53	2.96	93.85
8186	89.49	28.07	15.17	6.66	99.01
131674	8.55	46.89	1.37	5.18	96.20
62673	5.36	51.04	0.94	3.44	94.32
32698	14.61	41.01	1.73	10.77	94.94
35637	20.97	28.50	5.31	4.59	100.70
666	14.81	28.67	0.96	17.81	99.82
461034	14.35	61.70	2.78	5.70	103.60
15340	6.46	72.25	1.20	4.04	93.22
282525	15.50	62.16	2.82	6.49	107.66
44419	4.31	64.48	4.59	0.25	99.26
14886	17.06	68.66	3.19	2.88	97.07
103864	15.86	53.74	2.84	5.94	96.70
103745	25.95	53.93	1.18	8.20	94.96
248955	19.12	55.96	1.44	5.04	96.18
172357	22.93	45.62	3.62	8.78	95.53
267168	20.67	53.85	3.90	7.24	109.49
20022	6.74	73.40	9.80	2.17	99.56
469289	11.27	57.17	2.07	5.58	103.05
108677	1.14	65.21	0.97	-3.29	96.08

10－5 续表 11

指　　标	所得税费用	亏损企业亏损额	本年应付职工薪酬	本年应交增值税
按行业大类分组				
采矿业	3281	330	30131	17663
黑色金属矿采选业	625	240	6497	2319
有色金属矿采选业	840	90	8328	2406
非金属矿采选业	1816		15306	12938
制造业	908373	500821	4961360	3470997
农副食品加工业	26794	4070	160989	53751
食品制造业	20339	2489	105628	45929
酒、饮料和精制茶制造业	19973	851	66493	39893
烟草制品业	254518		357766	1166973
纺织业	8899	3756	39813	31736
纺织服装、服饰业	6103		38078	13694
皮革、毛皮、羽毛及其制品和制鞋业	2349		8534	6957
木材加工和木、竹、藤、棕、草制品业	752	62	15018	7456
家具制造业	12311		39595	21453
造纸和纸制品业	5370	3618	46375	38241
印刷和记录媒介复制业	20848	5590	81849	43446
文教、工美、体育和娱乐用品制造业	1023		22081	6686
石油加工、炼焦和核燃料加工业	1350	411	4967	2757
化学原料和化学制品制造业	57702	1491	517517	319128
医药制造业	25078	571	146503	155828
化学纤维制造业			933	1
橡胶和塑料制品业	21159	5256	72040	38232
非金属矿物制品业	58744	5492	211391	156031
黑色金属冶炼和压延加工业	10597	1595	46612	22932
有色金属冶炼和压延加工业	49502	21131	141978	120625
金属制品业	46144	6472	116509	86644
通用设备制造业	61732	8842	268471	134296
专用设备制造业	56287	283279	848920	279603
汽车制造业	50692	41983	420317	213038
铁路、船舶、航空航天和其他运输设备制造业	21394	2167	100175	36886
电气机械和器材制造业	48836	7920	181295	105227
计算机、通信和其他电子设备制造业	5537	86631	815732	264563
仪器仪表制造业	10161	1941	63892	44171
其他制造业	1146		9657	7079
废弃资源综合利用业	2589	5207	11367	6918
金属制品、机械和设备修理业	442		867	825
电力、热力、燃气及水生产和供应业	75401	26264	301835	196734
电力、热力生产和供应业	58316	6473	243310	163772
燃气生产和供应业	11330		25216	11864
水的生产和供应业	5755	19791	33309	21098

平均用工人数（人）	总资产贡献率（%）	资　产负债率（%）	流动资产周 转 率（次/年）	成本费用利 润 率（%）	产销率（%）
5967	25.65	37.32	5.80	5.22	96.94
1192	17.58	35.04	3.52	8.17	98.21
1506	21.15	41.89	3.11	7.54	98.09
3269	28.43	37.08	6.91	4.66	96.69
675541	20.95	51.93	2.22	6.58	101.58
26319	14.99	34.03	3.08	7.72	95.19
17869	15.54	38.88	2.99	8.82	94.59
13465	19.77	41.56	4.02	8.01	99.60
10866	90.00	17.44	1.35	40.78	100.28
7752	14.70	51.35	2.31	7.90	92.61
7878	23.30	35.59	4.20	7.20	88.05
2594	41.19	18.54	16.92	5.93	95.65
3140	35.55	41.43	8.21	4.67	98.60
6755	57.04	35.38	12.04	9.83	95.19
9458	33.87	43.50	6.94	5.86	97.87
12725	26.27	46.66	4.18	9.24	97.05
5046	33.08	48.81	6.18	6.53	94.14
599	18.63	59.54	3.61	4.33	97.12
107764	38.84	40.74	5.43	7.97	97.40
20135	23.91	38.28	3.89	8.31	94.88
48	5.86	76.81	6.34	3.33	96.54
11425	17.38	41.27	3.55	9.21	91.51
32457	20.27	49.49	2.94	8.47	93.96
7735	15.01	43.75	3.31	6.24	96.97
20946	18.65	52.65	5.32	3.66	98.60
18958	27.04	34.55	4.38	9.26	97.55
38098	17.69	48.89	3.13	7.28	96.60
81856	3.55	60.45	1.05	0.43	96.72
58044	12.91	73.54	1.94	5.67	98.52
11627	11.21	47.69	0.83	17.31	91.00
31988	13.84	43.43	2.36	7.14	95.28
94009	12.57	78.28	3.46	5.06	147.81
12855	10.89	38.86	1.21	9.76	89.03
1651	20.82	48.85	2.78	4.66	92.98
1374	15.05	62.65	5.08	8.16	93.75
105	23.05	11.88	0.63	44.00	92.77
26994	8.61	77.06	3.63	7.29	76.86
20642	8.86	77.12	8.76	6.87	71.07
2475	17.34	72.96	4.17	13.07	97.55
3877	5.21	77.80	0.62	3.51	92.00

10－6 规模以上国有及国有控股工业企业主要经济指标(2016年)

指　　标	企业单位数（个）	#亏损企业（个）	工业总产值（当年价格）	#新产品产　值	工业销售产值（当年价）	#出口交货值
总　　计	**122**	**30**	**21927534**	**10808016**	**20821821**	**348670**
按轻重行业分组						
轻工业	32	5	9153034	6263747	9131237	59060
重工业	90	25	12774500	4544269	11690584	289610
按登记注册类型分组						
内资企业	117	29	21805637	10783834	20701512	348670
国有企业	14	3	10568211	6140200	9854576	57257
有限责任公司	90	23	5270368	1815235	5000242	121361
国有独资公司	24	4	1872677	531422	1745732	87022
其他有限责任公司	66	19	3397691	1283814	3254509	34339
股份有限公司	13	3	5967057	2828398	5846695	170053
港、澳、台商投资企业	4	1	85061	24183	83795	
合资经营企业(港或澳、台资)	2		68114	24183	66848	
合作经营企业(港或澳、台资)	2	1	16947		16947	
外商投资企业	1		36837		36513	
中外合资经营企业	1		36837		36513	
按经济组织类型分组						
独资企业	14	3	10568211	6140200	9854576	57257
国有企业	14	3	10568211	6140200	9854576	57257
合作合伙企业	2	1	16947		16947	
合作经营企业(港或澳、台资)	2	1	16947		16947	
股份有限公司	13	3	5967057	2828398	5846695	170053
股份有限公司(内资)	13	3	5967057	2828398	5846695	170053
有限责任公司	93	23	5375318	1839418	5103603	121361
国有独资公司	24	4	1872677	531422	1745732	87022
合资经营企业(港或澳、台资)	2		68114	24183	66848	
中外合资经营企业	1		36837		36513	
其他有限责任公司	66	19	3397691	1283814	3254509	34339
在总计中:国有控股企业	122	30	21927534	10808016	20821821	348670
在总计中:大型企业	16	3	17256424	9770240	16270482	320829
中型企业	25	4	2058613	758560	2010856	17752
小型企业	76	23	1056424	275025	989939	10089
微型企业	5		1556073	4191	1550543	
在总计中:园区工业	83	19	10871345	4642686	10526660	291790
在总计中:亏损企业		30	5794815	2582621	5697269	156995

单位:万元

流动资产合计	#应收账款	存货	#产成品	固定资产合计	固定资产原价	累计折旧	资产总计
18358264	**5305408**	**6832872**	**1143166**	**9663078**	**16102922**	**6494654**	**33133442**
6744307	897061	4671344	176716	1441550	2870430	1471971	9572070
11613957	4408347	2161528	966450	8221528	13232492	5022683	23561372
18264720	5258358	6819064	1142187	9637732	16067618	6484674	32986409
6316547	773324	4628988	169635	6006126	10665368	4668526	14395790
4407989	1308648	703753	176923	2541775	3815343	1285643	8301058
1911878	369379	227818	63537	1533601	2387334	795404	4291149
2496112	939269	475936	113386	1008175	1428010	490239	4009910
7540183	3176386	1486323	795630	1089830	1586907	530505	10289561
76568	36484	11505	806	9884	12716	2854	107563
68841	35910	10926	595	4282	6289	2007	75104
7727	574	579	211	5602	6427	847	32459
16976	10566	2303	173	15462	22588	7126	39471
16976	10566	2303	173	15462	22588	7126	39471
6316547	773324	4628988	169635	6006126	10665368	4668526	14395790
6316547	773324	4628988	169635	6006126	10665368	4668526	14395790
7727	574	579	211	5602	6427	847	32459
7727	574	579	211	5602	6427	847	32459
7540183	3176386	1486323	795630	1089830	1586907	530505	10289561
7540183	3176386	1486323	795630	1089830	1586907	530505	10289561
4493806	1355124	716983	177691	2561519	3844220	1294776	8415633
1911878	369379	227818	63537	1533601	2387334	795404	4291149
68841	35910	10926	595	4282	6289	2007	75104
16976	10566	2303	173	15462	22588	7126	39471
2496112	939269	475936	113386	1008175	1428010	490239	4009910
18358264	5305408	6832872	1143166	9663078	16102922	6494654	33133442
16597814	4678727	6532413	1040924	6763262	10812690	4303812	27340956
856863	318314	156953	49652	455528	1031832	355294	1830155
789010	287353	141128	52382	867973	1154452	308133	1829342
114577	21013	2378	209	1576315	3103948	1527415	2132989
11588752	4378919	2169785	957913	2814150	4327907	1523945	17079652
7724029	3233495	1491054	770100	1816663	2603528	822311	11249484

10－6 续表 1

指　　标	企业单位数（个）	#亏损企业（个）	工业总产值（当年价格）	#新产品产值	工业销售产值（当年价）	#出口交货值
按行业大类分组						
制造业	108	25	19336570	10808016	18988032	348670
农副食品加工业	6		97596		96295	
食品制造业	1		3169	2852	2852	
酒、饮料和精制茶制造业	3		68687	15000	52970	1541
烟草制品业	2		8220616	6131181	8243322	54904
纺织业	1	1	3577		3755	
纺织服装、服饰业	2		9154		9560	
造纸和纸制品业	1		17353		14697	
印刷和记录媒介复制业	2	1	104988		104988	2616
文教、工美、体育和娱乐用品制造业	1		3345		3130	
化学原料和化学制品制造业	3		229400	132097	220920	39570
医药制造业	3		355304	73940	355304	
非金属矿物制品业	21	4	529559	4537	509763	148
黑色金属冶炼和压延加工业	3	2	346484	77149	339549	1630
有色金属冶炼和压延加工业	7	5	316977	42798	283829	
金属制品业	2		316165	131586	307387	436
通用设备制造业	5	1	134536	39535	145841	8898
专用设备制造业	13	6	5576069	2601795	5500058	162044
汽车制造业	8	1	697657	61248	671636	
铁路、船舶、航空航天和其他运输设备制造业	6	1	879454	418864	792518	13703
电气机械和器材制造业	6		566204	506962	561481	
计算机、通信和其他电子设备制造业	9	1	846872	561047	754826	63181
仪器仪表制造业	2	1	11391	7425	11358	
废弃资源综合利用业	1	1	2015		1996	
电力、热力、燃气及水生产和供应业	14	5	2590964		1833789	
电力、热力生产和供应业	4	1	2378216		1642754	
燃气生产和供应业	2		22312		22312	
水的生产和供应业	8	4	190436		168724	

单位:万元

流动资产合计	#应收账款	存货	#产成品	固定资产合计	固定资产原价	累计折旧	资产总计
17850007	5211682	6808490	1143037	3622131	5802212	2514169	25045050
35678	4755	13130	10510	21674	31021	10049	61124
904		385	296	2228	2228	2	9283
18938	5806	3029	1825	10727	11798	1995	34688
6094266	742836	4591212	149542	732295	1896905	1164610	7936254
8000	135	936	690	11234	12284	1050	23034
14244	1136	2273	1043	1641	4009	2368	16185
11947	4331	3176		1599	2699	1100	13943
76800	30372	27242	1896	36223	98624	62401	120152
5801	5	1949	1422	1105	3679	2574	8509
143254	32404	40599	24258	150745	159527	79185	301235
76868	24391	16533	8176	117033	117667	4110	194425
349768	209652	33711	14548	188677	282855	101684	620276
229227	54351	50167	10057	108615	148046	40431	362818
134382	46812	35497	12315	132353	159763	27591	310238
65559	12352	12347	3387	9902	14723	4821	75655
258625	116810	77218	15066	103074	162027	68992	373447
7300334	3155395	1449128	757216	824661	1309452	482176	9508741
1052835	86607	120740	30432	509343	585248	213668	1705777
1072750	412040	174062	47559	280095	331353	105229	1627717
237992	64341	37624	5225	124054	139637	42410	369223
634645	195405	115646	47048	252838	326603	96648	1342087
25538	11517	1726	366	1411	1437	1054	27978
1655	227	162	162	608	630	22	2263
508256	93725	24382	129	6040947	10300710	3980485	8088392
171381	42494	17478	4	5439049	9469749	3713413	6871778
5838	761	208	74	6893	12211	5341	13632
331037	50471	6697	51	595006	818750	261731	1202982

10－6 续表2

指　　标	流动负债合计	应付账款	负债合计	所有者权益合计	#实收资本	国家资本
总　　计	**11002002**	**3107050**	**17869592**	**15238804**	**3948533**	**2587721**
按轻重行业分组						
轻工业	2439444	955514	2671240	6900830	629080	511399
重工业	8562558	2151536	15198352	8337974	3319453	2076322
按登记注册类型分组						
内资企业	10948935	3079671	17802990	15158372	3905464	2560161
国有企业	3318237	1028407	6472077	7923714	1357096	1169845
有限责任公司	4620250	1277156	5527847	2748164	1565751	1132014
国有独资公司	2471122	589712	3100291	1165810	595308	515653
其他有限责任公司	2149128	687445	2427556	1582354	970443	616361
股份有限公司	3010448	774108	5803067	4486494	982617	258302
港、澳、台商投资企业	35896	18945	49430	58132	20680	16142
合资经营企业(港或澳、台资)	33423	17783	33423	41681	5680	2642
合作经营企业(港或澳、台资)	2473	1163	16007	16452	15000	13500
外商投资企业	17172	8434	17172	22299	22389	11419
中外合资经营企业	17172	8434	17172	22299	22389	11419
按经济组织类型分组						
独资企业	3318237	1028407	6472077	7923714	1357096	1169845
国有企业	3318237	1028407	6472077	7923714	1357096	1169845
合作合伙企业	2473	1163	16007	16452	15000	13500
合作经营企业(港或澳、台资)	2473	1163	16007	16452	15000	13500
股份有限公司	3010448	774108	5803067	4486494	982617	258302
股份有限公司(内资)	3010448	774108	5803067	4486494	982617	258302
有限责任公司	4670844	1303373	5578442	2812144	1593820	1146074
国有独资公司	2471122	589712	3100291	1165810	595308	515653
合资经营企业(港或澳、台资)	33423	17783	33423	41681	5680	2642
中外合资经营企业	17172	8434	17172	22299	22389	11419
其他有限责任公司	2149128	687445	2427556	1582354	970443	616361
在总计中:国有控股企业	11002002	3107050	17869592	15238804	3948533	2587721
在总计中:大型企业	8205084	2313090	13897977	13442980	2664468	1718985
中型企业	923596	326909	1086028	744127	497810	309743
小型企业	965402	221753	1284615	544727	412168	184906
微型企业	907920	245298	1600972	506970	374088	374088
在总计中:园区工业	6519037	1952594	9888793	7190859	2390924	1339942
在总计中:亏损企业	3964809	837470	7142437	4107048	1043905	330437

单位:万元

集体资本	法人资本	个人资本	港澳台资本	外商资本	主营业务收入	主营业务成本	主营业务税金及附加
11886	**585874**	**517084**	**4213**	**241754**	**21752970**	**13296069**	**5190320**
235	113048	836	2538	1025	9113838	2432288	5081327
11651	472826	516248	1675	240729	12639132	10863781	108993
11886	585549	517084		230784	21632390	13207504	5189161
	1251	1000		185000	10561779	3588645	5095578
11886	365144	55682		1025	5300402	4433650	68328
	46469	33187			2300045	1946779	54247
11886	318675	22495		1025	3000357	2486871	14081
	219155	460402		44759	5770209	5185209	25255
	325		4213		83458	57909	1018
	325		2713		66531	44285	537
			1500		16927	13625	481
				10971	37122	30655	142
				10971	37122	30655	142
	1251	1000		185000	10561779	3588645	5095578
	1251	1000		185000	10561779	3588645	5095578
			1500		16927	13625	481
			1500		16927	13625	481
	219155	460402		44759	5770209	5185209	25255
	219155	460402		44759	5770209	5185209	25255
11886	365469	55682	2713	11996	5404055	4508590	69007
	46469	33187			2300045	1946779	54247
	325		2713		66531	44285	537
				10971	37122	30655	142
11886	318675	22495		1025	3000357	2486871	14081
11886	585874	517084	4213	241754	21752970	13296069	5190320
782	241036	473907		229759	17423382	9438158	5171565
	143346	33575	175	10971	1834972	1574399	6872
11104	201493	9602	4038	1025	943285	802937	4954
					1551330	1480575	6929
5886	474799	511855	2713	55729	10761558	9348636	91274
8001	268333	392376		44759	5635496	5070724	26050

10－6 续表3

指　　标	流动负债合计	应付账款	负债合计	所有者权益合计	#实收资本	国家资本
按行业大类分组						
制造业	8113398	2752221	11413568	13606435	2882390	1739704
农副食品加工业	35244	6111	36032	25092	10769	5731
食品制造业	4686	1880	4766	4517	5401	
酒、饮料和精制茶制造业	11308	3430	14908	19780	2300	
烟草制品业	1384272	743763	1384273	6551981	446000	446000
纺织业	7332	155	18862	4173	51	
纺织服装、服饰业	6816	1926	6836	9349	2951	2951
造纸和纸制品业	6869	3642	6869	7074	5180	2642
印刷和记录媒介复制业	68320	13638	68717	51435	17074	500
文教、工美、体育和娱乐用品制造业	1263	171	3626	4882	3398	3398
化学原料和化学制品制造业	124495	26207	143322	157913	65017	25229
医药制造业	95155	69178	126056	68369	58569	9611
非金属矿物制品业	337119	115097	376234	218995	136687	42967
黑色金属冶炼和压延加工业	182111	14890	205738	157080	74060	28559
有色金属冶炼和压延加工业	158734	35019	236349	73889	60526	50436
金属制品业	11322	8807	11372	64283	27728	
通用设备制造业	268595	88593	286197	87250	59937	57408
专用设备制造业	2892000	735331	5638774	3869967	821379	189449
汽车制造业	1044637	372383	1199820	505957	227298	187412
铁路、船舶、航空航天和其他运输设备制造业	707252	236383	774001	853715	445800	426500
电气机械和器材制造业	205908	103704	207221	162002	54811	47138
计算机、通信和其他电子设备制造业	550252	167197	650338	691749	343935	200586
仪器仪表制造业	9302	4612	12852	15126	13320	13188
废弃资源综合利用业	405	104	405	1858	200	
电力、热力、燃气及水生产和供应业	2888604	354830	6456024	1632369	1066143	848018
电力、热力生产和供应业	2056284	278282	5422693	1449085	993355	808355
燃气生产和供应业	3070	1414	3070	10562	5500	4000
水的生产和供应业	829250	75134	1030260	172722	67288	35663

单位:万元

					主营业务收入	主营业务成本	主营业务税金及附加
集体资本	法人资本	个人资本	港澳台资本	外商资本			
11886	555274	517084	2713	55729	19212942	11228468	5168514
	5014	25			100920	90882	343
	5401				2852	1997	86
	1685	615			65692	55777	208
					8244147	1694205	5077376
	51				3760	4510	13
					9518	5676	96
			2538		14697	12824	44
	16574				99188	88364	755
					2331	1138	18
	39788				288955	248396	506
235	48723				343237	285829	935
8001	53186	32533			467711	394194	1961
	20000	25501			296942	261554	123
	5565	4525			264167	244785	1311
	25432	2296			307351	278110	598
782	505	1242			149912	117440	941
	201861	385311		44759	5467164	4916445	23889
195	28545		175	10971	1216486	1013864	50623
	19300				763541	552433	5976
2673	5000				403983	358395	426
	78645	64704			687449	591619	2177
		132			10926	8703	70
		200			2015	1328	41
	30600		1500	186025	2540028	2067601	21806
				185000	2352533	1912619	19985
			1500		22287	16146	518
	30600			1025	165207	138836	1303

10－6 续表 4

指　　标	其他业务利润	销售费用	管理费用	#税金	财务费用
总　　计	**－49141**	**593574**	**1041839**	**41592**	**495955**
按轻重行业分组					
轻工业	－56080	162959	464398	18385	32899
重工业	6939	430615	577441	23207	463056
按登记注册类型分组					
内资企业	－49235	584335	1034546	41220	495703
国有企业	－64332	114891	444084	17114	266297
有限责任公司	14916	203763	351395	17679	114886
国有独资公司	6320	81411	128386	10433	76966
其他有限责任公司	8596	122352	223009	7246	37920
股份有限公司	181	265681	239067	6426	114520
港、澳、台商投资企业	94	8610	4335	155	－222
合资经营企业(港或澳、台资)	94	8093	3197	28	－234
合作经营企业(港或澳、台资)		518	1138	127	12
外商投资企业		629	2958	217	474
中外合资经营企业		629	2958	217	474
按经济组织类型分组					
独资企业	－64332	114891	444084	17114	266297
国有企业	－64332	114891	444084	17114	266297
合作合伙企业		518	1138	127	12
合作经营企业(港或澳、台资)		518	1138	127	12
股份有限公司	181	265681	239067	6426	114520
股份有限公司(内资)	181	265681	239067	6426	114520
有限责任公司	15010	212484	357550	17924	115127
国有独资公司	6320	81411	128386	10433	76966
合资经营企业(港或澳、台资)	94	8093	3197	28	－234
中外合资经营企业		629	2958	217	474
其他有限责任公司	8596	122352	223009	7246	37920
在总计中:国有控股企业	－49141	593574	1041839	41592	495955
在总计中:大型企业	－55779	496817	855720	31968	402064
中型企业	4244	56461	100718	4895	19574
小型企业	641	37425	78086	4416	38121
微型企业	1753	2871	7315	313	36197
在总计中:园区工业	10049	451819	566894	21676	166737
在总计中:亏损企业	6901	282342	254300	7423	180481

单位:万元

#利息支出	营业利润	投资收益	政府补助	营业外收入	营业外支出	利润总额
561442	**1090228**	**47064**	**124098**	**246182**	**72100**	**1264311**
40482	912195	8740	7556	18522	19287	911433
520960	178033	38324	116542	227660	52813	352878
561168	1076910	47064	123832	245349	72097	1250164
270307	1010255	21469	29205	40489	27189	1023555
118142	172404	7020	61673	111554	13038	270921
76785	35922	-5007	42536	61664	7350	90235
41357	136482	12027	19138	49890	5688	180686
172719	-105749	18575	32953	93306	31870	-44313
14	11475		266	793	2	12266
	10344			526	2	10869
14	1131		266	267		1398
261	1843			40	1	1882
261	1843			40	1	1882
270307	1010255	21469	29205	40489	27189	1023555
270307	1010255	21469	29205	40489	27189	1023555
14	1131		266	267		1398
14	1131		266	267		1398
172719	-105749	18575	32953	93306	31870	-44313
172719	-105749	18575	32953	93306	31870	-44313
118403	184591	7020	61673	112120	13041	283671
76785	35922	-5007	42536	61664	7350	90235
	10344			526	2	10869
261	1843			40	1	1882
41357	136482	12027	19138	49890	5688	180686
561442	1090228	47064	124098	246182	72100	1264311
471708	1005301	43081	102386	200308	58923	1146686
15138	81960	2905	8475	23074	6334	98698
38382	-16261	905	13237	19007	2613	135
36216	19228	173		3794	4230	18792
228441	111839	32087	91928	182818	45822	248837
239140	-209538	5052	24202	92831	32593	-149301

10－6 续表5

指　　标	其他业务利润	销售费用	管理费用	#税金	财务费用
按行业大类分组					
制造业	－56405	580070	1001505	40644	157136
农副食品加工业	69	5551	3262	37	225
食品制造业		228	171	2	28
酒、饮料和精制茶制造业	60	2479	2613	819	387
烟草制品业	－64564	110726	403516	16101	－7867
纺织业		84	1652	141	6
纺织服装、服饰业		613	3256	2	－59
造纸和纸制品业		540	1119		－31
印刷和记录媒介复制业	2845	2535	9644	147	763
文教、工美、体育和娱乐用品制造业		682	1082	34	5
化学原料和化学制品制造业		8374	18854	4401	3766
医药制造业		24209	17889	286	1870
非金属矿物制品业	1	16942	27690	2234	9612
黑色金属冶炼和压延加工业	4	8187	15805	1013	1514
有色金属冶炼和压延加工业	152	2723	15639	712	8811
金属制品业		1861	3959	784	24
通用设备制造业	1574	8681	22003	1012	5280
专用设备制造业	1103	272578	231643	6446	114979
汽车制造业	94	59036	58187	3359	8085
铁路、船舶、航空航天和其他运输设备制造业	177	27691	65573	871	4718
电气机械和器材制造业	131	8073	28031	824	964
计算机、通信和其他电子设备制造业	1944	17044	66900	1362	4209
仪器仪表制造业	4	1117	2335	57	－155
废弃资源综合利用业		116	681		2
电力、热力、燃气及水生产和供应业	7264	13504	40334	947	338819
电力、热力生产和供应业	1753	171	21505	208	293940
燃气生产和供应业		2164	1198	18	15
水的生产和供应业	5510	11169	17632	722	44864

单位:万元

#利息支出	营业利润	投资收益	政府补助	营业外收入	营业外支出	利润总额
227369	1004439	49438	95135	198614	59743	1143312
239	921	82	3232	3509	19	4410
26	339				1	338
437	4101		350	350	65	4386
443	914467	15776		1831	18836	897463
5	-2333	150		2	29	-2360
52	77		180	193	8	262
	201			11		212
951	186	54	39	50	12	224
	-53	319	73	73	13	6
4327	10773	75	754	1529	837	11465
833	12467	4		92	27	12535
6678	19898	1469	1467	1931	226	21603
1642	8427		4	330	5	8752
8485	-9112	3	1536	1682	107	-7538
22	23569	800	168	168	3	23734
4874	-2323	146	383	2663	130	210
173601	-137345	15061	19081	81415	33930	-89860
10913	23810	1244	46799	57311	652	80469
7590	118081	9567	6166	15919	3791	130209
851	5604	-1877	4182	4689	22	10271
5286	13977	6566	10723	24834	1029	37782
116	-1140			34	1	-1106
	-153					-153
334073	85788	-2373	28963	47568	12357	120999
289614	112022	5267	24095	34283	12092	134212
	2226			5		2231
44459	-28459	-7640	4868	13280	265	-15444

10-6 续表6

指　　标	所得税费　用	亏损企业亏损额	本年应付职工薪酬	本年应交增值税
总　　计	**349523**	**149301**	**1304511**	**1580777**
按轻重行业分组				
轻工业	258102	15039	435771	1205795
重工业	91421	134262	868740	374982
按登记注册类型分组				
内资企业	347338	148470	1296164	1575056
国有企业	304740	2973	622388	1327061
有限责任公司	38059	52898	366977	152039
国有独资公司	9169	18064	117566	55964
其他有限责任公司	28890	34834	249410	96075
股份有限公司	4538	92599	306800	95956
港、澳、台商投资企业	2186	831	4446	4307
合资经营企业(港或澳、台资)	1628		3751	3793
合作经营企业(港或澳、台资)	557	831	695	514
外商投资企业			3902	1415
中外合资经营企业			3902	1415
按经济组织类型分组				
独资企业	304740	2973	622388	1327061
国有企业	304740	2973	622388	1327061
合作合伙企业	557	831	695	514
合作经营企业(港或澳、台资)	557	831	695	514
股份有限公司	4538	92599	306800	95956
股份有限公司(内资)	4538	92599	306800	95956
有限责任公司	39688	52898	374629	157247
国有独资公司	9169	18064	117566	55964
合资经营企业(港或澳、台资)	1628		3751	3793
中外合资经营企业			3902	1415
其他有限责任公司	28890	34834	249410	96075
在总计中:国有控股企业	349523	149301	1304511	1580777
在总计中:大型企业	326600	97036	975145	1444244
中型企业	15515	6693	86869	47859
小型企业	4212	45572	73741	24656
微型企业	3198		168756	64019
在总计中:园区工业	44559	117632	654252	226276
在总计中:亏损企业	3539	149301	349793	107002

平均用工人数（人）	总资产贡献率（%）	资 产负债率（%）	流动资产周 转 率（次/年）	成本费用利 润 率（%）	产销率（%）
103745	**25.95**	**53.93**	**1.18**	**8.20**	**94.96**
18355	75.63	27.91	1.35	29.47	99.76
85390	5.76	64.51	1.09	2.86	91.51
102820	26.00	53.97	1.18	8.16	94.94
32254	53.60	44.96	1.67	23.19	93.25
46742	7.34	66.59	1.20	5.31	94.87
15340	6.46	72.25	1.20	4.04	93.22
31402	8.28	60.54	1.20	6.30	95.79
23824	2.43	56.40	0.77	-0.76	97.98
526	16.37	45.95	1.09	17.37	98.51
432	20.24	44.50	0.97	19.64	98.14
94	7.41	49.31	2.19	9.14	100.00
399	9.37	43.50	2.19	5.42	99.12
399	9.37	43.50	2.19	5.42	99.12
32254	53.60	44.96	1.67	23.19	93.25
32254	53.60	44.96	1.67	23.19	93.25
94	7.41	49.31	2.19	9.14	100.00
94	7.41	49.31	2.19	9.14	100.00
23824	2.43	56.40	0.77	-0.76	97.98
23824	2.43	56.40	0.77	-0.76	97.98
47573	7.47	66.29	1.20	5.46	94.95
15340	6.46	72.25	1.20	4.04	93.22
432	20.24	44.50	0.97	19.64	98.14
399	9.37	43.50	2.19	5.42	99.12
31402	8.28	60.54	1.20	6.30	95.79
103745	25.95	53.93	1.18	8.20	94.96
63300	30.12	50.83	1.05	10.24	94.29
15398	9.21	59.34	2.14	5.64	97.68
9301	3.72	70.22	1.20	0.01	93.71
15746	5.91	75.06	13.54	1.23	99.64
67159	4.65	57.90	0.93	2.36	96.83
27955	1.98	63.49	0.73	2.58	98.32

10－6 续表7

指　　标	所得税费　用	亏损企业亏 损 额	本年应付职工薪酬	本年应交增 值 税
按行业大类分组				
制造业	293757	123600	1043129	1403915
农副食品加工业	775		3738	8
食品制造业			2333	143
酒、饮料和精制茶制造业	1112		2540	1023
烟草制品业	254518		357766	1166973
纺织业		2360	2508	83
纺织服装、服饰业	21		1767	688
造纸和纸制品业	33		960	513
印刷和记录媒介复制业		428	17690	4148
文教、工美、体育和娱乐用品制造业			1621	43
化学原料和化学制品制造业	603		20700	6866
医药制造业	884		15325	14199
非金属矿物制品业	2615	3736	21880	20131
黑色金属冶炼和压延加工业	21	1595	15449	2018
有色金属冶炼和压延加工业	－174	16308	12520	6857
金属制品业	3560		3742	4907
通用设备制造业	272	3587	31490	4758
专用设备制造业	3482	92176	310435	92113
汽车制造业	3146	238	64645	24774
铁路、船舶、航空航天和其他运输设备制造业	19671	747	88684	32918
电气机械和器材制造业	1356		11739	3069
计算机、通信和其他电子设备制造业	1861	952	53518	17097
仪器仪表制造业	3	1321	1949	586
废弃资源综合利用业		153	131	
电力、热力、燃气及水生产和供应业	55767	25701	261382	176862
电力、热力生产和供应业	54510	6382	233225	161020
燃气生产和供应业	558		1003	824
水的生产和供应业	699	19319	27153	15017

平均用工人数（人）	总资产贡献率（%）	资　产负债率（%）	流动资产周转率（次/年）	成本费用利润率（%）	产销率（%）
81978	31.72	45.57	1.08	8.82	98.20
658	8.18	58.95	2.83	4.41	98.67
120	6.38	51.34	3.16	13.94	90.00
479	17.45	42.98	3.47	7.16	77.12
10866	90.00	17.44	1.35	40.78	100.28
325	-9.81	81.89	0.47	-37.74	104.99
165	6.78	42.24	0.67	2.76	104.43
110	5.52	49.27	1.23	1.47	84.70
1114	5.06	57.19	1.29	0.22	100.00
229	0.79	42.62	0.40	0.21	93.56
2865	7.69	47.58	2.02	4.10	96.30
1047	14.66	64.84	4.47	3.80	100.00
3403	8.12	60.66	1.34	4.82	96.26
2437	3.45	56.71	1.30	3.05	98.00
1515	2.94	76.18	1.97	-2.77	89.54
567	38.68	15.03	4.69	8.36	97.22
3905	2.89	76.64	0.58	0.14	108.40
23432	2.10	59.30	0.75	-1.62	98.64
7684	9.78	70.34	1.16	7.06	96.27
10054	10.86	47.55	0.71	20.02	90.11
4759	3.96	56.12	1.70	2.60	99.17
5887	4.65	48.46	1.08	5.56	89.13
314	-1.20	45.94	0.43	-9.22	99.71
43	-4.93	17.89	1.22	-7.18	99.05
21767	8.08	79.82	5.00	4.92	70.78
18871	8.80	78.91	13.73	6.02	69.08
196	26.21	22.52	3.82	11.43	100.00
2700	3.77	85.64	0.50	-7.27	88.60

10－7 规模以上大中型工业企业主要经济指标(2016年)

指标	企业单位数(个)	#亏损企业(个)	工业总产值(当年价格)	#新产品产值	工业销售产值(当年价)	#出口交货值
总计	**410**	**20**	**74148116**	**33902075**	**71213820**	**4853258**
按轻重行业分组						
轻工业	192	7	21568398	10410036	21050280	560659
重工业	218	13	52579718	23492039	50163540	4292599
按登记注册类型分组						
内资企业	364	15	59882636	24542594	57093419	1710792
国有企业	6	1	10502643	6136036	9790827	56812
集体企业	6		143985		142213	4159
有限责任公司	80	7	13298524	4523912	12930355	319184
国有独资公司	12	2	1681084	516422	1574664	85481
其他有限责任公司	68	5	11617440	4007490	11355692	233703
股份有限公司	36	1	9906960	4542623	9296600	243276
私营企业	231	6	25943893	9340023	24847433	1077127
私营独资企业	19		499352	36097	455032	68105
私营合伙企业	6		134733	974	126084	
私营有限责任公司	180	6	22714111	7926254	21812686	979894
私营股份有限公司	26		2595697	1376698	2453631	29128
其他企业	5		86631		85991	10233
港、澳、台商投资企业	22	3	8614905	5962425	8484163	2930411
合资经营企业(港或澳、台资)	9	2	2509556	2144094	2509326	2055563
港、澳、台商独资经营企业	8	1	927706	429350	760039	97718
港、澳、台商投资股份有限公司	5		5177643	3388981	5214799	777130
外商投资企业	24	2	5650574	3397056	5636237	212055
中外合资经营企业	7	1	3449197	2339584	3348449	17570
外资企业	16	1	1676442	532538	1762854	194486
外商投资股份有限公司	1		524935	524935	524935	
按经济组织类型分组						
独资企业	55	3	13750128	7134020	12910964	421280
国有企业	6	1	10502643	6136036	9790827	56812
集体企业	6		143985		142213	4159
私营独资企业	19		499352	36097	455032	68105
港澳台商独资经营企业	8	1	927706	429350	760039	97718
外资企业	16	1	1676442	532538	1762854	194486
合作合伙企业	11		221364	974	212075	10233
私营合伙企业	6		134733	974	126084	
其他企业(内资)	5		86631		85991	10233
股份有限公司	68	1	18205235	9833237	17489965	1049534
股份有限公司(内资)	36	1	9906960	4542623	9296600	243276
私营股份有限公司	26		2595697	1376698	2453631	29128
港澳台商投资股份有限公司	5		5177643	3388981	5214799	777130
外商投资股份有限公司	1		524935	524935	524935	
有限责任公司	276	16	41971388	16933843	40600816	3372211
国有独资公司	12	2	1681084	516422	1574664	85481
私营有限责任公司	180	6	22714111	7926254	21812686	979894
合资经营企业(港或澳、台资)	9	2	2509556	2144094	2509326	2055563
中外合资经营企业	7	1	3449197	2339584	3348449	17570
其他有限责任公司	68	5	11617440	4007490	11355692	233703

单位:万元

流动资产合计	#应收账款	存货	#产成品	固定资产合计	固定资产原价	累计折旧	资产总计
38391406	**12030272**	**11242930**	**2914677**	**18544753**	**28996067**	**10621910**	**68435341**
10033035	1522087	5446318	602767	3202696	5216818	2129186	15662837
28358371	10508185	5796612	2311910	15342058	23779249	8492725	52772505
34052923	10453209	10387238	2552310	15242714	24230353	9041456	59430077
6260763	768871	4616228	158291	5973954	10616304	4650050	14299301
26078	9404	10111	3539	36742	44960	12149	70350
5916678	1423347	1301089	335327	2705238	4243974	1574728	10247233
1816508	330096	223028	61854	1184739	1941728	697715	3806614
4100170	1093251	1078061	273473	1520499	2302247	877012	6440619
9683581	3776931	1967784	1024514	1951730	2752600	859783	14209160
12161699	4472332	2491437	1030538	4572651	6569472	1944103	20595124
46802	11826	10400	6871	81334	83876	10821	154829
29025	9360	12820	3422	36948	47008	14172	68516
10448642	3982666	1961876	791331	3906041	5740453	1767161	17560368
1637231	468481	506341	228914	548328	698135	151949	2811411
4124	2324	588	102	2398	3041	643	8909
2292269	1156668	319019	129482	1755278	2752425	1000869	4974363
701817	256720	131530	35424	959619	1291456	331843	1810999
605402	314836	76178	24930	209212	293132	86202	1053052
985049	585113	111311	69127	586447	1167837	582825	2110311
2046215	420395	536673	232885	1546762	2013289	579586	4030902
1005199	69430	343989	129816	1086229	1364194	344432	2433886
906347	349478	177787	88172	425563	612005	233032	1427375
134670	1487	14897	14897	34971	37090	2123	169640
7845391	1454415	4890704	281802	6726805	11650278	4992253	17004906
6260763	768871	4616228	158291	5973954	10616304	4650050	14299301
26078	9404	10111	3539	36742	44960	12149	70350
46802	11826	10400	6871	81334	83876	10821	154829
605402	314836	76178	24930	209212	293132	86202	1053052
906347	349478	177787	88172	425563	612005	233032	1427375
33148	11684	13408	3524	39347	50049	14815	77425
29025	9360	12820	3422	36948	47008	14172	68516
4124	2324	588	102	2398	3041	643	8909
12440531	4832012	2600334	1337453	3121475	4655662	1596679	19300524
9683581	3776931	1967784	1024514	1951730	2752600	859783	14209160
1637231	468481	506341	228914	548328	698135	151949	2811411
985049	585113	111311	69127	586447	1167837	582825	2110311
134670	1487	14897	14897	34971	37090	2123	169640
18072336	5732162	3738484	1291898	8657127	12640078	4018163	32052487
1816508	330096	223028	61854	1184739	1941728	697715	3806614
10448642	3982666	1961876	791331	3906041	5740453	1767161	17560368
701817	256720	131530	35424	959619	1291456	331843	1810999
1005199	69430	343989	129816	1086229	1364194	344432	2433886
4100170	1093251	1078061	273473	1520499	2302247	877012	6440619

10－7 续表1

指　　标	企业单位数（个）	#亏损企业（个）	工业总产值（当年价格）	#新产品产　值	工业销售产值（当年价）	#出口交货值
在总计中：国有控股企业	42	7	20782704	10528800	19749005	338581
在总计中：大型企业	57	7	49545536	24953070	47711143	3970750
中型企业	353	13	24602580	8949005	23502676	882508
在总计中：园区工业	268	14	58582435	27234783	56674690	4467488
在总计中：亏损企业		20	15662735	8122213	15234763	2720113
按行业大类分组						
采矿业	4	2	91045		89531	
黑色金属矿采选业	2	1	42587		41872	
有色金属矿采选业	2	1	48458		47659	
制造业	399	17	71232664	33902075	69070970	4853258
农副食品加工业	19	1	1420094	248973	1377468	5286
食品制造业	15	1	1296298	611021	1259603	52
酒、饮料和精制茶制造业	8		586735	42443	612986	26680
烟草制品业	2		8220616	6131181	8243322	54904
纺织业	6	1	739108	396463	673729	
纺织服装、服饰业	6		290244	150095	225362	33407
皮革、毛皮、羽毛及其制品和制鞋业	3		200072		187259	
木材加工和木、竹、藤、棕、草制品业	2		74009	3300	73752	
家具制造业	9		551195	233669	528053	
造纸和纸制品业	4	1	281840	87877	275223	
印刷和记录媒介复制业	10	1	696768	232709	681462	3204
文教、工美、体育和娱乐用品制造业	4		99432	12174	96795	37746
化学原料和化学制品制造业	78		3465671	1070711	3375941	311471
医药制造业	18		3095481	1060573	3030376	1968
橡胶和塑料制品业	7		465441	148637	409248	20
非金属矿物制品业	22	1	1940183	849686	1848183	134345
黑色金属冶炼和压延加工业	5		525611	148775	508214	34093
有色金属冶炼和压延加工业	16	1	6592187	1790401	6530234	75953
金属制品业	17		1847172	976871	1795752	4226
通用设备制造业	28	2	2300275	1111971	2195623	183828
专用设备制造业	31	4	15543711	6684929	15053697	724133
汽车制造业	31	1	8112287	3570780	7999902	111019
铁路、船舶、航空航天和其他运输设备制造业	4		855866	409332	768182	10345
电气机械和器材制造业	23	1	2482806	1361019	2313728	27597
计算机、通信和其他电子设备制造业	22	2	8723393	6219172	8302158	3025158
仪器仪表制造业	6		682192	349315	575065	47823
其他制造业	1		34649		24608	
废弃资源综合利用业	2		109328		105044	
电力、热力、燃气及水生产和供应业	7	1	2824406		2053318	
电力、热力生产和供应业	5		2412871		1671607	
燃气生产和供应业	1		257797		248884	
水的生产和供应业	1	1	153739		132827	

单位:万元

流动资产合计	#应收账款	存货	#产成品	固定资产合计	固定资产原价	累计折旧	资产总计
17536937	5005173	6690798	1090580	8795041	14948243	6186358	31256278
32128243	10266135	9914610	2291074	14999235	23757429	9111781	56116333
6263163	1764138	1328321	623603	3545518	5238639	1510129	12319008
30938323	10951501	6400044	2652699	11453761	16812223	5456499	51248376
15124949	5940438	2808089	1230029	4350884	6444366	2192157	23209062
28769	4908	14833	3336	30583	50610	21177	60531
14281	2264	6011	1113	18373	27073	9851	32808
14488	2644	8822	2223	12210	23537	11326	27723
37795309	11900228	11187817	2908326	12691702	18941684	6704567	60353802
337948	69148	111325	65464	285467	340747	73041	720362
357622	26935	75491	28610	366559	463049	98769	872314
157875	38722	34891	23845	111138	181127	71748	285467
6094266	742836	4591212	149542	732295	1896905	1164610	7936254
349587	86888	97012	66543	84676	121072	36396	624711
73056	14684	26033	16694	47502	74241	27733	137742
3814	469	1014	628	34309	39860	6204	38358
1370	1178	90	85	3614	4532	941	9277
35946	6331	7401	5036	21444	33389	15743	93376
33176	8471	14663	9289	49981	57366	7385	104985
180618	55386	70727	23449	118190	282196	167083	343302
8499	2604	2851	1766	6893	9182	2290	18624
788003	206349	194314	105757	548649	635832	203797	1535387
883290	155601	163044	71248	475048	606243	135511	1587236
108448	55244	28315	10841	239665	316720	76694	409649
831530	290966	277187	195151	368841	526905	179408	1383396
258842	68132	58960	13885	126155	172753	47168	419771
1319020	184597	474358	67796	536985	869478	334026	2155876
243737	61949	59831	20282	123509	246646	52454	500029
946600	246318	423659	207717	357914	561787	217696	1585173
15107302	6099800	2870164	1200843	3144737	4846510	1706065	22267100
4361397	1356322	747063	255372	2102572	2651946	774794	7249351
1019847	395498	159011	44245	273425	322424	102970	1562448
1280367	292181	236361	122287	343518	453515	143229	1928123
2334052	1090259	393210	183271	1974942	2948430	987633	5473234
655534	333905	66817	18096	148378	190432	45787	1012416
19705	8134	2158	272	4333	4333	2291	25426
3858	1323	659	313	60966	84065	23104	74416
567328	125136	40280	3015	5822468	10003773	3896167	8021008
245609	58459	18530	3015	5215396	9204713	3671804	6792957
54905	23955	15532		178219	224206	45986	298847
266815	42722	6219		428853	574855	178376	929205

10－7 续表 2

指　　标	流动负债合计	应付账款	负债合计	所有者权益合计	#实收资本	国家资本
总　　计	**24860145**	**7453398**	**37440696**	**30994645**	**8545441**	**2440224**
按轻重行业分组						
轻工业	4533512	1594735	5107048	10555789	1868012	485886
重工业	20326634	5858664	32333649	20438856	6677429	1954338
按登记注册类型分组						
内资企业	20693043	5428238	32611360	26818717	6132389	2403727
国有企业	3283793	1023786	6421799	7877503	1340549	1155498
集体企业	22065	9427	34657	35693	14114	
有限责任公司	5126196	1397805	6213561	4033672	1800727	1014193
国有独资公司	2278011	561618	2742617	1063997	549896	480990
其他有限责任公司	2848185	836187	3470944	2969675	1250832	533203
股份有限公司	4167414	1056326	7436769	6772391	1535368	219557
私营企业	8091303	1939154	12501891	8093233	1439090	14479
私营独资企业	21676	6849	27396	127433	15101	
私营合伙企业	26859	11710	31545	36971	18243	
私营有限责任公司	7032434	1633978	11240107	6320261	892172	7781
私营股份有限公司	1010334	286617	1202843	1608568	513575	6698
其他企业	2272	1741	2683	6226	2541	
港、澳、台商投资企业	2020243	1095776	2352140	2622223	982059	18329
合资经营企业(港或澳、台资)	999532	574226	1222431	588568	625449	12570
港、澳、台商独资经营企业	409555	205150	496017	557034	95959	
港、澳、台商投资股份有限公司	611156	316400	633691	1476620	260650	5759
外商投资企业	2146860	929384	2477196	1553706	1430993	18169
中外合资经营企业	1496993	657540	1780147	653740	833540	18169
外资企业	618740	267452	665923	761452	590589	
外商投资股份有限公司	31126	4392	31126	138514	6863	
按经济组织类型分组						
独资企业	4355828	1512664	7645792	9359114	2056312	1155498
国有企业	3283793	1023786	6421799	7877503	1340549	1155498
集体企业	22065	9427	34657	35693	14114	
私营独资企业	21676	6849	27396	127433	15101	
港澳台商独资经营企业	409555	205150	496017	557034	95959	
外资企业	618740	267452	665923	761452	590589	
合作合伙企业	29131	13451	34228	43197	20784	
私营合伙企业	26859	11710	31545	36971	18243	
其他企业(内资)	2272	1741	2683	6226	2541	
股份有限公司	5820031	1663735	9304429	9996094	2316456	232014
股份有限公司(内资)	4167414	1056326	7436769	6772391	1535368	219557
私营股份有限公司	1010334	286617	1202843	1608568	513575	6698
港澳台商投资股份有限公司	611156	316400	633691	1476620	260650	5759
外商投资股份有限公司	31126	4392	31126	138514	6863	
有限责任公司	14655155	4263548	20456246	11596241	4151889	1052712
国有独资公司	2278011	561618	2742617	1063997	549896	480990
私营有限责任公司	7032434	1633978	11240107	6320261	892172	7781
合资经营企业(港或澳、台资)	999532	574226	1222431	588568	625449	12570
中外合资经营企业	1496993	657540	1780147	653740	833540	18169
其他有限责任公司	2848185	836187	3470944	2969675	1250832	533203

单位:万元

					主营业务收入	主营业务成本	主营业务税金及附加
集体资本	法人资本	个人资本	港澳台资本	外商资本			
73740	**2600702**	**1753916**	**397773**	**1279086**	**70167565**	**53776500**	**5746211**
62384	429486	561882	57895	270479	20402235	11177597	5228143
11356	2171216	1192034	339878	1008607	49765330	42598904	518067
66877	1682963	1738195		240628	56463267	41820656	5468204
	51			185000	10504872	3539417	5095250
646	7185	6283			136145	113710	658
962	636569	149004			13199719	11303602	115276
	36114	32792			2119928	1795403	53223
962	600455	116212			11079791	9508200	62054
14121	356130	899932		45628	9098119	7743473	46107
51148	682828	680635		10000	23441494	19055222	200615
	1730	13371			457537	387448	12123
	9495	8748			128947	106654	1557
6481	537999	329910		10000	20457882	16805915	171300
44667	133604	328606			2397128	1755205	15636
	200	2341			82919	65233	10298
	518734	14270	397673	33054	8453404	7725061	32260
	421858	11424	179598		2487386	2273283	12041
	13770		52903	29287	808001	622874	7548
	83106	2847	165172	3767	5158017	4828903	12671
6863	399005	1451	100	1005404	5250894	4230783	245748
	397350	1451		416571	3300487	2721241	234480
	1655		100	588834	1840334	1434660	10668
6863					110074	74883	600
646	24391	19654	53003	803120	13746889	6098109	5126246
	51			185000	10504872	3539417	5095250
646	7185	6283			136145	113710	658
	1730	13371			457537	387448	12123
	13770		52903	29287	808001	622874	7548
	1655		100	588834	1840334	1434660	10668
	9695	11089			211866	171887	11855
	9495	8748			128947	106654	1557
	200	2341			82919	65233	10298
65651	572840	1231384	165172	49395	16763337	14402463	75013
14121	356130	899932		45628	9098119	7743473	46107
44667	133604	328606			2397128	1755205	15636
	83106	2847	165172	3767	5158017	4828903	12671
6863					110074	74883	600
7444	1993776	491789	179598	426571	39445474	33104041	533097
	36114	32792			2119928	1795403	53223
6481	537999	329910		10000	20457882	16805915	171300
	421858	11424	179598		2487386	2273283	12041
	397350	1451		416571	3300487	2721241	234480
962	600455	116212			11079791	9508200	62054

10－7 续表 3

指　　标	流动负债合计	应付账款	负债合计	所有者权益合计	#实收资本	国家资本
在总计中:国有控股企业	10032294	2882858	16567709	14688570	3532776	2399226
在总计中:大型企业	20368845	6143954	31821262	24295072	5925991	2100659
中型企业	4491300	1309444	5619434	6699573	2619449	339565
在总计中:园区工业	20180688	6162426	29325990	21922384	6774283	1244374
在总计中:亏损企业	8452122	2114331	15136834	8072228	1736477	216742
按行业大类分组						
采矿业	22896	4867	27455	33077	11408	
黑色金属矿采选业	12645	1966	15505	17303	5700	
有色金属矿采选业	10251	2901	11950	15774	5708	
制造业	22014117	7083792	31124904	29228898	7464378	1630119
农副食品加工业	190672	36958	249417	470945	126994	
食品制造业	337820	64974	357295	515019	212707	
酒、饮料和精制茶制造业	116744	42563	121835	163632	60322	4426
烟草制品业	1384272	743763	1384273	6551981	446000	446000
纺织业	278898	92348	337720	286991	97164	
纺织服装、服饰业	42401	13010	45364	92379	24536	
皮革、毛皮、羽毛及其制品和制鞋业	82		4651	33708	4480	
木材加工和木、竹、藤、棕、草制品业	4062	570	4062	5215	1000	
家具制造业	20341	3127	34201	59175	7952	
造纸和纸制品业	40482	17641	53626	51358	18238	
印刷和记录媒介复制业	159256	75052	193156	150146	39569	
文教、工美、体育和娱乐用品制造业	7157	2144	9789	8835	6094	
化学原料和化学制品制造业	577793	224713	682146	853241	230136	25900
医药制造业	485002	162922	569501	1017735	295499	9789
橡胶和塑料制品业	55518	28031	100285	309363	212850	
非金属矿物制品业	610676	205011	747715	635681	148564	31508
黑色金属冶炼和压延加工业	206638	19103	231836	187934	62427	19625
有色金属冶炼和压延加工业	708401	109775	1100004	1055872	370610	
金属制品业	105914	37415	134895	365134	108490	
通用设备制造业	680166	176508	920861	664312	210777	63063
专用设备制造业	7180633	1465293	13666426	8600674	1162450	184127
汽车制造业	4999750	1878441	5524100	1725252	1379352	199676
铁路、船舶、航空航天和其他运输设备制造业	666807	219188	735683	826765	418500	416500
电气机械和器材制造业	777294	270030	904031	1024091	518728	32811
计算机、通信和其他电子设备制造业	2030032	995233	2580558	2892676	1224840	196694
仪器仪表制造业	322670	187204	388133	624283	55600	
其他制造业	7928	3251	9928	15498	1000	
废弃资源综合利用业	16708	9524	33412	41004	19500	
电力、热力、燃气及水生产和供应业	2823132	364740	6288338	1732670	1069655	810105
电力、热力生产和供应业	1961902	284347	5215453	1577504	1001055	778355
燃气生产和供应业	188502	10418	236452	62394	15000	6750
水的生产和供应业	672727	69974	836433	92772	53600	25000

单位:万元

集体资本	法人资本	个人资本	港澳台资本	外商资本	主营业务收入	主营业务成本	主营业务税金及附加
782	384381	507482	175	240729	20726021	12418195	5185035
9340	1682811	1006331	372206	754645	47488619	35582581	5498346
64400	917891	747585	25567	524442	22678946	18193919	247865
64033	2438285	1550982	397214	1079396	55020265	46323469	548377
	772881	430329	173986	142539	14619175	13119096	107662
	10700	708			89531	72817	974
	5200	500			41872	34423	434
	5500	208			47659	38394	540
73740	2532297	1744613	397773	1085836	67317666	51472494	5722354
2702	74936	48926		431	1268811	1062238	5599
6863	27128	152240	189	26287	760581	556696	4591
2000	4211	8702	19422	21562	590873	433435	2039
					8244147	1694205	5077376
	1821	95343			623533	452657	4820
		21718		2818	274810	193584	1483
	280	4200			187259	164888	1067
		1000			73752	63546	1990
	1000	6952			546880	425117	6233
	15752	2486			275018	215355	1001
100	32464	7005			672724	545724	6093
100		2994		3000	87463	76845	1734
3375	127407	73084	370		3403797	2660629	97732
2158	154085	128025		1443	2996132	2294120	13187
	30134	2589		180128	451484	362435	5224
8978	45001	58078		5000	1826005	1422121	23259
	10250	26101		6451	450496	379312	334
2000	325685	42925			6504652	5862963	27989
	42927	61390	1174	3000	1783064	1381170	16414
782	100156	46776			1997021	1579179	18907
	315234	618331		44759	14420976	12631009	67338
16	581159	28544	13258	556699	7859783	6372802	292630
		2000			749870	541324	6051
44667	48694	138834	37914	215808	2116862	1761761	11261
	589088	120536	300070	18452	8404321	7790686	22983
	1386	39414	14800		621319	462836	3672
		1000			20732	11476	121
	3500	5424	10577		105304	74384	1226
	57705	8595		193250	2760368	2231189	22883
	29105	8595		185000	2381785	1926965	19861
				8250	250165	195701	1963
	28600				128419	108522	1060

10－7 续表4

指　　标	其他业务利润	销售费用	管理费用	#税金	财务费用
总　　计	**7261**	**2637237**	**3598171**	**310895**	**814399**
按轻重行业分组					
轻工业	－51592	1034150	1076832	77893	64823
重工业	58853	1603087	2521339	233002	749576
按登记注册类型分组					
内资企业	－7644	2259366	3022298	295167	774417
国有企业	－64415	112046	436089	16336	266017
集体企业		6048	5450	514	1231
有限责任公司	18890	404443	682373	44597	128045
国有独资公司	6260	74249	122041	9853	63034
其他有限责任公司	12630	330194	560332	34744	65012
股份有限公司	1066	549485	451429	25378	133715
私营企业	36816	1186430	1445182	208260	245221
私营独资企业		10796	11983	64	2689
私营合伙企业		5386	4992	469	1455
私营有限责任公司	36546	1003049	1241178	199512	222568
私营股份有限公司	270	167200	187029	8215	18509
其他企业		915	1776	83	188
港、澳、台商投资企业	2518	153489	299858	5519	15396
合资经营企业(港或澳、台资)	1409	43329	173532	1368	30040
港、澳、台商独资经营企业	1109	50431	60199	3793	11411
港、澳、台商投资股份有限公司		59729	66127	357	－26055
外商投资企业	12387	224383	276015	10209	24587
中外合资经营企业	7481	105460	165677	3575	27788
外资企业	4907	105228	104643	6512	－515
外商投资股份有限公司		13694	5695	122	－2686
按经济组织类型分组					
独资企业	－58400	284549	618363	27218	280833
国有企业	－64415	112046	436089	16336	266017
集体企业		6048	5450	514	1231
私营独资企业		10796	11983	64	2689
港澳台商独资经营企业	1109	50431	60199	3793	11411
外资企业	4907	105228	104643	6512	－515
合作合伙企业		6300	6768	552	1642
私营合伙企业		5386	4992	469	1455
其他企业(内资)		915	1776	83	188
股份有限公司	1335	790108	710280	34073	123483
股份有限公司(内资)	1066	549485	451429	25378	133715
私营股份有限公司	270	167200	187029	8215	18509
港澳台商投资股份有限公司		59729	66127	357	－26055
外商投资股份有限公司		13694	5695	122	－2686
有限责任公司	64325	1556281	2262760	249052	408441
国有独资公司	6260	74249	122041	9853	63034
私营有限责任公司	36546	1003049	1241178	199512	222568
合资经营企业(港或澳、台资)	1409	43329	173532	1368	30040
中外合资经营企业	7481	105460	165677	3575	27788
其他有限责任公司	12630	330194	560332	34744	65012

单位:万元

#利息支出	营业利润	投资收益	政府补助	营业外收入	营业外支出	利润总额
949820	**3407744**	**54049**	**233998**	**518799**	**141206**	**3785579**
81197	1824620	-530	30492	61039	26718	1859183
868623	1583124	54579	203506	457760	114488	1926395
893314	2932774	47040	183822	420156	127710	3225218
269994	1012481	21154	23660	34601	25327	1021755
472	9049			3	2	9049
144953	618689	7962	56433	126312	21257	723742
62856	34554	-5061	41278	60124	7135	87543
82097	584136	13023	15156	66187	14122	636200
197091	170925	28398	47832	119597	36986	253537
280609	1117120	-10474	55897	139643	44138	1212625
2681	24205	-8293				24205
1462	8905			10		8915
255429	856321	7008	45954	112417	40684	928055
21036	227689	-9189	9943	27216	3455	251450
196	4510					4510
23679	244179	5549	19213	39728	2512	281638
15030	-39927	1241	4721	17221	258	-22964
4374	68126	3258	244	6298	221	74446
4274	215979	1051	14249	16209	2033	230155
32828	230791	1460	30964	58915	10984	278723
28926	17289	1850	26380	47811	4830	60270
3430	195615	-390	4381	10624	6130	200109
472	17888		203	480	25	18344
280951	1309476	15728	28284	51526	31680	1329565
269994	1012481	21154	23660	34601	25327	1021755
472	9049			3	2	9049
2681	24205	-8293				24205
4374	68126	3258	244	6298	221	74446
3430	195615	-390	4381	10624	6130	200109
1658	13414			10		13424
1462	8905			10		8915
196	4510					4510
222874	632481	20259	72227	163502	42497	753486
197091	170925	28398	47832	119597	36986	253537
21036	227689	-9189	9943	27216	3455	251450
4274	215979	1051	14249	16209	2033	230155
472	17888		203	480	25	18344
444338	1452373	18062	133487	303761	67029	1689103
62856	34554	-5061	41278	60124	7135	87543
255429	856321	7008	45954	112417	40684	928055
15030	-39927	1241	4721	17221	258	-22964
28926	17289	1850	26380	47811	4830	60270
82097	584136	13023	15156	66187	14122	636200

10－7 续表5

指　　标	其他业务利润	销售费用	管理费用	#税金	财务费用
在总计中:国有控股企业	－49782	553278	960734	37071	457753
在总计中:大型企业	－29487	1542273	2310887	186519	696141
中型企业	36748	1094964	1287284	124376	118259
在总计中:园区工业	66515	2372601	3005273	285675	472850
在总计中:亏损企业	22933	641287	739664	61706	348768
按行业大类分组					
采矿业		3961	5432	869	240
黑色金属矿采选业		1741	2331	460	134
有色金属矿采选业		2220	3101	409	106
制造业	－663	2617176	3534788	308887	493308
农副食品加工业	28	53306	87698	15034	4501
食品制造业	1109	75162	54510	7641	2083
酒、饮料和精制茶制造业	185	96589	21496	3552	219
烟草制品业	－64564	110726	403516	16101	－7867
纺织业	128	72353	39509	5308	926
纺织服装、服饰业	2	28197	20628	355	2607
皮革、毛皮、羽毛及其制品和制鞋业		4240	4238	195	536
木材加工和木、竹、藤、棕、草制品业		1676	1676	5	789
家具制造业	54	22704	32966	4714	2159
造纸和纸制品业	－463	29669	17175	1022	1651
印刷和记录媒介复制业	3046	24544	45198	6005	3215
文教、工美、体育和娱乐用品制造业		2078	2493	167	1162
化学原料和化学制品制造业	3328	193424	182096	11822	22817
医药制造业		302117	141114	5668	3850
橡胶和塑料制品业	657	18948	23871	3349	1180
非金属矿物制品业	1	83525	108401	9641	18312
黑色金属冶炼和压延加工业	22140	23159	23957	1196	4364
有色金属冶炼和压延加工业		88894	218715	16054	33154
金属制品业		79425	111899	12753	5197
通用设备制造业	6110	118090	150691	13439	21494
专用设备制造业	11185	696909	680556	70928	302026
汽车制造业	12898	259868	561178	88993	47385
铁路、船舶、航空航天和其他运输设备制造业		26330	62466	871	4557
电气机械和器材制造业	1025	84200	137373	4115	931
计算机、通信和其他电子设备制造业	2469	66568	331230	6818	9268
仪器仪表制造业		44693	57032	2633	5792
其他制造业		3618	3740	144	41
废弃资源综合利用业		6163	9367	367	958
电力、热力、燃气及水生产和供应业	7924	16100	57952	1139	320852
电力、热力生产和供应业	1753	171	29040	208	283318
燃气生产和供应业	674	5935	17206	274	1669
水的生产和供应业	5497	9994	11706	657	35864

单位:万元

#利息支出	营业利润	投资收益	政府补助	营业外收入	营业外支出	利润总额
522937	1103981	46159	110861	227175	69487	1261668
830624	1658340	86478	190299	422403	112841	1967903
119196	1749403	-32429	43699	96396	28366	1817676
606397	2157861	67160	205372	450869	110260	2498713
429981	-507801	63139	27608	161067	68653	-415388
156	6108		2	11	16	6102
49	2810		2	2		2812
107	3298			9	16	3290
632369	3254641	49417	203159	467772	128800	3593856
5045	95556	108	2185	2793	2754	95595
5768	80942	6915	2276	2544	414	83316
761	38056	31	2349	4433	523	41965
443	914467	15776		1831	18836	897463
1334	53726	496	102	798	58	54465
1167	28314		307	430	248	28496
536	9395	-2895				9395
789	4074					4074
2155	57757			11	94	57674
1657	9778		575	612	98	10292
3608	51790	557	113	117	22	51885
573	3150				37	3113
24969	246498	-3393	959	9036	5523	250011
6099	243469	1394	3979	8642	552	251559
1136	33889	-13475	1790	1921	185	35625
18768	163438	-5512	6626	11268	1001	173705
4406	18286		129	160	2549	15898
45241	260294	-6632	1328	4900	2315	262878
4967	183574	-2819	706	824	133	184265
20103	121799	2020	632	20622	4456	137964
395158	-160003	61191	26022	150530	67674	-77148
48801	310107	-19384	98291	135842	11362	434587
7349	121048	9709	3956	13337	3787	130599
5870	111831	-3679	19759	26211	1433	136608
24169	190528	7815	27194	57545	3627	244446
494	47984	1176	1053	10238	186	58036
41	1688	19	264	558	130	2116
965	13207		2568	2572	802	14977
317296	146995	4632	30837	51016	12391	185620
277222	134590	8171	23516	37769	11973	160386
4263	32441	4107	3971	4086	287	36240
35810	20036	-7645	3350	9161	130	-11005

10－7 续表6

指　　标	所得税费　用	亏损企业亏损额	本年应付职工薪酬	本年应交增值税
总　　计	**692650**	**415388**	**3810433**	**2795937**
按轻重行业分组				
轻工业	373160	24142	1030536	1571162
重工业	319490	391246	2779897	1224775
按登记注册类型分组				
内资企业	648339	300798	2843074	2380627
国有企业	304669	2360	612668	1326359
集体企业	817		17717	3960
有限责任公司	100689	30567	545588	291989
国有独资公司	8095	11254	112188	52573
其他有限责任公司	92594	19313	433400	239416
股份有限公司	39515	78074	497922	235957
私营企业	202648	189797	1162987	516834
私营独资企业	3630		23591	9601
私营合伙企业	1601		19952	4281
私营有限责任公司	163737	189797	939773	410990
私营股份有限公司	33680		179671	91963
其他企业			6192	5528
港、澳、台商投资企业	3265	77724	721876	272566
合资经营企业(港或澳、台资)	－8136	76893	434701	20351
港、澳、台商独资经营企业	9068	831	50238	31985
港、澳、台商投资股份有限公司	2334		236937	220230
外商投资企业	41046	36866	245483	142744
中外合资经营企业	6483	36788	110863	90696
外资企业	32239	78	126801	47051
外商投资股份有限公司	2324		7819	4998
按经济组织类型分组				
独资企业	350424	3268	831014	1418956
国有企业	304669	2360	612668	1326359
集体企业	817		17717	3960
私营独资企业	3630		23591	9601
港澳台商独资经营企业	9068	831	50238	31985
外资企业	32239	78	126801	47051
合作合伙企业	1601		26145	9808
私营合伙企业	1601		19952	4281
其他企业(内资)			6192	5528
股份有限公司	77853	78074	922349	553148
股份有限公司(内资)	39515	78074	497922	235957
私营股份有限公司	33680		179671	91963
港澳台商投资股份有限公司	2334		236937	220230
外商投资股份有限公司	2324		7819	4998
有限责任公司	262772	334046	2030924	814025
国有独资公司	8095	11254	112188	52573
私营有限责任公司	163737	189797	939773	410990
合资经营企业(港或澳、台资)	－8136	76893	434701	20351
中外合资经营企业	6483	36788	110863	90696
其他有限责任公司	92594	19313	433400	239416

平均用工人数（人）	总资产贡献率（%）	资产负债率（%）	流动资产周转率（次/年）	成本费用利润率（%）	产销率（%）
436839	**19.40**	**54.71**	**1.83**	**6.22**	**96.04**
123234	55.80	32.61	2.03	13.92	97.60
313605	8.60	61.27	1.75	4.06	95.40
327176	20.14	54.87	1.66	6.74	95.34
31007	53.94	44.91	1.68	23.47	93.22
3429	20.10	49.26	5.22	7.16	98.77
74415	12.45	60.64	2.23	5.78	97.23
14328	6.73	72.05	1.17	4.26	93.67
60087	15.83	53.89	2.70	6.08	97.75
53858	5.16	52.34	0.94	2.86	93.84
162779	10.73	60.70	1.93	5.53	95.77
7539	31.40	17.69	9.78	5.86	91.12
3325	23.66	46.04	4.44	7.52	93.58
128873	10.06	64.01	1.96	4.82	96.03
23042	13.52	42.78	1.46	11.82	94.53
1688	230.45	30.12	20.11	6.62	99.26
84739	12.27	47.29	3.69	3.44	98.48
40674	1.35	67.50	3.54	-0.91	99.99
8624	11.24	47.10	1.33	9.99	81.93
35441	22.15	30.03	5.24	4.67	100.72
24924	17.37	61.46	2.57	5.86	99.75
10655	17.03	73.14	3.28	2.00	97.08
13843	18.30	46.65	2.03	12.17	105.15
426	14.39	18.35	0.82	20.03	100.00
64442	47.96	44.96	1.75	18.26	93.90
31007	53.94	44.91	1.68	23.47	93.22
3429	20.10	49.26	5.22	7.16	98.77
7539	31.40	17.69	9.78	5.86	91.12
8624	11.24	47.10	1.33	9.99	81.93
13843	18.30	46.65	2.03	12.17	105.15
5013	47.46	44.21	6.39	7.19	95.80
3325	23.66	46.04	4.44	7.52	93.58
1688	230.45	30.12	20.11	6.62	99.26
112767	8.31	48.21	1.35	4.70	96.07
53858	5.16	52.34	0.94	2.86	93.84
23042	13.52	42.78	1.46	11.82	94.53
35441	22.15	30.03	5.24	4.67	100.72
426	14.39	18.35	0.82	20.03	100.00
254617	10.86	63.82	2.18	4.52	96.73
14328	6.73	72.05	1.17	4.26	93.67
128873	10.06	64.01	1.96	4.82	96.03
40674	1.35	67.50	3.54	-0.91	99.99
10655	17.03	73.14	3.28	2.00	97.08
60087	15.83	53.89	2.70	6.08	97.75

10－7 续表 7

指　　标	所得税费　用	亏损企业亏 损 额	本年应付职工薪酬	本年应交增 值 税
在总计中:国有控股企业	345265	103729	1230447	1554551
在总计中:大型企业	429024	389575	2775008	2155452
中型企业	263626	25813	1035425	640485
在总计中:园区工业	361614	399772	2845811	1324605
在总计中:亏损企业	－22637	415388	1083736	220569
按行业大类分组				
采矿业	1465	330	13422	3713
黑色金属矿采选业	625	240	5918	1709
有色金属矿采选业	840	90	7504	2004
制造业	625352	404052	3520325	2608096
农副食品加工业	9544	78	50303	13693
食品制造业	14060	1269	57329	24873
酒、饮料和精制茶制造业	10139		36039	20997
烟草制品业	254518		357766	1166973
纺织业	6782	2360	27522	23050
纺织服装、服饰业	4362		25490	7576
皮革、毛皮、羽毛及其制品和制鞋业	2349		3936	4750
木材加工和木、竹、藤、棕、草制品业			1811	223
家具制造业	8894		22134	12312
造纸和纸制品业	1509	3607	12255	5890
印刷和记录媒介复制业	8957	4992	43045	17416
文教、工美、体育和娱乐用品制造业			6599	498
化学原料和化学制品制造业	30492		214048	122505
医药制造业	17056		103916	126331
橡胶和塑料制品业	6615		23904	14299
非金属矿物制品业	29196	249	96752	77688
黑色金属冶炼和压延加工业	1014		26863	6665
有色金属冶炼和压延加工业	41378	497	107328	84745
金属制品业	27583		56640	50491
通用设备制造业	27860	4032	151371	58655
专用设备制造业	33693	267606	745941	220881
汽车制造业	41897	36788	344063	183560
铁路、船舶、航空航天和其他运输设备制造业	20173		87334	32634
电气机械和器材制造业	23088	831	111789	53776
计算机、通信和其他电子设备制造业	－6257	81744	756542	239948
仪器仪表制造业	6377		41021	30681
其他制造业	306		2622	1023
废弃资源综合利用业	3769		5965	5964
电力、热力、燃气及水生产和供应业	65832	11005	276686	184129
电力、热力生产和供应业	57504		237871	162001
燃气生产和供应业	8287		17696	7991
水的生产和供应业	41	11005	21118	14137

平均用工人数（人）	总资产贡献率（%）	资　产负债率（%）	流动资产周 转 率（次/年）	成本费用利 润 率（%）	产销率（%）
94225	27.27	53.01	1.18	8.77	95.03
264482	18.63	56.71	1.48	4.90	96.30
172357	22.93	45.62	3.62	8.78	95.53
338848	9.71	57.22	1.78	4.79	96.74
92869	1.48	65.22	0.97	-2.80	97.27
2447	18.08	45.36	3.11	7.40	98.34
1075	15.25	47.26	2.93	7.28	98.32
1372	21.43	43.10	3.29	7.51	98.35
411176	20.81	51.57	1.78	6.18	96.97
8130	16.65	34.62	3.75	7.92	97.00
9371	13.59	40.96	2.13	12.10	97.17
7612	23.04	42.68	3.74	7.61	104.47
10866	90.00	17.44	1.35	40.78	100.28
5098	13.39	54.06	1.78	9.63	91.15
5496	28.11	32.93	3.76	11.63	77.65
1648	41.05	12.12	49.10	5.40	93.60
477	76.29	43.79	53.82	6.02	99.65
3592	83.93	36.63	15.21	11.94	95.80
2447	17.95	51.08	8.29	3.90	97.65
5228	23.01	56.26	3.72	8.39	97.80
1868	31.78	52.56	10.29	3.77	97.35
41620	32.25	44.43	4.32	8.17	97.41
12997	25.02	35.88	3.39	9.18	97.90
3376	13.74	24.48	4.16	8.77	87.93
14218	21.21	54.05	2.20	10.64	95.26
3866	6.50	55.23	1.74	3.69	96.69
16362	19.52	51.02	4.93	4.24	99.06
7999	51.22	26.98	7.32	11.68	97.22
18050	14.86	58.09	2.11	7.38	95.45
63870	2.72	61.37	0.95	-0.54	96.85
45348	13.24	76.20	1.80	6.00	98.61
10095	11.30	47.09	0.74	20.58	89.75
17878	10.76	46.89	1.65	6.88	93.19
85706	9.71	47.15	3.60	2.98	95.17
6867	9.17	38.34	0.95	10.18	84.30
425	12.98	39.05	1.05	11.21	71.02
666	31.08	44.90	27.29	16.48	96.08
23216	8.85	78.40	4.87	7.07	72.70
19870	9.12	76.78	9.70	7.16	69.28
1330	16.88	79.12	4.56	16.43	96.54
2016	4.30	90.02	0.48	-6.63	86.40

10－8 规模以上工业企业主要能源按行业分组消费量(2016年)

行业	能源合计(吨标准煤)	原煤(吨)	其他洗煤(吨)	煤制品(吨)	焦炭(吨)	天然气(万立方米)	液化天然气(吨)	汽油(吨)
总计	**5743282**	**3627895**	**250**	**6323**	**22862**	**51452**	**9808**	**88394**
采矿业	25801	18477						964
1. 煤炭开采和洗选业								
2. 石油和天然气开采业								
3. 黑色金属矿采选业	6705	4141						339
4. 有色金属矿采选业	4707	1843						142
5. 非金属矿采选业	14389	12493						483
6. 开采辅助活动								
7. 其他采矿业								
制造业	3663721	1600662	250	6323	22862	51452	9808	86257
1. 农副食品加工业	109379	25847	250	158	70	1616	1307	2751
2. 食品制造业	90011	43516				1635	277	891
3. 酒、饮料和精制茶制造业	61732	17425				1725		1178
4. 烟草制品业	22289					1086		
5. 纺织业	13816	160				269		1567
6. 纺织服装、服饰业	11066	3655				200		763
7. 皮革、毛皮、羽毛及其制品和制鞋业	3968	610						462
8. 木材加工和木、竹、藤、棕、草制品业	4662	633						241
9. 家具制造业	12171	4705				135		662
10. 造纸和纸制品业	101130	53502				249		700
11. 印刷和记录媒介复制业	48408	9880				1028		3000
12. 文教、工美、体育和娱乐用品制造业	4294	605				45	86	464
13. 石油加工、炼焦和核燃料加工业	7532	4210				29	4	518
14. 化学原料和化学制品制造业	258708	89130		1024	877	2096		9227
15. 医药制造业	237841	217404				1942	7	3796
16. 化学纤维制造业	14							
17. 橡胶和塑料制品业	81384	17300		7		1663	308	3327
18. 非金属矿物制品业	941559	800576		84	1481	6280	5364	6963
19. 黑色金属冶炼和压延加工业	104157	15947		4997	6329	364		2327
20. 有色金属冶炼和压延加工业	413152	9399			10	18346		5242
21. 金属制品业	81517	5357			3682	1343	75	7492
22. 通用设备制造业	161310	41480			3849	3094	39	9228
23. 专用设备制造业	248916	77218			3236	2131	1017	10974
24. 汽车制造业	184238	32436		53	153	4805	251	6119
25. 铁路、船舶、航空航天和其他运输设备制造业	17971				2245	176	1069	380
26. 电气机械和器材制造业	93586	15790				593	3	4460
27. 计算机、通信和其他电子设备制造业	320106	106704				265	1	2516
28. 仪器仪表制造业	11997	4423			931	27		705
29. 其他制造业	8911	2750				301		74
30. 废弃资源综合利用业	7665					10		173
31. 金属制品、机械和设备修理业	229							57
电力、热力、燃气及水生产和供应业	2053761	2008757						1174
1. 电力、热力生产和供应业	2000832	2008652						31
2. 燃气生产和供应业	5555	45						215
3. 水的生产和供应业	47373	60						928

煤油（吨）	柴油（吨）	燃料油（吨）	液化石油气（吨）	润滑油（吨）	石蜡（吨）	溶剂油（吨）	石油焦（吨）	石油沥青（吨）	其他石油制品（吨）
368	**93865**	**192**	**487**	**5242**	**1230**	**7840**	**544**	**449**	**9650**
	2175								
	551								
	335								
	1290								
368	90193	192	487	5242	1230	7840	544	449	9650
	1322								5
	1093		86						1795
	1031		63						
	47								
	1399								
	235								
	640								
	208								
16	634								4
	447								10
	2106								
	165			3					
	255								
131	4110	8				7824			
	3316								
13	3270			1					
	19828	142	98	40	1230		544	449	
	1960								
	8899								
	2826								
1	7658		43	454		16			114
157	16266	21	168	4719					7712
21	5155		23	26					10
	138								
	2108	21	5						
29	1183		0						
	448								
	45								
	3360								
	42								
	1497								
	130								
	531								
	836								

10-8 续表

行业	热力(百万千焦)	电力(万千瓦时)	煤矸石用于燃料(吨)	生物质废料用于燃料(吨)	余热余压(百万千焦)	其他工业废料用于燃料(吨)	其他燃料(吨标准煤)
总计	**3858091**	**1393872**	**23498**	**162955**	**1637722**		**6916**
采矿业		6367					
1.煤炭开采和洗选业							
2.石油和天然气开采业							
3.黑色金属矿采选业		1990					
4.有色金属矿采选业		2159					
5.非金属矿采选业		2217					
6.开采辅助活动							
7.其他采矿业							
制造业	3249966	1006870	23498	43110	1637722		6916
1.农副食品加工业	274357	25524		3842			5464
2.食品制造业	198671	18416		858			
3.酒、饮料和精制茶制造业	82004	16397		74			
4.烟草制品业		7167					
5.纺织业		4692					
6.纺织服装、服饰业		3514					
7.皮革、毛皮、羽毛及其制品和制鞋业		1562					
8.木材加工和木、竹、藤、棕、草制品业		2889					
9.家具制造业		4131					
10.造纸和纸制品业	1291711	11245					
11.印刷和记录媒介复制业	86799	14056					
12.文教、工美、体育和娱乐用品制造业		1738					
13.石油加工、炼焦和核燃料加工业	1100	2229					
14.化学原料和化学制品制造业	658757	66952		28560	12835		
15.医药制造业	112898	24730		3492			650
16.化学纤维制造业		11					
17.橡胶和塑料制品业	70747	27025					
18.非金属矿物制品业	55402	119038	23384	6285	1624886		217
19.黑色金属冶炼和压延加工业		58913					
20.有色金属冶炼和压延加工业	231923	108897					
21.金属制品业	8560	33399					5
22.通用设备制造业	135304	45748	114				202
23.专用设备制造业		83218					378
24.汽车制造业		65124					
25.铁路、船舶、航空航天和其他运输设备制造业		8796					
26.电气机械和器材制造业	12715	52468					
27.计算机、通信和其他电子设备制造业	29017	190348					
28.仪器仪表制造业		4378					
29.其他制造业		2257			1		
30.废弃资源综合利用业		1937					
31.金属制品、机械和设备修理业		68					
电力、热力、燃气及水生产和供应业	608125	380636		119845			
1.电力、热力生产和供应业	608125	340619		119845			
2.燃气生产和供应业		3607					
3.水的生产和供应业		36410					

10－9 规模以上工业企业能源购进、消费及库存(2016 年)

能源名称	计量单位	年初库存量	购进实物量	消费量合计	#工业生产消费量	#用于原材料	年末库存量
原煤	吨	373841	3502481	3627895	3588620	4618	240768
无烟煤	吨	1297	277781	273831	273136		943
炼焦烟煤	吨	7020	50914	51073	50698		1
一般烟煤	吨	284534	3172772	3261978	3223773	4618	198837
褐煤	吨	80990	1014	41014	41014		40987
其他洗煤	吨		250	250	250		
煤制品	吨	106	6261	6323	6323	5208	54
焦炭	吨	216	22789	22862	22790	7456	189
发生炉煤气	万立方米		64	64	64		
天然气	万立方米	43	51416	51452	50315	2921	7
液化天然气	吨	0	9808	9808	9800	351	0
汽油	吨	680	87904	88394	69741	1566	189
煤油	吨	17	361	368	328	60	10
柴油	吨	1583	93597	93865	86045	3547	1315
燃料油	吨		192	192	192	132	
液化石油气	吨	1	487	487	461	29	
炼厂干气	吨		5962	5962	4950		
石脑油	吨	13		1			
润滑油	吨	98	5186	5242	5227	167	42
石蜡	吨	160	1097	1230	1230	1230	27
溶剂油	吨	216	8395	7840	7840	7824	771
石油焦	吨	49	553	544	544	544	59
石油沥青	吨	220	449	449	449	449	220
其他石油制品	吨	41	9612	9650	9617	3120	3
热力	百万千焦		3249665	3858091	3849940		
电力	万千瓦时		1449349	1393872	1360290		
煤矸石(用于燃料)	吨	962	23384	23498	23498		
城市生活垃圾(用于燃料)	吨	6					
生物燃料	吨标准煤	33	91261	162955	162955		212
余热余压	百万千焦		12836	1637722	1322252		
其他燃料	吨标准煤		6819	6916	6728		

10－10 规模以上工业企业能源加工转换与回收利用表(2016 年)

能源名称	计量单位	工业生产消费量	加工转换投入合计			能源加工转换产出	回收利用
				火力发电	供热		
原煤	吨	2573794	1866469	1795980	70489		
无烟煤	吨	160034	51211	51211			
炼焦烟煤	吨						
一般烟煤	吨	2373760	1775258	1704769	70489		
褐煤	吨	40000	40000	40000			
其他洗煤	吨						
煤制品	吨						
焦炭	吨						
天然气	万立方米						
液化天然气	吨						
汽油	吨						
煤油	吨						
柴油	吨	681					
燃料油	吨						
液化石油气	吨						
炼厂干气	吨						
石脑油	吨						
润滑油	吨						
石蜡	吨						
溶剂油	吨						
石油焦	吨						
石油沥青	吨						
其他石油制品	吨						
热力	百万千焦	608125				1352438	
电力	万千瓦时	82453				445123	
煤矸石(用于燃料)	吨						
城市生活垃圾(用于燃料)	吨						
生物燃料	吨标准煤	119845	119845	111845	8000		
余热余压	百万千焦	1315512	1315512	1315512			1334356
其他燃料	吨标准煤						

10－11 主要耗能规模以上工业企业单位产品能源消耗情况

指　　标	计量单位	2015 年	2016 年
吨水泥熟料综合能耗	千克标准煤/吨	116.88	113.5
吨水泥熟料综合电耗	千瓦时/吨	67.37	62.17
吨水泥熟料烧成标准煤耗	千克标准煤/吨	109.23	107.18
吨水泥综合能耗	千克标准煤/吨	86.69	76.69
吨水泥综合电耗	千瓦时/吨	79.34	77.82
吨水泥标准煤耗	千克标准煤/吨	77.08	59.81
吨铝加工材消耗能源量	千克标准煤/吨	477.64	456.18
吨铝加工材消耗电量	千瓦时/吨	892.85	891.74
电厂火力发电标准煤耗	克标准煤/千瓦时	401.05	289.69
电厂火力供电标准煤耗	克标准煤/千瓦时	425.67	310.04
发电厂用电率	%	7.12	6.58

10－12 规模以上工业企业用水情况(2016 年)

单位:万立方米

指标名称	全市	芙蓉区	天心区	岳麓区	开福区
取水量合计	106071	687	76752	931	287
1. 地表淡水	96321		76439	51	68
2. 地下淡水	1779	10	43	70	17
3. 自来水	7922	677	270	810	201
4. 海水					
5. 陆地苦咸水					
6. 矿井水					
7. 雨水	1		1		
8. 再生水(中水)	42		1		
9. 海水淡化水					
10. 其他水	6				
11. 外排水量	45643	3520	11766	771	14356
12. 重复用水量	1794	27	25	72	193
13. 直流冷却水量(河湖水)	31605				
14. 直流冷却水量(海水)					
15. 污水处理企业污水处理量	30216	3022	3409	81	14228
用新水量	26836	687	14389	931	287

10－12 续表

指标名称	雨花区	望城区	长沙县	宁乡县	浏阳市
取水量合计	461	5546	9741	4398	7267
1. 地表淡水	70	3622	7272	3520	5278
2. 地下淡水	9	1223	40	95	273
3. 自来水	382	701	2428	781	1673
4. 海水					
5. 陆地苦咸水					
6. 矿井水					
7. 雨水					
8. 再生水(中水)					41
9. 海水淡化水					
10. 其他水				2	3
11. 外排水量	260	755	11289	1081	1844
12. 重复用水量	130	679	381	44	243
13. 直流冷却水量(河湖水)	3	31602			
14. 直流冷却水量(海水)					
15. 污水处理企业污水处理量		19	9456		1
外供水合计	461	2543	3063	1334	3141

11 运输和邮电

长沙统计年鉴

11－1 1995－2016年全社会客、货运输量

指标	单位	1995年	2000年	2001年	2002年	2003年	2004年	2005年	2006年	2007年
一、货物运输量	万吨	6419	5910	7550	8766	10632	11066	10991	12478	16184
# 铁路	万吨	284	206	188	162	189	196	218	233	244
公路	万吨	5376	4972	6668	7929	9572	9831	9834	10905	13994
水运	万吨	758	729	691	671	867	1035	934	1334	1939
民航(吞吐量)	万吨	1.0	1.9	2.0	2.5	3.5	4.3	5.2	6.3	6.9
民航(发送量)	万吨	0.4	0.9	1.0	1.4	2.1	2.6	3.1	3.5	3.6
二、货物周转量	万吨公里	601306	1404785	1396492	799550	910771	1011770	1003793	1094995	1296332
# 公路	万吨公里	306737	308200	322125	434100	445990	446428	447386	480520	517363
水运	万吨公里	288791	1094511	1072216	58837	69841	124605	99596	142569	277565
三、旅客运输量	万人	8935	9052	8578	10032	10609	11580	10895	11863	11919
# 铁路	万人	785	981	1070	984	942	1187	1218	1243	1305
公路	万人	8021	7825	7242	8743	9351	10003	9228	10022	9934
水运	万人	44	43	44	45	17	9	7	3	
民航(吞吐量)	万人	160	203	222	260	299	380	442	595	680
民航(发送量)	万人	79	101	111	130	149	191	221	281	341
四、旅客周转量	万人公里	348951	348315	398125	739488	835591	978328	995729	1073632	1190289
# 公路	万人公里	267579	275029	322154	393873	457038	496035	469947	506305	540261
水运	万人公里	6325	3580	3094	4103	2362	1459	1211	467	

11－1 续表

指标	单位	2008年	2009年	2010年	2011年	2012年	2013年	2014年	2015年	2016年
一、货物运输量	万吨	17158	21074	22947	25651	26145	28048	30449	33932	36767
# 铁路	万吨	164	158	167	172	157	149	133	138	113
公路	万吨	14651	18084	19270	21788	23139	24627	27098	30412	34047
水运	万吨	2336	2669	3369	3529	2668	3080	3014	3159	2388
民航(吞吐量)	万吨	7.1	8.7	10.8	11.5	11.1	11.8	12.5	12.2	13.0
民航(发送量)	万吨	3.7	4.5	6.0	6.0	5.6	5.9	6.2	6.0	6.3
二、货物周转量	万吨公里	1323224	1769962	2192493	2571162	3016629	3340723	3597375	3861850	3876534
# 公路	万吨公里	535795	1036295	1285375	1609109	2061286	2352483	2642698	2898610	3274392
水运	万吨公里	287962	210498	369090	408774	425713	485042	498947	546979	186206
三、旅客运输量	万人	13488	31304	33983	35525	36440	37922	12745	11839	11164
# 铁路	万人	1442	1479	1642	1816	1954	2088	2188	2394	2613
公路	万人	11334	28868	31257	33102	33847	35143	9765	8606	7578
水运	万人		16	18	15	1				
民航(吞吐量)	万人	713	942	1066	1183	1278	1390	1588	1684	1949
民航(发送量)	万人	355	471	535	592	638	691	792	839	974
四、旅客周转量	万人公里	1249445	1747800	1945489	2454122	2544691	2767006	2210039	2436877	2736009
# 公路	万人公里	596745	1060178	1130385	1206736	1236101	1304296	611156	517820	495170
水运	万人公里		116	141	125	9				

注：1. 公路运输量、周转量从2009年起将出城的公交车和的士纳入了统计调查范围，与以往年份口径不同。2014年起公路客运统计范围不再包括出城的公交车和的士，公路客运、货运采用新的测算方法和基数。
2. 2011年以前，民航货物运输量和旅客运输量按货邮吞吐量和旅客吞吐量统计；从2011年开始，按货邮发送量和旅客发送量统计。
3. 2014年起，货物运输量、周转量采用新的测算方法和基数，与以往年度数据不可比。
4. 2016年起，公路和水运的货物运输量、货物周转量、旅客运输量、旅客周转量采用新的测算方法和基数，与以往年度数据不可比。

11－2 陆运工具情况

单位:辆

指标	2005年	#私人	2006年	#私人	2007年	#私人	2008年	#私人	2009年	#私人	2010年	#私人
一、汽车	190684	126289	233388	163162	298280	221801	375305	290783	520622	403195	672275	546834
1. 载客汽车	149154	104718	188563	138760	239870	184369	308420	245501	441276	347324	572881	473654
2. 载货汽车	38759	20309	41492	23002	45384	26878	50298	31898	62932	43213	82361	59529
3. 其它汽车	2771	1262	3333	1400	13026	10554	16587	13384	16414	12658	17033	13651
二、摩托车	221983	215481	221008	215401	218738	213957	219100	215313	253653	249451	312693	308761
1. 普通	216528	210112	216475	210932	214406	209680	215010	211275	251639	247474	310253	306358
2. 轻便	5455	5369	4533	4469	4332	4277	4090	4038	2014	1977	2440	2403
三、拖拉机	8759	8759	10351	10351	12112	12112	12763	12757	15098	15098	18172	18172
1. 大型	20	20	439	439	725	725	4700	4699	5641	5641	6464	6464
2. 小型	8739	8739	9912	9912	11387	11387	8063	8058	9210	9210	11422	11422
四、挂车	607	155	648	140	751	154	842	181	2324	313	2873	560

11－2 续表

指标	2011年	#私人	2012年	#私人	2013年	#私人	2014年	#私人	2015年	#私人	2016年	#私人
一、汽车	826223	689957	1001039	856813	1189387	1055542	1444002	1285080	1688299	1522538	1942362	1762027
1. 载客汽车	712671	604727	876321	761391	1058547	953004	1296480	1172006	1540228	1408674	1795437	1651429
2. 载货汽车	96161	71360	107715	82028	114695	89766	129278	99836	129994	101230	131152	100344
3. 其它汽车	17391	13870	17003	13394	16145	12772	18244	13238	18077	12634	15773	10254
二、摩托车	340740	337480	375796	372928	365006	363903	377168	374169	376321	373522	275607	272751
1. 普通	339181	335933	373989	371126	363081	361983	375074	372080	374307	371509	273899	271043
2. 轻便	1559	1547	1807	1802	1925	1920	2094	2089	2014	2013	1708	1708
三、拖拉机	20002	20002	22949	22949	25954	25954	28188	28188	29585	29585	30694	30694
1. 大型	6814	6814	7819	7819	8980	8980	9693	9693	10748	10748	11375	11375
2. 小型	12832	12832	14493	14493	15900	15900	17239	17239	17511	17511	17983	17983
四、挂车	3521	750	4049	942	4391	1160	5043	1328	5768	1558	6981	8853

11－3 公路里程与桥梁情况(2016年)

指　　标	单　位	合　计	国运公路	省运公路	市县公路	乡公路	村道
一、通车里程	公里	16243.98	1040.03	1720.93	2755.62	2682.32	8045.07
# 已绿化里程	公里	12964.69	892.07	1457.12	2274.82	2172.82	6167.87
高级、次高级路面	公里	12786.41	1040.03	1666.83	2604.75	2414.44	5060.35
中级路面	公里	3457.57		54.10	150.86	267.88	2984.72
二、常年养护里程	公里	16243.98	1040.03	1720.93	2755.62	2682.32	8045.07
三、桥梁	米	169084.69	101642.17	30506.09	14036.19	7703.88	15196.36
	座	2701.00	532.00	512.00	479.00	385.00	793.00

注:2016年省交通厅对国运公路、省运公路口径进行了调整,与往年数据不可比。

11－4 电信业务基本情况(2016年)

指　　标	单　位	2011年	2012年	2013年	2014年	2015年	2016年
电信设备							
光缆线路长度	公里	137803	161811	173035	190015	222696	261353
# 长途光缆线路长度	公里	2285	2366	3031	3320	4244	4140
移动电话基站	个	11835	15785	19408	30154	33374	42667
互联网宽带接入端口	万个	176.88	239.23	202.57	254.34	268.40	618.58
电信主要业务							
固定电话通话时长	亿分钟	48.55	38.12	35.09	32.79	27.90	24.00
移动电话通话时长	亿分钟	428.85	457.67	486.07	471.95	484.50	470.90
移动短信业务量	亿条	96.20	97.89	86.79	70.05	67.60	59.06
移动电话年末用户	万户	898.48	984.45	1086.50	1118.20	1122.80	1047.70
# 3G移动电话用户	万户	98.52	216.70	380.96	494.59	416.90	93.90
4G移动电话用户					103.75	353.80	784.40
固定本地电话年末用户	万户	214.43	211.65	206.57	194.74	181.94	170.69
# 普通电话用户	万户	169.98	170.83	163.54	176.58	171.64	160.24
公用电话用户	万户	30.33	30.23	21.76	18.16	10.30	10.45

注:2016年中国移动大批量清理僵尸用户,造成2016年移动电话年末用户与往年数据不可比。

11－5 邮政业务基本情况(2016年)

指标	单位	合计	市区	#望城区	长沙县	浏阳市	宁乡县
一、邮政主要业务							
函件	万件	1220.68	1099.73	75.69	96.18	18.75	6.02
包裹	万件	11.12	6.68	1.28	2.63	0.91	0.90
汇兑	万件	27.40	16.41	2.64	5.16	3.43	2.40
订销报纸期发数	万份	47.53	18.62	4.63	10.41	8.88	4.99
订销报纸累计数	万份	11701.06	5792.15	1211.78	2520.50	2166.71	1221.70
订销杂志期发数	万份	34.61	19.11	4.01	4.74	3.41	3.34
订销杂志累计数	万份	746.13	573.23	61.47	74.57	50.45	47.90
二、快递服务							
快递业务收入	万元	282125.07	236073.58	2340.76	37178.20	4955.58	3917.71
快递	万件	26028.21	21817.38	308.17	3051.17	568.67	590.99
# 国内同城快递	万件	5769.55	4978.16	57.87	527.61	88.48	175.30
国内异地快递	万件	19648.29	16251.99	248.58	2503.70	478.46	414.14
国际及港澳台快递	万件	610.36	587.20	1.73	19.85	1.73	1.58

11-6 1998-2016年邮电业务主要指标

指　　标	单位	1998年	1999年	2000年	2001年	2002年	2003年	2004年	2005年	2006年	2007年
邮电业务总量	万元	210369	267068	349844	499322	695514	546699	650301	802762	1067203	1454623
函件	万件	5666	8738	8399	13901	17292	18000	3684	3919	3597	2986
报刊期发数	万份	136	155	171	183	164	84	73	86	64	35
年末固定电话用户	万户	56.38	74.65	108.47	126.44	136.41	159.87	189.17	218.56	254.20	269.73
年末无线移动电话用户	万户	21.78	35.46	58.78	97.87	146.01	196.79	242.33	316.85	370.87	450.79
国际互联网用户	万户	0.93	2.00	14.60	22.44	55.87	58.09	60.94	63.93	88.29	73.72

11-6 续表

指　　标	单位	2008年	2009年	2010年	2011年	2012年	2013年	2014年	2015年	2016年
邮电业务总量	万元	1386790	1506054	846295	1049349	1149802	1353237	1948598	2511522	3781152
函件	万件	3530	4928	4248	4175	3431	2080	1790	1569	1221
报刊期发数	万份	38	54	56	62	44	47	51	46	48
年末固定电话用户	万户	216.52	221.09	210.40	214.43	211.65	206.57	194.74	181.93	170.69
年末无线移动电话用户	万户	632.75	644.13	780.21	898.48	984.45	1086.50	1118.20	1122.77	1047.73
国际互联网用户	万户	62.35	75.63	90.78	115.60	134.25	142.98	152.83	180.27	226.92

注：从2010年开始，邮电业务总量按2010年不变价格计算，与以前年度数据不具有可比性，2014年开始邮电业务总量测算方法变更，与以前年度数据不具可比性，2013年同口径数据应为1505127万元。

11－7 民用车辆拥有量（2016年）

单位：辆

指标	总计			总计中：		
		营运	非营运	#进口	#个人	#新注册
合计	**2264497**	**167942**	**2094970**	**136939**	**2076102**	**331769**
一、汽车	1942362	121517	1819260	136567	1762027	308514
1. 载客汽车	1795437	31777	1762075	136181	1651429	295096
# 大型	13746	10600	2931	126	28	2370
中型	7334	909	5055	225	1444	273
小型	1757859	20268	1737591	134485	1636045	291139
微型	16498		16498	1345	13912	1314
# 轿车	1199046	19862	1179184	48630	1116883	183768
2. 载货汽车	131152	85087	46065	297	100344	11891
# 重型	32618	31023	1595	108	18933	3219
中型	7532	6592	940	1	5977	483
轻型	90808	47418	43390	188	75262	8189
微型	194	54	140		172	
# 普通载货	53766	19679	34087	163	45709	3869
3. 其他汽车	15773	4653	11120	89	10254	1527
# 三轮汽车	720	282	438		719	20
低速货车	3402	2174	1228	1	3247	391
三、摩托车	275607	150	275457	371	272751	12956
1. 普通	273899	150	273749	371	271043	12902
2. 轻便	1708		1708		1708	54
四、拖拉机	30694	30691	3		30694	6896
五、挂车	6981	6731	250	1	1777	2007
六、其他类型车	8853	8853			8853	1396

注：2016年全市机动车驾驶员260992人，其中：汽车驾驶员2489173人。

12 国内外贸易、对外经济和旅游

长沙统计年鉴

12－1 历年社会消费品零售总额

单位:万元

年 份	全 市	市 区	县 区
1978	77191	45539	31652
1979	95027	56574	38453
1980	112891	66721	46170
1981	123518	73330	50188
1982	133437	77260	56177
1983	150016	88953	61063
1984	184280	113789	70491
1985	243928	159701	84227
1986	284219	187672	96547
1987	335287	222449	112838
1988	441905	299143	142762
1989	482953	331689	151264
1990	513871	363110	150761
1991	564467	404684	159783
1992	649946	469391	180555
1993	819319	592123	227196
1994	1147852	858308	289544
1995	1658020	1256370	401650
1996	1951814	1478084	473730
1997	2273476	1730180	543296
1998	2599228	1969477	629751
1999	2998120	2267977	730143
2000	3492966	2669100	823866
2001	4064366	3105442	958924
2002	4717720	3602472	1115247
2003	5413075	4090296	1322779
2004	6403344	4868325	1535019
2005	7485700	5722359	1763341
2006	8774300	6742687	2031613
2007	10583200	8194711	2388489
2008	13087545	10147164	2940381
2009	15156791	11742042	3414749
2010	18257931	14039885	4218046
2011	22153407	16904474	5248933
2012	25460108	19965035	5495073
2013	29179024	22711428	6467596
2014	32935461	25598203	7337258
2015	36905930	28377521	8528409
2016	41174019	31317706	9856313

注:根据第一次全国经济普查结果对 1994－2004 年社会消费品零售总额进行了调整;根据第二次全国经济普查结果对 2005－2008 年社会消费品零售总额进行了调整;根据第三次全国经济普查结果对 2009－2014 年社会消费品零售总额进行了调整。

12－2　分行业社会消费品零售总额

单位:万元

年　份	全　市	批发零售业	住宿餐饮业	其　他
1993	819319	610886	45708	162725
1994	1147852	859649	78355	209848
1995	1658020	1280314	100764	276942
1996	1951814	1485447	123176	343192
1997	2273476	1754880	162508	356088
1998	2599228	1956167	246606	396456
1999	2998120	2210101	339621	448399
2000	3492966	2570810	402656	519500
2001	4064366	3516625	508612	39129
2002	4717720	4063137	612654	41929
2003	5413075	4628513	736867	47696
2004	6403344	5457088	890904	55352
2005	7485700	6310593	1105383	69724
2006	8774300	7399489	1296058	78753
2007	10583200	8919020	1575314	88866
2008	13087545	11030860	1953855	102830
2009	15156791	12846233	2194549	116009
2010	18257931	16220790	2037141	
2011	22153407	19715699	2437708	
2012	25460108	22691064	2769044	
2013	29179024	26269595	2909429	
2014	32935461	29808759	3126702	
2015	36905930	33462791	3443139	
2016	41174019	37373196	3800823	

注:根据第一次全国经济普查结果对 1994－2004 年社会消费品零售总额进行了调整;根据第二次全国经济普查结果对 2005－2008 年社会消费品零售总额进行了调整;根据第三次全国经济普查结果对 2009－2014 年社会消费品零售总额进行了调整。因方法制度改革,从 2010 年开始取消行业分组中的“其他”。

12－3 限额以上批发、零售、住宿和餐饮业基本情况(2016年)

指标	法人企业数(个)	产业活动单位数(个)	年末从业人数(人)
总计	**1978**	**4258**	**173100**
批发业	687	841	44223
内资企业	683	837	43972
国有企业	6	10	1223
集体企业	1	1	10
有限责任公司	147	213	13626
股份有限公司	15	71	7416
私营企业	514	542	21697
港、澳、台商投资企业	1	1	17
外商投资企业	3	3	234
零售业	951	2803	82773
内资企业	925	2132	71566
国有企业	6	6	322
集体企业	5	15	352
有限责任公司	175	748	25926
股份有限公司	7	111	10661
私营企业	731	1251	34297
其他企业	1	1	8
港、澳、台商投资企业	14	593	6200
外商投资企业	12	78	5007
住宿业	136	144	22543
内资企业	132	140	21489
国有企业	18	19	2987
集体企业	1	1	295
有限责任公司	45	48	10311
股份有限公司	2	2	885
私营企业	65	69	6941
其他企业	1	1	70
港、澳、台商投资企业	2	2	361
外商投资企业	2	2	693
餐饮业	204	470	23561
内资企业	196	331	18052
国有企业	3	3	321
集体企业	1	1	15
有限责任公司	56	83	4940
私营企业	134	242	12615
其他企业	2	2	161
港、澳、台商投资企业	5	10	525
外商投资企业	3	129	4984

12－4　限额以上批发和零售业法人企业商品购进、销售和库存(2016年)

单位:万元

指　标	商品购进总额	#进口	商品销售总额	批发	#出口	零售	期末库存总额
总　计	**40998772**	**696358**	**40444564**	**22682177**	**440679**	**17762387**	**4959647**
一、批发业	24593366	177576	22469696	20155712	412701	2313984	3495253
1. 按登记注册类型分组							
内资企业	24504694	144686	22366234	20071839	412701	2294395	3491392
国有企业	716135	4951	1241208	1237293		3914	135841
集体企业	3613		3521	1842		1679	195
有限责任公司	14250466	36135	10381468	9710089	160181	671379	2596607
股份有限公司	956227	246	1563910	1332844	49139	231066	125668
私营企业	8578253	103354	9176128	7789772	203381	1386356	633081
港、澳、台商投资企业	6855		8617	4405		4212	237
外商投资企业	81817	32891	94845	79469		15377	3624
2. 按国民经济行业分组							
农、林、牧产品批发	278670	4836	320430	301046	72	19384	32299
食品、饮料及烟草制品批发	3160042	10258	4226063	3844020	76283	382044	678198
纺织、服装及家庭用品批发	1121571	35888	1213126	965049	47145	248076	1597971
文化、体育用品及器材批发	1298648	38	1447707	1322883	83701	124824	87584
医药及医疗器材批发	4043177	11559	4515041	3682628		832413	348171
矿产品、建材及化工产品批发	10558113	62693	6379260	5974577	172571	404683	548172
机械设备、五金产品及电子产品批发	4104375	40572	4334223	4035890	23398	298333	202819
贸易经纪与代理	3131	3131	3141	2498	2498	643	11
其他批发业	25640	8601	30705	27121	7034	3583	27

12－4 续表

指标	商品购进总额	#进口	商品销售总额	批发	#出口	零售	期末库存总额
二、零售业	16405405	518782	17974868	2526465	27978	15448403	1464394
1. 按登记注册类型分组							
内资企业	15227252	371873	16638991	2493735	27978	14145256	1368667
国有企业	60463	16302	73356	2564		70793	12572
集体企业	65779		66861	2091		64771	1122
有限责任公司	6547938	157371	7119919	1710024		5409895	550781
股份有限公司	1689172		1851491	86217		1765274	66705
私营企业	6862313	198200	7525809	692840	27978	6832968	737425
其他企业	1587		1555			1555	62
港、澳、台商投资企业	432149	125438	568262	10367		557895	41166
外商投资企业	746004	21471	767615	22362		745253	54562
2. 按国民经济行业分组							
综合零售	3064094	28214	3279412	589559		2689853	209078
食品、饮料及烟草制品专门零售	356397	16077	417093	17560		399533	66448
纺织、服装及日用品专门零售	287546		399939	33733		366206	148516
文化、体育用品及器材专门零售	542240	5884	671701	76476	20787	595225	60408
医药及医疗器材专门零售	1526653		1685726	503799		1181928	113703
汽车、摩托车、燃料及零配件专门零售	9312182	452533	10061547	1009914	100	9051634	769927
家用电器及电子产品专门零售	889094	15587	967976	231350	7091	736626	47739
五金、家具及室内装饰材料专门零售	188733	144	213841	15819		198022	12592
货摊、无店铺及其他零售业	238468	343	277634	48255		229379	35983

12－5 限额以上住宿和餐饮业法人企业经营情况(2016年)

单位:万元

指　　标	营业额	客房收入	餐费收入	商品销售收入	其他收入
总　　计	**1000393**	**216584**	**695798**	**36090**	**51921**
一、住宿业	452639	195082	191361	20256	45941
1.按登记注册类型分组					
内资企业	436019	184930	186740	20212	44137
国有企业	49947	19991	23168	2655	4133
集体企业	14739	3774	4585	5824	558
有限责任公司	201827	82747	88722	2678	27680
股份有限公司	17325	7190	7489		2646
私营企业	151293	70866	62252	9055	9120
其他企业	888	363	525		
港、澳、台商投资企业	4533	3285	1190		58
外商投资企业	12087	6866	3431	44	1746
2.按国民经济行业分组					
旅游饭店	393248	165999	165186	19758	42305
一般旅馆	43430	22147	19664	498	1120
其他住宿业	15962	6936	6511		2515
二、餐饮业	547754	21502	504437	15835	5980
1.按登记注册类型分组					
内资企业	391811	21502	355035	9294	5980
国有企业	3252	1357	1895		
集体企业	1231	725	505		
有限责任公司	93002	5891	83287	2477	1346
私营企业	289679	13529	264699	6817	4634
其他企业	4648		4648		
港、澳、台商投资企业	10565		10565		
外商投资企业	145378		138837	6541	
2.按国民经济行业分组					
正餐服务	348531	21502	305710	15701	5618
快餐服务	198496		198000	134	362
饮料及冷饮服务	218		218		
其他餐饮业	509		509		

12－6 限额以上零售业、住宿业和餐饮业连锁经营情况(2016年)

指 标	单 位	合 计		直营店		加盟店	
		2016年	2015年	2016年	2015年	2016年	2015年
门店总数	个	13269	11577	3385	2912	9884	8665
年末零售营业面积	m^2	2976752	2609825	2720581	2382230	256171	227595
年末餐饮营业面积	m^2	554325	500780	189418	186447	364907	314333
餐位数	个	200446	185765	63527	59705	136919	126060
年末从业人员数	人	90325	82313	54312	52701	36013	29612
商品购进额	万元	4753852	4714270	4233299	4256062	520553	458208
# 统一配送商品购进额	万元	3603673	3520078	3126495	3108352	477178	411726
商品销售额	万元	5469659	5284532	4977606	4860269	492054	424263
# 零售额	万元	4390536	4575191	3913490	4185555	477046	389636
营业额	万元	565886	509950	310758	299677	255128	210273
# 餐费收入和商品销售额	万元	563386	509949	309758	299677	253628	210273

12－7 限额以上批发企业主要财务状况(2016年)

指标	法人企业数(个)	执行《2006年企业会计准则》企业数(个)	流动资产合计	#存货	固定资产合计
总计	**687**	**514**	**8403160**	**1843369**	**697639**
1.按登记注册类型分组					
内资企业	683	510	8379679	1840216	690391
国有企业	6	5	254902	118632	65168
集体企业	1	1	520	85	15
有限责任公司	147	118	4340962	977699	338865
股份有限公司	15	14	591672	180441	108822
私营企业	514	372	3191623	563358	177521
港、澳、台商投资企业	1	1	5247		38
外商投资企业	3	3	18234	3154	7209
2.按行业分组					
农、林、牧产品批发	21	14	214179	32337	20798
食品、饮料及烟草制品批发	95	69	1552564	728349	391768
纺织、服装及家庭用品批发	58	39	602924	146157	7093
文化、体育用品及器材批发	64	52	977169	105442	29303
医药及医疗器材批发	99	74	1875433	343318	102558
矿产品、建材及化工产品批发	221	169	2303535	312540	116887
机械设备、五金产品及电子产品批发	124	94	864372	175192	27754
贸易经纪与代理	1	1	639	11	276
其他批发业	4	2	12346	25	1202

单位:万元

固定资产原价	累计折旧	#本年折旧	资产总计	流动负债合计	负债合计	所有者权益合计	#实收资本	主营业务收入
1018742	**331685**	**53458**	**11621021**	**7272780**	**8368253**	**3252769**	**1574956**	**19466668**
1008941	329131	52975	11587226	7250446	8345919	3241307	1565586	19376518
154072	88911	7191	462989	86941	86941	376048	17698	1064537
51	36	9	1211	1159	1159	52	52	3009
463043	124728	20368	5928326	3762243	4646307	1282019	585043	8951479
159292	51833	8355	1299491	516571	638097	661395	335391	1380298
232484	63624	17052	3895210	2883533	2973416	921794	627402	7977195
48	10	10	5479	5156	5156	323	19	7365
9753	2544	474	28317	17179	17179	11138	9351	82785
42519	21983	1306	322343	121879	131550	190793	106786	291309
574878	184967	24365	2902885	1208657	1740742	1162144	247332	3798469
12398	5305	1375	663971	555006	586176	77795	35050	1048549
50982	21679	4100	1523327	1036449	1041541	481786	233571	1318904
127834	33722	8859	2070804	1661153	1680747	390058	263975	3892943
165106	48229	10603	3148360	1906254	2389441	758920	573149	5483893
42580	14832	2675	974853	776069	790657	184196	113829	3602208
343	67	67	916	446	530	385	380	3141
2103	901	109	13561	6869	6869	6693	884	27252

12－7 续表

指　　标	主营业务成本	主营业务税金及附加	销售费用	管理费用
总　　计	**17514494**	**169279**	**785130**	**416547**
1. 按登记注册类型分组				
内资企业	17434692	169096	784542	409424
国有企业	754615	126640	25961	41647
集体企业	2793	25	91	85
有限责任公司	8178463	13920	431251	158530
股份有限公司	1090300	6166	86295	58361
私营企业	7408520	22344	240945	150802
港、澳、台商投资企业	6979	6	52	139
外商投资企业	72824	176	536	6985
2. 按行业分组				
农、林、牧产品批发	277563	453	6961	10232
食品、饮料及烟草制品批发	3088448	136386	192222	133196
纺织、服装及家庭用品批发	949986	2326	50356	22088
文化、体育用品及器材批发	1128990	7097	47367	41709
医药及医疗器材批发	3610742	6533	121247	79456
矿产品、建材及化工产品批发	5170774	8564	134185	62323
机械设备、五金产品及电子产品批发	3260431	7692	231783	66289
贸易经纪与代理	2865	3	82	178
其他批发业	24695	225	928	1076

单位:万元

#税金	财务费用	#利息支出	营业利润	利润总额	应交所得税	应付职工薪酬(本年贷方累计发生额)	应交增值税
14457	**108329**	**108071**	**502325**	**522476**	**80856**	**332146**	**324647**
14406	107436	107249	500525	520780	80213	328808	317266
2320	-2464	632	121136	123970	33196	34077	51959
4	1		14	14	4	50	45
4092	55066	55001	126430	138280	15511	130527	116084
677	8998	12981	132860	136006	14339	55606	42129
7313	45835	38636	120086	122510	17164	108548	107049
1	103	2	87	9	1	99	368
50	791	819	1713	1688	642	3240	7013
355	1312	2392	4350	5846	1608	7173	1306
4115	39658	44527	213426	226726	43786	119636	110862
840	4450	5845	25150	26309	4191	21347	13892
1433	708	1468	91450	91665	5757	36456	17753
2804	19106	15601	59329	59740	14144	62391	59454
2958	45036	35310	71608	74814	10382	48807	64886
1910	-2391	2471	37120	37476	960	35860	55403
32	9	6	4	6	1	25	
11	441	451	-113	-105	27	449	1091

12－8 限额以上零售企业主要财务状况(2016年)

指　　标	法人企业数(个)	执行《2006年企业会计准则》企业数(个)	流动资产合计	#存货	固定资产合计
总　　计	**951**	**741**	**5206731**	**1376058**	**1470050**
1.按登记注册类型分组					
内资企业	925	720	4753818	1295757	1279516
国有企业	6	6	23267	12006	5479
集体企业	5	5	5886	422	7538
有限责任公司	175	147	1687771	372822	404238
股份有限公司	7	7	924364	372606	370336
私营企业	731	554	2112461	537875	491429
其他企业	1	1	68	25	496
港、澳、台商投资企业	14	9	265366	38201	89420
外商投资企业	12	12	187548	42100	101115
2.按行业分组					
综合零售	92	76	1246793	462253	893018
食品、饮料及烟草制品专门零售	60	40	118038	43792	29442
纺织、服装及日用品专门零售	42	33	141915	62608	15115
文化、体育用品及器材专门零售	46	37	301956	50132	17951
医药及医疗器材专门零售	27	21	902577	113709	34928
汽车、摩托车、燃料及零配件专门零售	481	386	2050814	569718	436581
家用电器及电子产品专门零售	84	66	222078	34636	17566
五金、家具及室内装饰材料专门零售	54	44	48393	8229	5052
货摊、无店铺及其他零售业	65	38	174169	30981	20398

单位:万元

固定资产原价	累计折旧	#本年折旧	资产总计	流动负债合计	负债合计	所有者权益合计	#实收资本	主营业务收入
1848454	**572908**	**106390**	**8341042**	**5076515**	**5677246**	**2663796**	**1491833**	**15432073**
1598766	478680	92993	7448995	4744192	5224884	2224112	1339478	14271494
7952	2473	441	29769	12668	12786	16983	6574	63140
8827	1288	286	16607	7576	10264	6342	2145	57856
416336	159033	30846	2539438	1777154	1869922	669516	572175	6084174
563802	193466	26687	1858455	679621	909608	948848	171038	1528217
601307	122374	34714	3004158	2267135	2422252	581906	587030	6536779
542	46	19	568	39	52	516	516	1329
107544	18124	4938	538728	184228	291089	247639	76978	506902
142145	76104	8460	353318	148095	161274	192045	75377	653676
1041573	295531	46069	2803982	1422073	1795579	1008402	329862	2918001
38134	8710	3104	218576	183657	200076	18500	34576	376575
22784	7669	2999	175246	138924	142122	33124	21824	339408
36190	18404	2856	360869	140250	143190	217679	90027	481636
40922	13863	3840	1136487	715115	804755	331732	116904	1425836
604953	207739	42813	3064742	2143398	2211981	852761	654681	8633126
30202	12642	2216	271644	179727	180847	90798	59008	812639
7131	2079	542	80859	40497	46184	34675	18448	184511
26565	6271	1951	228637	112874	152512	76125	166505	260340

12－8 续表

指　　标	主营业务成本	主营业务税金及附加	销售费用	管理费用
总　　计	**13854357**	**55798**	**883570**	**448906**
1. 按登记注册类型分组				
内资企业	12882726	50513	761552	391929
国有企业	54431	301	2540	3101
集体企业	51717	75	2190	2886
有限责任公司	5570101	14827	340927	116450
股份有限公司	1282432	11625	128476	94464
私营企业	5922901	23637	287414	175025
其他企业	1144	48	6	3
港、澳、台商投资企业	401587	2162	74429	22421
外商投资企业	570045	3123	47589	34555
2. 按行业分组				
综合零售	2498254	20107	249750	156218
食品、饮料及烟草制品专门零售	311681	1876	60193	19287
纺织、服装及日用品专门零售	259663	2086	53145	19846
文化、体育用品及器材专门零售	378609	3370	63579	28504
医药及医疗器材专门零售	1243656	3715	114765	36137
汽车、摩托车、燃料及零配件专门零售	8081922	17387	252382	141455
家用电器及电子产品专门零售	719083	2514	55750	20921
五金、家具及室内装饰材料专门零售	159871	3363	6290	7737
货摊、无店铺及其他零售业	201619	1381	27717	18801

单位:万元

#税金	财务费用	#利息支出	营业利润	利润总额	应交所得税	应付职工薪酬(本年贷方累计发生额)	应交增值税
22895	**74274**	**73133**	**252436**	**275834**	**63767**	**477404**	**271054**
21303	70917	69806	212709	235815	54853	411053	243057
99	386	417	3684	4707	424	2698	1036
93	20	14	1764	2867	148	1927	901
6317	25968	17161	70320	96847	19629	141274	92253
4164	-4767	16786	47862	55156	17970	80061	24697
10630	49309	35428	88952	76112	16677	185036	124100
1	2	1	127	127	5	57	71
688	3264	2930	21924	22177	6463	39415	15954
904	94	397	17803	17842	2451	26937	12044
7086	11004	23466	65485	92284	24901	132811	45861
364	2789	1932	-14296	-12397	313	29942	8389
289	1087	963	5479	4963	3152	23420	14059
2510	-2299	762	10724	11194	1119	38186	8414
1208	9646	9409	31825	32350	7593	52929	23976
9726	47960	34429	120905	114360	21889	146566	143976
681	2664	1024	15287	16197	2317	24081	16869
489	775	470	6666	6609	1086	6146	5299
542	650	679	10362	10275	1397	23324	4212

12－9 限额以上住宿企业主要财务状况(2016年)

指标	法人企业数（个）	执行《2006年企业会计准则》企业数(个)	流动资产合计	#存货	固定资产合计
总计	**136**	**106**	**786588**	**16353**	**586070**
1.按登记注册类型分组					
内资企业	132	103	772252	15727	509126
国有企业	18	14	43895	1571	46013
集体企业	1	1	12825	260	1740
有限责任公司	45	41	140806	8151	319151
股份有限公司	2	2	433278	536	20868
私营企业	65	44	141177	5149	120958
其他企业	1	1	273	61	395
港、澳、台商投资企业	2	1	12070	179	14215
外商投资企业	2	2	2266	447	62729
2.按行业分组					
旅游饭店	104	83	344087	14981	551279
一般旅馆	27	18	9524	856	11748
其他住宿业	5	5	432977	516	23043

单位:万元

固定资产原价	累计折旧	#本年折旧	资产总计	流动负债合计	负债合计	所有者权益合计	#实收资本	主营业务收入
1099274	**513215**	**50638**	**1782164**	**930643**	**1223430**	**558734**	**442762**	**423268**
979607	470491	45963	1667589	832931	1108104	559485	404773	407451
90301	44298	3434	111583	38358	53730	57853	51085	47444
17932	16192	760	16234	1604	1604	14630	3500	14132
593555	274404	28581	606722	425460	442499	164223	200443	188805
60874	40005	969	630375	235076	350143	280232	102193	15309
215174	94217	12161	302008	132027	259722	42287	47291	140907
1771	1376	57	668	407	407	261	261	855
32920	18706	1115	48507	42162	42162	6345	11909	4372
86747	24018	3560	66068	55551	73164	－7096	26080	11446
1011719	460450	47087	1123074	679551	853907	269167	328525	367410
24029	12282	2360	26413	16781	19682	6730	9919	41870
63526	40483	1191	632678	234312	349841	282837	104317	13989

12－9 续表

指　　标	主营业务成本	主营业务税金及附加	销售费用	管理费用	#税金
总　　计	**141593**	**11509**	**124129**	**171897**	**8525**
1. 按登记注册类型分组					
内资企业	135421	11188	119867	165007	8041
国有企业	15970	1020	14535	20553	803
集体企业	3178	528	3017	6086	105
有限责任公司	50307	4664	62804	88629	4399
股份有限公司	7154	314	1556	8543	822
私营企业	58300	4618	37955	40881	1912
其他企业	513	44		315	
港、澳、台商投资企业	602	102	1737	3246	114
外商投资企业	5570	219	2524	3644	371
2. 按行业分组					
旅游饭店	114971	9660	111630	152844	7462
一般旅馆	19300	1544	11643	11316	235
其他住宿业	7323	305	855	7738	828

单位:万元

财务费用	#利息支出	营业利润	利润总额	应 交 所得税	应付职工薪酬(本年贷方累计发生额)	应交增值税
21989	**20672**	**-38916**	**-28629**	**2657**	**121921**	**10937**
19458	18187	-34460	-24204	2647	116104	10641
30	444	-3964	-468	427	14971	1355
33		1300	1305	326	1288	225
13896	13574	-27372	-21826	1290	57917	4420
-2546	-2540	289	56		6215	253
8044	6708	-4694	-3254	604	35346	4354
2	2	-19	-18		368	33
168	141	-1534	-1515		1576	49
2363	2344	-2923	-2910	10	4241	247
23825	22612	-36613	-26295	2612	106604	9226
757	640	-2672	-2470	32	9472	1472
-2593	-2581	369	136	13	5845	239

12－10 限额以上餐饮企业主要财务状况(2016年)

指标	法人企业数(个)	执行《2006年企业会计准则》企业数(个)	流动资产合计	#存货	固定资产合计
总计	**204**	**167**	**168324**	**10961**	**137644**
1.按登记注册类型分组					
内资企业	196	162	134036	9827	118778
国有企业	3	3	1289	222	1134
集体企业	1	1	26	2	501
有限责任公司	56	51	36624	2902	24695
私营企业	134	105	95197	6643	92404
其他企业	2	2	900	58	44
港、澳、台商投资企业	5	3	2280	123	2545
外商投资企业	3	2	32008	1012	16321
2.按行业分组					
正餐服务	194	160	119233	8492	110626
快餐服务	8	6	48189	2395	26926
饮料及冷饮服务	1	1	101	51	61
其他餐饮业	1		801	23	31

单位:万元

固定资产原价	累计折旧	#本年折旧	资产总计	流动负债合计	负债合计	所有者权益合计	#实收资本	主营业务收入
229369	**94761**	**16401**	**398565**	**190165**	**250179**	**148387**	**109765**	**526492**
197029	79315	14184	343520	157641	216029	127491	100951	373794
1576	442	355	2447	1985	2501	-54	863	3124
956	454	64	664		440	224	224	1179
49994	26103	2838	89690	56584	71605	18085	28001	90417
142034	49890	10893	249261	98622	140600	108660	71663	274690
2470	2426	34	1459	451	883	576	200	4384
1594	1021	326	5517	1416	1416	4101	5161	10256
30746	14425	1891	49529	31108	32734	16795	3653	142442
179266	69704	13076	309079	151941	193147	115932	90440	332160
49972	25019	3315	88122	38219	56855	31267	18375	193647
99	37	9	177	5	177			206
33	1	1	1187			1187	950	480

12－10 续表

指　　标	主营业务成本	主营业务税金及附加	销售费用	管理费用	#税金
总　　计	**260452**	**14046**	**161017**	**56738**	**2545**
1. 按登记注册类型分组					
内资企业	184416	10533	118581	42648	2506
国有企业	2040	95	566	1368	154
集体企业	867	7	27	14	2
有限责任公司	45205	2501	28630	11402	897
股份有限公司	133863	7812	88349	29364	1435
私营企业	2440	117	1009	500	17
其他企业	8640	230	416	459	2
港、澳、台商投资企业	67396	3283	42020	13631	37
2. 按行业分组					
正餐服务	174448	9938	90927	40766	2333
快餐服务	85745	4099	69609	15860	210
饮料及冷饮服务	71	8	17	57	1
其他餐饮业	189		464	55	

单位:万元

财务费用	#利息支出	营业利润	利润总额	应交所得税	应付职工薪酬(本年贷方累计发生额)	应交增值税
7630	**4768**	**27341**	**30714**	**2297**	**104390**	**10061**
7295	4627	11102	14421	2217	78842	8296
5	2	–950	–361		1063	98
19	9	242	242		63	16
1570	1369	1143	301	343	23626	1777
5678	3240	10372	13944	1874	53379	6302
23	9	294	294		712	103
24	31	492	520	19	2139	565
311	110	15748	15773	60	23409	1200
5426	3418	10493	14029	2259	68557	6646
2200	1349	17027	16680	38	35637	3412
1		52	5		79	3
2		–230			117	

12－11 亿元以上商品交易市场基本情况(按市场类别分组)

指　　标	市场数量(个)	总摊位数(个)	年末出租摊位数(个)	营业面积(m^2)	成交额(万元)
总　　计	**62**	**45548**	**42461**	**5702493**	**17617539**
1.综合市场	11	18959	18687	1913432	10208521
工业消费品综合市场	4	11207	11074	861323	6858898
农产品综合市场	2	5208	5208	874000	3106259
其他综合市场	5	2544	2405	178109	243364
2.专业市场	51	26589	23774	3789061	7409018
生产资料市场	15	8021	5864	1652220	1990513
建材市场	9	4027	2527	923950	487391
化工材料及制品市场	2	1169	734	60600	160582
金属材料市场	1	1307	1100	634273	1280000
机械设备市场	2	851	836	9280	24230
其他生产资料市场	1	667	667	24117	38310
农产品市场	4	2209	2201	382576	1702781
水产品市场	1	313	305	13340	508970
蔬菜市场	2	1696	1696	299236	1166311
干鲜果品市场	1	200	200	70000	27500
食品、饮料及烟酒市场	1	380	312	7600	21939
烟酒市场	1	380	312	7600	21939
纺织、服装、鞋帽市场	8	6820	6788	180500	297729
服装市场	8	6820	6788	180500	297729
日用品及文化用品市场	2	484	481	26100	149755
文具市场	1	65	62	13000	20500
图书、报刊杂志市场	1	419	419	13100	129255
黄金、珠宝、玉器等首饰市场	1	50	46	20000	279053
电器、通讯器材、电子设备市场	5	1943	1626	51036	328544
通讯器材市场	2	282	247	3036	38761
计算机及辅助设备市场	3	1661	1379	48000	289783
家具、五金及装饰材料市场	10	4777	4567	613631	1024739
家具市场	2	263	254	48000	34089
装饰材料市场	5	2568	2567	237507	659535
五金材料市场	2	1876	1676	308124	321000
其他装修市场	1	70	70	20000	10115
汽车、摩托车及零配件市场	4	1549	1533	776302	1593715
汽车市场	1	202	201	679032	1544320
摩托车市场	1	127	112	2800	24535
机动车零配件市场	2	1220	1220	94470	24860
花、鸟、鱼、虫市场	1	356	356	79096	20250
花卉市场	1	356	356	79096	20250

亿元以上商品交易市场基本情况(按摊位类别分组)

续表

指　　标	年末出租摊位个数(个)	成交额(万元)
总　　计	**42461**	**17617539**
1. 粮油、食品类	8903	5708178
2. 饮料类	626	147961
3. 烟酒类	1690	1003359
4. 服装、鞋帽、针纺织品类	7589	674981
5. 化妆品类	235	39000
6. 金银珠宝类	271	303125
7. 日用品类	1327	793804
8. 五金、电料类	2834	1151981
9. 体育、娱乐用品类	144	68424
10. 书报杂志类	333	93087
11. 电子出版物及音像制品类	115	38549
12. 家用电器和音像器材类	1138	404234
13. 中西药品类	252	217038
14. 文化办公用品类	1770	670804
15. 家具类	1273	394993
16. 通讯器材类	519	71639
18. 木材及制品类	421	24655
19. 石油及制品类	1	123
20. 化工材料及制品类	881	170075
21. 金属材料类	1129	1282875
22. 建筑及装潢材料类	6027	1717218
23. 机电产品及设备类	1372	335601
24. 汽车类	1812	1997092
25. 种子饲料类	3	202
27. 其他类	1796	308541

12－12　商业综合体总体情况(2016 年)

一、自营、联营部分的经营情况								
项　目	商户数(个)				商户从业人员期末人数(人)	商户销售额(商户营业额)(万元)		营业面积(m²)
		法人	分支机构	个体户		本年	上年	
合　计	**37**	**2**	**35**		**1570**	**72411**	**28253**	**55083**
一、零售业	37	2	35		1570	72411	28253	55083
1. 百货店	2	1	1		641	20745	6100	21161
2. 超市	4	1	3		644	41149	11964	27951
3. 专业、专卖店	31		31		285	10517	10189	5971

二、租赁部分的经营情况										
项　目	商户数(个)				商户从业人员期末人数(人)	租金总额(万元)		商户销售额(商户营业额)(万元)		营业面积(m²)
		法人	分支机构	个体户		本年	上年	本年	上年	
合　计	**2019**	**125**	**422**	**1472**	**16429**	**79218**	**67873**	**467202**	**423950**	**751327**
一、零售业	1220	60	277	883	7519	50420	43027	304893	282712	448074
1. 百货店	2		2		98	2823	4121	22198	34960	48188
2. 超市	5	1	3	1	515	3363	3827	60251	60433	76205
3. 专业、专卖店	1116	57	241	818	6315	41979	21857	205301	132039	290426
4. 其他	97	2	31	64	591	2255	13222	17143	55280	33255
二、餐饮业	574	31	110	433	6660	17408	15138	109973	92386	143669
三、服务业	225	34	35	156	2250	11390	9708	52336	48852	159584
1. 电影院	10	2	7	1	378	4117	3194	21534	19497	61821
2. 游乐游艺	78	2	6	70	381	3370	2224	10709	9090	36773
3. KTV	4		1	3	210	886	1163	4003	5204	13434
4. 教育培训	29	13	6	10	338	1229	1170	5330	4565	11353
5. 健身养生	13	2	5	6	224	682	651	3657	3480	13965
6. 其他	91	15	10	66	719	1106	1306	7103	7016	22238

12－13　三资企业利用外资情况

单位:万美元

项　目	项目个数		合同外资		实际利用外资	
	2016 年	2015 年	2016 年	2015 年	2016 年	2015 年
外商直接投资合计	**177**	**118**	**633220**	**349204**	**481384**	**440574**
中外合资企业	57	42	154001	131124	124762	148505
中外合作企业	3	2	4855	3	1489	792
外资企业	114	73	449082	212883	349420	232066
外商投资股份制	3	1	25282	5194	5712	59211

12－14 利用外资按行业和主要国别(地区)分

单位:万美元

项　　目	项目个数		合同外资		实际利用外资	
	2016年	2015年	2016年	2015年	2016年	2015年
合　　计	**177**	**118**	**633220**	**349204**	**481384**	**440574**
一、按行业分						
1. 农、林、牧、渔业	3	1	3502	79	180	603
2. 制造业	30	25	161708	157699	168574	186900
3. 电力、燃气及水的生产和供应业	2	3	12994	21631	14641	54596
4. 建筑业	2		3148	1144	1676	11404
5. 交通运输、仓储和邮政业	6	6	14130	6619	9739	7435
6. 信息传输、计算机服务和软件业	10	6	9763	8977	10108	6352
7. 批发和零售业	66	30	157794	53178	120753	41388
8. 住宿和餐饮业	12	12	17683	7125	8061	3969
9. 金融业	8	8	46078	33312	63483	17093
10. 房地产业	4	4	20128	46291	30823	97268
11. 租赁和商务服务业	22	14	177742	8196	46075	10457
12. 科学研究、技术服务和地质勘查业	2	3	1209	2894	1156	2997
13. 水利、环境和公共设施管理业	2	1	2946	817	2944	
14. 居民服务和其他服务业	2	2	1209	44	515	113
15. 教育		1	22	10		
16. 卫生、社会保障和社会福利业	1		153	327	362	
17. 文化、体育和娱乐业	5	2	3011	861	2293	
二、按主要国别(地区)分						
# 香港	78	50	341972	230572	266351	243737
台湾省	17	14	4841	5495	58	3164
美国	10	13	20572	14858	14298	11284
新加坡	10	5	21004	8620	10365	28665
英属维尔京群岛	3	3	26624	1142	19898	7341
日本	8	7	27201	21210	19742	16808
韩国	10	2	8783	－42	8151	
澳大利亚	2	3	501	3068	464	3256
意大利	5		－27387	－9769	15348	34
加拿大	1	1	－33	3808	3424	434
英国	4	1	11840	3650	11404	3001
德国	6	4	17600	7276	25468	47767

说明:由于存在转内资、减资、企业注销等情况,合同外资表示为负数。

12－15 对外贸易进出口总值

单位:万美元、万元人民币

项　　目	2010 年	2011 年	2012 年	2013 年	2014 年	2015 年	2016 年
进出口总额	**608928**	**748934**	**869252**	**989253**	**7579373**	**8055535**	**7267050**
1. 出口	355144	408396	517382	616591	5336520	5374214	4857448
2. 进口	253784	340538	351870	372662	2242853	2681321	2409602

注:1. 2014 年以前数据计量单位为万美元,2014 年开始计量单位为万元人民币。
2. 海关总署对 2015 年进出口数据进行调整。

12－16 主要进出口商品总值

单位:万美元、万元人民币

指　　标	2012 年		2013 年		2014 年		2015 年		2016 年	
	出口	进口	出口	进口	出口	进口	出口	进口	出口	进口
一、机电产品	267416	240107	324236	184437	2641536	1226510	3311894	1785246	2626610	1568634
# 金属制品	32312	4519	33266	4242	299366	25150	268925	33475	266871	43184
机械产品	87328	65196	78851	56804	681956	476514	638252	352680	645313	542247
电器及电子产品	76725	33319	117915	43779	965298	405481	1751773	1132930	1224930	436598
运输工具	52903	118130	70147	61057	422198	184251	422731	133790	321133	378129
仪器仪表	7113	18385	5801	18489	56342	125300	55768	120911	59271	150508
二、高新技术产品	91467	47401	117481	63738	937319	458970	1585061	1051492	1100149	586303
# 生物技术	65		53		1330		4697		5547	
生命科学技术	12162	4014	12744	4797	80478	21272	67370	24335	74174	25880
光电技术	732	7490	766	6928	11994	79181	6743	29561	8903	44853
计算机与通信技术	66129	7216	95237	14949	657867	41342	722024	67776	872080	117584
电子技术	8980	7511	5688	9569	158182	166219	768627	810555	109218	259909
计算机集成制造技术	2614	19719	2511	17085	23757	128760	12520	94974	26672	121488
航空航天技术	192	1135	240	10189	2302	21432	1414	22766	2091	14093
三、农产品	34800	11820	34618	16486	228175	76131	249946	104661	278852	203570

注:1. 2014 年以前数据计量单位为万美元,2014 年开始计量单位为万元人民币。
2. 海关总署对 2015 年进出口数据进行调整。

12－17 进出口商品主要产销国别(地区)总值

单位:万元人民币

国家(地区)	2016年		2016年比2015年±%	
	出口	进口	出口	进口
合　　计	**4857448**	**2409602**	**－9.6**	**－10.1**
#欧　盟	750294	462588	32.1	19.1
美　国	653994	467446	20.8	－13.0
香　港	1039147	23911	－31.7	－32.8
东　盟	666222	148162	－32.8	－19.0
韩　国	175462	324884	25.0	－29.9
日　本	118475	358475	22.9	22.6
中华人民共和国	146	135450		－32.9
澳大利亚	59111	70505	8.6	－43.3
印度	123291	4780	－10.6	－34.4
墨西哥	50729	68181	9.5	40.7
加拿大	99506	14336	39.9	1.1
台湾省	33422	76904	－45.7	－36.7
沙特阿拉伯	82321	27833	1.8	69.9
印度尼西亚	99947	9587	－33.2	－1.1
意大利	66255	39087	13.9	6.7
新加坡	77216	25767	－68.9	46.1
巴　西	48326	40779	2.3	209.7
俄罗斯联邦	73659	15424	14.2	－56.1
阿联酋	82253	75	－19.9	－21.5
巴基斯坦	60137	583	95.4	－71.8

12－18　外派劳务按区、县（市）分组

单位：人

项　　目	2010 年	2011 年	2012 年	2013 年	2014 年	2015 年	2016 年
合　　计	**10860**	**12504**	**10764**	**14354**	**13631**	**16843**	**18274**
芙蓉区	684	758	716	1441	1121	4183	4335
天心区	610	752	665	600	509	1323	1078
岳麓区	428	720	553	518	432	398	513
开福区	619	719	743	977	1761	2349	4051
雨花区	695	790	712	1134	1930	826	670
望城区	831	1210	993	1560	1657	982	1075
长沙县	600	754	663	1030	1329	1007	1039
浏阳市	1157	1206	1260	1849	1105	1282	1977
宁乡县	1050	1227	1200	1662	1579	1431	1681
长沙高新区	303	451	434	461	270	655	550
长沙经开区	300	450	425	438	1172	906	442
宁乡经开区				254	249	307	171
浏阳经开区				205	517	590	442
望城经开区						604	250
其他	3583	3467	2400	2225			

说明：2013 年，我市新增了两家外派劳务考核单位，即宁乡经开区、浏阳经开区。2015 年新增望城经开区。“其他”栏目统计的是省属企业外派劳务人数，2014 年以后数据不含“其他”。

12－19 旅游业基本情况

项　　目	单　位	2010年	2011年	2012年	2013年	2014年	2015年	2016年
一、接待旅游者总人数	万人次	4854.6	6013.6	8088.1	9602.3	10607.3	11721.3	12450.0
接待国内游客	万人次	4784.4	5930.1	7982.9	9485.4	10487.1	11601.0	12328.5
接待海外游客	人次	702141	835241	1051912	1169711	1202016	1203141	1215203
外国人	人次	459228	527389	650966	716129	732960	690102	692827
港澳台胞	人次	242913	307852	399946	453582	469056	513039	522376
二、旅游业总收入(人民币)	亿元	458.0	582.9	783.1	1006.3	1192.1	1351.5	1534.8
国内旅游收入(人民币)	亿元	422.3	543.5	741.1	958.0	1143.6	1302.6	1482.0
旅游创汇(美元)	万美元	52878	62493	66453	77902	78195	79312	79628
三、接待海外旅游者人天数	万人天	264.4	351.6	378.3	417.6	432.7	412.6	416.7
# 外国人	万人天	169.9	222.0	234.3	257.7	263.8	248.4	251.1
四、旅行社总数	个	199	214	245	245	270	270	290
出境组团社	个	13	16	21	22	26	26	52
非出境组团社	个	186	198	224	223	244	244	238
五、星级饭店总数	个	84	82	83	82	79	74	62
五星级	个	12	12	12	12	12	12	9
四星级	个	21	21	22	23	25	23	21
三星级	个	42	41	41	40	35	32	26
二星级	个	9	8	8	7	7	7	6
星级饭店客房总数	间	15723	15650	16453	16441	16126	15098	12639

12－20 接待国际游客按国别(地区)分

单位:人次

国别(地区)	2010年	2011年	2012年	2013年	2014年	2015年	2016年
接待国际游客总数	702141	835241	1050912	1169711	1202016	1203141	1215203
港澳台胞	242913	307852	399946	453582	469056	513039	522376
港澳同胞	102978	122087	165220	211821	221003	383023	391360
台　胞	139935	185765	234726	241761	248053	130016	131016
外国人	459228	527389	650966	716129	732960	690102	692827
#美　国	40439	45926	50678	56711	56812	42706	43006
日　本	56104	48293	56748	53690	50280	30716	31776
韩　国	225929	250273	307595	346822	357620	391501	368651
加拿大	8184	10266	14011	15550	16038	11709	11800
西班牙	1865	3580	4880	5026	5098	2602	2709
马来西亚	13141	12167	19045	20568	21390	22045	2235
新加坡	12302	18896	23136	25124	27949	20949	19749
德　国	9709	17341	20841	22716	23648	43648	44682
法　国	8675	10387	13453	14663	14855	10842	11263
瑞　典	930	1571	1988	2186	2309	2862	3051
英　国	10853	15035	20079	22287	22866	17347	18960
澳大利亚	5670	11211	15278	16805	17009	13878	14012
俄罗斯	5123	14522	22052	23154	24637	16071	18268

13 服务业

长沙统计年鉴

13－1 规模以上服务业企业财务状况(2016年)

指 标	单位个数(个)	资产总计	流动资产合计	固定资产原值	累计折旧
总 计	**1296**	**71670538**	**43926394**	**13458244**	**4378332**
交通运输、仓储和邮政业	171	12656478	4680381	5973741	1191816
铁路运输业	3	2187172	92299	1811092	154453
道路运输业	106	7739745	3403318	2824582	672632
水上运输业	8	107430	11889	105721	34410
航空运输业	3	1251846	192156	869976	222203
装卸搬运和运输代理业	19	339519	280584	17082	5958
仓储业	22	414927	172583	216712	42901
邮政业	10	615839	527551	128575	59259
信息传输、软件和信息技术服务业	194	6772122	3721211	3528459	1986340
电信、广播电视和卫星传输服务	20	4047682	1640653	3290123	1878356
互联网和相关服务	25	114205	51181	91263	42961
软件和信息技术服务业	149	2610236	2029377	147073	65023
房地产业	163	606469	314666	163229	40763
物业管理	145	458703	260194	81565	32318
房地产中介服务	15	50776	46089	3846	2043
自有房地产经营活动	3	96991	8384	77818	6402
租赁和商务服务业	259	39069256	27870008	1992957	465834
租赁业	7	326721	206553	25611	10044
商务服务业	252	38742536	27663455	1967346	455790
科学研究和技术服务业	212	3739336	2417798	646382	214386
研究和试验发展	21	514136	200617	101881	34570
专业技术服务业	172	3155767	2178892	521955	176002
科技推广和应用服务业	19	69433	38288	22547	3814
水利、环境和公共设施管理业	32	396780	242224	50285	10800
生态保护和环境治理业	10	320816	203585	28709	4428
公共设施管理业	22	75965	38639	21576	6372
居民服务、修理和其他服务业	58	143656	69064	52972	12432
居民服务业	27	121503	54676	43701	9148
机动车、电子产品和日用产品修理业	14	12669	7780	5805	2037
其他服务业	17	9484	6608	3465	1247
教育	17	75635	44019	28762	9692
教育	17	75635	44019	28762	9692
卫生和社会工作	66	450972	248700	193149	94025
卫生	62	411064	233989	184684	93608
社会工作	4	39907	14712	8466	417
文化、体育和娱乐业	124	7759833	4318324	828308	352246
新闻和出版业	35	2938059	1312782	221122	97394
广播、电视、电影和影视录音制作业	50	4516532	2878367	448635	184362
文化艺术业	10	33263	9763	23055	8413
体育	14	116017	60856	44996	16357
娱乐业	15	155963	56557	90501	45720

单位:万元

本年折旧	负债合计	所有者权益合计	营业收入	#主营业务收入	营业成本	#主营业务成本
712105	**38532843**	**33143128**	**13224151**	**12307285**	**9766723**	**8985865**
216851	8074366	4583354	1945061	1907900	1704343	1667024
37994	1127211	1059961	151929	144694	145595	139614
122901	5409367	2331619	953677	933046	827485	823389
5884	67019	40410	23228	22403	22994	22694
33486	379427	872419	151667	151667	118605	118605
740	257729	81790	162584	162277	146090	146040
9422	253901	161026	179127	175625	149773	123978
6424	579711	36128	322849	318187	293802	292704
287479	3184502	3589116	2321308	2306726	1383621	1369516
269330	1401510	2646171	1267160	1256327	798094	787815
3065	117137	-2532	165788	165770	121909	120409
15084	1665855	945477	888359	884629	463618	461292
7413	462029	144450	347608	330210	242139	236351
3600	374088	84624	280850	267352	206698	201578
348	19316	31460	47113	44026	20746	20381
3466	68625	28366	19645	18833	14695	14392
88041	21454319	17616490	3525115	2728539	2716403	2015642
2686	278144	48577	60903	59051	40242	40194
85354	21176175	17567913	3464212	2669488	2676161	1975447
36705	2165575	1573615	2342326	2333558	1846919	1842059
4063	220586	293550	74700	72381	60921	57995
32031	1901049	1254572	2224434	2218516	1753433	1751502
611	43940	25492	43192	42661	32565	32562
4076	175168	221592	167830	165278	128623	128542
2295	137891	182905	119526	117214	88516	88436
1782	37278	38687	48304	48065	40107	40107
3265	97075	46581	129959	129459	81487	81012
2489	87820	33683	100099	99700	60444	59980
380	6602	6068	14914	14812	9714	9703
395	2654	6830	14947	14947	11330	11330
1707	38592	37043	54416	52555	32863	31709
1707	38592	37043	54416	52555	32863	31709
14629	344530	107742	408538	408138	246441	245184
14544	309942	101122	404005	403605	243008	241752
85	34588	6619	4533	4533	3433	3433
51941	2536687	5223146	1981989	1944922	1383885	1368827
11617	543682	2394376	435249	424445	319144	308115
31818	1833510	2683022	1462576	1437821	1032403	1028400
1322	14424	18839	15271	14650	13299	13280
1833	81864	34153	14711	14711	6930	6930
5351	63207	92756	54182	53295	12111	12102

13－1 续表

指　　标	营业税金及附加	#主营业务税金及附加	三项费用合计	#税金	营业利润
总　　计	**126104**	**121912**	**2582668**	**34676**	**997073**
交通运输、仓储和邮政业	12923	12281	398556	7412	－171196
铁路运输业	277	236	47076	57	－41019
道路运输业	6302	6193	230578	4507	－112717
水上运输业	94	90	10197	90	－5595
航空运输业	3548	3548	25198	1393	3312
装卸搬运和运输代理业	470	372	14408	251	1659
仓储业	1732	1380	22269	463	3709
邮政业	501	462	48829	651	－20545
信息传输、软件和信息技术服务业	9589	9540	534706	7126	388385
电信、广播电视和卫星传输服务	4043	3996	240506	3358	228645
互联网和相关服务	1003	1003	41767	144	556
软件和信息技术服务业	4543	4541	252433	3624	159184
房地产业	9146	8408	85655	1623	11904
物业管理	7672	7241	60511	815	6957
房地产中介服务	897	834	16460	76	8966
自有房地产经营活动	578	333	8684	732	－4019
租赁和商务服务业	46322	44022	558851	6803	392670
租赁业	445	445	19433	108	176
商务服务业	45877	43577	539418	6695	392493
科学研究和技术服务业	20736	20490	380746	5694	103386
研究和试验发展	603	602	42911	1205	－27562
专业技术服务业	19714	19468	321445	4330	137273
科技推广和应用服务业	419	419	16390	159	－6325
水利、环境和公共设施管理业	2387	2377	24494	950	14514
生态保护和环境治理业	1317	1308	17733	677	14105
公共设施管理业	1070	1069	6762	273	409
居民服务、修理和其他服务业	2425	2356	37883	625	8229
居民服务业	1729	1707	31429	249	6582
机动车、电子产品和日用产品修理业	150	107	4303	344	725
其他服务业	546	542	2151	32	922
教育	809	803	16117	72	4920
教育	809	803	16117	72	4920
卫生和社会工作	142	126	117334	452	45106
卫生	125	108	115748	450	45612
社会工作	18	18	1586	2	－507
文化、体育和娱乐业	21626	21510	428326	3920	199157
新闻和出版业	4113	4058	96530	960	55686
广播、电视、电影和影视录音制作业	16012	15995	287551	2319	136041
文化艺术业	134	91	8177	47	－6449
体育	525	525	10463	467	－3206
娱乐业	842	842	25605	128	17084

单位:万元

营业外收入	营业外支出	利润总额	应交所得税	应付职工薪酬	应交增值税	从业人员平均人数（人）
410740	**156966**	**1250264**	**388362**	**2086023**	**276475**	**231131**
142791	19413	-47821	25525	448495	36499	55306
8216	7027	-39830	8	34023	301	2410
110912	7485	-9290	20074	192129	24189	28304
1087	102	-4610	180	7443	581	1027
12890	1143	15060	622	63598	3628	5422
694	139	2213	750	22808	1035	3415
6532	1336	8905	1940	9461	2173	1219
2460	2181	-20269	1951	119032	4592	13509
32723	7388	413621	225677	346666	74574	30857
11220	4529	235335	204231	149032	42023	9646
1651	261	1410	1535	32712	2389	4108
19853	2598	176877	19910	164922	30163	17103
2603	471	14036	4530	151311	10287	29175
2331	453	8836	2480	126841	7469	26269
139	14	9090	2049	21378	2184	2545
133	4	-3890	2	3091	634	361
119752	6698	504899	65790	257670	43878	34075
41	145	72	325	4726	618	585
119711	6554	504826	65466	252944	43260	33490
33346	4063	132682	28083	410882	50901	38265
20178	503	-7875	355	28020	1883	2946
13067	2925	147418	27307	373799	48505	33967
100	635	-6861	420	9063	513	1352
3884	297	18101	2693	17153	4829	1945
1424	22	15507	2357	9469	3598	868
2461	275	2594	335	7684	1231	1077
765	254	8740	1757	42893	1655	8097
499	147	6934	1234	35111	870	5965
4	39	690	302	2533	488	568
262	68	1117	221	5249	296	1564
480	407	4993	1296	16605	921	2478
480	407	4993	1296	16605	921	2478
1840	845	46100	14692	97885	180	10827
1283	833	46062	14666	95904	178	10441
557	13	37	26	1981	2	386
72557	117131	154912	18319	296464	52752	20106
19855	1135	74735	2557	68933	16696	6098
39329	110673	64698	11874	206373	34495	10112
6784	101	235	33	5344	172	795
6179	5041	-2068	13	5282	219	1062
410	181	17313	3843	10532	1170	2039

14 教育和科技

长沙统计年鉴

14－1 历年高等学校情况

单位:人

年 份	学校数(所)	招生数	毕业生数	在校学生数	校本部教职工数
1949	2	…	…	2685	1359
1950	2	…	428	2450	1558
1952	4	3240	973	6109	1604
1953	5	2836	1399	6490	2256
1955	6	2636	2054	8374	2834
1957	6	3448	1551	13557	3923
1958	10	8083	2494	18839	4407
1960	21	10354	2955	29104	6462
1962	12	3006	4528	25477	7756
1965	9	4973	5435	19412	8038
1966	8	196	1198	18972	8330
1970	7	2288	7688	5837	8486
1975	8	6357	5757	18390	13474
1976	8	5425	6590	16620	13953
1977	8	7168	5902	16544	14830
1978	8	6937	4619	18895	15778
1979	11	7369	4235	21549	16382
1980	11	6702	817	28491	16719
1981	10	7994	761	30720	12815
1982	11	6592	11459	25641	14168
1983	12	8498	7186	26600	15110
1984	14	9783	6346	30035	16193
1985	23	13831	6661	37182	18734
1986	21	11178	7632	40458	19886
1987	21	13121	11333	43114	20510
1988	22	14472	11103	46022	21902
1989	22	12550	12896	46444	21956
1990	21	12787	12726	46041	22297

14－1 续表

单位:人

年　份	学校数(所)	招生数	毕业生数	在　校 学生数	校本部 教职工数
1991	21	13327	12953	45810	22655
1992	21	15470	12404	48050	18244
1993	21	18769	11737	55810	18270
1994	21	18455	12857	61641	18531
1995	21	19532	15911	64866	18222
1996	21	20013	16365	67420	18205
1997	20	21444	17119	72020	18473
1998	20	23570	17484	78050	18408
1999	23	35823	19152	94493	19913
2000	23	49391	19777	125582	21165
2001	29	54329	21289	158158	24568
2002	30	73379	29094	201881	26331
2003	37	94527	48597	268613	29145
2004	39	107979	60985	329424	33950
2005	45	130337	79277	394399	37698
2006	45	132662	97149	418132	39378
2007	48	147825	108698	454288	47887
2008	49	155192	129419	483917	49401
2009	48	158215	130626	504111	50509
2010	48	149977	140840	508254	50267
2011	50	148780	143310	516765	50930
2012	50	157679	151428	523174	50902
2013	50	169685	153703	530635	51339
2014	50	168438	142835	547514	52972
2015	51	171791	143705	569400	51232
2016	51	179273	151137	590020	51733

14－2 历年中等职业学校情况

单位:人

年　份	学校数(所)	招生数	毕业生数	在校学生数	校本部教职工数
1949	16	…	…	2296	513
1950	19	638	311	4955	283
1952	12	2227	708	6069	887
1953	11	1532	1246	6305	966
1955	10	2307	1135	5445	872
1957	16	1573	2057	10006	1900
1958	28	10438	2131	17457	2046
1960	32	11685	1699	28055	2229
1962	15	112	1751	8302	1827
1965	21	3420	2734	7771	2188
1966	12	132	899	5756	1894
1970	8	540	187	676	922
1975	21	3647	2582	9871	2722
1976	21	2964	4040	8171	2878
1977	21	5162	5529	7519	4149
1978	23	5509	2342	9782	3853
1979	30	4497	302	14492	4149
1980	31	4737	5699	12641	4408
1981	31	5054	6512	11425	4928
1982	32	5687	4110	13436	5508
1983	33	6398	4696	14762	5658
1984	32	6521	5746	15621	5622
1985	32	8469	5869	18218	4851
1986	34	6841	6160	18366	4898
1987	39	8457	8701	18681	6111
1988	40	10427	6002	23037	6074
1989	39	9256	5994	26152	6915
1990	40	8140	8581	25626	7926

14－2 续表

单位:人

年　份	学校数(所)	招生数	毕业生数	在　校 学生数	校本部 教职工数
1991	42	9540	8613	26480	7118
1992	43	13091	8536	30554	6157
1993	43	19526	8352	39202	6399
1994	42	16944	7153	47272	6689
1995	42	18477	9508	55438	6352
1996	47	23704	14060	66195	7065
1997	46	27215	16186	76808	6856
1998	47	29772	20282	85987	6899
1999	40	21406	15752	70406	4395
2000	40	19334	24192	84113	5238
2001	40	19478	25748	77270	5378
2002	24	22100	25465	64948	2588
2003	105	45505	30059	107475	6041
2004	112	48194	30227	116187	5697
2005	104	43902	36938	112698	4858
2006	84	42673	41176	123870	5935
2007	81	43490	51593	113018	5855
2008	78	39042	38980	99693	6141
2009	79	65028	39894	137568	6417
2010	67	41159	53368	113709	5708
2011	59	46540	35083	115596	4794
2012	50	43426	47767	120945	4890
2013	50	40367	30648	108232	4379
2014	52	33483	24603	86670	4019
2015	50	33929	21947	91472	4087
2016	51	35891	26565	93027	4325

注:1. 2003年开始,中等职业教育报表制度改革,现行报表制度包括前普通中专、职业高中。2002年及以前年份的数据是中等专业学校情况。

2. 2014年部分数据调整。

14－3 历年普通中学情况

单位:人

年 份	学校数(所)	招生数	毕业生数	在 校 学生数	教职工数
1949	45	…	…	11347	1237
1950	38	4540	2352	10335	819
1952	40	7938	3387	23222	1289
1953	37	9950	5667	26384	1674
1955	37	11441	10172	31460	2199
1957	112	13864	10640	49484	3256
1958	164	25254	10224	49804	3105
1960	101	31992	12295	68205	3648
1962	129	22928	12152	51605	3933
1965	159	30945	17115	75367	5424
1966	293	21095	21298	71433	4598
1970	289	65230	29904	107921	6091
1975	567	136529	74396	237176	13796
1976	1473	198464	94903	331353	19991
1977	1148	192835	125324	372679	23992
1978	662	147133	159281	331109	22128
1979	676	116981	150239	268246	19564
1980	457	80492	52928	234707	19137
1981	466	82847	71738	215852	19292
1982	453	77146	58458	212388	18274
1983	438	65438	53829	199172	17887
1984	412	80035	56619	214658	18001
1985	422	80871	60933	221971	17916
1986	427	77229	53806	236055	18508
1987	433	87389	66953	245438	19421
1988	429	77029	67441	235257	19597
1989	429	82389	65762	238878	19915
1990	438	87892	72833	242065	20133

14－3 续表

单位：人

年份	学校数(所)	招生数	毕业生数	在校学生数	教职工数
1991	422	86487	69188	243473	20309
1992	418	86754	68457	246662	20769
1993	421	88993	71579	248075	21347
1994	409	98763	70133	262655	21768
1995	391	106990	72276	284050	22231
1996	379	106047	78143	298924	23364
1997	379	108558	88071	309415	23737
1998	383	119832	95489	319792	24418
1999	379	131057	95136	345200	25946
2000	377	141865	97009	384192	26636
2001	368	149566	109141	413043	27330
2002	355	153589	124346	436307	27567
2003	358	132957	134525	432826	28429
2004	347	111583	144961	395687	27783
2005	339	102616	150972	345167	26814
2006	322	95515	130686	307095	25580
2007	310	99466	110263	292979	24888
2008	298	98650	97313	289960	24582
2009	291	102405	94639	295269	24924
2010	284	111383	96302	307427	24716
2011	280	114280	93657	325136	26871
2012	284	121302	100267	343769	28063
2013	285	126082	107723	357139	28057
2014	292	122120	110251	364653	28279
2015	296	125105	117408	369520	29207
2016	302	129426	121921	374262	30736

14－4 历年小学情况

单位：人

年份	学校数(所)	招生数	毕业生数	在校学生数	教职工数
1949	2640	…	…	147114	7810
1950	2378	…	…	154514	7881
1952	3685	79618	28137	309698	10697
1953	2787	61714	30528	315487	10753
1955	2487	95171	39718	340451	11270
1957	2737	95487	50993	440851	12179
1958	4073	102730	49306	517473	13467
1960	3768	106735	54607	541157	14664
1962	3475	95669	51696	401229	14214
1965	4755	116549	47117	593692	17203
1966	4485	80245	62524	574329	16919
1970	3575	132014	73946	464530	17310
1975	3668	138992	106360	727790	26935
1976	2693	144455	152006	703398	26093
1977	2787	134963	135165	673741	25873
1978	3231	136850	118693	680090	25719
1979	3069	133973	127970	685466	26752
1980	3244	122705	119369	673804	27056
1981	3272	126340	128653	667152	27046
1982	3253	110548	113744	649570	26687
1983	3268	102405	98641	641960	27525
1984	3276	98470	101218	629737	27503
1985	3270	92389	100920	616305	27098
1986	3257	91033	104750	601606	26521
1987	3260	91680	107676	583871	26929
1988	3241	98996	85465	578286	28119
1989	3243	97335	95557	576904	27973
1990	3212	92649	96433	570704	28193

14－4 续表

单位:人

年　份	学校数(所)	招生数	毕业生数	在校学生数	教职工数
1991	3201	93372	90896	563850	28290
1992	3181	100555	90813	568617	28363
1993	3135	108385	87421	567721	28982
1994	3048	112303	92437	602788	28792
1995	3014	116075	93875	623662	28283
1996	2925	112256	88836	646190	28765
1997	2779	85984	90517	642950	28373
1998	2710	56648	99459	599897	27902
1999	2486	43026	109414	535127	27221
2000	2154	43689	113714	466515	25133
2001	1830	50945	114425	399513	22187
2002	1719	54293	112215	342110	20548
2003	1580	59466	87744	313587	19762
2004	1433	63519	59049	318024	19330
2005	1272	63328	46516	338655	20475
2006	1217	68104	44977	366100	21593
2007	1162	69292	52844	382981	21954
2008	1126	67278	55007	395059	22479
2009	1055	67924	61722	403562	22443
2010	1024	73977	66404	413498	22391
2011	987	74333	66371	425405	20865
2012	938	78853	69948	439532	21410
2013	937	84508	71078	457894	21800
2014	937	87655	70504	481333	22894
2015	939	94184	71580	509396	23641
2016	931	99495	78610	536458	25295

14－5 历年高考录取人数

单位:人

年 份	报名人数	大学录取人数			大学录取率(%)
			本 科	专 科	
1978	54649	2491			4.56
1979	32487	1362			4.19
1980	25700	1711	1407	304	6.66
1981	8537	1136	937	199	13.31
1982	5779	1142	969	173	19.76
1983	6986	2273	862	1411	32.54
1984	7501	3049	1846	1203	40.65
1985	9480	4320	2213	2107	45.57
1986	9308	3799	2008	1791	40.81
1987	9618	4431	2388	2043	46.07
1988	10358	5219	2201	3018	50.39
1989	16418	2674	1113	1561	16.29
1990	19248	3242	1705	1537	16.84
1991	17941	3032	1419	1613	16.90
1992	17455	4504	2028	2476	25.80
1993	15317	5569	2265	3304	36.36
1994	14642	6061	2367	3694	41.39
1995	13006	6073	2573	3500	46.69
1996	13765	5886	2577	3309	42.76
1997	13864	6003	3002	3001	43.30
1998	15241	6855	3469	3386	44.98
1999	16207	10383	5720	4663	64.06
2000	18953	12037	6108	5929	63.51
2001	22893	15177	8319	6858	66.30
2002	28965	21179	10619	10560	73.12
2003	32482	26197	11540	14657	80.65
2004	37886	30726	13020	17706	81.10
2005	50750	38871	16131	22740	76.59
2006	53845	33922	16557	17365	63.00
2007	62871	42250	18966	23284	67.20
2008	66149	43072	20618	22454	65.11
2009	56494	41603	22003	19600	73.64
2010	46553	38393	22187	16206	82.47
2011	42002	34432	21240	13192	81.98
2012	43969	35557	22888	12669	80.87
2013	46790	37710	23781	13929	80.59
2014	49707	39776	25514	14262	80.02
2015	52094	40759	27920	12839	78.24
2016	56395	43627	29861	13766	77.36

14－6 历年高校研究生数

单位：人

年份	培养博士学位				培养硕士学位			
	机构(个)	招生人数	毕业人数	在学人数	机构(个)	招生人数	毕业人数	在学人数
1983	3	8		13	7	324	87	676
1984	3	7		22	7	389	31	1030
1985	4	24	1	44	7	751	224	1552
1986	4	36		80	7	645	342	1853
1987	5	47	10	112	9	670	424	2094
1988	6	73	14	174	9	587	750	1910
1989	4	62	22	212	9	518	637	1771
1990	6	70	42	237	9	578	621	1696
1991	6	92	62	260	9	540	606	1606
1992	7	89	43	282	9	567	445	1694
1993	7	114	102	337	9	702	513	1791
1994	8	191	78	431	9	899	497	2144
1995	7	205	73	544	9	878	564	2425
1996	8	219	90	676	10	1036	703	2779
1997	7	226	129	748	9	962	850	2789
1998	7	285	189	838	9	1198	829	3110
1999	7	479	196	1114	9	1559	1021	3708
2000	5	575	155	1534	6	2411	945	5158
2001	7	794	239	2142	10	3732	1383	8335
2002	5	899	285	2669	6	4075	1331	9501
2003	6	1350	371	3317	10	5983	2272	13390
2004	6	1553	493	4628	11	7585	3163	18214
2005	7	1602	577	5669	11	8237	3943	22657
2006	7	1645	773	6538	11	9463	5612	26663
2007	11	1687	948	7238	11	9988	7081	29670
2008	10	1723	1088	7889	10	10360	8062	31602
2009	10	1776	1136	8489	10	12157	9260	34686
2010	10	1809	1411	8863	10	12865	9521	37487
2011	10	1878	1297	9365	10	13128	10299	39679
2012	10	1918	1399	9935	10	13497	11611	40636
2013	10	1948	1429	10302	10	14052	12392	41788
2014	9	1956	1428	10584	9	14280	13633	41818
2015	8	1990	1415	10970	8	14608	12878	43353
2016	8	2025	1419	10973	10	14972	12944	44558

14－7 历年技工学校情况

单位:人

年份	学校数(所)	招生数	毕业生数	在校学生数	教职工数
1979	23	3700	1552	4614	913
1980	26	2579	1739	6672	1362
1981	28	1784	4218	4179	1646
1982	27	192	3357	1693	1562
1983	24	1230	1787	1551	1471
1984	21	1181	227	2596	1246
1985	19	1337	1318	2931	1386
1986	23	2557	1390	4671	1658
1987	22	2809	1549	5792	1717
1988	22	3678	2402	7140	1837
1989	25	2894	2198	7283	1951
1990	25	3451	3197	8002	2075
1991	24	3973	3024	8989	2095
1992	28	4543	3321	10381	2245
1993	32	5140	3655	11785	2318
1994	31	5112	4264	12951	2398
1995	34	4742	5342	12575	2416
1996	41	5024	5840	13581	2412
1997	40	4850	5793	12686	2696
1998	41	3528	5566	10541	2642
1999	43	2819	4127	9331	2700
2000	43	3791	3407	7706	2418
2001	42	5562	2940	9870	2613
2002	30	5155	2968	12257	2158
2003	32	8262	3478	14942	2026
2004	33	8729	6215	14810	2069
2005	32	10676	4902	18845	2050
2006	32	9221	5841	18736	1876
2007	24	9634	6502	20208	1923
2008	24	12095	7643	22666	2016
2009	26	15271	11206	32981	3124
2010	26	14549	7354	33685	2897
2011	26	10143	10645	26250	2340
2012	23	6366	7391	18003	1537
2013	24	3551	4392	10308	1310
2014	24	3827	2865	9860	1880
2015	24	4314	1985	9930	1684
2016	14	4516	2193	10363	1764

14－8 高考录取情况(2016年)

单位:人

项目	全市	市区	县市	长沙县	浏阳市	宁乡县
报名人数	56395	33049	23346	6693	7644	9009
录取总人数	43627	25427	18200	4519	6565	7116
总录取率(%)	77.36	76.94	77.96	67.52	85.88	78.99
录取总人数中						
本科	29861	18913	10948	2512	4255	4181
专科	13766	6514	7252	2007	2310	2935
录取总人数中						
文科	12376	6860	5516	1655	1904	1957
理科	24599	14697	9902	2196	3757	3949
职高对口	1327	857	470	166	104	200
音乐	1854	1145	709	171	201	337
美术	2554	1602	952	189	373	390
体育	917	266	651	142	226	283
附:保送生(本科)	32	32				
单招生	7126	4757	2369	1449	269	651
本科	1751	1696	55	5	3	47
专科	5375	3061	2314	1444	266	604

注:1. 录取总人数中:音乐含文、理音乐;美术含文、理美术;体育含文、理体育。
2. 录取总人数中不包括保送生和单招生人数。

14－9 大学基本情况(2016年)

单位:人

项目	学校数(所)	招生人数	在校学生数	毕业生数	校本部教职工数	专任教师
大学合计	51	179273	590020	151137	51733	33542
综合大学	14	58477	192245	46562	20853	12341
理工院校	13	42460	133717	37671	10585	7283
农业院校	2	11097	37208	9499	3461	1889
医药院校	4	13490	50389	11258	4337	3201
师范院校	2	9731	34273	8231	2155	1528
财经院校	8	20183	63544	16692	4227	3176
林业院校	1	6569	25596	6232	2364	1541
其他院校	7	17266	53048	14992	3751	2583
成人高校普通本专科						

14－10 成人高等学历教育基本情况(2016年)

单位:人

项　目	合　计	小　计	# 职工大学	# 广播电视大　学	# 教育学院	# 管理干部学　院	普通高等学　校
学校数(所)	—	4	2	1	1		
在校学生数	120799	2142	1844	373			118657
本年招生数	54893	1054	885	169			53839
本年毕业生数	58197	1010	836	174			57187
教职员工数	607	607	72	535			
# 专任教师	311	311	58	253			

14－11 普通中学、小学情况(2016年)

单位:人

项　目	学校数(所)	招生人数	毕业生人数	在校学生人数	教　职工人数	专任教师人数
普通中学	302	129426	121921	374262	30736	28000
市　区	119	69133	65637	200816	16939	15085
县（市）	183	60293	56284	173446	13797	12915
合计中:教育和集体办	272	113068	109129	332268	26601	24747
民　办	23	12771	8454	30508	3238	2475
其他部门办	7	3587	4338	11486	897	778
小学合计	931	99495	78610	536458	25295	24770
市　区	371	55506	39743	291065	13965	13787
县（市）	560	43989	38867	245393	11330	10983
合计中:教育和集体办	912	94663	73158	507018	23939	23682
民办	11	3866	4268	22968	958	736
其他部门办	8	966	1184	6472	398	352

14－12 特殊教育学校情况(2016年)

单位:人

项目	盲、聋、哑学校	工读学校
学校数(所)	4	1
班数(个)	67	3
毕业生数	270	26
招生数	501	12
在校学生数	1907	27
教职工数	225	49
专任教师数	183	45

14－13 幼儿园情况(2016年)

单位:人

项目	园数(所)	班数(个)	在园幼儿数	教职工数	# 教师	# 保育员
总计	**1624**	**9021**	**267419**	**30494**	**14355**	**8330**
# 公办	379	2386	79928	7458	3646	1946
市区	760	4740	138518	19359	8993	5124
县(市)	864	4281	128901	11135	5362	3206
长沙县	250	1330	40899	3964	1994	1109
浏阳市	354	1828	54739	4745	2056	1468
宁乡县	260	1123	33263	2426	1312	629

14－14 规模以上工业企业R&D活动人员情况(2016年)

项目	有R&D活动的单位数(家)	R&D人员(人)	#全时人员	R&D人员折合全时当量(人年)
总计	**794**	**57469**	**45508**	**37831**
按区县(市)分组:				
芙蓉区	69	1770	1437	1308
天心区	23	1730	1384	1175
岳麓区	156	13960	10725	9464
开福区	20	863	544	675
雨花区	39	2451	1882	1353
望城区	72	4312	3294	2523
长沙县	114	23292	19330	15257
浏阳市	123	4291	3290	2829
宁乡县	178	4800	3622	3247
按企业规模分组:				
大型企业	47	35858	28342	22556
中型企业	187	9389	7292	6670
小型企业	553	12179	9835	8570
微型企业	7	43	39	35
按登记注册类型分组:				
内资企业	742	42008	31718	29875
国有	7	1615	988	1026
集体	2	58	51	41
股份合作				
联营企业				
国有独资公司	10	1210	928	1053
其他有限责任公司	151	9044	7096	6129
股份有限公司	62	8955	7338	6020
私营独资	3	38	26	25
私营合伙	3	37	31	30
私营有限责任公司	446	16499	12169	12476
私营股份有限公司	58	4552	3091	3075
其他企业				
港、澳、台商投资企业	21	13876	12406	6655
外商投资企业	31	1585	1384	1301

14－14 续表

项　　目	有R&D活动的单位数(家)	R&D人员(人)	#全时人员	R&D人员折合全时当量(人年)
按工业行业大类分组：				
煤炭开采和洗选业				
石油和天然气开采业				
黑色金属矿采选业				
有色金属矿采选业				
非金属矿采选业	1	8	5	4
其他采矿业				
农副食品加工业	47	1030	808	837
食品制造业	27	542	455	414
酒、饮料和精制茶制造业	9	266	194	131
烟草制品业	1	276	71	159
纺织业	8	302	223	207
纺织服装、服饰业	6	547	336	413
皮革、毛皮、羽毛及其制品和制鞋业	1	12	7	12
木材加工及木、竹、藤、棕、草制品业				
家具制造业	5	65	37	38
造纸及纸制品业	7	183	142	162
印刷和记录媒介复制业	16	444	314	306
文教、工美、体育和娱乐用品制造业	12	195	155	166
石油加工、炼焦及核燃料加工业	1	14	11	14
化学原料及化学制品制造业	72	2328	1524	1588
医药制造业	51	2389	1635	1891
化学纤维制造业				
橡胶和塑料制品业	24	592	492	353
非金属矿物制品业	34	2074	1179	1278
黑色金属冶炼及压延加工业	11	615	406	458
有色金属冶炼及压延加工业	28	2529	2206	1329
金属制品业	35	702	569	545
通用设备制造业	73	2565	1843	1712
专用设备制造业	96	12699	9710	9446
汽车制造业	45	3926	3212	2467
铁路、船舶、航空航天和其他运输设备制造业	9	1183	1031	1077
电气机械及器材制造业	66	2892	2067	2159
计算机、通信和其他电子设备制造业	64	16573	14747	8804
仪器仪表制造业	31	1225	1077	992
其他制造业	7	142	118	104
废弃资源综合利用业				
金属制品、机械和设备修理业	2	194	154	174
电力、热力的生产和供应业	3	840	675	525
燃气生产和供应业	1	54	49	52
水的生产和供应业	1	63	56	14

14－15 规模以上工业企业按活动类型分 R&D 经费内部支出情况(2016 年)

单位:万元

项目	R&D 经费内部支出	#基础研究支出	#应用研究支出	#试验发展支出
总计	**1369172**	**1241**	**22107**	**1345824**
按区县(市)分组:				
芙蓉区	31826		1487	30339
天心区	28183	30	522	27631
岳麓区	336639	1033	7331	328275
开福区	22598			22598
雨花区	34074		589	33485
望城区	201381		2602	198779
长沙县	478247	178	1919	476150
浏阳市	122271		3433	118838
宁乡县	113953		4224	109729
按企业规模分组:				
大型企业	895275	30	3667	891578
中型企业	213894	1032	10455	202407
小型企业	259081	179	7985	250917
微型企业	922			922
按登记注册类型分组:				
内资企业	1075443	1241	19865	1054337
国有	17474		1112	16362
集体	1090			1090
股份合作				
联营企业				
国有独资公司	32999	1062	547	31390
其他有限责任公司	301465		7512	293953
股份有限公司	266985		5586	261399
私营独资	1443			1443
私营合伙	633			633
私营有限责任公司	369598	179	4366	365053
私营股份有限公司	83756		742	83014
其他企业				
港、澳、台商投资企业	146787		2242	144545
外商投资企业	146942			146942

14－15 续表

单位：万元

项　　目	R&D 经费内部支出	#基础研究支出	#应用研究支出	#试验发展支出
按工业行业大类分组：				
煤炭开采和洗选业				
石油和天然气开采业				
黑色金属矿采选业				
有色金属矿采选业				
非金属矿采选业	373			373
其他采矿业				
农副食品加工业	28456		869	27587
食品制造业	10945		1016	9929
酒、饮料和精制茶制造业	7344			7344
烟草制品业	6335		571	5764
纺织业	8849		38	8811
纺织服装、服饰业	6028			6028
皮革、毛皮、羽毛及其制品和制鞋业	329			329
木材加工及木、竹、藤、棕、草制品业				
家具制造业	1717			1717
造纸及纸制品业	4809			4809
印刷和记录媒介复制业	9571	53	1178	8340
文教、工美、体育和娱乐用品制造业	3354		466	2888
石油加工、炼焦及核燃料加工业	285			285
化学原料及化学制品制造业	50507		89	50418
医药制造业	61890		2239	59651
化学纤维制造业				
橡胶和塑料制品业	11368		165	11203
非金属矿物制品业	40663		257	40406
黑色金属冶炼及压延加工业	24396		16	24380
有色金属冶炼及压延加工业	159140	125	2242	156773
金属制品业	16892		1432	15460
通用设备制造业	48527		1160	47367
专用设备制造业	354186		1339	352847
汽车制造业	198538			198538
铁路、船舶、航空航天和其他运输设备制造业	32974			32974
电气机械及器材制造业	68430		5471	62959
计算机、通信和其他电子设备制造业	177841	1063	2864	173914
仪器仪表制造业	22130		620	21510
其他制造业	3227			3227
废弃资源综合利用业				
金属制品、机械和设备修理业	2104			2104
电力、热力的生产和供应业	4934		75	4859
燃气生产和供应业	2299			2299
水的生产和供应业	731			731

14－16 规模以上工业企业按经费来源分 R&D 经费内部支出情况(2016 年)

单位:万元

项目	R&D 经费内部支出	#政府资金	#企业资金	#境外资金	#其他
总计	**1369172**	**49937**	**1318672**	**563**	
按区县(市)分组:					
芙蓉区	31826	1052	30774		
天心区	28183	4702	23481		
岳麓区	336639	10027	326612		
开福区	22598	349	22249		
雨花区	34074	976	33098		
望城区	201381	16825	184556		
长沙县	478247	11626	466307	314	
浏阳市	122271	1994	120277		
宁乡县	113953	2386	111318	249	
按企业规模分组:					
大型企业	895275	29720	865555		
中型企业	213894	7640	205940	314	
小型企业	259081	12448	246384	249	
微型企业	922	129	793		
按登记注册类型分组:					
内资企业	1075443	47376	1027818	249	
国有	17474	1838	15636		
集体	1090		1090		
股份合作					
联营企业					
国有独资公司	32999	4666	28333		
其他有限责任公司	301465	18828	282637		
股份有限公司	266985	5132	261853		
私营独资	1443	18	1425		
私营合伙	633	60	573		
私营有限责任公司	369598	13753	355596	249	
私营股份有限公司	83756	3081	80675		
其他企业					
港、澳、台商投资企业	146787	2161	144626		
外商投资企业	146942	400	146228	314	

14－16 续表

单位：万元

项　　目	R&D 经费内部支出	#政府资金	#企业资金	#境外资金	#其他
按工业行业大类分组：					
煤炭开采和洗选业					
石油和天然气开采业					
黑色金属矿采选业					
有色金属矿采选业					
非金属矿采选业	373		373		
其他采矿业					
农副食品加工业	28456	1178	27278		
食品制造业	10945	415	10530		
酒、饮料和精制茶制造业	7344	165	7179		
烟草制品业	6335		6335		
纺织业	8849	40	8809		
纺织服装、服饰业	6028	182	5846		
皮革、毛皮、羽毛及其制品和制鞋业	329		329		
木材加工及木、竹、藤、棕、草制品业					
家具制造业	1717		1717		
造纸及纸制品业	4809	44	4765		
印刷和记录媒介复制业	9571	150	9421		
文教、工美、体育和娱乐用品制造业	3354	181	3173		
石油加工、炼焦及核燃料加工业	285		285		
化学原料及化学制品制造业	50507	1364	49143		
医药制造业	61890	1952	59938		
化学纤维制造业					
橡胶和塑料制品业	11368	203	11165		
非金属矿物制品业	40663	547	40116		
黑色金属冶炼及压延加工业	24396	166	24230		
有色金属冶炼及压延加工业	159140	728	158412		
金属制品业	16892	998	15894		
通用设备制造业	48527	2448	46079		
专用设备制造业	354186	9045	344892	249	
汽车制造业	198538	14506	183718	314	
铁路、船舶、航空航天和其他运输设备制造业	32974	987	31987		
电气机械及器材制造业	68430	1674	66756		
计算机、通信和其他电子设备制造业	177841	8052	169789		
仪器仪表制造业	22130	2761	19369		
其他制造业	3227	380	2847		
废弃资源综合利用业					
金属制品、机械和设备修理业	2104	1639	465		
电力、热力的生产和供应业	4934	12	4922		
燃气生产和供应业	2299		2299		
水的生产和供应业	731	120	611		

14－17 规模以上工业企业按支出用途分R&D经费内部支出情况(2016年)

单位:万元

项目	R&D经费内部支出	经常费支出	#人员劳务费	资产性支出	#仪器和设备
总计	**1369172**	**1286417**	**442618**	**82755**	**80428**
按区县(市)分组:					
芙蓉区	31826	30166	12979	1660	1614
天心区	28183	27751	8010	432	367
岳麓区	336639	330302	125801	6337	6293
开福区	22598	21325	6386	1273	1234
雨花区	34074	32036	15573	2038	2020
望城区	201381	164963	34151	36418	36344
长沙县	478247	463778	165101	14469	14176
浏阳市	122271	110752	32223	11519	10188
宁乡县	113953	105344	42394	8609	8192
按企业规模分组:					
大型企业	895275	850208	278918	45067	44014
中型企业	213894	201630	75501	12264	11575
小型企业	259081	233950	88024	25131	24545
微型企业	922	629	175	293	294
按登记注册类型分组:					
内资企业	1075443	1004104	364930	71339	69853
国有	17474	16405	8606	1069	1069
集体	1090	860	276	230	231
股份合作					
联营企业					
国有独资公司	32999	32323	12612	676	667
其他有限责任公司	301465	262530	72244	38935	38757
股份有限公司	266985	261456	96017	5529	5460
私营独资	1443	1370	255	73	65
私营合伙	633	373	159	260	230
私营有限责任公司	369598	348117	141357	21481	20356
私营股份有限公司	83756	80670	33404	3086	3018
其他企业					
港、澳、台商投资企业	146787	137621	53425	9166	8328
外商投资企业	146942	144692	24263	2250	2247

14－17 续表

单位:万元

项目	R&D经费内部支出	经常费支出	#人员劳务费	资产性支出	#仪器和设备
按工业行业大类分组:					
煤炭开采和洗选业					
石油和天然气开采业					
黑色金属矿采选业					
有色金属矿采选业					
非金属矿采选业	373	119	64	254	248
其他采矿业					
农副食品加工业	28456	25216	8878	3240	3238
食品制造业	10945	9653	3358	1292	1230
酒、饮料和精制茶制造业	7344	6958	2138	386	377
烟草制品业	6335	5539	3558	796	795
纺织业	8849	8659	1590	190	190
纺织服装、服饰业	6028	6008	2992	20	20
皮革、毛皮、羽毛及其制品和制鞋业	329	261	191	68	69
木材加工及木、竹、藤、棕、草制品业					
家具制造业	1717	1634	765	83	84
造纸及纸制品业	4809	4387	2099	422	422
印刷和记录媒介复制业	9571	8546	3115	1025	994
文教、工美、体育和娱乐用品制造业	3354	2761	1105	593	586
石油加工、炼焦及核燃料加工业	285	284	106	1	1
化学原料及化学制品制造业	50507	46120	16881	4387	4033
医药制造业	61890	56964	16788	4926	4505
化学纤维制造业					
橡胶和塑料制品业	11368	9669	3650	1699	1680
非金属矿物制品业	40663	37937	13702	2726	2609
黑色金属冶炼及压延加工业	24396	23025	9612	1371	1365
有色金属冶炼及压延加工业	159140	128503	23967	30637	30578
金属制品业	16892	15675	6186	1217	1182
通用设备制造业	48527	47309	18254	1218	1214
专用设备制造业	354186	348433	142765	5753	5478
汽车制造业	198538	192488	43256	6050	5968
铁路、船舶、航空航天和其他运输设备制造业	32974	27971	9660	5003	5003
电气机械及器材制造业	68430	65806	17638	2624	2615
计算机、通信和其他电子设备制造业	177841	172686	72983	5155	4338
仪器仪表制造业	22130	21012	10538	1118	1118
其他制造业	3227	2841	1725	386	376
废弃资源综合利用业					
金属制品、机械和设备修理业	2104	2094	964	10	10
电力、热力的生产和供应业	4934	4923	2790	11	11
燃气生产和供应业	2299	2299	872		
水的生产和供应业	731	637	428	94	91

14－18 规模以上工业企业办科技机构情况(2016年)

项目	企业办科技机构(个)	企业办科技机构人员(人)	#博士	#硕士	机构经费支出(万元)
总计	**590**	**32433**	**683**	**6299**	**779794**
按区县(市)分组:					
芙蓉区	20	876	40	148	12610
天心区	16	815	96	169	12971
岳麓区	118	9012	119	1337	144507
开福区	16	543	14	106	15255
雨花区	29	1370	30	177	29908
望城区	83	4077	60	752	148974
长沙县	115	7536	118	2871	278754
浏阳市	85	5326	86	294	80821
宁乡县	108	2878	120	445	55994
按企业规模分组:					
大型企业	91	19104	249	4409	530681
中型企业	158	6557	184	850	148457
小型企业	338	6762	244	1040	100565
微型企业	3	10	6		91
按登记注册类型分组:					
内资企业	552	25990	642	5486	648621
国有	6	612	91	161	14221
集体	1	15	1	1	135
股份合作					
联营企业					
国有独资公司	5	250	14	54	6890
其他有限责任公司	106	6836	125	1406	202974
股份有限公司	75	6067	73	1014	115402
私营独资	4	31			929
私营合伙	9	46	5	5	710
私营有限责任公司	291	9030	265	2478	242463
私营股份有限公司	54	3099	68	367	64874
其他企业	1	4			23
港、澳、台商投资企业	14	4793	17	212	44426
外商投资企业	24	1650	24	601	86747

14－18 续表

项　　目	企业办科技机构（个）	企业办科技机构人员（人）	#博士	#硕士	机构经费支出（万元）
按工业行业大类分组：					
煤炭开采和洗选业					
石油和天然气开采业					
黑色金属矿采选业					
有色金属矿采选业					
非金属矿采选业					
其他采矿业					
农副食品加工业	31	823	49	124	17274
食品制造业	21	323	14	60	8111
酒、饮料和精制茶制造业	7	113	1	13	2574
烟草制品业	1	71	8	19	8453
纺织业	3	327		3	8710
纺织服装、服饰业	12	526	8	17	5276
皮革、毛皮、羽毛及其制品和制鞋业					
木材加工及木、竹、藤、棕、草制品业	1	4			23
家具制造业	6	32	2	7	290
造纸及纸制品业	4	84	1	12	1017
印刷和记录媒介复制业	9	247	3	15	2883
文教、工美、体育和娱乐用品制造业	9	66	4	5	592
石油加工、炼焦及核燃料加工业	1	12		2	436
化学原料及化学制品制造业	55	1493	47	306	45571
医药制造业	43	1606	63	204	39315
化学纤维制造业					
橡胶和塑料制品业	12	244	6	26	3738
非金属矿物制品业	27	606	30	93	13271
黑色金属冶炼及压延加工业	7	200	8	26	5425
有色金属冶炼及压延加工业	17	2403	31	558	97187
金属制品业	13	157	13	33	4668
通用设备制造业	63	1817	31	309	25985
专用设备制造业	93	7395	143	2490	208710
汽车制造业	30	3032	33	650	125993
铁路、船舶、航空航天和其他运输设备制造业	4	778	10	251	26722
电气机械及器材制造业	48	2086	38	183	38058
计算机、通信和其他电子设备制造业	40	5794	32	463	57845
仪器仪表制造业	25	1656	22	276	24314
其他制造业	4	70	3	19	2135
废弃资源综合利用业					
金属制品、机械和设备修理业	1	1			154
电力、热力的生产和供应业	3	467	83	135	5064
燃气生产和供应业					
水的生产和供应业					

14－19 规模以上工业企业科技活动产出情况(2016 年)

项　　目	新产品产值(万元)	新产品销售收入(万元)	#出口	专利申请数(件)	有效发明专利数(件)
总　　计	**36108590**	**34328182**	**2225915**	**8392**	**11792**
按区县(市)分组:					
芙蓉区	1442062	1416441	8776	114	311
天心区	681246	618248	48541	582	448
岳麓区	6612848	5924527	207652	2332	4556
开福区	376210	368921	15017	255	116
雨花区	2832194	2802025	23638	304	504
望城区	2452648	2432721	44709	436	633
长沙县	9944110	9374112	855354	2384	3397
浏阳市	5820029	5796022	872986	801	855
宁乡县	5947243	5595165	149242	1184	972
按企业规模分组:					
大型企业	20952812	20278528	1703449	3207	5770
中型企业	8520214	7892389	291724	1978	2790
小型企业	6615874	6137906	230742	3194	3215
微型企业	19690	19359		13	17
按登记注册类型分组:					
内资企业	25879485	24260271	721726	7574	11305
国有	2560564	2562853	1577	389	317
集体	4946	4879		3	2
股份合作	879	875	875		
联营企业	1930	1900			
国有独资公司	536212	488895	77317	309	322
其他有限责任公司	5120488	4755890	81308	1266	1442
股份有限公司	5114555	4876757	244972	1400	3702
私营独资	77470	76111	34332	66	2
私营合伙	62921	77113	7610	2	10
私营有限责任公司	10736425	9876391	234607	3140	4427
私营股份有限公司	1626560	1503069	35938	999	1072
其他企业	36535	35538	3190		9
港、澳、台商投资企业	7148115	7122995	1449723	689	271
外商投资企业	3080990	2944916	54466	129	216

14－19 续表

项　　目	新产品产值(万元)	新产品销售收入(万元)	#出口	专利申请数(件)	有效发明专利数(件)
按工业行业大类分组：					
煤炭开采和洗选业					
石油和天然气开采业					
黑色金属矿采选业					
有色金属矿采选业					
非金属矿采选业					
其他采矿业					
农副食品加工业	790531	745035	5766	96	138
食品制造业	217606	202603	1662	72	127
酒、饮料和精制茶制造业	83048	73509	10350	10	23
烟草制品业	2551545	2554057	1577	89	92
纺织业	402075	336594		90	35
纺织服装、服饰业	150095	148919		43	5
皮革、毛皮、羽毛及其制品和制鞋业	143742	138498			
木材加工及木、竹、藤、棕、草制品业	10241	10119	80	7	16
家具制造业	219875	202250		23	27
造纸及纸制品业	139316	139962	6593	81	61
印刷和记录媒介复制业	356730	336143		42	60
文教、工美、体育和娱乐用品制造业	57956	57770	236	129	71
石油加工、炼焦及核燃料加工业	11307	10814		2	3
化学原料及化学制品制造业	1799959	1765709	163958	400	823
医药制造业	1373910	1349916	10876	368	447
化学纤维制造业					
橡胶和塑料制品业	270252	265158	3886	95	93
非金属矿物制品业	1161383	1113468	61618	398	838
黑色金属冶炼及压延加工业	168975	164351	1630	46	64
有色金属冶炼及压延加工业	3015169	2965785	4722	245	330
金属制品业	1149448	1077696	10779	146	146
通用设备制造业	1665231	1443808	87167	458	454
专用设备制造业	7228217	6957029	200687	2090	5555
汽车制造业	3511855	3324855	80237	526	517
铁路、船舶、航空航天和其他运输设备制造业	404842	339422	2694	235	169
电气机械及器材制造业	1987261	1759994	6043	524	479
计算机、通信和其他电子设备制造业	6641896	6276902	1563064	1094	479
仪器仪表制造业	555397	533464	1890	740	464
其他制造业	15391	14668	400	47	37
废弃资源综合利用业				7	3
金属制品、机械和设备修理业	9813	8808		3	35
电力、热力的生产和供应业				276	182
燃气生产和供应业				5	1
水的生产和供应业	15524	10876		5	18

14－20 规模以上工业企业R&D项目和新产品开发项目情况(2016年)

项　　目	R&D项目数(项)	R&D项目人员(人)	R&D项目经费内部支出(万元)	新产品开发项目数(项)	新产品开发经费支出(万元)
总　　计	**3167**	**54134**	**1351590**	**3345**	**1318073**
按区县(市)分组:					
芙蓉区	156	1668	31780	169	30687
天心区	178	1677	26043	192	26539
岳麓区	1040	13466	336594	1085	306530
开福区	78	810	22559	80	20650
雨花区	207	2273	29728	192	30101
望城区	323	3809	192456	331	161414
长沙县	538	22307	477954	588	504861
浏阳市	319	3761	120940	352	131390
宁乡县	328	4363	113536	356	105901
按企业规模分组:					
大型企业	919	34073	878968	872	872735
中型企业	711	8631	213205	728	209340
小型企业	1526	11387	258495	1726	234890
微型企业	11	43	922	19	1108
按登记注册类型分组:					
内资企业	2886	38894	1058701	3042	1007495
国有	163	1478	11070	102	13275
集体	2	57	1090	3	1142
股份合作				1	257
联营企业					
国有独资公司	119	1142	32991	88	26576
其他有限责任公司	674	8216	292435	663	248859
股份有限公司	517	8696	266917	541	244041
私营独资	3	37	1435	14	3093
私营合伙	3	37	603	5	957
私营有限责任公司	1054	15001	368472	1229	372592
私营股份有限公司	351	4230	83688	395	96354
其他企业				1	349
港、澳、台商投资企业	123	13727	145950	133	153437
外商投资企业	158	1513	146939	170	157141

14－20 续表

项　　目	R&D 项目数(项)	R&D 项目人员(人)	R&D 项目经费内部支出(万元)	新产品开发项目数(项)	新产品开发经费支出(万元)
按工业行业大类分组:					
煤炭开采和洗选业					
石油和天然气开采业					
黑色金属矿采选业					
有色金属矿采选业					
非金属矿采选业	1	8	368		
其他采矿业					
农副食品加工业	111	1014	28454	111	23466
食品制造业	87	513	10882	89	13500
酒、饮料和精制茶制造业	23	264	7335	32	7699
烟草制品业	46	185	2005	15	2752
纺织业	38	300	8849	42	10421
纺织服装、服饰业	21	492	6028	20	5418
皮革、毛皮、羽毛及其制品和制鞋业	1	12	329	1	329
木材加工及木、竹、藤、棕、草制品业				1	133
家具制造业	5	59	1717	7	1907
造纸及纸制品业	15	109	4809	21	5852
印刷和记录媒介复制业	25	384	9540	37	7026
文教、工美、体育和娱乐用品制造业	19	189	3346	21	3014
石油加工、炼焦及核燃料加工业	4	13	285	7	436
化学原料及化学制品制造业	223	2204	50154	245	54445
医药制造业	332	2214	61471	334	63842
化学纤维制造业					
橡胶和塑料制品业	56	562	11349	57	11404
非金属矿物制品业	152	2042	40546	148	35208
黑色金属冶炼及压延加工业	69	545	24391	61	19683
有色金属冶炼及压延加工业	162	2249	159081	141	110563
金属制品业	79	610	16856	96	15521
通用设备制造业	181	2306	48522	199	40006
专用设备制造业	404	11646	353911	459	357154
汽车制造业	135	3612	189605	156	208793
铁路、船舶、航空航天和其他运输设备制造业	93	1056	32974	93	32719
电气机械及器材制造业	241	2821	68421	265	54898
计算机、通信和其他电子设备制造业	404	16285	177025	448	194929
仪器仪表制造业	104	1148	22130	113	25513
其他制造业	25	142	3217	28	2483
废弃资源综合利用业					
金属制品、机械和设备修理业	2	194	2104	2	2104
电力、热力的生产和供应业	97	840	2859	87	4410
燃气生产和供应业	8	54	2299	8	2392
水的生产和供应业	4	62	728	1	53

14-21 大中型工业企业R&D活动人员情况(2016年)

项目	有R&D活动的单位数(家)	R&D人员(人)	#全时人员	R&D人员折合全时当量(人年)
总计	**234**	**45247**	**35634**	**29226**
按区县(市)分组:				
芙蓉区	11	572	464	414
天心区	8	1516	1206	1015
岳麓区	37	10570	7905	7100
开福区	6	681	384	530
雨花区	7	1764	1289	876
望城区	17	3290	2500	1847
长沙县	38	21180	17591	13827
浏阳市	38	3009	2277	1821
宁乡县	72	2665	2018	1796
按企业规模分组:				
大型企业	47	35858	28342	22556
中型企业	187	9389	7292	6670
按登记注册类型分组:				
内资企业	211	30474	22415	21771
国有	3	1496	899	926
集体	1	17	14	2
股份合作				
联营企业				
国有独资公司	8	1194	922	1046
其他有限责任公司	47	6307	4865	4237
股份有限公司	29	7792	6381	5133
私营独资	1	17	13	16
私营合伙	1	6	3	2
私营有限责任公司	99	10163	7100	8125
私营股份有限公司	22	3482	2218	2284
其他企业				
港、澳、台商投资企业	10	13632	12196	6488
外商投资企业	13	1141	1023	967

14－21 续表

项目	有R&D活动的单位数（家）	R&D人员（人）	#全时人员	R&D人员折合全时当量（人年）
按工业行业大类分组：				
煤炭开采和洗选业				
石油和天然气开采业				
黑色金属矿采选业				
有色金属矿采选业				
非金属矿采选业				
其他采矿业				
农副食品加工业	6	296	243	243
食品制造业	6	236	211	183
酒、饮料和精制茶制造业	3	195	138	93
烟草制品业	1	275	71	159
纺织业	3	225	161	155
纺织服装、服饰业	4	527	323	405
皮革、毛皮、羽毛及其制品和制鞋业	1	12	7	12
木材加工及木、竹、藤、棕、草制品业				
家具制造业	3	38	19	22
造纸及纸制品业	2	138	105	130
印刷和记录媒介复制业	6	261	176	194
文教、工美、体育和娱乐用品制造业				
石油加工、炼焦及核燃料加工业				
化学原料及化学制品制造业	21	1406	779	961
医药制造业	17	1638	1045	1304
化学纤维制造业				
橡胶和塑料制品业	4	208	187	87
非金属矿物制品业	10	1591	781	937
黑色金属冶炼及压延加工业	4	426	254	309
有色金属冶炼及压延加工业	12	2151	1900	1027
金属制品业	12	338	278	276
通用设备制造业	21	1602	1063	1067
专用设备制造业	26	11080	8391	8295
汽车制造业	23	3363	2718	2188
铁路、船舶、航空航天和其他运输设备制造业	3	870	758	820
电气机械及器材制造业	18	1768	1236	1394
计算机、通信和其他电子设备制造业	18	14742	13231	7539
仪器仪表制造业	6	736	651	623
其他制造业	1	68	53	63
废弃资源综合利用业				
金属制品、机械和设备修理业	1	176	138	171
电力、热力的生产和供应业	1	827	668	517
燃气生产和供应业	1	54	49	52
水的生产和供应业				

14－22 大中型工业企业按活动类型分 R&D 经费内部支出情况(2016 年)

单位:万元

项目	R&D 经费内部支出	#基础研究支出	#应用研究支出	#试验发展支出
总计	**1109169**	**1063**	**14122**	**1093984**
按区县(市)分组:				
芙蓉区	8802		952	7850
天心区	25254	30	522	24702
岳麓区	284691	1033	6587	277071
开福区	19704			19704
雨花区	24080		571	23509
望城区	163268			163268
长沙县	440467		955	439512
浏阳市	77193		3335	73858
宁乡县	65710		1200	64510
按企业规模分组:				
大型企业	895275	30	3667	891578
中型企业	213894	1033	10455	202406
按登记注册类型分组:				
内资企业	845996	1063	14122	830811
国有	15682		646	15036
集体	232			232
股份合作				
联营企业				
国有独资公司	32779	1063	547	31169
其他有限责任公司	243612		6341	237271
股份有限公司	243800		4224	239576
私营独资	973			973
私营合伙	303			303
私营有限责任公司	245378		1652	243726
私营股份有限公司	63237		712	62525
其他企业				
港、澳、台商投资企业	123641			123641
外商投资企业	139532			139532

14－22 续表

单位:万元

项　　目	R&D 经费内部支出	#基础研究支出	#应用研究支出	#试验发展支出
按工业行业大类分组:				
煤炭开采和洗选业				
石油和天然气开采业				
黑色金属矿采选业				
有色金属矿采选业				
非金属矿采选业				
其他采矿业				
农副食品加工业	6415		800	5615
食品制造业	5647		879	4768
酒、饮料和精制茶制造业	2699			2699
烟草制品业	6335		571	5764
纺织业	8090			8090
纺织服装、服饰业	5519			5519
皮革、毛皮、羽毛及其制品和制鞋业	329			329
木材加工及木、竹、藤、棕、草制品业				
家具制造业	1331			1331
造纸及纸制品业	3636			3636
印刷和记录媒介复制业	5129			5129
文教、工美、体育和娱乐用品制造业				
石油加工、炼焦及核燃料加工业				
化学原料及化学制品制造业	31627			31627
医药制造业	42153		2216	39937
化学纤维制造业				
橡胶和塑料制品业	2676		117	2559
非金属矿物制品业	29045		257	28788
黑色金属冶炼及压延加工业	22438			22438
有色金属冶炼及压延加工业	131336			131336
金属制品业	9389			9389
通用设备制造业	31680		414	31266
专用设备制造业	327063		375	326688
汽车制造业	189665			189665
铁路、船舶、航空航天和其他运输设备制造业	28786			28786
电气机械及器材制造业	43054		5471	37583
计算机、通信和其他电子设备制造业	151731	1063	2328	148340
仪器仪表制造业	12852		620	12232
其他制造业	2002			2002
废弃资源综合利用业				
金属制品、机械和设备修理业	1639			1639
电力、热力的生产和供应业	4604		74	4530
燃气生产和供应业	2299			2299
水的生产和供应业				

14－23 大中型工业企业按经费来源分 R&D 经费内部支出情况(2016 年)

单位:万元

项目	R&D 经费内部支出	#政府资金	#企业资金	#境外资金	#其他
总计	**1109169**	**37360**	**1071495**	**314**	
按区县(市)分组:					
芙蓉区	8802	673	8129		
天心区	25254	4547	20707		
岳麓区	284691	6500	278191		
开福区	19704	173	19531		
雨花区	24080	346	23734		
望城区	163268	15650	147618		
长沙县	440467	7929	432224	314	
浏阳市	77193	681	76512		
宁乡县	65710	861	64849		
按企业规模分组:					
大型企业	895275	29720	865555		
中型企业	213894	7640	205940	314	
按登记注册类型分组:					
内资企业	845996	35158	810838		
国有	15682	1304	14378		
集体	232		232		
股份合作					
联营企业					
国有独资公司	32779	4556	28223		
其他有限责任公司	243612	16313	227299		
股份有限公司	243800	4138	239662		
私营独资	973	15	958		
私营合伙	303		303		
私营有限责任公司	245378	7745	237633		
私营股份有限公司	63237	1087	62150		
其他企业					
港、澳、台商投资企业	123641	1960	121681		
外商投资企业	139532	242	138976	314	

14－23 续表 单位:万元

项　　目	R&D 经费内部支出	#政府资金	#企业资金	#境外资金	#其他
按工业行业大类分组:					
煤炭开采和洗选业					
石油和天然气开采业					
黑色金属矿采选业					
有色金属矿采选业					
非金属矿采选业					
其他采矿业					
农副食品加工业	6415	659	5756		
食品制造业	5647	122	5525		
酒、饮料和精制茶制造业	2699	30	2669		
烟草制品业	6335		6335		
纺织业	8090		8090		
纺织服装、服饰业	5519	182	5337		
皮革、毛皮、羽毛及其制品和制鞋业	329		329		
木材加工及木、竹、藤、棕、草制品业					
家具制造业	1331		1331		
造纸及纸制品业	3636	15	3621		
印刷和记录媒介复制业	5129	100	5029		
文教、工美、体育和娱乐用品制造业					
石油加工、炼焦及核燃料加工业					
化学原料及化学制品制造业	31627	539	31088		
医药制造业	42153	1314	40839		
化学纤维制造业					
橡胶和塑料制品业	2676	134	2542		
非金属矿物制品业	29045	165	28880		
黑色金属冶炼及压延加工业	22438	127	22311		
有色金属冶炼及压延加工业	131336	64	131272		
金属制品业	9389	379	9010		
通用设备制造业	31680	1544	30136		
专用设备制造业	327063	7260	319803		
汽车制造业	189665	14009	175342	314	
铁路、船舶、航空航天和其他运输设备制造业	28786	941	27845		
电气机械及器材制造业	43054	1056	41998		
计算机、通信和其他电子设备制造业	151731	4699	147032		
仪器仪表制造业	12852	2182	10670		
其他制造业	2002	200	1802		
废弃资源综合利用业					
金属制品、机械和设备修理业	1639	1639			
电力、热力的生产和供应业	4604		4604		
燃气生产和供应业	2299		2299		
水的生产和供应业					

14－24 大中型工业企业按支出用途分R&D经费内部支出情况(2016年)

单位：万元

项目	R&D经费内部支出	经常费支出	#人员劳务费	资产性支出	#仪器和设备
总计	**1109169**	**1051839**	**354420**	**57330**	**55589**
按区县(市)分组：					
芙蓉区	8802	8694	4248	108	107
天心区	25254	24957	6610	297	232
岳麓区	284691	280097	104302	4594	4567
开福区	19704	19152	5398	552	517
雨花区	24080	22666	10119	1414	1408
望城区	163268	133448	27449	29820	29809
长沙县	440468	429705	148033	10763	10499
浏阳市	77193	69911	22199	7282	6015
宁乡县	65709	63209	26062	2500	2435
按企业规模分组：					
大型企业	895275	850209	278918	45066	44014
中型企业	213894	201630	75502	12264	11575
按登记注册类型分组：					
内资企业	845996	794865	282405	51131	50170
国有	15682	14886	7706	796	795
集体	232	207	145	25	25
股份合作					
联营企业					
国有独资公司	32778	32127	12495	651	646
其他有限责任公司	243612	208068	50745	35544	35519
股份有限公司	243800	239129	87627	4671	4604
私营独资	973	960	82	13	9
私营合伙	303	123	30	180	150
私营有限责任公司	245379	237087	99442	8292	7530
私营股份有限公司	63237	62278	24133	959	892
其他企业					
港、澳、台商投资企业	123641	119242	51617	4399	3620
外商投资企业	139532	137732	20398	1800	1799

14－24 续表

单位：万元

项目	R&D经费内部支出	经常费支出	#人员劳务费	资产性支出	#仪器和设备
按工业行业大类分组：					
煤炭开采和洗选业					
石油和天然气开采业					
黑色金属矿采选业					
有色金属矿采选业					
非金属矿采选业					
其他采矿业					
农副食品加工业	6415	6172	3054	243	243
食品制造业	5647	5192	1326	455	439
酒、饮料和精制茶制造业	2699	2656	1566	43	38
烟草制品业	6335	5539	3559	796	795
纺织业	8090	7913	1221	177	176
纺织服装、服饰业	5519	5514	2853	5	6
皮革、毛皮、羽毛及其制品和制鞋业	329	261	191	68	69
木材加工及木、竹、藤、棕、草制品业					
家具制造业	1331	1289	608	42	42
造纸及纸制品业	3636	3314	1562	322	322
印刷和记录媒介复制业	5129	4942	1842	187	167
文教、工美、体育和娱乐用品制造业					
石油加工、炼焦及核燃料加工业					
化学原料及化学制品制造业	31627	28849	10446	2778	2628
医药制造业	42153	39000	11306	3153	2776
化学纤维制造业					
橡胶和塑料制品业	2676	2596	975	80	81
非金属矿物制品业	29045	27884	10274	1161	1149
黑色金属冶炼及压延加工业	22438	21168	8817	1270	1265
有色金属冶炼及压延加工业	131336	105411	20881	25925	25925
金属制品业	9389	9094	3632	295	282
通用设备制造业	31680	31246	11519	434	433
专用设备制造业	327063	323451	131713	3612	3340
汽车制造业	189665	184492	38590	5173	5106
铁路、船舶、航空航天和其他运输设备制造业	28786	23833	7180	4953	4953
电气机械及器材制造业	43054	41898	10522	1156	1156
计算机、通信和其他电子设备制造业	151731	147645	58560	4086	3291
仪器仪表制造业	12852	12160	6661	692	691
其他制造业	2002	1778	1222	224	216
废弃资源综合利用业					
金属制品、机械和设备修理业	1639	1639	775		
电力、热力的生产和供应业	4604	4604	2693		
燃气生产和供应业	2299	2299	872		
水的生产和供应业					

14－25 大中型工业企业办科技机构情况(2016年)

项目	企业办科技机构(个)	企业办科技机构人员(人)	#博士	#硕士	机构经费支出(万元)
总计	**249**	**25661**	**433**	**5259**	**679138**
按区县(市)分组:					
芙蓉区	6	397	15	59	5924
天心区	9	704	93	153	11863
岳麓区	52	7568	69	1097	126792
开福区	5	441	1	88	14414
雨花区	7	897	22	96	24463
望城区	28	3114	28	630	135943
长沙县	56	6087	91	2653	258814
浏阳市	32	4617	52	205	66437
宁乡县	54	1836	62	278	34488
按企业规模分组:					
大型企业	91	19104	249	4409	530681
中型企业	158	6557	184	850	148457
按登记注册类型分组:					
内资企业	232	19786	409	4520	555860
国有	6	612	91	161	14221
集体	1	15	1	1	135
股份合作					
联营企业					
国有独资公司	4	240	14	54	6805
其他有限责任公司	41	5229	71	1159	181607
股份有限公司	53	5437	53	890	105197
私营独资	1	15			711
私营合伙	1	6	1		472
私营有限责任公司	88	5616	123	1964	190521
私营股份有限公司	37	2616	55	291	56191
其他企业					
港、澳、台商投资企业	7	4601	13	203	41754
外商投资企业	10	1274	11	536	81524

14－25 续表

项　　目	企业办科技机构（个）	企业办科技机构人员（人）	#博士	#硕士	机构经费支出（万元）
按工业行业大类分组：					
煤炭开采和洗选业					
石油和天然气开采业					
黑色金属矿采选业					
有色金属矿采选业					
非金属矿采选业					
其他采矿业					
农副食品加工业	9	388	17	39	8539
食品制造业	9	210	6	29	5938
酒、饮料和精制茶制造业	3	63		10	2179
烟草制品业	1	71	8	19	8453
纺织业	2	318		3	8667
纺织服装、服饰业	12	526	8	17	5276
皮革、毛皮、羽毛及其制品和制鞋业					
木材加工及木、竹、藤、棕、草制品业					
家具制造业	4	20	1	5	232
造纸及纸制品业	2	65		8	798
印刷和记录媒介复制业	3	115	1	5	1587
文教、工美、体育和娱乐用品制造业	2	10			43
石油加工、炼焦及核燃料加工业					
化学原料及化学制品制造业	18	940	28	221	38368
医药制造业	17	1150	30	109	30220
化学纤维制造业					
橡胶和塑料制品业	1	68		2	680
非金属矿物制品业	6	307	11	34	4666
黑色金属冶炼及压延加工业	3	89	8	22	4080
有色金属冶炼及压延加工业	8	2188	21	533	93939
金属制品业	6	81	6	17	2481
通用设备制造业	22	960	9	221	17188
专用设备制造业	50	6524	101	2339	196811
汽车制造业	19	2562	29	625	121118
铁路、船舶、航空航天和其他运输设备制造业	2	566	10	214	24588
电气机械及器材制造业	24	1581	22	131	29428
计算机、通信和其他电子设备制造业	16	4978	18	268	48705
仪器仪表制造业	6	1382	13	238	18576
其他制造业	2	39	3	15	1565
废弃资源综合利用业					
金属制品、机械和设备修理业					
电力、热力的生产和供应业	2	460	83	135	5013
燃气生产和供应业					
水的生产和供应业					

14－26 大中型工业企业科技活动产出情况(2016 年)

项　　目	新产品产值(万元)	新产品销售收入(万元)	#出口	专利申请数(件)	有效发明专利数(件)
总　　计	**29473026**	**28170918**	**1995173**	**5185**	**8560**
按区县(市)分组:					
芙蓉区	968240	956908		65	109
天心区	532501	470079	48541	512	376
岳麓区	5713045	5305538	160748	1470	3610
开福区	321239	318897	2445	17	58
雨花区	2636024	2635651	21617	124	275
望城区	904350	893038	42523	262	360
长沙县	9319882	8830965	755956	1626	2686
浏阳市	4664459	4633404	830488	407	481
宁乡县	4413286	4126438	132855	702	605
按企业规模分组:					
大型企业	20952812	20278528	1703449	3207	5770
中型企业	8520214	7892390	291724	1978	2790
按登记注册类型分组:					
内资企业	20625375	19470914	497446	4457	8311
国有	2556400	2558689	1577	356	262
集体				3	2
股份合作					
联营企业					
国有独资公司	521212	478395	68817	304	310
其他有限责任公司	4008435	3687595	20163	634	781
股份有限公司	4542623	4338660	220747	1124	3484
私营独资	20101	20050	17180		
私营合伙	974	974		1	7
私营有限责任公司	7598932	7113659	168937	1388	2759
私营股份有限公司	1376698	1272892	25	647	706
其他企业					
港、澳、台商投资企业	5962425	5937667	1449213	671	192
外商投资企业	2885226	2762337	48514	57	57

14－26 续表

项　　目	新产品产值(万元)	新产品销售收入(万元)	#出口	专利申请数(件)	有效发明专利数(件)
按工业行业大类分组:					
煤炭开采和洗选业					
石油和天然气开采业					
黑色金属矿采选业					
有色金属矿采选业					
非金属矿采选业					
其他采矿业					
农副食品加工业	248973	221142		27	37
食品制造业	99191	87089		19	31
酒、饮料和精制茶制造业	42443	42443	1850		5
烟草制品业	2551545	2554057	1577	89	92
纺织业	396463	331280		70	10
纺织服装、服饰业	150095	148919		43	5
皮革、毛皮、羽毛及其制品和制鞋业	143742	138498			
木材加工及木、竹、藤、棕、草制品业	3300	3300			
家具制造业	217673	200263		9	9
造纸及纸制品业	87877	91282		39	4
印刷和记录媒介复制业	232709	216464		12	22
文教、工美、体育和娱乐用品制造业	12174	12173			
石油加工、炼焦及核燃料加工业					
化学原料及化学制品制造业	1070711	1052064	109391	244	559
医药制造业	1060573	1054405	25	147	309
化学纤维制造业					
橡胶和塑料制品业	148637	152989	20	11	8
非金属矿物制品业	849686	812613	58196	162	702
黑色金属冶炼及压延加工业	148775	144343	1630	40	54
有色金属冶炼及压延加工业	1790401	1749973	4722	188	270
金属制品业	976871	920839	4226	61	71
通用设备制造业	1111971	919856	80916	169	148
专用设备制造业	6684929	6443598	192260	1366	4872
汽车制造业	3195770	3051011	30210	377	374
铁路、船舶、航空航天和其他运输设备制造业	359875	296319	673	170	84
电气机械及器材制造业	1315366	1110476	3683	307	195
计算机、通信和其他电子设备制造业	6219172	6076126	1504406	784	265
仪器仪表制造业	349315	334606	1388	546	251
其他制造业				26	12
废弃资源综合利用业					
金属制品、机械和设备修理业	4789	4790		3	
电力、热力的生产和供应业				271	170
燃气生产和供应业				5	1
水的生产和供应业					

14－27 大中型工业企业R&D项目和新产品开发项目情况(2016年)

项　　目	R&D项目数(项)	R&D项目人员(人)	R&D项目经费内部支出(万元)	新产品开发项目数(项)	新产品开发经费支出(万元)
总　　计	**1630**	**42704**	**1092173**	**1600**	**1082074**
按区县(市)分组:					
芙蓉区	30	535	8801	23	6992
天心区	146	1482	23115	143	23147
岳麓区	488	10217	284664	496	258792
开福区	35	648	19669	42	17888
雨花区	125	1637	19745	86	19724
望城区	214	2851	154406	202	132710
长沙县	323	20362	440202	338	468410
浏阳市	110	2586	75927	116	91798
宁乡县	159	2386	65644	154	62613
按企业规模分组:					
大型企业	919	34074	878968	872	872735
中型企业	711	8630	213205	728	209339
按登记注册类型分组:					
内资企业	1452	28119	829780	1397	790754
国有	149	1369	9278	86	11518
集体	1	17	232	1	232
股份合作					
联营企业					
国有独资公司	116	1126	32774	87	26463
其他有限责任公司	319	5658	234733	293	193931
股份有限公司	356	7555	243733	379	224058
私营独资	1	16	969	2	996
私营合伙	1	6	273	1	303
私营有限责任公司	301	9192	244617	319	256935
私营股份有限公司	208	3180	63171	229	76318
其他企业					
港、澳、台商投资企业	95	13485	122861	106	141940
外商投资企业	83	1100	139532	97	149380

14－27 续表

项　　目	R&D项目数(项)	R&D项目人员(人)	R&D项目经费内部支出(万元)	新产品开发项目数(项)	新产品开发经费支出(万元)
按工业行业大类分组：					
煤炭开采和洗选业					
石油和天然气开采业					
黑色金属矿采选业					
有色金属矿采选业					
非金属矿采选业					
其他采矿业					
农副食品加工业	29	296	6415	29	7219
食品制造业	37	224	5631	33	6768
酒、饮料和精制茶制造业	9	194	2694	9	2699
烟草制品业	46	186	2005	15	2752
纺织业	18	224	8090	21	9657
纺织服装、服饰业	19	472	5519	16	4841
皮革、毛皮、羽毛及其制品和制鞋业	1	12	329	1	329
木材加工及木、竹、藤、棕、草制品业					
家具制造业	3	32	1331	3	1331
造纸及纸制品业	7	65	3636	7	3636
印刷和记录媒介复制业	10	261	5109	10	5129
文教、工美、体育和娱乐用品制造业				1	65
石油加工、炼焦及核燃料加工业					
化学原料及化学制品制造业	104	1345	31477	115	38556
医药制造业	211	1509	41776	215	45042
化学纤维制造业					
橡胶和塑料制品业	13	203	2676	12	2626
非金属矿物制品业	71	1577	29032	58	23551
黑色金属冶炼及压延加工业	43	369	22434	39	17542
有色金属冶炼及压延加工业	97	1886	131336	74	94342
金属制品业	21	275	9377	20	8318
通用设备制造业	75	1471	31680	80	21239
专用设备制造业	210	10133	326790	223	331931
汽车制造业	95	3060	180746	107	198755
铁路、船舶、航空航天和其他运输设备制造业	60	743	28786	60	28786
电气机械及器材制造业	131	1766	43054	122	34798
计算机、通信和其他电子设备制造业	189	14577	150937	206	167634
仪器仪表制造业	25	699	12852	25	15062
其他制造业	3	68	1994	2	974
废弃资源综合利用业					
金属制品、机械和设备修理业	1	176	1639	1	1639
电力、热力的生产和供应业	94	827	2529	87	4410
燃气生产和供应业	8	54	2299	8	2391
水的生产和供应业				1	52

15 文化、体育、卫生

长沙统计年鉴

15－1 历年文化事业发展情况

单位:个

年份	电影放映单位	#电影院影剧院	艺术表演团体	艺术表演观众人数（万人）	公共图书馆	文化馆
1949	7	7	9	…	1	1
1950	6	…	9	…	1	2
1952	6	6	10	…	1	3
1955	6	…	12	…	1	6
1957	16	7	14	…	2	8
1960	24	…	14	…	3	7
1962	21	10	17	…	3	8
1965	102	13	19	…	4	10
1966	151	…	4	…	4	10
1970	138	…	4	…	4	10
1975	292	…	13	…	4	10
1976	370	18	13	…	5	10
1977	459	…	13	…	5	10
1978	484	31	13	351	5	10
1979	503	…	14	…	5	11
1980	510	38	14	506	5	11
1981	504	42	14	431	6	11
1982	506	33	14	432	6	11
1983	537	43	14	323	6	11
1984	780	41	14	271	6	11
1985	844	42	14	207	7	11
1986	822	42	14	186	7	11
1987	818	42	14	154	7	11
1988	817	50	12	87	7	11
1989	802	48	12	70	7	11
1990	807	47	12	118.6	7	11
1991	812	46	12	127	7	11
1992	771	48	12	61.9	7	11

15－1 续表

单位:个

年份	电影放映单位	# 电影院影剧院	艺术表演团体	艺术表演观众人数（万人）	公共图书馆	文化馆
1993	657	34	12	55.0	7	11
1994	641	32	12	125.3	7	11
1995	644	29	12	130.3	7	11
1996	589	30	12	146.0	7	11
1997	580	31	13	132.0	7	11
1998	581	32	13	171.1	7	11
1999	485	32	13	167.3	7	11
2000	458	20	13	121.0	7	11
2001	458	20	13	…	7	11
2002	…	…	12	57.0	7	10
2003	…	…	12	272.0	7	10
2004	…	…	12	210.2	7	10
2005	…	…	12	247.0	12	10
2006	…	…	12	115.0	12	10
2007	…	…	12	216.1	12	10
2008	…	…	12	357.2	12	10
2009	…	…	12	203.7	12	10
2010	…	…	12	271.2	12	10
2011	…	…	12	193.7	12	10
2012	…	…	9	166.1	12	10
2013	…	…	9	149.3	12	10
2014	…	…	9	152.5	12	10
2015	…	…	12	201.8	12	10
2016	…	…	12	179.9	12	10

注:由于放映市场的变化,电影放映单位无法统计。

15－2 历年出版事业发展情况

年份	书籍		课本（万册）	杂志		报纸	
	种数（种）	总印数（万册）		种数（种）	总印数（万册）	种数（种）	总印数（万册）
1951	113	482		3	43		
1952	112	1626		4	245	17	6786
1954	110	589	1563	1	6	10	4503
1955	143	877	1853	2	52	10	5403
1957	267	975	2844	4	169	11	6530
1958	764	5467	3622	6	371	23	19317
1960	676	1361	5070	7	402	16	33318
1962	186	495	2735	2	150	12	6983
1965	233	2549	4568	2	211	7	17000
1970	132	10717	4242			6	10028
1975	185	7640	8618	4	1535	8	33861
1976	134	8373	5974	8	1643	8	38365
1977	88	7384	6606	8	2101	8	36931
1978	134	1983	12102	13	2680	3	30057
1979	317	4736	10614	26	3592	3	31120
1980	426	8563	11190	30	3182	5	20830
1981	568	13442	13002	41	2343	7	29838
1982	780	16082	13595	56	2189	11	33089
1983	985	15300	13882	61	2160	11	45705
1984	998	15818	14000	85	2836	23	55911
1985	1270	18850	16288	124	5149	35	59431
1986	1274	10532	19132	131	5247	38	53400
1987	1482	14073	18757	137	5931	40	60134
1988	2157	37293	23396	146	6037	31	55743
1989	2157	35055	19728	145	4968	31	37317
1990	1892	32135	21393	144	5144	28	40325

15－2 续表

年份	书籍		课本（万册）	杂志		报纸	
	种数（种）	总印数（万册）		种数（种）	总印数（万册）	种数（种）	总印数（万册）
1991	1969	35086	21392	146	6349	32	47414
1992	2124	36436	20686	149	7700	32	37592
1993	2069	33503	19726	165	7899	36	57677
1994	2249	29597	18693	162	7288	36	47815
1995	2357	33677	20146	178	7636	36	55721
1996	2734	39390	21957	180	7700	33	43698
1997	2893	37512	22139	180	7515	36	48190
1998	3262	36375	22489	171	8695	30	54831
1999	3341	30680	21171	183	12271	31	62613
2000	3156	24844	18342	198	10404	44	62354
2001	2612	24851	18007	203	9867	46	69194
2002	2866	32556	23135	213	10844	46	71169
2003	3123	29554	19222	219	12391	44	87814
2004	3353	12345	18830	192	18958	37	78802
2005	3218	8228	21000	202	10925	38	75309
2006	3221	6832	20838	198	9622	38	78381
2007	2535	8231	22735	181	8143	37	75636
2008	4230	12577	16342	184	8467	36	76080
2009	4421	14084	11820	204	11271	42	100554
2010	6222	18783	12202	201	12540	42	101861
2011	8362	21427	12858	205	12140	40	94019
2012	9237	22052	13831	205	12496	40	102698
2013	10064	23745	11890	204	12804	39	105924
2014	9817	27543	14524	204	13247	39	107582
2015	10697	33843	14645	204	13918	38	105635
2016	11622	37518	14107	203	13757	38	70934

注：因新闻出版统计口径变化，从2007年开始，一套书只按一本书计算。

15－3　历年市、县属广播事业发展情况

年　份	市台平均日播音时间（时°分′）	市电台覆盖率（%）	县、区广播台、站（个）	市电视台每周播出时间（时°分′）	市电视台覆盖率（%）
1956			1		
1957			3		
1958	8°30′	…	3		
1960	6°30′	…	3		
1961	6°30′	…	3		
1962			…		
1965			3		
1970			4		
1975			4		
1976			4		
1977			4		
1978			5		
1979			5		
1980	8°30′	…	5		
1981	11°05′	89.7	5		
1982	11°05′	90	5		
1983	10°00′	46.1	5		
1984	10°30′	63	5		
1985	10°45′	76	5	16°	23.6
1986	11°25′	70	5	22°	23
1987	11°25′	67.1	5	56°	23
1988	11°25′	70	5	35°	50
1989	11°30′	…	5	56°	80
1990	11°30′	…	5	56°	90
1991	11°20′	…	5	56°	90
1992	11°30′	92.7	5	56°	95

15－3 续表

年　份	市台平均日播音时间（时°分′）	市电台覆盖率（%）	县、区广播台、站（个）	市电视台每周播出时间（时°分′）	市电视台覆盖率（%）
1993	16°30′	95	5	56°	98
1994	16°45′	95	5	56°	98
1995	16°30′	95	5	42°	98
1996	36°30′	96	4	78°	95
1997	49°30′	95	4	125°30′	85.61
1998	36°30′	95	4	174°30′	88.39
1999	36°30′	95	4	238°00′	97.3
2000	37°40′	95	4	206°30′	97.3
2001	43°00′	96.5	4	456°	98.1
2002	54°30′	96.41	4	543°	97.23
2003	60°00′	96.46	4	817°	97.57
2004	64°00′	96.78	4	817°	97.82
2005	88°96′	96.88	4	858°12′	97.88
2006	82°12′	96.91	4	893°56′	97.9
2007	91°30′	96.93	4	916°00′	97.92
2008	139°46′	99.1	4	970°24′	98.48
2009	140°11′	99.14	4	1057°22′	98.49
2010	139°71′	99.14	4	1060°47′	98.49
2011	139°48′	99.3	4	1078°30′	98.61
2012	142°6′	99.3	4	1096°58′	98.62
2013	147°6′	99.32	4	1115°54′	98.68
2014	147°14′	99.41	4	1114°78′	98.89
2015	147°14′	99.41	4	1114°78′	98.91
2016	165°34′	99.41	4	1164°17′	99.04

15－4 历年市县训练体育干部、举办运动会情况

单位：人

年 份	训练体育干部			举办运动会（次）	参赛人次
	合 计	# 裁判员	# 社会体育指导员		
1978	815	455	100	46	…
1979	538	330		43	17168
1980	1367	385	650	64	19263
1981	1967	1030	424	115	38496
1982	1802	496	768	118	37696
1983	1045	515	252	99	47746
1984	1318	606	192	130	32596
1985	745	160	336	266	66424
1986	1390	425	655	280	74000
1987	2126	599	263	467	92404
1988	1468	579	125	428	69558
1989	2642	764	380	728	164013
1990	1278	800	267	1149	563139
1991	2233	1563	86	2357	503469
1992	1540	1161	22	444	83537
1993	941	277	34	144	57401
1994	938	539		128	79684
1995	2162	352	1387	283	148479
1996	2504	450	1343	384	194981
1997	1292	373	174	152	263015
1998	1401	548	99	219	75255
1999	2480	956	307	206	84579
2000	2165	785	136	163	116958
2001	1959	608	321	149	33203
2002	865	361	150	35	22700
2003	2223	1689	370	14	489300
2004	238	60	75	28	30000
2005	776	76	700	26	12000
2006	547	58	489	200	300000
2007	3285	60	3225	214	320000
2008	5215	65	5150	301	450000
2009	5952	73	5879	334	480000
2010	2136	11	2125	…	…
2011	1058	32	1026	…	…
2012	451	51	400	…	…
2013	1049	49	1000	…	…
2014	2235	55	2180	…	…
2015	6861	191	6670	…	…
2016	1907	31	1876	…	…

15－5 历年卫生事业发展情况

年份	机构数（个）	# 医院、卫生院	床位数（张）	# 医院、卫生院	卫生工作人员（人）	# 卫生技术人员	# 执业医师和执业助理医师
1949	34	14	747	…	1468	1253	…
1952	522	38	1478	…	4167	2367	…
1957	993	41	3312	…	8412	4645	…
1962	992	…	8081	…	9171	7880	…
1963	986	122	8177	…	10070	7725	…
1965	1035	138	8454	5713	11235	8779	…
1966	993	152	9746	6613	11112	7944	…
1970	768	192	8165	4437	10451	7857	4130
1972	937	304	9276	7842	15749	11345	4949
1975	1066	313	11760	9705	18694	13854	6637
1976	1131	241	12132	11017	19687	14656	7233
1977	1192	316	12410	9941	20447	15416	7370
1978	1195	248	12976	11036	21583	16068	7247
1979	1205	323	13343	10851	23075	16722	8018
1980	1250	290	13356	11974	24637	18266	8435
1981	1337	284	13842	11179	26031	19044	8947
1982	1348	255	14000	11283	26755	19805	9305
1983	1330	317	14051	11521	27787	20979	9668
1984	1397	317	14385	11728	29053	22031	10286
1985	1403	291	13743	11503	29620	21611	10187
1986	1319	290	14940	12085	30196	22106	10034
1987	1388	285	15287	12640	30542	22813	10519
1988	1312	284	16158	13619	31960	23918	11386
1989	1397	300	17823	14281	32871	24606	11868
1990	1346	297	18349	14766	34190	26307	12423
1991	1258	300	19352	15705	34834	26546	12297

15－5 续表

年　份	机构数（个）	# 医院、卫生院	床位数（张）	# 医院、卫生院	卫生工作人员（人）	# 卫生技术人员	# 执业医师和执业助理医师
1992	1323	300	19968	16470	35549	27092	12225
1993	1009	303	20681	17031	34894	25543	11296
1994	1215	305	20878	17245	36473	26875	12210
1995	1100	205	21378	17594	37115	27553	12107
1996	1295	235	20991	17797	37434	27706	11825
1997	1218	246	20751	18240	38107	27966	11526
1998	1281	249	20569	17974	37954	28579	12070
1999	1216	256	21342	18492	38336	28840	12639
2000	1036	263	20590	17281	36225	27460	12345
2001	1086	265	22538	18998	35303	28187	12310
2002	1127	282	22487	20621	34795	27102	11172
2003	1291	282	23405	21024	38415	29909	11655
2004	1440	258	24360	22264	35937	28142	11412
2005	1519	260	27395	25501	37711	28943	12088
2006	1557	252	28845	27240	40681	31180	12692
2007	2259	265	31891	30046	47340	37402	14683
2008	2385	252	35547	31563	50599	40232	15831
2009	2709	265	41603	35909	55564	44888	17153
2010	2655	255	42629	39983	59738	48791	18258
2011	2680	255	47036	42954	66104	53030	19100
2012	4270	254	51285	46382	69011	55978	20268
2013	4690	279	57919	52507	76479	62123	22936
2014	4586	276	63606	57374	81645	66735	24340
2015	4661	284	66036	59927	84857	69634	25599
2016	4605	286	71335	64805	89246	73603	27271

注：1. 2001 年（含）以前“执业医师和执业助理医师”指标统计口径为“医生”。

2. 2007 年卫生系统新的报表制度将医务室、社区卫生服务中心、社区卫生服务站均统计到“卫生机构”中，故数据增加较大。

3. 2012 年卫生系统新的报表制度将村卫生室、门诊部、诊所（医务室）、专业公共卫生机构、其他医疗卫生机构均统计到“卫生机构”中，故数据增加较大，按 2011 年同口径数据为 2902 个。

15-6 医疗机构诊疗人数(2016年)

类别	医疗机构数（个）	总诊疗人次数（万人次）	#门诊人次数
总计	**4605**	**4426.01**	**3898.81**
#医院合计	185	2436.10	2064.94
#卫生院合计	101	339.33	315.12
#社区卫生服务机构	278	468.05	422.35
社区卫生服务中心	73	325.96	294.06
社区卫生服务站	205	142.09	128.29

15-7 医疗机构入院、出院人数(2016年)

单位:万人

类别	健康检查人数	入院人数	出院人数
总计	**391.02**	**234.33**	**233.64**
#医院合计	167.22	171.41	171.32
#卫生院合计	97.22	31.45	31.06
#社区卫生服务机构	78.46	11.70	11.54
社区卫生服务中心	45.59	11.53	11.36
社区卫生服务站	32.87	0.17	0.18

16 区县(市)主要经济和社会指标

16－1　区县(市)年末户籍户数和人口数(2016年)

单位:人

区县(市)	年末总户数(户)	年末总人口	男性	女性	城镇人口	乡村人口
全　市	**2271905**	**6959998**	**3494672**	**3465326**	**4588626**	**2371372**
市区合计	1150393	3283293	1627949	1655344	2805287	478006
芙蓉区	138582	399936	197055	202881	399936	
天心区	172185	460205	229864	230341	445646	14559
岳麓区	237150	674871	334640	340231	547799	127072
开福区	185991	475865	231238	244627	460683	15182
雨花区	230867	669357	335017	334340	629352	40005
望城区	185618	603059	300135	302924	321871	281188
县(市)合计	1121512	3676705	1866723	1809982	1783339	1893366
长沙县	240786	764869	381977	382892	415320	349549
浏阳市	422215	1489306	761399	727907	706858	782448
宁乡县	458511	1422530	723347	699183	661161	761369

16－2 历年分区县(市)年末户籍人口

单位:人

区县(市)	2000 年	2001 年	2002 年	2003 年	2004 年	2005 年	2006 年	2007 年	2008 年
全　　市	**5831894**	**5870933**	**5954592**	**6017624**	**6103844**	**6209248**	**6309958**	**6373561**	**6417367**
市区合计	1754142	1807670	1889773	1962561	2024646	2086476	2146096	2187488	2365801
县(市)合计	4077752	4063263	4064819	4055063	4079198	4122772	4163862	4186073	4051566
芙蓉区	313987	323035	334844	345817	359797	370498	381843	397760	408441
天心区	356518	369082	386443	401010	417866	422118	429104	421136	412568
岳麓区	314706	326408	353719	376124	386266	395385	416715	431013	617889
开福区	376771	381347	388545	395399	399750	410326	415841	416085	411404
雨花区	392160	407798	426222	444211	460967	488149	502593	521494	515499
望城区	713953	706877	706546	704964	702481	710330	717055	712314	541622
长沙县	735402	735958	734198	734731	737560	745179	755524	764869	775815
浏阳市	1320593	1318343	1318611	1325928	1332120	1345410	1355160	1363979	1380303
宁乡县	1307804	1302085	1305464	1289440	1307037	1321853	1336123	1344911	1353826

16－2 续表

区县(市)	2009 年	2010 年	2011 年	2012 年	2013 年	2014 年	2015 年	2016 年
全　　市	**6468350**	**6501248**	**6566185**	**6606166**	**6628122**	**6714121**	**6803579**	**6959998**
市区合计	2391675	2395348	2967851	2979005	2992513	3035103	3184995	3283293
县(市)合计	4076675	4105900	3598334	3627161	3635609	3679018	3618584	3676705
芙蓉区	406271	406641	409726	408872	406273	403948	403073	399936
天心区	407537	400566	398395	396222	392340	397329	445700	460205
岳麓区	625527	627763	630265	626976	624428	644834	645883	674871
开福区	414841	419868	426620	433334	441605	452168	461884	475865
雨花区	537499	540510	550721	556458	565405	576257	648812	669357
望城区	541037	544314	552124	557143	562462	560567	579643	603059
长沙县	781972	788566	803861	813395	818874	832244	743210	764869
浏阳市	1393501	1407104	1423524	1436248	1439697	1453246	1469104	1489306
宁乡县	1360165	1365916	1370949	1377518	1377038	1393528	1406270	1422530

注:望城区从 2011 年开始撤县设区,数据纳入市区合计。

16－3　历年分区县(市)年末常住人口

单位:人

区县(市)	2000年	2001年	2002年	2003年	2004年	2005年	2006年	2007年	2008年
全　　市	**6138719**	**6200800**	**6268778**	**6283499**	**6290000**	**6393000**	**6465000**	**6529200**	**6585600**
市区合计	2122873	2220025	2273184	2304859	2310860	2372600	2413421	2498341	2682518
县(市)合计	4015846	3980775	3995594	3978640	3979140	4020400	4051579	4030859	3903082
芙蓉区	390074	410289	417362	417794	419095	431600	440809	447418	460403
天心区	396827	428547	437439	442319	443619	448100	455086	460588	451650
岳麓区	409939	423318	438665	443720	444820	455300	464847	482435	673884
开福区	423645	433394	442120	454530	455530	467600	474851	484299	479420
雨花区	502388	524477	537598	546496	547796	570000	577828	623601	617161
望城区	686349	673420	677953	678439	678539	686000	692760	688188	519050
长沙县	774707	763529	769660	770218	770318	778300	786069	790656	803428
浏阳市	1307572	1303121	1303096	1306304	1306404	1319400	1328470	1310784	1329107
宁乡县	1247218	1240705	1244885	1223679	1223879	1236700	1244280	1241231	1251497

16－3 续表

区县(市)	2009年	2010年	2011年	2012年	2013年	2014年	2015年	2016年
全　　市	**6642200**	**7040709**	**7090700**	**7146600**	**7221400**	**7311500**	**7431800**	**7645200**
市区合计	2725458	3092034	3650800	3676000	3711400	3757600	3972900	4116400
县(市)合计	3916742	3948675	3439900	3470600	3510000	3553900	3458900	3528800
芙蓉区	460700	523989	528200	530600	533300	539200	542800	575800
天心区	452296	475196	479000	479300	481600	487400	596800	643400
岳麓区	694057	801720	811800	812200	813800	818900	826500	837900
开福区	484405	567140	572900	579700	588400	595000	606000	621600
雨花区	634000	723989	731300	740800	748200	755000	824600	836400
望城区	522200	523650	527600	533400	546100	562100	576200	601300
长沙县	805249	979420	986700	998600	1008600	1037800	916000	945800
浏阳市	1333923	1279469	1284600	1285500	1295100	1297700	1307400	1317400
宁乡县	1255370	1166136	1168600	1186500	1206300	1218400	1235500	1265600

注:1. 2010年为人口普查以后的年报数,比以前年度数据有较大的增加。
2. 望城区从2011年开始撤县设区,数据纳入市区合计。
3. 因区划调整,2015年长沙县、天心区、雨花区人口数据调整。

16－4 区县(市)人口自然变动情况(2016年)

区县(市)	出生人口(人)	死亡人口(人)	自然增长人数(人)	出生率(‰)	死亡率(‰)	自然增长率(‰)
全　市	**103484**	**30347**	**73137**	**15.04**	**4.41**	**10.63**
市区合计	48740	11225	37515	15.07	3.47	11.60
芙蓉区	4698	1174	3524	11.70	2.92	8.78
天心区	6319	1450	4869	13.95	3.20	10.75
岳麓区	11945	2082	9863	18.04	3.10	14.94
开福区	6718	1604	5114	14.33	3.42	10.91
雨花区	9344	1775	7569	14.18	2.69	11.48
望城区	9716	3140	6576	16.35	5.56	10.78
县(市)合计	54744	19122	35622	15.01	5.24	9.77
长沙县	12473	4124	8349	16.54	5.47	11.07
浏阳市	23247	6538	16709	15.72	4.42	11.30
宁乡县	19024	8460	10564	13.45	5.98	7.47

16－5 区县(市)人口机械增长情况(2016年)

区县(市)	迁入人数(人)	迁出人数(人)	机械增长人数(人)	机械增长率(‰)	自然、机械净增人数(人)	净增率(‰)
全　市	**155212**	**71464**	**83748**	**12.17**	**156885**	**22.80**
市区合计	128284	60410	67874	20.99	105389	32.59
芙蓉区	8507	13296	－4789	－11.93	－1265	－3.50
天心区	21794	10313	11481	25.35	16350	36.10
岳麓区	40906	13244	27662	40.69	37525	55.63
开福区	17388	7286	10102	21.55	15216	32.45
雨花区	28340	13920	14420	21.88	21989	33.36
望城区	11349	2351	8998	14.46	15574	25.24
县(市)合计	26928	11054	15874	4.35	51496	14.12
长沙县	15898	3112	12786	16.96	21135	28.03
浏阳市	4971	4008	963	0.65	17672	11.95
宁乡县	6059	3934	2125	1.50	12689	8.97

16－6 区县(市)地区生产总值(2016年)

单位:万元

指标	芙蓉区	天心区	岳麓区	开福区	雨花区	望城区	长沙县	浏阳市	宁乡县
地区生产总值	11597999	7777093	9121909	8169470	16183575	5821907	12633446	12182051	10983525
农、林、牧、渔业	1528	21665	205300	18679	71179	439526	752224	1051769	1222404
工业	1130604	1345455	3138507	570870	7733072	3357192	6927651	7692733	6606463
建筑业	553559	1180670	770584	806348	1167704	810945	1229859	740406	658387
批发和零售业	2279045	661280	328946	1122031	1029682	106516	368544	537588	335764
交通运输、仓储和邮政业	983619	106758	138012	314760	190397	78390	362353	248226	145581
住宿和餐饮业	435004	368444	193290	340685	291776	119922	194144	260641	277697
金融业	1677213	543714	261280	809364	726820	58460	289397	177265	123083
房地产业	234285	196043	708044	345606	370262	241905	569061	252305	308336
营利性服务业	2114787	2463691	974175	2786459	2264819	95414	879105	462645	519267
非营利性服务业	2188355	889373	2403771	1054668	2337864	513637	1061108	758473	786543
第一产业	1495	20459	200030	18621	69001	433106	740048	1025140	1201564
第二产业	1684163	2525708	3904227	1377218	8888867	4162967	8147673	8408829	7264322
第三产业	9912341	5230926	5017652	6773631	7225707	1225834	3745725	2748082	2517639

16－7 区县(市)地区生产总值增长速度(2016年)

单位:%

指标	芙蓉区	天心区	岳麓区	开福区	雨花区	望城区	长沙县	浏阳市	宁乡县
地区生产总值	10.4	10.0	9.8	11.1	4.7	11.3	9.4	11.0	11.0
农、林、牧、渔业	-38.8	-24.7	-4.0	-38.2	-12.1	4.9	4.6	4.8	4.5
工业	7.2	6.0	7.0	6.1	-1.0	13.0	8.7	11.8	12.3
建筑业	4.1	6.0	9.4	6.1	8.4	6.1	7.7	4.8	4.6
批发和零售业	5.9	-3.3	3.5	3.6	3.8	11.0	10.8	3.4	4.9
交通运输、仓储和邮政业	4.7	8.7	4.8	6.5	4.0	3.7	5.6	3.7	4.1
住宿和餐饮业	3.8	5.3	5.9	5.5	4.8	10.3	6.0	7.4	6.5
金融业	4.8	-4.8	2.5	4.7	13.6	12.8	10.9	15.1	12.3
房地产业	43.0	12.0	13.2	22.2	13.6	12.5	14.6	7.5	7.9
营利性服务业	23.4	24.2	24.3	22.4	20.0	18.4	23.7	29.0	25.2
非营利性服务业	13.8	11.3	13.6	6.8	9.5	14.2	11.1	18.6	15.7
第一产业	-39.3	-26.0	-4.2	-38.2	-12.6	4.7	4.5	4.5	4.4
第二产业	6.2	6.0	7.4	6.1	0.1	11.6	8.6	11.2	11.5
第三产业	11.2	12.2	13.0	12.5	12.0	12.7	13.0	12.9	12.9

16－8 区县(市)规模以上工业企业主要经济指标(2016 年)

单位:万元

区县(市)	资产总计	负债合计	主营业务收入	利润总额	工业增加值
全　　市	**89110901**	**48558797**	**108795018**	**6355174**	**32530272**
芙蓉区	2752335	1105559	4656486	347073	1011300
天心区	8955549	6648930	4747778	301765	1174995
岳麓区	17649931	11045421	11467670	581896	2553940
开福区	1902964	1061599	1928947	171446	445305
雨花区	11490135	3216338	11608521	993926	7489197
望城区	5733090	3146077	11018407	324770	2882628
长沙县	25387513	16387997	20808527	444151	4709289
浏阳市	6887905	2790454	21890701	1135824	6891149
宁乡县	8351478	3156421	20667980	2054324	5372469

16－9 区县(市)单位 GDP 能耗上升或下降

单位:%

区县(市)	2006 年	2007 年	2008 年	2009 年	2010 年	2011 年	2012 年	2013 年	2014 年	2015 年	2016 年
全　　市	**－3.89**	**－4.69**	**－6.10**	**－4.53**	**－2.29**	**－3.96**	**－6.04**	**－4.56**	**－5.71**	**－5.77**	**－4.26**
芙蓉区	－4.35	－4.80	－6.29	－5.56	－1.66	－3.77	－5.21	－4.72	－5.49	－4.79	－5.33
天心区	－4.28	－5.04	－6.25	－4.66	－2.21	－3.69	－5.62	－4.79	－5.30	－4.91	－3.35
岳麓区	－5.28	－5.74	－6.04	－4.42	－2.02	－3.49	－6.21	－4.20	－5.67	－6.91	－6.72
开福区	－5.59	－5.08	－6.03	－4.61	－1.60	－3.36	－5.44	－4.55	－5.39	－5.23	－3.47
雨花区	－2.06	－5.69	－6.01	－4.81	－3.19	－3.71	－5.99	－4.88	－5.86	－4.67	－1.30
望城区	－5.54	－4.36	－6.23	－4.52	－1.23	－3.68	－7.80	－4.12	－7.67	－4.20	－2.26
长沙县	－4.90	－4.38	－6.32	－4.68	－3.22	－3.93	－6.07	－5.66	－6.03	－4.09	－4.38
浏阳市	－4.67	－4.23	－5.84	－5.52	－2.28	－4.18	－6.20	－5.93	－6.48	－7.60	－7.74
宁乡县	－4.41	－4.50	－6.50	－4.50	－3.54	－4.22	－6.46	－5.77	－7.88	－11.94	－5.93

16-10 区县(市)单位GDP电耗上升或下降

单位:%

区县(市)	2006年	2007年	2008年	2009年	2010年	2011年	2012年	2013年	2014年	2015年	2016年
全　　市	**-2.14**	**-4.45**	**-5.48**	**-3.05**	**-1.52**	**0.22**	**-1.46**	**-2.31**	**-7.58**	**-1.69**	**5.21**
芙蓉区	-9.88	-10.43	-9.53	-4.79	-2.41	-2.56	-5.10	-3.16	-8.04	-1.55	3.58
天心区	-3.17	-3.02	-0.70	-19.39	-4.17	-1.62	-4.80	-2.92	-7.55	-4.00	4.47
岳麓区	-5.35	-3.98	-9.14	-4.39	-5.67	-3.52	-6.61	-2.75	-9.06	-2.83	2.69
开福区	-8.23	-9.27	-6.17	-15.60	-4.81	-0.96	-4.50	-2.99	-8.84	-2.28	2.92
雨花区	2.94	-7.76	6.47	-14.95	-1.51	-0.36	-5.21	-2.69	-6.83	-5.07	2.40
望城区	17.62	-7.03	-3.89	-13.97	-1.63	7.49	6.30	-6.62	-11.63	5.49	26.14
长沙县	-1.04	-2.20	-16.97	-27.29	-2.85	0.13	2.77	3.60	-2.07	7.36	6.75
浏阳市	4.92	7.94	-15.83	-1.76	8.40	10.51	5.37	-5.15	-7.72	-4.67	-2.59
宁乡县	-7.83	0.24	-4.29	2.45	-0.78	-2.03	-8.84	-4.69	-12.71	-14.59	-0.98

16-11 区县(市)单位规模工业增加值能耗上升或下降

单位:%

区县(市)	2006年	2007年	2008年	2009年	2010年	2011年	2012年	2013年	2014年	2015年	2016年
全　　市	**-4.57**	**-6.75**	**-13.72**	**-14.37**	**-13.76**	**-11.60**	**-16.78**	**-7.47**	**-14.92**	**-11.93**	**-9.71**
芙蓉区	-4.37	-6.06	-13.08	-15.18	-12.42	-8.67	-17.48	-10.01	-4.11	-1.89	-7.85
天心区	-4.34	-7.79	-14.87	-17.21	-17.10	-6.80	-4.27	-0.13	-24.01	-5.52	0.45
岳麓区	-5.33	-18.20	-14.95	-6.82	-17.90	-25.60	-21.10	-3.24	-5.45	-12.56	-25.71
开福区	-5.93	-15.28	-10.25	-14.74	-15.00	-8.70	-7.17	-5.11	-7.28	1.14	-17.37
雨花区	-4.76	-6.25	-9.26	-8.10	-12.20	2.02	-9.43	-9.79	-7.96	-0.44	5.15
望城区	-7.06	-7.80	-10.95	-7.29	-16.80	7.12	-36.32	-10.96	-30.64	-4.65	-1.97
长沙县	-7.98	-8.05	-13.88	-16.73	-14.92	-19.09	-5.96	-7.13	-8.71	-6.12	-5.13
浏阳市	-7.42	-9.14	-11.86	-14.54	-8.00	-13.25	-7.18	-12.48	-8.84	-14.58	-19.79
宁乡县	-4.53	-11.02	-12.97	-13.92	-17.40	-18.44	-17.77	-10.05	-17.28	-32.22	-16.04

16-12 区县(市)固定资产投资主要指标完成情况(2016年)

区县(市)	固定资产投资(万元)	房地产开发投资(万元)	商品房销售面积(万 m^2)
全　　市	**66933188**	**12605475**	**2593.71**
芙蓉区	5015372	1229943	136.20
天心区	6094757	1208290	256.88
岳麓区	8292219	3777176	570.85
开福区	7103214	1508311	275.55
雨花区	5639494	1643750	347.23
望城区	6070848	1347435	358.56
长沙县	8158848	1205600	389.69
浏阳市	9138176	261194	120.32
宁乡县	9487534	423776	138.43

16－13　区县（市）财政收入（2016年）

指　　标	全市	市本级	芙蓉区	天心区
地方一般公共预算收入	7436954	3165980	370642	407471
税收收入	4753166	2159858	198372	207131
营业税	739673	239863	58759	51203
国内增值税和消费税	1092259	332619	70334	68434
企业所得税	527872	313555	23159	27726
个人所得税	273805	191057	11215	9010
资源税	839	102		
固定资产投资方向调节税				
城市维护建设税	445122	336667		
房产税	208631	66133	14792	15963
印花税	87585	27245	5458	5256
城镇土地使用税	113860	64250		
土地增值税	382385	111609	13137	28156
车船税	68357	52796		
船舶吨税				
车辆购置税				
关税				
耕地占用税	124093	13945	1518	1383
契税	679541	410017		
烟叶税	9144			
其他税收收入				
非税收入	2683788	1006122	172270	200340
专项收入	519569	348792	691	1215
行政事业性收费收入	301449	151617	7225	8120
罚没收入	115632	68380	1854	1301
国有资本经营收入	33185	17673		
国有资源(资产)有偿使用收入	1082873	92751	125523	172426
其他收入	631080	326909	36977	17278
政府性基金预算收入合计	3095416	1664661		

单位:万元

岳麓区	开福区	雨花区	望城区	长沙县	浏阳市	宁乡县
295373	460206	584052	405458	732504	588512	426756
189342	266989	260165	281187	569441	373551	247130
68758	68589	59580	41766	96840	23272	31043
42906	80098	87982	72826	178243	100855	57962
13972	39496	28635	12294	21134	27961	19940
7181	13667	11818	2254	7432	9373	10798
			147	83	274	233
			20618	50900	25565	11372
7485	12573	26819	7866	34071	10937	11992
4066	6278	9933	4185	16321	5695	3148
			12078	16405	11051	10076
38011	41679	30554	26508	51516	26602	14613
			2037	4999	4831	3694
6963	4609	4844	20007	27748	29345	13731
			58601	63749	92781	54393
					5009	4135
106031	193217	323887	124271	163063	214961	179626
275	468	1501	17870	81479	45645	21633
7239	12925	5428	33228	51962	14030	9675
2685	3842	2164	4772	11592	9139	9903
	104				15408	
76702	162580	272937	67797	14628	80320	17209
19130	13298	41857	604	3402	50419	121206
			308137	631853	317760	173005

16－14 区县(市)财政支出(2016年)

单位:万元

指标	全市	市本级	芙蓉区	天心区	岳麓区	开福区
一般公共预算支出	10414331	3544179	539801	539105	518487	654423
一般公共服务	1315468	198742	54479	179556	134023	136319
科学技术	246112	156107	7640	6967	8205	11383
交通运输	507042	233529	1219	929	2693	44926
农林水事务	808919	128198	6130	7958	35874	46526
环境保护	392861	166385	10166	3421	3910	14608
城乡社区事务	2477252	1091416	263663	134680	96192	124001
文化体育与传媒	162474	67113	2741	3834	2251	3985
教育支出	1567751	419900	82286	112063	125519	131301
医疗卫生支出	554994	141985	14099	17330	25073	21255
商业服务业等事务	127990	67856	1128	1361	692	853
社会保障和就业	829289	234279	49542	31169	49423	68971
公共安全	534323	295196	18362	13382	12865	18941
外交支出						
其他支出	889856	343473	28346	26455	21767	31354

16－14 续表

指标	雨花区	望城区	长沙县	浏阳市	宁乡县
一般公共预算支出	914309	707601	1239620	950576	806230
一般公共服务	206348	73861	149323	82084	100733
科学技术	4123	11494	24241	10301	5651
交通运输	5305	39876	105420	40690	32455
农林水事务	13715	112107	176244	151484	130683
环境保护	72007	29711	54490	25987	12176
城乡社区事务	338925	94472	164326	114293	55284
文化体育与传媒	3322	21581	22775	21980	12892
教育支出	114228	81915	162067	201339	137133
医疗卫生支出	23260	54619	84270	81951	91152
商业服务业等事务	17714	10018	14732	7019	6617
社会保障和就业	36483	68599	105189	85891	99743
公共安全	22126	31530	56939	33128	31854
外交支出					
其他支出	56753	77818	119604	94429	89857

16－15 区县(市)社会消费品零售总额(2016年)

单位:万元

指标	全市	芙蓉区	天心区	岳麓区	开福区
总计	**41174019**	**7885363**	**4853917**	**3109287**	**7261891**
按销售单位所在地分组					
城镇	37873117	7885363	4614744	2838060	7170526
# 城区	31737146	7885363	4569235	2369132	6833868
乡村	3300902	–	239173	271227	91365
按行业分组					
批发零售业	37373196	7014197	4226763	2801809	6649458
限额以上	19534211	3189017	2632595	1578654	2803483
限额以下	17838985	3825180	1594167	1223155	3845975
住宿餐饮业	3800823	871166	627154	307478	612433
限额以上	1143326	162245	296076	46393	201318
限额以下	2657497	708922	331078	261085	411115

16－15 续表

指标	雨花区	望城区	长沙县	浏阳市	宁乡县
总计	**6932847**	**1274400**	**4288138**	**2813206**	**2754969**
按销售单位所在地分组					
城镇	6853037	1125352	3341732	2033595	2010708
# 城区	6590551	843838	281590	1467340	896228
乡村	79810	149048	946407	779611	744261
按行业分组					
批发零售业	6452710	1177676	4141961	2482550	2426072
限额以上	3174185	869692	3271989	1002818	1011779
限额以下	3278525	307985	869972	1479732	1414293
住宿餐饮业	480137	96724	146178	330656	328897
限额以上	218184	53602	61202	47105	57200
限额以下	261953	43122	84976	283551	271697

17 全国三十五个直辖市、省会和副省级城市主要经济社会指标

长沙统计年鉴

全国三十五个城市主要经济社会指标(2016年)

单位:亿元

城市	地区生产总值				第一产业增加值			
	2016年	位次	比上年±%	位次	2016年	位次	比上年±%	位次
长沙	**9356.91**	**12**	**9.4**	**6**	**370.95**	**10**	**3.0**	**18**
郑州	7994.16	14	8.4	13	156.35	23	3.0	18
太原	2955.60	30	7.5	27	38.22	32	2.6	24
合肥	6274.30	17	9.8	3	270.20	15	2.2	25
武汉	11912.61	8	7.8	20	390.62	8	3.4	16
南昌	4354.99	24	9.0	7	181.77	22	3.9	12
石家庄	5857.80	22	6.8	31	480.90	4	0.9	29
南宁	3703.39	27	7.0	30	400.67	7	3.9	12
成都	12170.23	7	7.7	23	474.94	5	4.0	11
西安	6257.18	18	8.5	10	232.01	19	3.8	14
贵阳	3157.70	29	11.7	1	137.14	24	5.9	4
昆明	4300.43	25	8.5	10	200.51	21	6.0	2
兰州	2264.23	32	8.3	14	60.36	28	6.0	2
乌鲁木齐	2458.98	31	7.6	26	28.37	31	3.0	18
西宁	1248.16	35	9.8	3	39.15	30	5.2	5
呼和浩特	3173.59	28	7.7	23	113.49	26	3.0	18
银川	1617.28	33	8.1	16	58.61	29	4.3	7
沈阳	5460.00	23	-5.8	35	266.40	16	-17.8	35
长春	5928.50	21	7.8	20	323.50	11	3.7	15
哈尔滨	6101.60	20	7.3	28	691.20	2	6.1	1
福州	6197.77	19	8.5	10	492.65	3	4.1	9
海口	1257.67	34	7.7	23	67.68	27	3.3	17
南京	10503.02	10	8.0	17	252.51	17	1.0	28
杭州	11050.49	9	9.5	5	304.84	13	1.9	27
广州	19610.94	3	8.2	15	240.04	18	-0.2	30
济南	6536.12	16	7.8	20	317.31	12	4.1	9
北京	24899.30	2	6.7	33	129.58	25	-8.8	34
上海	27466.15	1	6.8	31	109.47	27	-6.6	33
天津	17885.39	5	9.0	7	220.22	20	3.0	18
重庆	17558.76	6	10.7	2	1303.24	1	4.6	6
大连	6730.00	15	6.5	34	462.80	6	4.2	8
青岛	10011.29	11	7.9	18	371.01	9	2.9	23
宁波	8541.10	13	7.1	29	304.60	14	2.1	26
深圳	19492.60	4	9.0	7	6.29	35	-3.7	31
厦门	3784.25	26	7.9	18	23.45	34	-5.5	32

注:空缺数据未收集到,后同。

续表 1

单位:亿元

城市	第二产业增加值				第三产业增加值			
	2016 年	位次	比上年 ± %	位次	2016 年	位次	比上年 ± %	位次
长沙	**4513.28**	**9**	**7.2**	**11**	**4472.68**	**12**	**12.4**	**2**
郑州	3780.68	14	5.9	23	4057.13	13	11.1	5
太原	1068.04	29	7.3	10	1849.34	29	7.7	31
合肥	3189.20	15	8.9	4	2814.80	21	11.6	4
武汉	5227.05	7	5.7	26	6294.94	9	9.9	16
南昌	2307.24	21	8.3	7	1865.98	28	10.3	11
石家庄	2638.00	18	4.4	31	2738.90	22	10.3	11
南宁	1427.16	27	5.8	24	1875.57	27	8.5	27
成都	5232.02	6	6.7	16	6463.27	8	9.0	24
西安	2197.81	22	8.6	6	3827.36	16	8.8	25
贵阳	1218.79	28	12.1	1	1801.77	30	11.9	3
昆明	1660.46	25	7.6	9	2439.46	24	9.3	21
兰州	790.09	32	4.3	32	1413.78	32	10.9	7
乌鲁木齐	704.94	33	1.7	33	1725.67	31	10.4	9
西宁	595.64	34	10.6	3	613.37	35	9.3	21
呼和浩特	884.43	30	8.7	5	2175.67	26	7.7	31
银川	825.46	31	6.6	20	733.21	34	10.3	11
沈阳	2135.60	23	－13.7	35	3058.00	20	2.3	35
长春	2926.20	16	7.0	12	2678.80	23	9.4	19
哈尔滨	1896.70	24	6.7	16	3513.80	17	7.9	30
福州	2598.31	19	7.0	12	3106.81	19	10.7	8
海口	233.56	35	5.8	24	956.43	33	8.5	27
南京	4117.20	12	5.3	29	6133.31	10	10.2	14
杭州	3977.39	13	4.7	30	6768.26	7	13.0	1
广州	5925.87	5	6.0	22	13445.03	3	9.4	19
济南	2368.90	20	6.9	15	3849.91	15	8.7	26
北京	4774.38	8	5.6	28	19995.30	1	7.1	33
上海	7994.34	2	1.2	34	19362.34	2	9.5	18
天津	8003.87	1	8.0	8	9661.30	5	10.0	15
重庆	7755.16	3	11.3	2	8500.36	6	11.0	6
大连	2793.70	17	6.7	16	3473.90	18	6.6	34
青岛	4160.67	11	6.7	16	5479.61	11	9.2	23
宁波	4239.60	10	6.5	21	3996.90	14	8.1	29
深圳	7700.43	4	7.0	12	11785.88	4	10.4	9
厦门	1558.62	26	5.7	26	2202.18	25	9.8	17

续表 2

单位:亿元

城市	规模以上工业增加值				固定资产投资			
	2016 年	位次	比上年±%	位次	2016 年	位次	比上年±%	位次
长　沙	**3253.03**	**4**	**7.9**	**11**	**6693.32**	**9**	**13.9**	**7**
郑　州	3215.43	5	6.0	21	6998.60	7	11.3	16
太　原	571.81	20	7.0	18	2027.71	27	0.1	31
合　肥	2269.13	10	9.9	2	6501.17	10	11.1	17
武　汉	—	—	5.0	26	7093.17	6	-2.6	33
南　昌	1611.50	13	9.2	6	4540.26	20	13.5	11
石家庄	2190.30	11	4.6	29	5916.00	11	5.4	27
南　宁	1028.55	17	5.7	22	3824.73	24	13.6	10
成　都	—	—	7.4	15	8370.50	4	14.3	5
西　安	1178.39	16	9.9	2	5191.36	15	2.0	29
贵　阳	780.82	19	9.9	2	3380.73	25	20.5	3
昆　明	—	—	4.5	30	3920.07	23	12.1	12
兰　州	502.00	23	2.6	31	1990.95	28	10.4	19
乌鲁木齐	508.44	22	-2.0	34	1607.78	32	0.0	32
西　宁	—	—	9.3	5	1399.30	34	10.0	21
呼和浩特	—	—	9.1	7	1849.20	29	14.2	6
银　川	533.06	21	8.5	8	1723.31	30	11.8	15
沈　阳	1208.30	15	-19.7	35	1631.60	31	-69.4	35
长　春	2332.20	9	8.3	10	4659.00	19	10.5	18
哈尔滨	1001.60	18	5.0	26	5040.10	17	9.7	22
福　州	1983.02	12	7.7	12	5184.36	16	6.8	24
海　口	124.17	24	2.2	32	1271.73	35	25.7	1
南　京	3050.55	6	4.8	28	5533.56	14	2.0	29
杭　州	2983.91	7	5.6	23	5842.42	12	5.1	28
广　州	4877.85	2	6.5	20	5703.59	13	8.0	23
济　南	—	—	7.3	16	3974.30	22	13.7	8
北　京	—	—	5.1	25	8461.69	3	5.9	26
上　海	—	—	1.1	33	6755.88	8	6.3	25
天　津	—	—	8.4	9	14629.22	2	12.0	14
重　庆	—	—	10.3	1	17361.12	1	12.1	12
大　连	—	—	7.6	13	1436.36	33	-68.5	34
青　岛	3604.00	3	7.5	14	7454.70	5	13.7	8
宁　波	2799.10	8	7.3	16	4961.40	18	10.1	20
深　圳	7199.47	1	7.0	18	4078.16	21	23.6	2
厦　门	1264.79	14	5.4	24	2159.81	26	14.4	4

注:“—”表示不发布绝对额。

续表 3

单位:亿元

城市	社会消费品零售总额				地方一般公共预算收入			
	2016 年	位次	比上年±%	位次	2016 年	位次	比上年±%	位次
长　沙	**4117.40**	**11**	**11.6**	**6**	**743.70**	**14**	**3.4**	**31**
郑　州	3665.83	19	11.3	8	1011.20	13	14.3	4
太　原	1666.24	27	8.1	28	282.69	30	3.1	33
合　肥	2445.70	23	12.0	4	614.85	19	7.6	20
武　汉	5610.59	7	10.0	20	1322.10	8	10.1	13
南　昌	1868.00	26	11.8	5	402.18	25	3.3	32
石家庄	2975.20	21	10.5	12	410.70	24	9.5	17
南　宁	1980.36	25	10.8	11	312.76	29	5.3	28
成　都	5647.40	5	10.4	15	1175.40	9	7.0	24
西　安	3730.70	17	9.6	25	641.10	17	11.1	10
贵　阳	1195.34	32	12.7	2	366.32	28	4.4	30
昆　明	2310.09	24	12.1	3	530.00	22	5.5	26
兰　州	1263.33	30	9.7	24	215.50	32	16.4	1
乌鲁木齐	1237.30	31	7.5	32	369.67	27	0.3	35
西　宁	513.07	35	11.1	9	75.22	35	9.7	16
呼和浩特	1481.46	28	9.5	26	269.70	31	9.0	18
银　川	514.19	34	7.7	31	173.13	33	13.0	6
沈　阳	3985.90	13	2.5	35	620.90	18	2.4	34
长　春	2650.30	22	9.8	21	415.50	23	7.0	24
哈尔滨	3744.20	16	10.3	18	376.20	26	7.5	21
福　州	3763.14	15	11.6	6	598.91	21	11.7	8
海　口	653.89	33	9.8	21	115.51	34	11.2	9
南　京	5088.20	10	10.9	10	1142.60	10	12.0	7
杭　州	5176.20	9	10.5	12	1402.38	6	13.2	5
广　州	8706.49	3	9.0	27	1393.85	7	5.2	29
济　南	3764.80	14	10.4	15	641.20	16	9.9	15
北　京	11005.08	1	6.5	34	5081.26	2	7.5	21
上　海	10946.57	2	8.0	30	6406.13	1	16.1	2
天　津	5635.81	6	7.2	33	2723.46	4	10.0	14
重　庆	7271.35	4	13.2	1	2227.90	5	7.1	23
大　连	3410.12	20	10.4	15	611.90	20	5.5	26
青　岛	4104.90	12	10.5	12	1100.00	12	10.3	12
宁　波	3667.60	18	10.3	18	1114.50	11	10.5	11
深　圳	5512.76	8	8.1	28	3136.42	3	15.0	3
厦　门	1283.46	29	9.8	21	647.92	15	8.6	19

续表 4

单位:亿元

城市	进出口总额(海关口径)				出口总额			
	2016 年	位次	比上年 ± %	位次	2016 年	位次	比上年 ± %	位次
长　沙	**726.71**	**23**	**-9.8**	**25**	**485.74**	**20**	**-9.6**	**26**
郑　州	3645.66	11	2.5	11	2100.62	11	7.7	6
太　原	879.38	20	32.6	2	549.71	19	34.1	2
合　肥	1241.25	18	-8.1	24	839.25	18	-7.8	24
武　汉	1570.10	17	-10.2	26	905.80	17	-4.1	20
南　昌	619.70	25	-12.2	29	379.75	23	-27.9	30
石家庄	765.70	21	1.5	13	462.90	21	1.9	11
南　宁	416.23	27	14.2	3	211.13	28	4.3	8
成　都	2713.40	14	11.0	6	1450.50	14	-2.0	19
西　安	1828.46	16	3.8	8	946.75	16	15.5	3
贵　阳	259.32	30	-57.0	34	216.61	27	-58.5	34
昆　明	443.77	26	-45.8	33	274.53	26	-56.2	33
兰　州								
乌鲁木齐	323.73	28	-10.6	27	277.73	25	-6.9	23
西　宁	85.08	34	-25.4	32	75.60	31	-23.2	29
呼和浩特	86.95	33	36.7	1	45.30	33	45.2	1
银　川	163.47	32	13.1	4	31.66	34	3.1	9
沈　阳	752.57	22	-19.3	31	282.30	24	-37.1	32
长　春	940.55	19	1.4	14	126.87	29	-0.6	18
哈尔滨	263.70	29	-17.2	30	111.59	30	-28.8	31
福　州	2082.20	15	1.8	12	1406.80	15	8.9	5
海　口	258.18	31	-4.6	22	52.23	32	-12.7	27
南　京	3315.33	13	0.3	16	1952.28	12	0.2	15
杭　州	4485.97	8	8.7	7	3313.80	6	6.7	7
广　州	8566.92	4	3.1	9	5187.05	3	3.0	10
济　南	639.70	24	13.0	5	408.00	22	9.6	4
北　京	18625.25	3	-6.1	23	3418.14	5	0.7	13
上　海	28664.37	1	2.7	10	12105.45	2	-0.5	17
天　津	6775.93	5	-4.5	21	2918.08	8	-8.1	25
重　庆	4115.10	10	-10.8	28	2652.73	10	-22.4	28
大　连	3396.50	12	-0.6	18	1609.70	13	0.6	14
青　岛	4350.67	9	-0.2	17	2821.91	9	0.2	15
宁　波	6262.10	6	0.9	15	4359.40	4	1.4	12
深　圳	26307.01	2	-4.4	20	15680.40	1	-4.5	21
厦　门	5091.55	7	-1.4	19	3094.22	7	-6.7	22

注:合肥、贵阳、昆明、呼和浩特、沈阳、长春、哈尔滨进出口总额分别为 186.87、39.04、66.81、13.09、113.3、141.6、39.7 亿美元,表中按汇率将美元折算成人民币,2016 年美元兑人民币平均汇率为 6.6423;增长速度按美元统计口径计算。

续表 5

城市	实际使用外商直接投资(亿美元)				城镇居民人均可支配收入(元)			
	2016 年	位次	比上年±%	位次	2016 年	位次	比上年±%	位次
长　沙	**48.14**	**10**	**9.3**	**15**	**43294**	**10**	**8.3**	**15**
郑　州	40.33	13	5.4	21	33214	24	6.8	32
太　原	4.62	29	－45.7	31	29632	32	6.9	31
合　肥	28.08	18	12.0	10	34852	21	9.0	6
武　汉	85.23	5	16.1	5	39737	13	9.1	2
南　昌	28.90	17	10.4	13	34619	22	8.4	12
石家庄	11.74	24	31.0	3	30459	30	9.1	2
南　宁	7.70	27	9.8	14	30728	28	7.7	26
成　都	86.17	4	14.5	7	35902	19	8.1	20
西　安	45.10	11	14.0	8	35630	20	7.4	29
贵　阳	11.20	25	20.8	4	29502	34	8.3	15
昆　明	7.40	28	54.7	2	36739	18	8.2	17
兰　州					29661	31	9.5	1
乌鲁木齐	2.50	30	3.3	25	34200	23	8.2	17
西　宁					27539	35	9.1	2
呼和浩特					40220	12	7.7	26
银　川	0.36	31	78.7	1	30478	29	7.8	25
沈　阳	8.20	26	－23.1	29	39135	14	6.8	32
长　春	12.90	23	8.0	17	31069	26	6.8	32
哈尔滨	32.10	15	7.1	18	33190	25	7.1	30
福　州	18.14	21	8.1	16	37833	16	8.2	17
海　口	0.36	31	－87.7	32	30775	27	7.9	23
南　京	34.79	14	4.3	23	49997	6	8.4	12
杭　州	72.09	6	1.4	26	52185	3	8.0	21
广　州	57.01	9	5.3	22	50941	5	9.0	6
济　南	16.00	22	14.7	6	43052	11	7.9	23
北　京	130.29	2	0.3	27	57275	1	8.4	12
上　海	185.14	1	0.3	27	54305	2	8.9	8
天　津	101.00	3	12.2	9	37110	17	8.8	9
重　庆	26.26	19	－30.4	30	29610	33	8.7	10
大　连	30.02	16	11.1	12	38050	15	6.0	35
青　岛	70.02	7	11.3	11	43598	9	8.0	21
宁　波	45.10	11	6.6	19	51560	4	7.7	26
深　圳	67.32	8	3.6	24	48695	7	9.1	2
厦　门	22.24	20	6.2	20	46254	8	8.6	11

注：乌鲁木齐实际使用外商直接投资为 16.3 亿元，表中数据按汇率将人民币折算成美元，2016 年美元兑人民币平均汇率为 6.6423。

续表 6

城市	城镇居民人均消费性支出(元)				城市居民消费价格指数(%)	
	2016 年	位次	比上年±%	位次	2016 年	位次
长　沙	**31826**	**6**	**7.0**	**19**	**101.9**	**18**
郑　州	23210	25	9.8	6	102.3	11
太　原	16775	33	8.5	13	101.2	32
合　肥	21805	30	9.8	6	102.6	6
武　汉	26535	16	10.8	5	102.4	9
南　昌	22532	28	5.3	31	102.1	14
石家庄	19182	32	5.6	28	101.6	26
南　宁					101.4	28
成　都	23514	23	8.6	11	102.2	13
西　安	23799	21	6.2	26	100.9	34
贵　阳	24335	19	8.0	16	101.1	33
昆　明	23430	24	13.1	2	101.7	22
兰　州	22893	27	13.6	1	100.8	35
乌鲁木齐	27915	14	12.8	3	101.5	27
西　宁	21997	29	9.4	8	102.1	14
呼和浩特	28352	11	6.8	21	101.4	28
银　川	22898	26	5.5	29	101.7	22
沈　阳	27655	15	6.9	20	101.7	22
长　春	24096	20	3.8	33	101.4	28
哈尔滨	24340	18	6.0	27	101.8	20
福　州	26392	17	6.3	25	102.3	11
海　口	23780	22	9.0	9	103.0	2
南　京	29772	9	7.1	18	102.7	3
杭　州	35686	5	5.5	29	102.6	6
广　州	38398	2	7.4	17	102.7	3
济　南	28537	10	8.4	14	102.7	3
北　京	38256	3	4.4	32	101.4	28
上　海	57692	1	8.9	10	103.2	1
天　津	28345	12	8.1	15	102.1	14
重　庆	21031	31	6.5	23	101.8	20
大　连					101.9	18
青　岛	28285	13	8.6	11	102.5	8
宁　波	31584	7	6.5	23	102.1	14
深　圳	36481	4	12.7	4	102.4	9
厦　门	30867	8	6.7	22	101.7	22

续表 7

城市	农村居民人均可支配收入(元)				城乡居民储蓄余额(亿元)(本外币)			
	2016 年	位次	比上年 ±%	位次	2016 年	位次	比年初 ±%	位次
长　沙	**25448**	**4**	**7.8**	**24**	**4872.74**	**18**	**11.9**	**4**
郑　州	18426	12	7.6	26	6297.63	12	10.6	8
太　原	14591	21	7.1	31	4026.03	23	10.0	10
合　肥	17059	14	8.4	16	3281.26	25	8.7	18
武　汉	19152	9	8.1	17	6606.01	10	9.0	16
南　昌	14952	20	9.2	7	2770.05	28	10.0	10
石家庄	12345	29	7.9	22	5348.20	15	9.8	13
南　宁	11398	32	9.5	5	2924.55	26	8.3	19
成　都	18605	11	9.4	6	10807.56	5	8.9	17
西　安	15191	19	8.0	18	7035.81	9	7.1	24
贵　阳	12967	25	8.8	11	2486.07	29	10.4	9
昆　明	12555	28	9.7	4	4124.64	22	7.5	21
兰　州	10391	33	8.0	18	2823.35	27	7.5	21
乌鲁木齐	16400	15	9.2	7	2295.69	30	6.4	27
西　宁	9678	34	9.2	7	1267.18	35	5.8	30
呼和浩特	14517	22	7.6	26	1866.01	32	10.8	6
银　川	12037	30	8.0	18	1391.35	34	6.6	26
沈　阳	14445	23	7.1	31	6145.50	13	5.0	33
长　春	12576	27	7.0	33	4218.10	21	11.2	5
哈尔滨	14439	24	8.0	18	4671.90	19	6.9	25
福　州	16347	16	7.5	29	3871.26	24	10.0	10
海　口	12679	26	9.0	10	1445.49	33	14.6	2
南　京	21156	7	8.6	12	6532.82	11	5.8	30
杭　州	27908	2	8.5	14	8313.13	8	10.7	7
广　州	21449	6	11.0	1	16216.69	3	27.2	1
济　南	15346	18	7.8	24	4279.90	20	8.3	19
北　京	22310	5	8.5	14	28012.03	1	4.8	34
上　海	25520	3	10.0	2	25112.99	2	12.9	3
天　津	20076	8	8.6	12	9341.88	7	5.2	32
重　庆	11549	31	9.9	3	13399.44	4	9.8	13
大　连	15664	17	6.8	34	5277.66	17	3.3	35
青　岛	17969	13	7.4	30	5326.00	16	6.0	29
宁　波	28572	1	7.9	22	5689.40	14	7.3	23
深　圳					10391.14	6	9.7	15
厦　门	18885	10	7.6	26	2032.86	31	6.3	28

注：深圳无农村居民。

18 国民经济主要指标解释及计算方法

长沙统计年鉴

国民经济主要指标解释及计算方法

1. 总产出 是指常住单位在核算期内生产的货物和服务的价值总和。它是货物和服务的全部价值,包括转移价值和新增价值两部分。

2. 地区生产总值 是指按市场价格计算的一个地区所有常住单位在一定时期内生产活动的最终成果。

3. 三次产业 我国国民经济三次产业的划分如下:

第一产业 农、林、牧、渔业(不含农、林、牧、渔服务业)。

第二产业 是指采矿业(不含开采辅助活动),制造业(不含金属制品、机械和设备修理业),电力、热力、燃气及水生产和供应业,建筑业。

第三产业 即服务业是指除第一产业、第二产业以外的其他行业。包括:批发和零售业,交通运输、仓储和邮政业,住宿和餐饮业,信息传输、软件和信息技术服务业,金融业,房地产业,租赁和商务服务业,科学研究和技术服务业,水利、环境和公共设施管理业,居民服务、修理和其他服务业,教育,卫生和社会工作,文化、体育和娱乐业,公共管理、社会保障和社会组织,国际组织,以及农、林、牧、渔业中的农、林、牧、渔服务业,采矿业中的开采辅助活动,制造业中的金属制品、机械和设备修理业。除上述第一、二产业外的其他行业。

4. 增加值 是指常住单位在生产过程中创造的新增价值和固定资产的转移价值。它反映本单位对社会所作的贡献,社会经济各部门(即第一、第二、第三产业)的增加值之和为地区生产总值。

5. 农林牧渔业总产值 是以货币表现的农林牧渔业的全部产品总量和对农林牧渔业生产活动进行的各种支持性服务活动的价值,它反映一定时期内农林牧渔业生产的总规模和总成果。

6. 农用化肥施用量 指报告期内实际用于农业生产的化肥数量,包括氮肥、磷肥、钾肥及复合肥。施用量要求按实物量和折纯量两种方法计算。

7. 工业总产值 是以货币表现的工业企业生产的产品总量,反映一定时期工业生产的总成果和总规模,1995 年第三次全国工业普查,对其计算方法和包括范围均进行了修订。

8. 轻工业 指提供生活消费品和制作手工工具的工业,是为满足人们的吃、穿、用需要的工业,按其所使用的原料不同,可分为两大类:①以农产品为原料的轻工业,是指直接或间接以农产品为基本原料的轻工业;②以非农产品为原料的轻工业,是指以工业品为原料的轻工业。

9. 重工业 是指生产生产资料的工业,为国民经济各部门提供物质技术基础的工业。按其生产和产品用途,可以分为下列三类:①采掘工业,是指对自然资源的开采;②原材料工业,是指提供国民经济各部门使用的原料、动力和燃料的工业;③制造工业,是指对原材料进行加工制造的工业。

10. 能源消费总量 指一定时期内用于生产和生活的各种能源消费量的总和。包括原煤和原油及其制品、天然气、电力的消费量,可分为三部分,即终端能源消费量、能源加工转换量和损失量。它是观察能源消费水平、构成和增长速度的总量指标。

11. 货(客)运量 指运输业实际运送的货物(旅客)数量。货运按吨计算,客运按人计算。货物不论运输距离长短,货物类别,均按实际重量统计;旅客不论行程远近或票价多少,均按一人一次作为客运量统计。

12. 货物(旅客)周转量 指运输业运送的货物(旅客)数量与其相应运输距离的乘积之总和,通常以吨公里和人公里为计算单位。它是反映运输业生产总成果的重要指标。

13. 邮电业务总量 指以货币表现的邮电部门为用户传递信息和提供其他邮电服务的总量。它综合反映了一定时期邮电工作的总成果,是研究邮电业务量构成和发展趋势的重要指标。

14. 建筑业总产值 是以货币表现的建筑业企业在一定时期内生产的建筑业产品和服务的总和。建筑业总产值包括建筑工程产值、安装工程产值和其他产值三部分内容。

15. 固定资产投资额 是以货币表现的在一定期内建造和购置固定资产的工作量以及与此有关的费用的总和。它是反映固定资产投资规模、速度、比例关系的综合性指标。

16. 新增固定资产 是指已经完成建造和购置过程,并以交付生产或使用单位的固定资产价值。它是反映固定资产投资成果的价值量指标。

17. 房屋施工面积 指报告期内施工的全部房屋建筑面积。包括本期新开工的面积、上期跨入本期继续施工的房屋面积、上期停缓建在本期恢复施工的房屋面积、本期竣工的房屋面积以及本期施工后又停缓建的房屋面积。多层建筑应填各层建筑面积之和。

18. 房屋竣工面积 指在报告期内房屋建筑按照设计要求已全部完工,达到住人和使用条件,经验收鉴定合格或达到竣工验收标准,可正式移交使用的各栋房屋建筑面积的总和。

19. 社会消费品零售总额 指各种经济类型的批发零售

贸易业、餐饮业和其他行业对城乡居民和社会集团的消费品零售额总和。这个指标反映通过各种商品流通渠道向居民和社会集团供应的生活消费品来满足他们生活需要，是研究人民生活、社会消费品购买力、货币流通等问题的重要指标。居民的消费品零售额：指销售给城乡居民用于生活消费的商品。社会集团的消费品零售额：指销售给机关、团体、部队、学校企业、事业单位和城市街道居民委员会、农村村民委员会用公款购买的用作非生产、非经营使用的消费品。

20. 商品交易市场成交总额 指市场所有摊位商品交易总额之和。

21. 旅游收入 游客（入境游客和国内游客）在旅游过程中（由游客或游客的代表为游客）支付的一切旅游支出就是国家（省、区、市）的旅游收入。旅游支出应包括（过夜）旅游者和一日游游客在整个游程中行、游、住、食、购、娱，以及为亲友、家人购买纪念品、礼品等方面的旅游支出，不包括为商业目的购物、购买房、地、车、船等资本性或交易性的投资、馈赠亲友的现金及给公共机构的捐赠。旅游收入包括国际旅游（外汇）收入和国内旅游收入。

22. 国际旅游（外汇）收入 入境游客在中国（大陆）境内旅行、游览过程中用于交通、参观游览、住宿、餐饮、购物、娱乐等全部花费。

23. 国内旅游收入 指国内游客在国内旅行、游览过程中用于交通、参观游览、住宿、餐饮、购物、娱乐等全部花费。

24. 利用外资 指我国各级政府、部门、企业和其他经济组织通过对外借款、吸收外商直接投资以及用其他方式筹措的境外现汇、设备、技术等。

25. 外商直接投资 指外国企业和经济组织或个人（包括华侨、港澳台胞以及我国在境外注册的企业）按我国有关政策、法规，用现汇、实物、技术等在我国境内开办外商独资企业、与我国境内的企业或经济组织共同举办中外合资经营企业、合作经营企业或合作开发资源的投资（包括外商投资收益的再投资），以及经政府有关部门批准的项目投资总额内企业从境外借入的资金。

26. 外商直接投资实际到位资金 外商直接投资指外国投资者在我国境内通过设立外商投资企业、与中方投资者共同进行合作开发以及设立外国公司分支机构等方式进行投资，包括外国投资者以现金、实物、技术等作为投资，外商投资收益的再投资，以及在批准的项目投资总额内，企业从境外借入的资金。

27. 进出口总额、海关进出口总额 指实际进出我国国境的货物总金额。包括对外贸易实际进出口货物，来料加工装配进出口货物，国家间、联合国及国际组织无偿援助物资和赠送品，华侨、港澳台同胞和外籍华人捐赠品，租赁期满归承租人所有的租赁货物，进料加工进出口货物，边境地方贸易及边境地区小额贸易进出口货物（边民互市贸易除外），中外合资企业、中外合作经营企业、外商独资经营企业进出口货物和公用物品，到、离岸价格在规定限额以上的进出口货样和广告品（无商业价值、无使用价值和免费提供出口的除外），从保税仓库提取在中国境内销售的进口货物，以及其他进出口货物。进出口总额用以观察一个国家在对外贸易方面的总规模。我国规定出口货物按离岸价格统计，进口货物按到岸价格统计。

28. 居民消费价格指数 是综合反映居民所购买各种消费品和生活服务项目价格变动程度的重要经济指标。通常简记为 CPI。在居民消费价格指数中分为八大类，即食品、烟酒及用品、衣着、家庭设备用品及维修服务、医疗保健和个人用品、交通和通信、娱乐教育文化用品及服务、居住。

29. 商品零售价格指数 反映市场各种零售商品（不含服务项目）价格变动的指数。它包括销售给居民和社会集团的生活消费品和办公用品价格，还包括餐饮业商品价格。

30. 年末自来水生产能力 指年末城建部门管理的自来水厂和社会单位自备水源的取水、净水、送水、出厂输水干管等环节的实际生产能力。

31. 年末实有铺装道路长度 指除土路外，路面经过铺装宽度在 3.5 米以上的道路，包括高级、次高级道路和普通道路。

32. 年末实有公共汽车（电车）辆 指年底可参加营运的全部车辆数，包括年底营运的车辆数和库存查封未参加营运的车辆，不包括非营运车辆，如架线车、油灌车、工程车、货车及其他专用车辆和借入的客运车辆。

33. 城市园林绿地面积 指城市专用绿地、生产绿地、防护绿地、郊区风景名胜区等的全部面积。

34. 城市人口 用自来水普及率、用气普及率指城市人口中的非农业人口用自来水，用煤气（包括人工煤气、液化石油气、天然气用气人口）的普及情况。

35. 工业废水排放总量 指经过企业厂区所有排放口排到企业外部的工业废水量。包括生产废水、外排的直接冷却水、超标排放的矿井地下水、与工业废水混排的厂区生活污水。

36. 工业废水排放达标量 指各项指标全部达到国家或地方排放标准的外排工业废水量，包括经过处理后外排达标的和未经处理外排达标的两部分。

37. 工业废气排放总量 指企业燃料燃烧和生产工艺过程中产生的各种排入空气的含有污染物的气体的总量，以标准状态下亿标立方米表示。

38. 工业粉尘排放量　指企业在生产工艺过程中排放的能在空气中悬浮一定时间的固体颗粒物重量。如钢铁企业的耐火材料粉尘、焦化企业的筛焦系统粉尘、烧结机的粉尘、石灰窑的粉尘、建材企业的水泥粉尘等。不包括电厂排入大气的烟尘。

39. 工业粉尘去除量　指企业在生产工艺过程中产生的废气，经过各种废气治理设施处理后，去除的粉尘重量。

40. 工业固体废物产生量　指企业在生产过程中产生的固体状、半固体状和高浓度液体状废弃物的总量，包括危险废物、冶炼废渣、粉煤灰、炉渣、煤矸石、尾矿、放射性废物和其他废物等；不包括矿山开采的剥离废石和掘进废石（煤矸石和呈酸性或碱性的废石除外）。

41. 文化事业机构　指从事专业文化工作和为专业文化工作服务的单独核算、独立建制的单位。不包括文化主管部门直属单位举办的其他行业和各部门的业务文化组织。

42. 艺术表演团体　指从事戏曲、音乐、舞蹈、杂技等专业艺术表演的，有独立帐户，实行单独核算的团体。不包括半工半艺、半农半艺的业余剧团。

43. 等级裁判员人数　指经考核正式批准授予等级裁判员称号的人数。裁判员等级分为国际裁判、国家级裁判、一级裁判、二级裁判、三级裁判。

44. 医院　指名称为医院，设有固定床位能收容病人住院并能为病人提供医疗、护理服务的医疗机构。包括综合医院、中医医院、中西医结合医院、民族医院、各类专科医院和护理院，不包括专科疾病防治院、妇幼保健院和疗养院。

45. 卫生技术人员　指卫生事业机构支付工资的全部固定职工和合同制职工中现任职务为卫生技术工作人员。包括执业医师、执业助理医师、注册护士、药师（士）、检验技师、影像技师（士）、卫生监督员和见习医（药、护、技）师（士）等卫生专业人员。不包括从事管理工作的卫生技术人员（如院长、副院长、党委书记等）。

46. 执业医师和执业助理医师　指具有医师执业证书及其“级别”为“执业医师和执业助理医师”且实际从事医疗、预防保健工作的人员，不包括实际从事管理工作的执业医师和执业助理医师。执业医师类别分为临床、中医、口腔和公共卫生。

47. 劳动力资源总数　指在劳动年龄内，具有劳动能力，在正常情况下，可能或实际参加社会劳动的人口数。劳动力资源的范围为：劳动年龄内（16 周岁以上），有劳动能力，实际参加社会劳动和未参加社会劳动的人员。劳动力资源也可划分为：经济活动人口和非经济活动人口。

48. 经济活动人口　指在劳动年龄内，有劳动能力，参加或要求参加社会经济活动的人口，包括从业人员和失业人员。

49. 从业人员　指从事一定社会劳动并取得劳动报酬或经营收入的人员。

50. 失业人员　指在劳动年龄内，有劳动能力，在调查期间无工作并以某种方式正在寻找工作的人员。

51. 在岗职工　指在本单位工作并由单位支付工资的人员。以及有工作岗位，但由于学习、病伤、产假等原因暂未工作，仍由单位支付工资的人员。

52. 从业人员工资总额　指各单位在一定时期内直接支付给本单位全部从业人员的劳动报酬总额。包括计时工资、计件工资、奖金、津贴和补贴、加班加点工资、特殊情况下支付的工资，是在岗职工工资总额、劳务派遣人员工资总额和其他从业人员工资总额之和。

53. 可支配收入

老口径（2012 年及以前年份使用）

城市居民人均可支配收入是指居民家庭可用于最终消费支出和其他非义务性支出以及储蓄的总和，即居民家庭可以用来自由支配的收入。它是家庭总收入扣除交纳的所得税、个人交纳的社会保障支出以及调查户的记帐补贴后的收入。

计算公式为：可支配收入 = 家庭总收入 - 交纳的所得税 - 个人交纳的社会保障支出 - 记帐补贴

农村居民人均可支配收入指农村住户获得的经过初次分配与再分配后的收入。可支配收入可用于住户的最终消费、非义务性支出以及储蓄。

计算方法：

农村住户可支配收入 = 农村住户总收入 - 家庭经营费用支出 - 税费支出 - 生产性固定资产折旧 - 财产性支出 - 转移性支出

新口径（2013 年因报表制度改革，人均可支配收入按新口径计算）

可支配收入指调查户在调查期内获得的、可用于最终消费支出和储蓄的总和，即调查户可以用来自由支配的收入。可支配收入既包括现金，也包括实物收入。按照收入的来源，可支配收入包含五项，分别为：工资性收入、经营净收入、财产净收入、转移净收入和自有住房折算净租金。计算公式为：

可支配收入 = 工资性收入 + 经营净收入 + 财产净收入 + 转移净收入 + 自有住房折算净租金

其中：经营净收入 = 经营收入 - 经营费用 - 生产性固定

资产折旧－生产税净额(生产税－生产补贴)

财产净收入＝财产性收入－财产性支出

转移净收入＝转移性收入－转移性支出

54. 农村居民人均纯收入 指农村住户当年从各个来源得到的总收入相应地扣除所发生的费用后的收入总和。纯收入主要用于再生产投入和当年生活消费支出,也可用于储蓄和各种非义务性支出。

计算方法:纯收入＝总收入－家庭经营费用支出－税费支出－生产性固定资产折旧－赠送农村外部亲友支出

55. 消费支出 指住户用于满足家庭日常生活消费需要的全部支出,包括用于消费品的支出和用于服务性消费的支出。根据用途不同,消费支出可划分为食品烟酒、衣着、居住、生活用品及服务、交通通信、教育文化娱乐、医疗保健、其他用品及服务八大类。根据来源不同,消费支出可划分为现金消费支出、实物消费支出(含自产自用、来自单位、来自政府和其他社会组织)。

56. 城乡居民储蓄存款年末余额 包括城镇居民储蓄和农民个人储蓄两部分的年末余额。不包括工矿企业、部队、机关团体等集团存款。

57. 单位 GDP 能耗 指在一定时期内,某地区每创造一万元生产总值(GDP)所耗用的各种能源的总和。目前国家考核的指标是以包含生产和生活的各种能源消费量的总和和形成的 GDP 之间的总量对比。

58. 单位规模工业增加值能耗 指在一定时期内,某地区规模以上工业企业每创造一万元工业增加值所耗用的各种能源的总和。

59. 当年价格 指报告期的实际价格,如工厂的出厂价格,农产品的收购价格、商业的零售价格等。按当年价格计算,是指一些以货币表现的物量指标,如工农业总产值、国民生产总值等,按照当年的实际价格来计算总量。

60. 不变价格 用某一时期的同类产品的平均价格作为固定价格,来计算各个时期的产品价值。目的是为了消除各时期价格变动的影响,使产品价值在前后时期之间、地区之间、计划与实际之间具有可比性,建国以来我国分别使用了1952年、1957年、1970年、1980年、1990年、2000年、2010年不变价格。

61. 可比价格 指在不同时期的价值指标对比时,扣除了价格变动的因素,以确切表示物量的变化。

62. 平均每年增长速度 在我国计算平均增长速度有两种方法,一种是习惯上经常使用的"水平法",又称几何平均法,是以间隔期最后一年的水平同基期水平对比来计算平均每年增长(或下降)速度。另一种是"累计法",又称代数平均法或方程法,是以间隔期内各年水平的总和同基期水平对比来计算平均每年增长(或下降)速度。

公式为:平均增长速度＝期次最后一期水平/基期水平×100%－100%

附录

排 名 榜 (2016)

长沙统计年鉴

一、主营业务收入前30名工业企业

位次	企业名称
1	湖南中烟工业有限责任公司
2	三一集团有限公司
3	中联重科股份有限公司
4	蓝思科技股份有限公司
5	晟通科技集团有限公司
6	广汽菲亚特克莱斯勒汽车有限公司
7	湖南金龙国际铜业有限公司
8	长沙市比亚迪汽车有限公司
9	长丰集团有限责任公司
10	博世汽车部件(长沙)有限公司
11	五凌电力有限公司
12	长沙新振升集团有限公司
13	广汽三菱汽车有限公司
14	湖南尔康制药股份有限公司
15	中国铁建重工集团有限公司
16	威胜集团有限公司
17	远大空调有限公司
18	长沙远大住宅工业集团股份有限公司
19	长沙众泰汽车工业有限公司
20	湖南红太阳新能源科技有限公司
21	金杯电工股份有限公司
22	湖南经阁投资控股集团有限公司
23	湖南湘江涂料集团有限公司
24	湖南锦峰钢结构工程有限公司
25	湖南红太阳光电科技有限公司
26	湖南稀土新能源材料有限责任公司
27	湖南星港家居发展有限公司
28	宁乡银太纺织有限公司
29	湖南尔康湘药制药有限公司
30	恒天九五重工有限公司

二、建筑业总产值前50名企业

位次	企业名称	位次	企业名称
1	中国建筑第五工程局有限公司	26	湖南顺天建设集团有限公司
2	中建五局第三建设有限公司	27	湖南省西湖建筑集团有限公司
3	中国水利水电第八工程局有限公司	28	湖南金沙路桥建设有限公司
4	湖南省第六工程有限公司	29	通号建设集团有限公司
5	湖南路桥建设集团有限责任公司	30	湖南黄花建设集团股份有限公司
6	湖南省建筑工程集团总公司	31	湖南广福建筑股份有限公司
7	湖南望城建设(集团)有限公司	32	中南建设集团有限公司
8	中建五局土木工程有限公司	33	湖南航天建筑工程有限公司
9	湖南望新建设集团股份有限公司	34	中铁建电气化局集团第四工程有限公司
10	五矿二十三冶建设集团有限公司	35	湖南麟辉建设集团有限公司
11	中铁城建集团有限公司	36	长沙市市政工程有限责任公司
12	湖南高岭建设集团股份有限公司	37	长沙靖港建筑工程有限公司
13	中铁五局集团第一工程有限责任公司	38	湖南长沙榔梨建筑工程有限公司
14	通号工程局集团湖南建设工程有限公司	39	湖南洪山建筑有限公司
15	湖南省沙坪建设有限公司	40	中航建筑工程有限公司
16	湖南长大建设集团股份有限公司	41	湖南干杉建筑工程有限公司
17	湖南省第二工程有限公司	42	中铁航空港集团第二工程有限公司
18	湖南星大建设集团有限公司	43	中铁五局集团电务工程有限责任公司
19	中铁十二局集团第七工程有限公司	44	湖南省湘筑工程有限公司
20	湖南园艺建筑有限公司	45	湖南格塘建筑工程有限公司
21	长沙乔口建设有限公司	46	湖南奉天建设集团有限公司
22	湖南省绿林市政景观工程有限公司	47	湖南捞刀河建设集团有限公司
23	湖南东方红建设集团有限公司	48	湖南对外建设集团有限公司
24	湖南中格建设集团有限公司	49	湖南省西城建设有限公司
25	中建五局工业设备安装有限公司	50	湖南北山建设集团股份有限公司

三、房地产投资额前50名企业

位次	企业名称	位次	企业名称
1	长沙绿地麓山新城置业有限公司	26	湖南新楚擎天广场项目开发有限公司
2	长沙北辰房地产开发有限公司	27	长沙明发城市建设开发有限公司
3	九龙仓(长沙)置业有限公司	28	湖南东润房地产开发有限责任公司
4	长沙市万科房地产开发有限公司	29	湖南中建信和梅溪湖置业有限公司
5	长沙香江商贸物流城开发有限公司	30	湖南省中信城市广场投资有限公司
6	长沙芙蓉新城置业有限公司	31	保利(长沙)西海岸置业有限公司
7	长沙金茂梅溪湖国际广场置业有限公司	32	长沙东方城房地产开发有限公司
8	湖南富兴置业发展有限公司	33	湖南隆祥房地产开发有限公司
9	湖南百家汇投资有限公司	34	长沙市卓越城投资有限公司
10	长沙市经发房地产开发有限公司	35	长沙佳海产业园建设投资有限公司
11	长沙市北城棚户区改造投资有限公司	36	长沙福兴隆房地产开发有限公司
12	长沙橘韵投资有限公司	37	湖南鑫远投资集团有限公司
13	长沙奥克斯洋湖置业有限公司	38	湖南澳海房地产开发有限公司
14	长沙礼和房地产开发有限公司	39	湖南建鸿达房地产开发有限公司
15	湖南鼎诚达房地产开发有限公司	40	长沙华创房地产开发有限公司
16	湖南达业房地产开发有限公司	41	湖南中南鑫邦置业有限公司
17	湖南物华投资发展有限公司	42	长沙中海兴业房地产有限公司
18	湖南九纬置业有限公司	43	长沙市靳江水利投资置业有限公司
19	长沙润怡城乡开发建设有限公司	44	湖南湘诚壹佰置地有限公司
20	长沙荣成房地产开发有限公司	45	长沙天实房地产开发有限公司
21	湖南湘永房地产开发有限公司	46	湖南长房海林投资置业有限公司
22	湖南文化广场投资开发有限公司	47	湖南发展高新置业有限公司
23	长沙市祥华房地产开发有限公司	48	湖南楚盛园置业发展有限公司
24	长沙奥克斯置业有限公司	49	湖南运达房地产开发有限公司
25	长沙恒诚业房地产开发有限公司	50	湖南新华联房地产开发有限公司

四、高新技术产品产值前50名企业

位次	企　业　名　称	位次	企　业　名　称
1	三一集团有限公司	26	湖南红太阳光电科技有限公司
2	中联重科股份有限公司	27	长沙众泰汽车工业有限公司
3	蓝思科技股份有限公司	28	通号工程局集团湖南建设工程有限公司
4	中国建筑第五工程局有限公司	29	湖南经阁投资控股集团有限公司
5	晟通科技集团有限公司	30	中铁十二局集团第七工程有限公司
6	广汽菲亚特克莱斯勒汽车有限公司	31	山河智能装备股份有限公司
7	中建五局第三建设有限公司	32	湖南锦峰钢结构工程有限公司
8	蓝思科技(长沙)有限公司	33	湖南湘江涂料集团有限公司
9	长沙市比亚迪汽车有限公司	34	金瑞新材料科技股份有限公司
10	中国水利水电第八工程局有限公司	35	湖南稀土新能源材料有限责任公司
11	湖南路桥建设集团有限责任公司	36	湖南杉杉能源科技股份有限公司
12	广汽三菱汽车有限公司	37	湖南梦洁家纺股份有限公司
13	中建五局土木工程有限公司	38	恒天九五重工有限公司
14	远大空调有限公司	39	中建五局工业设备安装有限公司
15	湖南尔康制药股份有限公司	40	湖南尔康湘药制药有限公司
16	中国铁建重工集团有限公司	41	长沙新奥燃气有限公司
17	五矿二十三冶建设集团有限公司	42	湖南金龙电缆有限公司
18	中国电建集团中南勘测设计研究院有限公司	43	绿之韵生物工程集团有限公司
19	博世汽车部件(长沙)有限公司	44	长城信息产业股份有限公司
20	澳优乳业(中国)有限公司	45	湖南康源制药有限公司
21	湖南红太阳新能源科技有限公司	46	九芝堂股份有限公司
22	威胜集团有限公司	47	湖南同心实业有限责任公司
23	金杯电工股份有限公司	48	加加食品集团股份有限公司
24	湖南永清机械制造有限公司	49	湖南航天建筑工程有限公司
25	长沙远大住宅工业集团股份有限公司	50	中铁建电气化局集团第四工程有限公司

五、销售额前20名批发企业

位次	企　业　名　称
1	广汽菲亚特克莱斯勒汽车销售有限公司
2	湖南省烟草公司长沙市公司
3	湖南粮食集团有限责任公司
4	湖南省茶业集团股份有限公司
5	湖南盛世欣兴格力贸易有限公司
6	湖南新华联国际石油贸易有限公司
7	湖南省新华书店有限责任公司
8	华润湖南瑞格医药有限公司
9	湖南晟通贸易有限公司
10	湖南晟通营销有限公司
11	绝味食品股份有限公司
12	湖南润阳医药有限公司
13	华润湖南医药有限公司
14	大汉物流股份有限公司
15	大汉电子商务有限公司
16	湖南湘钢工贸有限公司
17	丰沃达医药物流(湖南)有限公司
18	华润湖南双舟医药有限公司
19	长沙加加食品销售有限公司
20	国药控股长沙有限公司

六、零售额前20名零售企业

位次	企业名称
1	中国石化销售有限公司湖南长沙石油分公司
2	湖南友谊阿波罗商业股份有限公司
3	长沙通程控股股份有限公司
4	国药控股湖南有限公司
5	快乐购物股份有限公司
6	中国石化销售有限公司湖南石油高速分公司
7	中国石油天然气股份有限公司湖南长沙销售分公司
8	湖南博瑞新特药有限公司
9	平和堂(中国)有限公司
10	湖南家润多超市有限公司
11	长沙步步高商业连锁有限责任公司
12	湖南苏宁云商有限公司
13	老百姓大药房连锁股份有限公司
14	长沙王府井百货有限责任公司
15	长沙瑞宝汽车销售服务有限公司
16	湖南国美电器有限公司
17	湖南仁孚汽车销售服务有限公司
18	湖南华润万家生活超市有限公司
19	长沙星利捷汽车销售服务有限公司
20	长沙宝悦汽车服务有限公司

七、营业额前20名住宿企业

位次	企　业　名　称
1	湖南圣爵菲斯投资有限公司
2	湖南运达酒店管理有限公司
3	湖南富丽华大酒店
4	长沙世纪金源大饭店有限公司
5	华天酒店集团股份有限公司
6	长沙湘城大酒店有限公司
7	湖南华雅国际大酒店有限公司
8	湖南国际金融大厦有限公司
9	湖南佳兴酒店管理有限公司
10	长沙神农酒店管理有限公司
11	湖南紫龙湾温泉度假有限公司
12	长沙通程国际大酒店有限公司
13	湖南金源阳光酒店有限公司
14	长沙融程花园酒店有限公司
15	湖南芙蓉国酒店管理有限公司
16	长沙明城国际大酒店有限责任公司
17	湖南枫林宾馆
18	长沙新世界国际大饭店有限公司
19	长沙通程龙腾投资发展有限公司通程温泉大酒店
20	湖南开源鑫城酒店管理有限公司

八、营业额前20名餐饮企业

位次	企业名称
1	长沙肯德基有限公司
2	湖南迈湘餐厅食品有限公司
3	长沙五十七度湘餐饮管理有限公司
4	湖南徐记酒店管理有限公司
5	湖南餐谋天下餐饮管理有限公司
6	长沙饮食集团长沙火宫殿有限公司
7	长沙乡村基餐饮有限公司
8	浏阳市蒸浏记蒸菜文化有限公司
9	湖南金太阳现代休闲农庄有限公司
10	浏阳榴花洞生态度假山庄(普通合伙)
11	浏阳市银天大酒店有限公司
12	长沙金牛角王餐饮服务有限公司
13	长沙映日银山徐记酒店有限责任公司
14	长沙长福餐饮服务有限公司
15	长沙林顿利餐饮管理有限公司
16	长沙市全家园实业有限公司
17	长沙星城秦皇食府餐饮有限公司
18	长沙饮食集团长沙又一村有限公司
19	湖南金太阳大酒店有限公司
20	长沙市浏水蒸香餐饮管理有限公司

九、经济社会发展综合实力十强乡镇街道

序号	单　位　名　称
1	长沙县星沙街道
2	浏阳市永安镇
3	长沙县湘龙街道
4	浏阳市集里街道
5	望城区丁字湾街道
6	长沙县泉塘街道
7	天心区新开铺街道
8	芙蓉区荷花园街道
9	高新区麓谷街道
10	天心区裕南街街道

十、经济社会发展十快乡镇街道

序号	单　位　名　称
1	浏阳市大瑶镇
2	望城区乔口镇
3	岳麓区莲花镇
4	宁乡县夏铎铺镇
5	宁乡县流沙河镇
6	长沙县春华镇
7	岳麓区学士街道
8	开福区清水塘街道
9	雨花区洞井街道
10	开福区东风路街道

中国统计出版社最新图书简目

(仅供参考，以实际出版为准)

统计资料

中国统计年鉴　中国统计摘要　中国发展报告
中国经济普查年鉴　国际统计年鉴　金砖国家联合统计手册
中国-东盟国家统计手册　中国农村统计年鉴　中国县域统计年鉴
中国城市统计年鉴　中国对外直接投资统计公报　中国地区经济监测报告
中国贸易外经统计年鉴　中国零售和餐饮连锁企业统计年鉴　中国商品交易市场统计年鉴
大中型批发零售和住宿餐饮企业统计年鉴　中国农产品价格调查年鉴　中国住户调查年鉴
中国价格统计年鉴　中国能源统计年鉴　全国农产品成本收益资料汇编
中国环境统计年鉴　中国建筑业统计年鉴　国外资源、能源和环境统计资料汇编
中国工业统计年鉴　中国城乡建设统计年鉴　中国县城建设统计年鉴
中国城市建设统计年鉴　中国科技统计年鉴　中国房地产统计年鉴
中国证券期货统计年鉴　中国劳动统计年鉴　中国第三产业统计年鉴
工业企业科技活动资料　中国社会统计年鉴　中国高技术产业统计年鉴
中国人才资源统计报告　中国教育统计年鉴　中国人口和就业统计年鉴
文化及相关产业统计概览　中国文化及相关产业统计年鉴　中国教育经费统计年鉴
中国民族统计年鉴　中国残疾人事业统计年鉴　中国民政统计年鉴
中国乡镇街道行政区域简册　中国基本单位统计年鉴　中国妇女儿童状况统计资料（英）

省级综合统计年鉴系列

北京 天津 河北 山西 内蒙古 辽宁 吉林 黑龙江 上海 江苏 浙江 安徽 福建 江西 山东 河南 湖北 湖南
广东 广西 海南 重庆 四川 贵州 云南 西藏 陕西 甘肃 青海 宁夏 新疆 新疆生产建设兵团

市(县)级综合统计年鉴系列

滨海新区 石家庄 唐山 邯郸 保定 沧州 邢台 廊坊 承德 衡水 秦皇岛 张家口 太原 大同 阳泉 长治 晋城
朔州 晋中 运城 忻州 临汾 吕梁 呼和浩特 呼和浩特新城区 鄂尔多斯 包头 沈阳 大连 长春 吉林 延吉 四平
通化 松原 哈尔滨 齐齐哈尔 黑龙江垦区 上海浦东新区 南京 无锡 徐州 常州 苏州 南通 连云港 淮安 盐城
扬州 镇江 泰州 宿迁 江阴 丹阳 海门 杭州 宁波 温州 嘉兴 湖州 绍兴 金华 衢州 舟山 台州 丽水 合肥
安庆 马鞍山 福州 厦门 宁德 漳州 龙岩 南昌 九江 上饶 新余 抚州 萍乡 赣州 吉安 景德镇 济南 青岛 潍坊
枣庄 日照 滕州 郑州 洛阳 平顶山 三门峡 商丘 信阳 济源 汝州 武汉 十堰 荆州 宜昌 荆门 咸宁 长沙 广州
深圳 惠州 东莞 汕尾 南宁 柳州 桂林 来宾 河池 防城港 海口 三亚 成都 贵阳 黔南 毕节 昆明 西安 咸阳
延安 宝鸡 安康 铜川 汉中 榆林 兰州 庆阳 银川 乌鲁木齐 兵团一师 兵团十师

调查年鉴系列

天津 山西 内蒙古 辽宁 吉林 上海　福建 江西 河南 湖北 湖南 广西　重庆 四川 云南 甘肃 宁夏 新疆

统计方法应用/实用手册

实用SAS统计分析教程　马克威统计分析与数据挖掘应用案例　统计公文知识问答
乡镇统计人员岗位知识培训系列教材：辅助调查员岗位基础知识　乡镇统计人员岗位基础知识
县级统计人员岗位知识培训系列教材：Excel在统计工作中的应用　简明统计分析
地市级统计人员岗位知识培训系列教材：统计报告与演示　Excel在统计工作中的应用

统计通俗读物/统计科普图书

国家统计局核心统计指标变迁　货架上的统计　账本里的统计

重点图书

砥砺奋进的五年——从十八大到十九大　新编英汉汉英统计大词典　中华医学统计百科全书
新常态下的中国服务业：理论与实践　新动能新产业发展报告-2017
挑大学选专业2018—考研择校指南　挑大学选专业2018—高考志愿填报指南